Mary Kaldor

Der imaginäre Krieg

Eine Geschichte des Ost-West-Konflikts

Mary Kaldor

Der imaginäre Krieg

Eine Geschichte des Ost-West-Konflikts

Mit einem Vorwort zur deutschen Ausgabe

Aus dem Englischen
von Michael Haupt und Thomas Laugstien

Argument

Die Originalausgabe erschien 1990 unter dem Titel
The Imaginary War. Understanding the East-West Conflict
bei Basil Blackwell, Oxford und Cambridge, Mass.

Die Deutsche Bibliothek – CIP-Einheitsaufnahme
Kaldor, Mary:
Der imaginäre Krieg: eine Geschichte des Ost-West-Konflikts / Mary Kaldor.
Aus dem Engl. von Michael Haupt und Thomas Laugstien. –
1.-2. Tsd. – Hamburg; Berlin; Argument-Verl., 1992
Einheitssacht.: The imaginary war [dt.]
ISBN 3-88619-392-6

Argument-Verlagsbüro: Rentzelstr. 1, 2000 Hamburg 13
Argument-Redaktion: Reichenberger Straße 150, W-1000 Berlin 36
Umschlag: Johannes Nawrath
Texterfassung durch die Übersetzer
Konvertierung: Comptext Datenkonvertierung und Fotosatz, Berlin
Druck und Bindung: Clausen & Bosse, Leck
Erste Auflage 1992

Inhalt

Für Joshua und Oliver

Vorwort zur deutschen Ausgabe

Ich habe die Arbeit an diesem Buch in der Woche abgeschlossen, als die Berliner Mauer fiel. Es war ein großer Augenblick der Freude, und das nicht nur wegen der strahlenden Gesichter der Menschen, als sie über die Mauer kletterten, einander in die Arme fielen und Sektkorken knallen ließen. War dies alles schon aufregend genug, so empfand ich darüber hinaus die Öffnung der Berliner Mauer als einen persönlichen Sieg, als eine politische und geistige Bestätigung für all das, was ich in den achtziger Jahren getan hatte.

Das Buch hatte ein doppeltes Ziel. Zum einen wollte ich eine theoretische Kritik des »realistischen« Ansatzes leisten, der das Forschungsgebiet der »Internationalen Beziehungen« beherrschte. Ich wollte zeigen, auf welche Weise dieser Ansatz zur Rechtfertigung, wo nicht gar Unterstützung des Kalten Krieges diente. Zum anderen (und zugleich) wollte ich eine Alternative bieten: einen analytischen Ansatz, der auf Denkweisen beruhte, die ihre Wurzeln in den Aktivitäten bestimmter Strömungen der westlichen Friedensbewegung und bestimmter Richtungen der Oppositionsbewegung im Osten besaßen.

Bestimmend für die Argumentationsweise des Buches ist eine andere Konzeption der Rolle oder der Idee des Krieges in der modernen oder postmodernen Gesellschaft. Dabei wird Clausewitz' Definition »Der Krieg ist ... ein Akt der Gewalt, um den Gegner zur Erfüllung unseres Willens zu zwingen« in zunehmendem Maße durch eine Konzeption ersetzt, die den Krieg als System begreift, mittels dessen die Massengesellschaft organisiert und diszipliniert werden kann. Einst ein Instrument der Geopolitik, ist der Krieg nunmehr zum Schauspiel und zum Organisationsprinzip geworden. Hierin hat er das Erbe des Zweiten Weltkriegs angetreten, der bei aller geopolitisch bestimmten Zielsetzung – Sieg über Hitler – zugleich höchst erfolgreich bestimmte Probleme der politischen und wirtschaftlichen Organisation im Osten wie im Westen löste. Der Kalte Krieg reproduzierte diese Lösungen: über den zwischenstaatlichen Konflikt hinaus wirkten seine Folgen tief in die Gesamtgesellschaft hinein.

Dieser Interpretation der Rolle des Krieges resp. des Kalten Krieges stelle ich die neu belebte Konzeption der Zivilgesellschaft *(civil society)* entgegen. Ursprünglich wurde darunter die Herrschaft des Gesetzes im Gegensatz zur Herrschaft der Gewalt verstanden, Zivilisation im Gegensatz zum Naturzustand. Unterdessen hat sich jedoch die Bedeutung verschoben: Zivilgesellschaft heißt jetzt aktive Teilnahme an den öffentlichen Angelegenheiten – ein Netzwerk von autonomen Gruppen, Bewegungen und Institutionen, die in der Lage sind, sich selbst zu organisieren, der kriegsähnlichen Kontrolle zu widerstehen und die Beziehungen zwischen Staat und Gesellschaft auszuhandeln. Von daher war die Zivilgesellschaft in der Gestalt, die ihr von den osteuropäischen Dissidenten der achtziger Jahre verliehen wurde, eine Alternative zur Vorstellung, der Krieg sei ein mögliches Ordnungsprinzip von Gesellschaft.

Die vorherrschende realistische Sichtweise kann weder den Krieg begrifflich neu fassen, noch ist sie dazu in der Lage, diese neue Auffassung von der Zivilgesellschaft angemessen zu berücksichtigen. Ihre grundlegende Annahme besagt, daß die Handlungsträger oder die unabhängigen Variablen in der Weltpolitik die Staaten sind. Ein Konflikt zwischen Staaten nimmt notwendigerweise die Form einer geopolitischen Auseinandersetzung an, weil andere Formen des zwischenstaatlichen Konflikts durch die Art und Weise, in der das System definiert ist, ausgeschlossen werden. Für gewöhnlich ergreift der Realist Partei und weist der einen oder der anderen Seite die Verantwortung für den Konflikt zu. Seine Sichtweise der Welt ist statisch und von der Vorstellung einer durchgängigen Polarität (die zwei oder auch mehr Seiten haben kann) geprägt. Natürlich ist der Kalte Krieg von rechts wie von links als Konflikt zwischen Systemen beschrieben worden – Kapitalismus vs. Sozialismus oder Freiheit vs. Totalitarismus. Aber die Systeme wurden durch Staaten repräsentiert, und der Konflikt nahm die Form eines typischen Großmachtkonflikts an. Die Rechte wies der Sowjetunion die Verantwortung zu, und die Linke beschuldigte die USA.

Was schließlich zur »Entspannung von unten« führte, zum intensiven Austausch zwischen der westlichen Friedensbewegung und den Dissidentinnen und Dissidenten des Ostens, war die Vorstellung, beide Seiten seien in einem bipolaren System eingesperrt, so daß sowohl jene, die im Westen für Abrüstung kämpften, als auch diejenigen, die sich im Osten für die Demokratie engagierten, ein gemeinsames Interesse daran hätten, das System auseinanderzubrechen und die Nutzlosigkeit der Idee des Krieges zu demonstrieren. Man konnte beiden Seiten ein gewisses Maß an Verantwortung zusprechen oder die Suche nach Verantwortlichen überhaupt für irrelevant erklären, da die Haltung der Politiker in Wahrheit durch den Kalten Krieg bestimmt war. Edward Thompson, der den Aufruf von 1980 für ein atomwaffenfreies Europa entworfen hatte, forderte eine die Kontinente übergreifende Bewegung von Bürgerinnen und Bürgern, die sich für die Wahrung des Friedens und der Menschenrechte engagieren und den Kalten Krieg beenden sollte.

Dieser Herangehensweise lagen andere Annahmen über das Wesen von internationalen Beziehungen zugrunde. Staaten sind keine unabhängigen Handlungsträger. Ihr Verhalten wird durch ihre Beziehungen zu anderen Staaten und zur Gesellschaft eingegrenzt. Politische Macht kristallisiert sich aus einer vielschichtigen Beziehungsstruktur heraus. So ging es bei der Frage, wie der Kalte Krieg zu beenden sei, denn auch sehr viel mehr um die Veränderung von Machtverhältnissen, um die Beziehung zwischen Gesellschaft und Staat, und weniger um die zwischenstaatlichen Beziehungen. In meinem Buch verfolgte ich das Ziel, diese unterschiedlichen Annahmen vor dem Hintergrund des konkreten geschichtlichen Kontexts deutlich zu machen.

Bemerkenswerterweise ist diese »Entspannung von unten« während der achtziger Jahre von rechts wie von links heftig kritisiert worden. Die Rechte ging davon aus, daß der Kommunismus nur durch Gewalt zu verändern sei, und daß es sich bei der Dissidentenbewegung um eine bloße Randerscheinung handle. Man könne sie in ihren Aktivitäten unterstützen, um geeigneterweise auf die schreienden Ungerechtigkeiten der kommunistischen Systeme hinzuweisen, doch hatten bei der Konfliktbewältigung Verhandlungen auf Regierungsebene den Vorrang. Die Linke war, wie es sich am deutlichsten in der Haltung der SPD zeigte, der Auffassung, daß die Abrüstung den Kalten Krieg beenden und dann die Demokratie nach sich ziehen würde. Man sollte die Dissidenten ruhig unterstützen, aber auf diskrete Weise, wobei man allerdings immer Gefahr lief, die Propagandamaschinen des Kalten Krieges zu ölen und Abrüstungsverhandlungen zu komplizieren. (Ich erinnere mich noch daran, wie ein Mitglied der Labour Party nach einer besonders erbitterten Auseinandersetzung über die Frage, wie damit umzugehen sei, daß die unabhängigen Friedensaktivisten Osteuropas keine Erlaubnis bekommen hatten, am Kongreß zur Abrüstung der Atomwaffen in Europa teilzunehmen, zu mir sagte: »Natürlich haben Sie das Recht, dagegen zu protestieren. Aber warum diese Aufregung? Was hat dies alles mit der Abrüstung zu tun?«) Und in akademischen Kreisen herrschte die Auffassung vor, daß die Beschäftigung mit kleinen osteuropäischen Bürgerrechtsbewegungen und mit Begriffen wie »Zivilgesellschaft« und »Antipolitik« idealistisch, wo nicht gar naiv und der ernsthaften Forschungsarbeit abträglich sei.

Die Ereignisse von 1989 schienen die Gültigkeit der neuen Denkweisen zu bestätigen und waren die entschiedenste Antwort auf die zuvor geäußerte Kritik. Für uns alle, die wir am Prozeß der »Entspannung von unten« teilgenommen hatten, schien es augenfällig zu sein, daß die Bewegungen bei dem, was schließlich in den Ereignissen von

1989 kulminierte, eine Schlüsselrolle gespielt hatten. Ganz offensichtlich galt dies für die osteuropäischen Bewegungen. Sie waren da, auf den Straßen und auf unseren Fernsehschirmen, als nacheinander die Regierungen in Berlin, Prag und Sofia stürzten. Doch war für uns auch klar, daß erstmals die westliche Friedensbewegung Anfang der achtziger Jahre damit begonnen hatte, den Status quo in seinen Grundfesten zu erschüttern. Schon die numerische Größe dieser Bewegung sollte man sich ins Gedächtnis zurückrufen. Gut fünf Millionen Menschen demonstrierten gegen die Stationierung von Cruise Missiles und Pershing-Raketen im Herbst 1981 und noch einmal 1983 – bei weitem mehr als die Zahl derer, die an den Revolutionen von 1989 teilnahmen.

Worin bestand nun der Beitrag der westlichen Friedensbewegung? Zum einen schuf sie die geeignete Atmosphäre für eine ganze Reihe von Abrüstungsvorschlägen, auf die Gorbatschow nach seinem Machtantritt eingehen konnte. Das INF-Abkommen wäre vielleicht auch ohne die Friedensbewegung zustande gekommen, hätte aber ohne die Riesendiskussion, die ihm vorherging, nie die politische Bedeutung bekommen, den Wendepunkt im Kalten Krieg darzustellen. Und ohne das INF-Abkommen und den neuen Rahmen für die Entspannungsbemühungen hätte Gorbatschow niemals die Breschnew-Doktrin verwerfen und damit den Weg für die Revolutionen von 1989 freimachen können.

Zum anderen (was vielleicht noch wichtiger ist) konnte die Friedensbewegung, zusammen mit der polnischen *Solidarität*, den unabhängigen Friedens- und Menschenrechtsgruppen im Osten (vor allem denen, worin junge Leute sich engagierten) ein Beispiel geben und ihnen eine gewisse Legitimation verschaffen. »Wir dachten, wenn ihr es tun könnt, warum sollte es dann hier nicht gehen?« sagte mir Rainer Eppelmann 1990. »Es war sehr wichtig für uns, daß ihr gekommen seid und mit uns diskutiert habt.« Kontakte mit der westlichen Friedensbewegung waren sehr viel schwieriger in Mißkredit zu bringen als Kontakte mit westlichen Regierungen oder Konservativen – die Friedensbewegung konnte nicht beschuldigt werden, ein Agent des Kalten Krieges zu sein. Damit konnte auf die osteuropäischen Behörden Druck ausgeübt werden, die Tätigkeit unabhängiger Friedensgruppen zu dulden, und damit wuchs auch die Zuversicht junger Menschen, die endlich tätig werden wollten. Die Aufstände von 1989 gingen durch die ganze Gesellschaft hindurch, wurden aber maßgeblich von jenen organisiert und artikuliert, die sich schon vorher im Prozeß der »Entspannung von unten« engagiert hatten. Während niemand von uns die ebenso plötzliche wie dramatische Entwicklung vorhergesehen hatte, waren wir doch, da wir die Entwicklung der sogenannten Zweiten Gesellschaft in Osteuropa verfolgt hatten, davon überzeugt, daß nun der Anfang vom Ende des Kommunismus gekommen sei.

Die orthodoxe Politikwissenschaft reagierte mit völliger Entgeisterung. Überall in den Universitäten und Denkfabriken der westlichen Welt, insbesondere Nordamerikas, hob eine quälende Gewissenserforschung an, die sich um die Frage rankte, warum man es verabsäumt habe, diese Geschehnisse rechtzeitig vorherzusagen. Mein Buch sollte dafür die Erklärung liefern. Die orthodoxe Politikwissenschaft hatte versagt, weil sie einzig das Verhalten und Staaten erforschte und dies darüber hinaus recht subjektivistisch erklärte, indem sie auf die Motive und Verlautbarungen der leitenden politischen Persönlichkeiten verwies. Unberücksichtigt blieb dabei das Zusammenspiel von wirtschaftlicher und politischer Entwicklung ebenso wie die Beziehung zwischen Gesellschaft und Staat; übersehen wurden die Aktivitäten der sozialen Bewegungen, unbegriffen blieb der durch den wirtschaftlichen und politischen Bankrott der kommunistischen Regimes gekennzeichnete historische Augenblick. Von daher war ich der Auffassung, daß es für mein Buch und für die Ideen der Menschen, die das Ende des Kalten Krieges antizipiert hatten, großes Interesse geben müsse. In seinem Buch *The Twenty Years Crisis* benutzte E.H. Carr die Erfahrung der Zwischenkriegsperiode, um das Versagen der idealistischen Konzeptionen von internationalen Beziehungen und die Notwendigkeit einer realistischen Einschätzung der Welt, die auf der Realität militärischer und politischer Macht beruhte, augenfällig zu machen.[1] Ich hoffte, mein Buch würde nun das Versagen des Realismus angesichts des Kalten Krieges ebenso verdeutlichen wie die Notwendigkeit, die Problematik der internationalen Beziehungen neu zu überdenken. Grundlegend dafür wäre eine Interpretation von Machtverhältnissen, die sich auf den im Verlauf der achtziger Jahre entwickelten Begriff der Zivilgesellschaft bezieht.

In diesem Fall lag ich völlig daneben. Zum Teil war es einfach Pech; mein Buch erschien gerade, als die Golfkrise ihrem Höhepunkt entgegensteuerte. Wichtiger aber war, daß die von mir bevorzugte Herangehensweise im ohrenbetäubenden Triumphgeheul des Westens unterging, das in Francis Fukuyamas Buch *The End of History* seinen Ausdruck fand.[2] (Im letzten Kapitel dieses Buches habe ich der These von Fukuyama, die damals in Gestalt eines Artikels erschienen war, einen Abschnitt gewidmet. Mein Verleger fragte sich, ob das überhaupt nötig sei, weil er nicht glaubte, daß irgendjemand Fukuyamas These ernst nehmen würde.) Der Westen, so scheint es, hat schließlich doch den Kalten Krieg gewonnen. Die Stationierung von Atomwaffen, die Entwicklung fortgeschrittener Militärtechnologien (insbesondere SDI) hat zum Zusammenbruch des Kommunismus geführt. Der Kalte Krieg ist ein Sieg der liberalen Demokratie und des Marktes, als deren Repräsentanten die westlichen Regierungen auftreten. Die Oppositionsgruppen des Ostens gehörten 1989 bestenfalls zur Komparserie, während die Friedensbewegung in den Darstellungen der Ereignisse der achtziger Jahre überhaupt keine Erwähnung mehr findet.

Dabei wird jedoch übersehen, daß es zwischen der Idee des Krieges und dem Erfolg der liberalen Demokratie und des Marktes in einem Teil der Welt eine Verbindung gibt. Zugleich wird geleugnet, daß der Kalte Krieg für unsere eigenen Gesellschaften von großer Bedeutung gewesen ist. Im Endeffekt wird nur die Haltung der etablierten Mächte des Westens bestätigt. Die Politikwissenschaft kann ihre Gewissenserforschung beenden, die Antwort ist gefunden. Die Politiker müssen nicht mehr über die Vergangenheit oder die Zukunft nachdenken. Wieder einmal gibt es nur Regierungen, keine Zivilgesellschaft.

Auch im Osten wurde die vorherrschende Stimmungslage von einem ähnlichen Denken erfaßt – vielleicht in einer noch extremeren Weise. Hier ist eine neue Generation von Politikern in die erste Reihe gerückt, die in der unabhängigen Oppositionsbewegung der achtziger Jahre keine Rolle gespielt hat; vielmehr sind viele dieser Politiker Exkommunisten. Nun seilen sie sich von der Vergangenheit ab, indem sie einen wilden Antikommunismus à la McCarthy propagieren. Das ideologische (im Gegensatz zum nicht-ideologischen) Bekenntnis zum Markt und die neue Ideologie der Nation bieten eine neue, unbefleckte Identität und dienen auch dazu, sich Autorität zu verschaffen. Vereint schaffen sie eine Notstands- oder Ernstfall-Atmosphäre, die an die Jahre des Kalten Krieges gemahnt.

Seit dessen Ende haben wirkliche Kriege stattgefunden, die wichtigsten davon am Golf und im ehemaligen Jugoslawien. Beide können auf je unterschiedliche Weise als Versuch verstanden werden, die Idee des Krieges als eines Organisationsprinzips aufrechtzuerhalten. Die Gründe, warum Sadam Hussein in Kuwait einmarschierte, sind für mich keineswegs verschwörungstheoretischer Art. Erklärt werden muß jedoch die westliche Reaktion, die von den Vereinigten Staaten und Großbritannien vorangetriebene Entscheidung, schon in einem relativ frühen Stadium auf die militärische Option zu setzen, anstatt die Ergebnisse von Wirtschaftssanktionen und diplomatischem Druck abzuwarten. Schon lange vor der irakischen Invasion ging die Rede von neuen Bedrohungen aus dem Süden, von Terroristen, Fundamentalisten, regionalen Diktatoren – dieses Thema wird auch im letzten Kapitel des Buches angesprochen. Die irakische Invasion in Kuwait, die so schnell auf die quälenden Gewissensprüfungen der Periode nach dem Kalten Krieg folgte, verlieh dieser Vorstellung Gehalt. Und schon kam die alte Maschinerie des Kalten Krieges wieder in Gang. Das Pentagon kramte den Operationsplan 1002 hervor, der ursprünglich für einen nach Süden gerichteten Vorstoß der Sowjetunion in die Golfregion vorgesehen war. Von Deutschland aus wurden Truppen und Waffen in einer Anzahl nach Saudiarabien geflogen, wie die Welt es nicht einmal auf dem Höhepunkt des Kalten Krieges erlebt hatte. Bush schwafelte vom Kampf um Freiheit gegen den Totalitarismus, und fortwährend wurden München und die Appeasementpolitik heraufbeschworen. Die für einen *Deep Strike* (Angriff in die Tiefe) gegen den Warschauer Pakt entwickelten Waffen und Technologien – es waren genau jene, gegen die wir in der Friedensbewegung auf die Straße gegangen waren – kamen im Krieg gegen den Irak zum Einsatz. Dieser Krieg fand tatsächlich statt, wurde aber im Westen vorwiegend als ein Schauspiel erlebt. Das Bild, was sich am stärksten einprägt, ist der Videobildschirm – ein kleiner weißer Pfeil (unsere Seite), dessen Suche nach einem grauen Fleck (ihre Seite) von Erfolg gekrönt ist. Der Krieg verschaffte Bush die Legitimation für seine Neue Weltordnung, die auf einer (im letzten Kapitel des Buches beschriebenen) neuen Kosmologie beruht: dem Antagonismus zwischen der westlichen Demokratie und dem Fundamentalismus der Dritten Welt. Zugleich gab er die Rechtfertigung ab für eine neue Generation fortgeschrittener Militärtechnologie, so daß selbst bei einer Beschneidung der Verteidigungshaushalte die militärische Vorherrschaft in Wissenschaft und Technologie gesichert bleibt.[3]

Natürlich verfolgte der Krieg auch ein geopolitisches Ziel, nämlich die Befreiung Kuwaits. Dieses Ziel wurde erreicht, obwohl die ökonomischen und ökologischen Kosten enorm waren (von den Menschen ganz zu schweigen). Das Problem ist, daß die Vereinigten Staaten es sich mittlerweile nicht mehr – wie noch in der Periode des Kalten Krieges – leisten können, die neue Weltordnung aufrechtzuerhalten. Wie ich im Buch ausführe, ist die Idee des Krieges für den Westen wie auch für den Osten zu einer Belastung geworden. Obwohl Japan, Deutschland und die Golfstaaten bereit waren, den Krieg finanziell zu unterstützen, läßt sich nur schwer vorstellen, daß auch in Zukunft eine Art Söldner-Hegemonie ausgehalten werden kann. Wenn man an der Idee des Krieges festhält, so wird man aller Wahrscheinlichkeit nach die Turbulenzen in vielen Teilen der Dritten Welt nicht eindämmen, sondern weiter anfachen.

Oberflächlich betrachtet ist der Krieg im ehemaligen Jugoslawien ganz anders beschaffen. Der Westen hat wenig Neigung zu einer militärischen Intervention gezeigt. Die Vereinigten Staaten haben sich herausgehalten, und die Politik der EG war eher von den Auseinandersetzungen innerhalb der Gemeinschaft als von der tatsächlichen Situation im Kriegsgebiet diktiert. Es ist besorgniserregend, wie wenig das westliche Bewußtsein sich von der Tatsache eines größeren Krieges auf dem europäischen Kontinent selbst hat beeindrucken lassen. Es läßt sich allerdings behaupten, daß der Krieg für die lokalen Eliten eine ähnliche Rolle gespielt hat (und spielt) wie der Golfkrieg für die westlichen Regierungen. Vielfach wird, vor allem in Deutschland, behauptet, es gehe hier um die Demokratie. Jugoslawien sei durch den Totalitarismus zusammengehalten worden, und die Forderung nach nationaler Selbstbestimmung ergebe sich zwingend aus dem Verlangen nach Demokratie. Es ist wahr, daß die jugoslawische Föderation durch totalitäre Strukturen, vor allem durch die Kommunistische Partei, zusammengehalten wurde. Aber daraus folgt nicht, daß die Entstehung von Staaten, die auf ethnischen Kriterien beruhen, demokratisch wäre. Wir sind in diesem Falle die Zeugen eines neuen (oder vielleicht auch sehr alten) Phänomens: des antikommunistischen Nationalismus, der sich vom Nationalismus kommunistischer Machart nicht groß unterscheidet. Die neuen, aus den 1990er Wahlen hervorgegangenen Eliten stammen sämtlich aus der alten politischen Klasse, ob sie sich nun kommunistisch oder antikommunistisch geben. Sie stehen auf wackligen Füßen. Die wirtschaftliche Lage ist düster, an demokratische Methoden – öffentliche Begründung und Rechtfertigung politischer Maßnahmen, Kritik seitens der Medien, parlamentarische Verfahrensweisen – sind sie nicht gewöhnt. Da bietet sich der Nationalismus als Transmissionsriemen an, um die alten Formen von Autorität wieder zu etablieren. Die Idee des Krieges wird erneuert, die Gesellschaft polarisiert, disziplinarische und Kontrollmaßnahmen gerechtfertigt. Zu den Opfern des Krieges gehört – neben jenen, die geflohen, gestorben oder desertiert sind – die unabhängige Zivilgesellschaft.

Natürlich besaß auch dieser Krieg seine geopolitischen Zielvorstellungen. Die Bundesarmee konnte, wenn auch unter enormen Verlusten, die serbischen Gebiete in Kroatien besetzen. Zu den eindrücklichsten Bildern des Krieges im ehemaligen Jugoslawien gehört das völlig zerstörte Stadtbild von Vukovar.

Die Bedingungen, aus denen dieser Krieg wie auch der am Golf erwuchs, lassen sich überall in der Dritten Welt und in Osteuropa antreffen. Ich mag recht behalten haben, was das Ende des Kalten Krieges betrifft, oder lag doch zumindest in meiner Einschätzung näher an der Realität als die orthodoxe Politikwissenschaft, aber ich war viel zu optimistisch in bezug auf das, was danach geschehen würde. Das letzte Kapitel enthält pessimistische Szenarios über den Aufstieg nationalistischer und fundamentalistischer Bestrebungen und die Möglichkeit neuer kalter und heißer Kriege. Aber es findet sich dort auch ein utopisches Szenario, das die Konstruktion einer europäischen Zivilgesellschaft entwirft. Dabei habe ich das Potential der Zivilgesellschaft überschätzt. Es schien damit getan, einen großen Sieg zu erringen, dem sich seither einige andere hinzugesellt haben, vor allem im Moskauer August 1991. Jedoch muß die Zivilgesellschaft fortwährend reproduziert werden; und dies hängt von den freiwilligen Energien Tausender von Menschen ab, die eigentlich von der Politik nichts mehr wissen wollen, die sich danach sehnen, »normal« und »privat« sein zu dürfen und ihr Leben zu leben, die von der Geschwindigkeit und dem materiellen Überfluß des westlichen Lebens überwältigt sind und zugleich von der Erbschaft der totalitären Geistesverfassung im Osten niedergedrückt werden. Die Schwierigkeit liegt darin, daß die Entwicklung einer transnationalen Zivilgesellschaft wichtiger ist als je zuvor. Wenn wir uns von den überkommenen Annahmen und Vorstellungen des imaginären Krieges, insbesondere den vorherrschenden Dogmen des politischen Realismus, befreien können, dann stehen weitere reale Kriege in Aussicht. Von daher ist dieses Buch wichtig.

März 1992

Anmerkungen

1 E.H. Carr, *The Twenty Years Crisis, 1919–1933: An Introduction to the Study of International Relations* (Macmillan, 1940).

2 Francis Fukuyama, *The End of History and the last Man* (The Free Press, 1992; dt.: *Das Ende der Geschichte. Wo stehen wir?*, Kindler, 1992).

3 Zur Analyse des Golfkriegs im Anschluß an dieses Buch vgl. Mary Kaldor, »The imaginary war«, *Marxism Today*, März 1991 (dt.: »Der imaginäre Krieg«, *Das Argument* 186, 1991).

Danksagungen

Einen Großteil der für dieses Buch aufgewendeten Forschungsarbeit leistete ich in meiner Funktion als westeuropäische Koordinatorin eines den Problemen des Friedens und der globalen Transformation gewidmeten Programms der Universität der Vereinten Nationen (UNU). Mein Dank gilt der UNU für finanzielle und geistige Unterstützung; all denen, die sich am europäischen Teil des Programms beteiligt haben, sowie Richard Falk, Giri Deshingkar und Rajni Kothari für fruchtbare und anregende Zusammenarbeit. Während dieser Zeit war ich auch Fellow am *Transnational Institute* und leitete zusammen mit Fred Halliday das Projekt »Neues Europa«. Ich möchte dem TNI und dem Cadbury Trust für finanzielle Unterstützung danken, sowie für ihre Gastgeberschaft bei einer Reihe von Zusammenkünften, die unter der Schirmherrschaft des bereits erwähnten UNU-Programms und des Projekts »Neues Europa« stattfanden. Ferner danke ich Fred Halliday für eine ertragreiche kontroverse Diskussion über das Wesen des Kalten Krieges.

Danken möchte ich auch meinen Freunden vom *European Nuclear Disarmament*, und hier insbesondere dem Kollektiv des *END-Journals* für eine intensive Diskussion, die sich über zehn Jahre erstreckte. Des weiteren danke ich Edward Thompson, dem wir so viele Inspirationen für unsere Arbeit verdanken. Dank auch meinen Freunden in der westeuropäischen Friedensbewegung und in den osteuropäischen Friedens-, Ökologie- und Menschenrechtsgruppen, die mir so viel über die beiden Hälften von Europa beigebracht haben. Vor allem sei hier Mient Jan Faber vom niederländischen interkirchlichen Friedensrat erwähnt – viele der in diesem Buch vertretenen Ideen entstanden aus politischen Projekten, an denen wir zusammen gearbeitet haben.

Und schließlich gilt mein Dank all jenen, die bei der Vorbereitung des Buches geholfen haben. Roy Bhaskar, Anthony Giddens, Chris Freeman, Gerard Holden, Judit Kiss, Robin Murray, Kate Soper, Romesh Vaitlingham, Hilary Wainwright und Nancy Wood haben verschiedene Teile gelesen und mit wertvollen Kommentaren versehen. Das *Armament and Disarmament Information Unit* hat mich großzügig mit Quellenmaterial versehen, und der Rowntree Charitable Trust stellte mir während der Niederschrift des Buches Gelder zur Verfügung.

Claire Trevelyan, Cecily Collingridge, Janet French, Chris Gaterell, Sarah Hannant und vor allem Jane Scroogie haben das Manuskript in seinen verschiedenen Fassungen getippt. Alle, die bei Basil Blackwell mit dem Buch zu tun hatten, waren äußerst hilfreich, vor allem Ann Bone, meine Lektorin. Und last not least hat mir meine Familie, vor allem Julian Robinson, die praktische Unterstützung gewährt, die ich so dringend benötigte.

Teil 1: Gegenstand und Methode

1 Einleitung

Die Nachkriegsepoche ist vorüber. Die internationale politische Ordnung, die während des Zweiten Weltkriegs und in der Zeit danach entstand, zerfällt. Veränderungen, an die noch vor kurzem niemand zu denken gewagt hätte, haben sich so rasch und in solcher Vielfalt vollzogen, daß es unmöglich geworden ist, mit ihnen Schritt zu halten. Die Berliner Mauer steht nicht mehr, Deutschland ist vereinigt, in ganz Osteuropa ist die kommunistische Herrschaft beendet. Die ehemalige Sowjetunion ist in Kämpfe um Demokratie und nationale Selbstbestimmung verstrickt, deren Ausgang nur schwer vorhersagbar erscheint.

Aber nicht nur der Osten wandelt sich, wenngleich die Veränderungen dort dramatischer ablaufen. Gorbatschows Abrüstungsinitiativen, insbesondere der Vertrag über die atomaren Mittelstreckenwaffen, ließen erkennen, daß der Graben zwischen den Vereinigten Staaten und Westeuropa breiter geworden ist und das Klima in weiten Bereichen der öffentlichen Meinung in Westeuropa sich gewandelt hat. Dies gilt in besonderem Maße (wenn auch nicht ausschließlich) für Deutschland. Die Vorbereitungen für den Gemeinsamen Markt, der 1992 in Westeuropa Wirklichkeit werden soll, und die deutsche Vereinigung haben der politischen Integration neue Schubkraft verliehen.

Dies ist eine Zeit politischer Optionen und Alternativen, in deren Licht die Zukunft offen erscheint. Alles Feste verflüssigt sich, bestehende politische Justierungen brechen zusammen, und neue, von Individuen, sozialen Bewegungen, politischen Gruppierungen vorgetragene Ideen sind tatsächlich in der Lage, die Situation zu beeinflussen. Es ist zugleich eine Zeit voller Gefahren und Risiken. Entscheidungen, die auf der Grundlage begrenzter Partikularinteressen oder anhand von überkommenen, der Situation nicht mehr entsprechenden Theorien getroffen werden, könnten unerfreuliche Folgen zeitigen.

Dies Buch ist ein Versuch, die politische Nachkriegsordnung so zu beschreiben, daß die Alternativen und Wahlmöglichkeiten klarer konturiert werden. Es untersucht die den konventionellen Interpretationen der Nachkriegsordnung zugrundeliegenden Annahmen und entwirft eine alternative Interpretation, die auf anders gearteten Annahmen beruht. Man kann unmöglich vorhersagen, worauf die gegenwärtigen Veränderungen im Endeffekt hinauslaufen werden, doch lassen sich Aussagen darüber machen, welche Zukunft sich aus den unterschiedlichen Auffassungen über die unmittelbaren Vergangenheit ableiten läßt.

Das beherrschende Moment der politischen Nachkriegsordnung war der Ost-West-Konflikt. Um diesen Konflikt im Hinblick auf Europa zu beschreiben, verwende ich den Ausdruck »imaginärer Krieg«. Man hört sehr oft, daß wir in Europa während der letzten 40 Jahre »Frieden« genossen hätten. Abgesehen von der Tatsache, daß es in Osteuropa, in Griechenland und der Türkei, auch in Nordirland wirkliche Kriege gegeben hat, scheint das Wort »Frieden« eine falsche Bezeichnung zu sein. Tatsächlich lebten wir im Zustand eines imaginären Kriegs, den wir – in Truppenübungen, in den Szenarios von Militärstrategen, in den Spielen und Geschichten von Spionage und Gegenspionage, in der militärischen Ausbildung von Millionen von Soldaten, in den feindseligen Redeschlachten von Politikern und Zeitungen – zwischen Ost und West ausgefochten haben. Wir haben mit der permanenten Kriegsangst gelebt, mit vielen der Organisations- und Kontrollmechanismen, die für den Krieg charakteristisch sind. Wenn man davon absieht, daß de facto die Menschen nicht mehr getötet werden (in der Tat ein großer Unterschied), haben wir gelebt, als hätte der Zweite Weltkrieg nicht wirklich sein Ende gefunden.

Mit einem Ausdruck von Foucault könnte man den imaginären Krieg als »Disziplinierungstechnik« betrachten. Es handelt sich um einen Diskurs, der Machtverhältnissen in modernen Gesellschaften Ausdruck und Legitimation verleiht.[1] Er sichert den gesellschaftlichen Zusammenhalt. Der Aufstieg des Nationalstaates wurde vom Aufstieg des Nationalismus begleitet, der eine imaginäre Gemeinschaft beschwor, in deren Bannkreis die auf einem bestimmten Territorium lebenden Menschen sich zusammenfinden konnten, und die dem Nationalstaat die legitimatorischen Grundlagen verschaffte. Auf vergleichbare Weise wurde die Konsolidierung der nationalstaatlichen Blöcke im Gefolge des Zweiten Weltkriegs von einem imaginären Krieg begleitet, der Wesen und Eigenart der jeweiligen Blöcke festlegte und dem Zugehörigkeitsgefühl zum Osten resp. Westen einen Sinn verschaffte. Jeder Block definierte sich im Hinblick auf ein allen Mitgliedern gemeinsames Gesellschafts- und Wertesystem demokratischer oder sozialistischer Provenienz, das sich von einem entgegengesetzten System totalitärer oder imperialistischer Wesensart abhob. Zumindest in der Einbildung bedrohte jedes System die Existenz des jeweils anderen. Es war ein Kampf zwischen Gut und Böse, der epische Dimensionen annahm und zugleich durch eine ganz reale militärische Konfrontation und durch real geführte Kriege in entlegenen Regionen der Erde an Glaubhaftigkeit gewann.

Diese Vorstellungswelt war – zumindest in den ersten beiden Nachkriegsjahrzehnten – deshalb so wirkungsmächtig, weil sie sich zum einen auf Ideen bezog, die Millionen Menschen begeistert hatten, und weil sie zum anderen einer tatsächlichen Erfahrung, vornehmlich der des Zweiten Weltkriegs, entsprang. Zudem machte eine auf abstrakten Werten wie Freiheit oder Gleichheit beruhende Identität einen fortschrittlicheren Eindruck als eine, die in rassischen oder kulturellen Eigenschaften gründete, welche in zwei Weltkriegen an Glaubwürdigkeit erheblich eingebüßt hatten.

Es ist natürlich richtig, daß die zwei in der Nachkriegsepoche entstandenen Blöcke durch zwei unterschiedliche Gesellschaftssysteme gekennzeichnet waren. Und es ist auch richtig, daß man das eine, trotz der zunehmend wichtiger werdenden Rolle des Staates, als kapitalistisch und, zumindest in einem formalen Sinne, als demokratisch bezeichnen konnte, das andere dagegen als sozialistisch (je nachdem, wie »Sozialismus« definiert wurde) und – zumindest in bezug auf die Anfangsjahre – als totalitär. Doch folgt daraus nicht, daß das eine System für das jeweils andere existenzbedrohend war.

Ich will im folgenden die beiden Systeme als Atlantizismus resp. Stalinismus und/oder Post-Stalinismus bezeichnen. (Dergestalt bezieht sich »Atlantizismus« auf ein Gesellschaftssystem und nicht auf eine geopolitische Entität.) Atlantizismus und Stalinismus stellen bestimmte Varianten von Kapitalismus und Sozialismus dar, die im Vorfeld und im Verlauf des Zweiten Weltkriegs in den Vereinigten Staaten bzw. in der Sowjetunion entstanden. Dieser Prozeß ging mit einer neuen Phase der industriellen Entwicklung einher, die durch Massenproduktion und intensive Energieausnutzung (vor allem mittels Erdöl) gekennzeichnet war. Die Erfahrung des Krieges schien eine erfolgversprechende Formel für den Umgang mit diversen tiefsitzenden Problemen zu bilden, mit denen sich beide Gesellschaftsformen in der Vergangenheit konfrontiert gesehen hatten. (Es war nicht unbedingt die einzige Formel, doch nur sie hatte sich in der Praxis bewähren müssen.) Der imaginäre Krieg griff die Erfahrung des Zweiten Weltkriegs auf und bildete einen Mechanismus aus, der die (z.T. erzwungene) Ausbreitung der beiden Systeme auf Gruppen von Nationalstaaten vor allem in Europa begünstigte. Weit davon entfernt, einander zu bedrohen, verstärkten die beiden Systeme sich vielmehr wechselseitig in ihrem gemeinsamen Bedürfnis nach einem imaginären Krieg. Dabei handelte es sich nicht um eine abgekartete Sache – denn dazu wäre Vorwissen und ein Bewußtsein vom Stand der Dinge nötig gewesen –, sondern eher um eine zufällig zustandegekommene Struktur gegenseitiger Ergänzung. Zudem entwickelten sich die beiden Systeme nicht auf symmetrische Weise, abgesehen davon, daß der imaginäre Krieg selbst eine Art von Symmetrie induzierte. Im großen und ganzen setzte sich der Atlantizismus zumindest im nordwestlichen Europa mit der zum Teil enthusiastischen Zustimmung der Bevölkerung durch; der Stalinismus jedoch war für die Völker Mittel- und Osteuropas eine Tragödie, deren Folgen noch für Generationen zu spüren sein werden.

Während der ersten zwei Jahrzehnte schien der imaginäre Krieg in dem Sinne zu funktionieren, daß er zur Festigung und Reproduktion der beiden Systeme beitrug; auf welche Weise dies geschah, wird im zweiten Teil dieses Buches geschildert. In den siebziger Jahren aber sahen sich beide Systeme neuen Problemen gegenüber: wirtschaftlicher Stagnation, wachsenden Umweltschäden, gesellschaftlicher und kultureller Entfremdung. Entspannung und Neuer Kalter Krieg (denen der dritte Teil des Buches gewidmet ist) sind die Methoden gewesen, mit denen man sich dem Veränderungsdruck anzupassen suchte. Beide, so wird behauptet, mußten scheitern, weil die Systeme in ihrer problematischen Umarmung mitsamt ihren Waffenarsenalen aneinander gefesselt blieben, so daß der geforderte Wandel sich nicht vollziehen konnte. Der vierte Teil beschäftigt sich damit, welche Rolle die militärische Konfrontation in beiden Systemen während der gesamten Nachkriegsepoche gespielt hat.

Heute ist die Möglichkeit des Friedens gegeben. Die mit dem imaginären Krieg überkommenen Ideen und Institutionen werden abgebaut, und so könnten sich beide Systeme auf fortschrittliche Weise weiterentwickeln, sich vom gegenwärtigen gesellschaftlichen, wirtschaftlichen und politischen Status quo emanzipieren. Allerdings ist die Gefahr neuer Kriege – imaginärer und wirklicher – keineswegs gebannt.

Die Vorstellung, der Kalte Krieg sei ein »Joint-venture-Unternehmen« gewesen, ist nicht neu.[2] Sie fand während der achtziger Jahre in Ost- wie auch Westeuropa weite Verbreitung, was in erster Linie eine Folge des Dialogs zwischen der westeuropäischen Friedensbewegung und den unabhängigen Bürgerrechts- und Ökologiebewegungen in Ostmitteleuropa war. Vor allem E.P. Thompson und György Konrád haben diese Idee eloquent formuliert.[3] Ich unternehme hier den Versuch, die Argumentation auszuarbeiten und zu systematisieren. Damit soll zugleich ein Beitrag zu den gegenwärtigen Diskussionen über Außenpolitik und über die Erforschung internationaler Beziehungen geleistet werden.

Ein zentrales Thema ist die Art und Weise, mit der bestimmte Denkweisen und Gedankengebäude zur Einäugigkeit gegenüber Bereichen führen, die außerhalb dieser Denkweisen liegen. Dies ist ein wichtiger Faktor für die Erklärung des Ost-West-Konflikts in Europa. Historiker und politische Kommentatoren haben einfach bestimmte unangenehme Tatsachen übersehen, die der Hypothese vom unvermeidlichen Zusammenprall widersprachen. Das soll nicht als Anklage verstanden werden, auch wenn einige blinde Flecken von bedrohlicher Größe waren; man denke nur an die Art und Weise, mit der Politiker die Nuklearwaffen als ganz gewöhnliches militärisches Potential betrachtet haben und tausende von Sprengköpfen anhäuften, mit denen die Erdbevölkerung gleich mehrfach vernichtet werden konnte; oder man erinnere sich daran, wie der größte Teil der Linken sich weigerte, der Wirklichkeit des real existierenden Sozialismus ins Auge zu sehen.

Nun ist sicherlich jede Erklärung natürlicher und gesellschaftlicher Phänomene notwendigerweise parteiisch und partiell, weil sie sonst weder nützlich noch inhaltsreich wäre. Jede Generation interpretiert die Natur und die Geschichte auf ihre Weise. Bisweilen, vor allem in Zeiten des Wandels, behindert gerade die Partialität dieser Interpretationen das gesellschaftliche Handeln, statt ihm helfend beizustehen.

Eine andere Interpretation der Epoche der Nachkriegspolitik erfordert ein paar methodologische Vorbemerkungen, aus denen auch erhellt, auf welche Weise sich meine Analysemethode von anderen Ansätzen abgrenzt. Auch diese Methode ist einseitig. Ich hoffe aber, daß eine andere Denkweise sowie andere Einseitig- und Einäugigkeiten den Menschen andere Perspektiven in bezug auf die Zukunft Europas eröffnen.

Anmerkungen

1 Michel Foucault sagt: »In einer Gesellschaft wie der unseren, grundsätzlich aber in jeder Gesellschaft, existieren vielfältige Machtverhältnisse, die den gesellschaftlichen Körper durchdringen, kennzeichnen und bilden, und diese Machtverhältnisse können für sich selbst nicht ohne die Produktion, Akkumulation, Zirkulation und Funktionsweise eines Diskurses eingerichtet, konsolidiert und durchgesetzt werden. Ohne eine bestimmte Ökonomie von Wahrheitsdiskursen, die auf und vermittelst der Grundlage dieser Verbindung arbeiten, ist Machtausübung schlechthin unmöglich. Wir sind der Produktion von Wahrheit durch Macht unterworfen und wir können Macht nicht ohne die Produktion von Wahrheit ausüben.« (»Disciplinary Power and Subjection«, in Steven Lukes [Hg.], *Power* [Basil Blackwell, 1986], S. 229-30.)

2 Der Ausdruck wurde von Giangiacomo Migone in einer Vorlesung auf dem Seminar über »Rüstungskontrolle und Ost-West-Beziehungen« (Moskau, 10.-24. Juli 1989) verwendet. (Das Seminar wurde vom Moskauer Staatsinstitut für internationale Beziehungen (MGIMO), dem Institute for Global Conflict and Cooperation (IGCC) der Universität von Kalifornien und dem Armament Disarmament Information Unit (ADIU) der Universität Sussex organisiert.) Seine Argumente finden sich ausführlicher in »The nature of bipolarity: an argument against the status quo«, in Mary Kaldor und Richard Falk (Hg.), *Dealignment: A New Foreign Policy Perspective* (UNU/Blackwell, 1987) sowie in »The decline of the bipolar system, or a second look at the history of the cold war«, in Mary Kaldor, Gerard Holden und Richard Falk (Hg.), *The New Détente: Rethinking East-West-Relations* (UNU/Verso, 1989). Seine Argumentation betont die Bedeutung des Kalten Krieges für die Absicherung der Hegemonie der Vereinigten Staaten und der Sowjetunion in Europa.

3 E.P. Thompson, »Notes on exterminism«, in *Exterminism and the Cold War* (New Left Books, 1982); dt. u.d.T. »Der Exterminismus als letztes Stadium der Zivilisation« in: *Das Argument* 127, Mai/Juni 1981, S. 326ff.; György Konrád, *Antipolitik, Mitteleuropäische Meditationen* (Suhrkamp, Frankfurt/M. 1985).

2 Staaten und Blöcke

In diesem Kapitel will ich die Termini definieren, die ich im weiteren Verlauf des Buches benutze. Ich beschreibe die Grundbegriffe, mittels derer die Analyse der Nachkriegsordnung entwickelt wird, und beziehe sie auf die allgemein verbreiteten Denkschulen, die sich mit internationalen Beziehungen beschäftigen. Das Schwergewicht liegt auf den Verbindungen zwischen politischer, wirtschaftlicher und militärischer Macht.

Ein brauchbarer Ausgangspunkt ist die von Anthony Giddens getroffene Unterscheidung zwischen allokativen und autoritativen Ressourcen.[1] Allokative Ressourcen beziehen sich auf die »Verfügungsgewalt über materielle Güter und Energie«, das heißt, auf wirtschaftliche Macht und Besitztümer. Autoritative Ressourcen beziehen sich auf die »Mittel zur Verfügungsgewalt über Menschen«, das heißt, auf politische Macht. Eine Organisation ist politisch, wenn sie autoritative Ressourcen zu mobilisieren vermag. Dieser Definition zufolge sind alle Organisationen politisch. Was den Staat von anderen politischen Organisationen unterscheidet, ist seine Souveränität in einem bestimmten Bereich, sei es eine Gemeinschaft oder ein Territorium, das heißt, seine Fähigkeit, als letztgültige Form von Autorität aufzutreten und Gesetze zu erzwingen, denen alle, die zu seinem Einflußbereich gehören, gehorchen müssen. Er beherrscht damit alle anderen politischen Organisationen. Geschichtlich betrachtet lag (und liegt) ein wichtiges Charakteristikum der meisten Staaten darin, daß sie sich auf militärische Macht stützten, die wiederum – als organisiertes Gewaltmittel der Herrschaft über menschliche Aktivitäten – eine spezifische Art der autoritativen Ressource darstellt.

Der Staat ist in diesem Zusammenhang die vorherrschende Triebkraft für die Reproduktion einer bestimmten Art von Ressourcen (eben der autoritativen Ressourcen) in einem jeweils gegebenen Bereich. Er ist weniger eine Institution als vielmehr eine Struktur gesellschaftlicher Verhältnisse, eine übergreifende Unterklasse jener gesellschaftlichen Verhältnisse, die die Gesellschaft insgesamt bilden – aber eine Unterklasse mit ganz besonderen Eigenschaften. Er besitzt vor allem die Fähigkeit, politische Macht zu mobilisieren. Die Wirtschaft unterscheidet sich vom Staat im Hinblick auf die Art von Ressourcen, die sie re/produziert.

Natürlich ist mit der Reproduktion von allokativen und autoritativen Ressourcen die Beschreibung der die Gesellschaft konstituierenden Verhältnisse keineswegs erschöpft. Eine umfassendere Analyse müßte z.B. noch die familiäre/private Reproduktion (wie Hausarbeit, Aufziehen von Kindern usw.) oder die Reproduktion kultureller und geistiger Ressourcen in Betracht ziehen.

Autoritative Ressourcen können auf sehr unterschiedliche Art und Weise reproduziert werden. Man kann die Staaten in bezug auf die jeweilige Reproduktionsform klassifizieren. In diesem Kapitel beschreibe ich die typischen Merkmale des modernen Staates, ihren Einfluß auf die Interpretation internationaler Beziehungen und die Veränderungen, die sich seit dem Ende des Zweiten Weltkriegs vollzogen haben.

Der moderne Staat

Giddens unterscheidet sehr streng zwischen dem traditionellen und dem modernen Staat. Dieser bildete sich im sechzehnten und siebzehnten Jahrhundert heraus und begleitete den Aufstieg des Kapitalismus. Durch welche Eigenschaften wird er charakterisiert?

Territorialität

Zum ersten weist der moderne Staat eine territoriale Ordnung auf. Sie, und nicht Verwandtschaftsbeziehungen oder religiöse Bindungen, definiert das Gebiet, über das sich die Verwaltungshoheit des Staates erstreckt. Der moderne Staat erhebt Steuern, rekrutiert Soldaten und bezieht seine Legitimation von den Bewohnern eines bestimmten Territoriums. Die Aktivitäten des Staates können über die Umgrenzungen seines Territoriums hinausgehen, aber die staatliche Macht wird binnenpolitisch reproduziert. Moderne Staaten besitzen Begrenzungen *(borders),* sagt Giddens, aber keine eigentlichen »Grenzen« *(frontiers).* »Grenze« kann eine durchaus vage Bezeichnung für die Randbezirke eines Staates, für seine Grenze *(boundary)* zu anderen Staaten oder für unbewohnte Gebiete sein, über die er keine nennenswerte Kontrolle ausübt. Eine Staatsgrenze ist dagegen eine genau bezeichnete Trennung zwischen Gebieten, die der Verwaltungshoheit je verschiedener Staaten unterstehen.

Das Staatensystem

Zum zweiten ist der moderne Staat Teil eines internationalen Staatensystems, das selbst wieder aus vielfachen Zentren besteht. Da die territoriale Definition eines Staates nur mittels der Anerkennung durch andere Staaten wirksam werden kann, liegt in der Existenz von Staatsgrenzen die Existenz eines internationalen Staatensystems beschlossen.

Ein solches System einer Staatengemeinschaft entwickelte sich im absolutistischen Europa des sechzehnten und siebzehnten Jahrhunderts. Edmund Burke sollte dies System später die »Diplomatische Republik Europa« nennen. Nach der Entstehung des Nationalstaats im achtzehnten und neunzehnten Jahrhundert weitete es sich aus und gilt seit 1945 als internationales, erdumspannendes System. Es heißt, daß der Ausdruck »Staatensystem« nach dem Westfälischen Frieden von Grotius und Pufendorf, Gesandte in schwedischen Diensten, geprägt wurde. Er bezieht sich auf ein System von Staaten, deren Beziehungen durch gegenseitige Anerkennung und allgemein anerkannte Verhaltensregeln und -normen bestimmt sind. Mit diesem System verbindet sich der Aufstieg der Berufsdiplomatie, die Einführung regulärer Kongresse, eine Vielzahl von Verträgen und Übereinkünften sowie die konzeptionelle Entwicklung von Souveränität, Territorialität und internationaler Ordnung, was sich vor allem in Konzeptionen zum Gleichgewicht der Mächte, zur *balance of powers*, niederschlug.

Das Staatensystem beruhte niemals auf der Gleichheit aller Beteiligten. Die politische und militärische Macht war ungleichgewichtig verteilt, die Verhaltensnormen und -regeln wurden im allgemeinen durch eine Gruppe von herrschenden Weltmächten – den sogenannten Großmächten – geprägt. Obwohl die Souveränität innerhalb eines bestimmten Territoriums de jure eine grundlegende Voraussetzung des Staatensystems darstellt, wird diese Souveränität de facto durch eben diese Normen und Regeln eingeschränkt. Selbstbestimmung ist nur in dem Maße möglich, in dem eine einzelne Nation bei der Herausbildung dieser Regeln und Verfahren eine Rolle zu spielen vermag oder das Recht besitzt, sich aus bestimmten Formen des internationalen Staatensystems herauszuhalten. In der Nachkriegsepoche waren Polen und Nicaragua Beispiele dafür, wie die Selbstbestimmung durch das Staatensystem eingeschränkt werden kann.

Martin Wight unterscheidet zwischen einem Staatensystem und einem protektoralen System *(suzerain state system)*, wie es etwa das Römische Reich oder das kaiserliche China gewesen sind. In diesem System unterhält eine vorherrschende Imperialmacht Beziehungen zu kleineren Staaten, die ihr gegenüber tributpflichtig sind. Demgegenüber sind Staatensysteme wie die Stadtstaaten von Griechenland und Italien oder das moderne Staatensystem dadurch gekennzeichnet, daß die politische und militärische Hegemonie von einem Staat auf einen anderen übergehen kann. Dieser Prozeß vollzieht sich nicht reibungslos, sondern ist mit Kriegen, Revolutionen, wirtschaftlichen oder gesellschaftlichen Verschiebungen verbunden.[2]

Politische und wirtschaftliche Beziehungen

Eine dritte Eigenschaft des modernen Staates ist die Differenz zwischen dem Politischen und dem Ökonomischen. Diese Unterscheidung ergibt sich nicht aus der Differenz zwischen den verschiedenen Arten von Ressourcen (allokativen und autoritativen), sondern aus der jeweils differierenden Reproduktionsweise dieser Ressourcen, die sich zusammen mit dem Aufstieg des Kapitalismus und des modernen Staatensystems herausbildete. Es findet, mit anderen Worten, zwischen Autoritäts- und Eigentumsverhältnissen eine Ausdifferenzierung statt. Dieser Punkt bedarf der näheren Erläuterung.

In jedem Produktionssystem, in dem Produzenten und Konsumenten voneinander getrennt und zugleich Produktion wie Konsumtion kollektiv organisiert sind, muß sich zwischen Produzent und Konsument sowie unter den Produzenten und Konsumenten selbst eine bestimmte Art der Verständigung herstellen, damit Bedürfnisse und Ressourcen, Angebot und Nachfrage miteinander in Einklang gebracht, Quantität und Methode der Produktion festgelegt werden können. Anders gesagt, Produktion und Konsumtion müssen organisiert werden, damit ausreichende Mengen für die Konsumtion und Reproduktion produziert werden können. Eine ökonomische und politische Organisation kann nach ihrem Organisationsprinzip, den spezifischen Merkmalen der Reproduktionsverhältnisse, klassifiziert werden. Um dieses Organisationsprinzip, das spezifische Verhältnis zwischen Produktion und Konsumtion, zu beschreiben, verwende ich hier den Ausdruck *Regulation*. Dabei ist zu beachten, daß ich den Regulationsbegriff anders verwende, als es normalerweise [im angelsächsischen Bereich, d.Ü.] üblich ist. Im allgemeinen dient er zur Bezeichnung staatlicher (regierungsseitiger) Eingriffe in die Wirtschaft; seine Verwendung ist dann operativer und genauer, als ich es hier beabsichtige.[3]

Der Kapitalismus kann als jenes System von Eigentumsverhältnissen beschrieben werden, das den Feudalismus als in Westeuropa vorherrschende materielle Produktionsweise verdrängte. Im Kapitalismus nimmt die Regulation marktförmigen Charakter an. Der Kapitalismus beruht auf dem Austausch von in Preisen und Löhnen sich darstellenden gleichen Werten. Die Existenz von Märkten für Arbeitskraft sowie für materielle Güter und Energie bedeutet, daß Preise ausgehandelt werden können. In bezug auf Güter und Energie stellen sich in den Preisen die Ressourcen dar, die für ihre möglichst effiziente Produktion benötigt werden. Hinsichtlich der Arbeitskraft repräsentiert der Preis einen Lohn, in dem sich die Ressourcen niederschlagen, die für die Produktion der zur Subsistenz des Arbeiters erforderlichen Güter benötigt werden. Der Arbeiter ist frei in dem Sinne, daß er über seine eigene Arbeitskraft verfügt. Weil aber Arbeiter kein Kapital besitzen, um Land oder Werkzeug oder Maschinen kaufen zu können, sind sie gezwungen, ihre Arbeitskraft zu verkaufen, über deren Mehrwertertrag der Kapitaleigner bestimmt. Dessen Verhalten wiederum ist durch die mörderische Konkurrenz mit anderen Kapitalisten bestimmt. Dergestalt kann der Markt als eine Art ökonomischer Zwangsanstalt beschrieben werden. Was den Kapitalismus von vorhergehenden Produktionsweisen unterscheidet, ist, daß der Arbeitsertrag an die Stelle gewaltförmiger Verhältnisse tritt.

Die kapitalistische Regulationsweise ist dynamisch. Veränderungen in den Profitraten, die auf Veränderungen im Lohn-Preis-Gefüge hindeuten, sind Signale für die rasche Anpassung der Produktionsmethoden und -quantitäten wie auch der Art der produzierten Güter. Die Entscheidung darüber, was und mit welcher Methode produziert wird, obliegt dem einzelnen Unternehmen auf der Grundlage seiner Beziehungen zu anderen Unternehmen, zu seinen Kunden und im Hinblick auf seine innerbetriebliche Struktur (der Beziehung zwischen Arbeiterschaft und Management). Die Entscheidungen finden – jedenfalls in einem reinen Marktsystem – ihren Ausdruck in der Bewegung der Löhne und Preise.

Im Gegensatz zur kapitalistischen Regulation sind die Reproduktionsstrukturen autoritativer Ressourcen nicht-ökonomischer Provenienz oder, um einen Ausdruck von Claus Offe zu benutzen, entkommodifiziert.[4] Staatstheoretiker wie Offe und Habermas weisen darauf hin, daß das Lohnarbeitsverhältnis es erforderlich macht, die nicht-ökonomischen Formen der Regulation aus dem Bereich der materiellen oder allokativen Produktion auszugrenzen, damit der freie Austausch von Gütern und Arbeitskraft gewährleistet ist. Hierbei handelt es sich um die analytische Beschreibung eines historischen Prozesses, der mit der Entstehung des Kapitalismus zusammenhängt. Mittel zur Beherrschung von Menschen oder Formen sozialer Kontrolle wie etwa die Polizei oder der Rechtsapparat werden – auf der Grundlage einer Vielzahl von Maßnahmen, die vom Konsens über die politischen Steuerungsmechanismen bis zum ideologischen und physischen Zwang reichen können – aus Steuermitteln finanziert. Die Entscheidung über staatliches Verhalten fällt der je einzelne Staat, dessen Handlungsspielraum durch seine Beziehungen zu anderen Staaten und zu den Staatsbürgern, sowie durch seine Binnenstruktur (Bürokratie, Rechtssystem, Rolle der Gesetzgebung etc.) eingeschränkt wird.

Im Unterschied zum ökonomischen Bereich können hier die Ressourcen und Bedürfnisse nicht mit numerischer Genauigkeit angegeben werden. Anpassungs- oder Veränderungsprozesse in den Mustern staatlichen Verhaltens können sich, beeinflußt durch Wahlen, politische Parteien oder Medienkritik, langsamer oder auch, bedingt etwa durch Krieg oder Revolution, schneller vollziehen.

Der Kapitalismus war von Anfang an ein internationales System, dessen Reproduktion im Unterschied zum Staat niemals an ein bestimmtes Territorium gebunden war. Es waren immer nur wenige Länder, die das Zentrum der kapitalistischen Akkumulation bildeten – Holland im siebzehnten, Britannien im achtzehnten Jahrhundert, Britannien und später dann Deutschland und Amerika im neunzehnten, Amerika und später dann Japan und Deutschland im zwanzigsten Jahrhundert –, die Akkumulation selbst aber war und blieb abhängig vom Handel und von Investitionen im Ausland.

So bezeichnete die Entstehung des Kapitalismus und des modernen Staatenssystems eine Trennung des Politischen vom Ökonomischen dergestalt, daß die gesellschaftlichen Verhältnisse, in denen die Reproduktion der politischen und ökonomischen Macht stattfand, sich gegeneinander abgrenzten. Zugleich aber sind diese beiden Reproduktionsformen wechselseitig voneinander abhängig.

Die kapitalistische Wirtschaft verlangt vom Staat die Sicherung kapitalistischer Eigentumsrechte sowie freier Märkte für Arbeitskraft und materielle Güter, währungs- und kreditpolitische Maßnahmen, ferner die Bereitstellung einer technisch-materiellen Infrastruktur (d.h. die Vereinfachung inter/nationaler Transport- und Kommunikationswege, den Zugang zu Rohstoffen etc.) und die Bereitstellung von Mitteln zur inneren Befriedung. Umgekehrt verlangt der moderne Staat von der Wirtschaft Steuern, Darlehen, Arbeitskraft und Technologie für die Erweiterung des Verwaltungs- und Militärsektors, und er benötigt sie als Legitimationsbasis.

Auf ähnliche Weise ergaben sich aus der Entwicklung des Staatensystems die Bedingungen für die Ausweitung der internationalen Wirtschaftsbeziehungen, vor allem des Handels. Umgekehrt wurde die Entwicklung eines Staatensystems möglich, weil die wirtschaftliche Expansion nicht mehr mit Landnahme verbunden war. In früheren Wirtschaftssystemen gestaltete sich der technische Fortschritt äußerst schleppend und die wirtschaftliche Expansion vollzog sich durch die Aneignung von Land und Sklaven und anderen Arten abhängiger Arbeit vorwiegend ländlicher Provenienz, die im Kapitalismus an Bedeutung verlor. Hier zählten in erster Linie die Verfügbarkeit über »freie«

Arbeitskraft (die vor allem aus der sinkenden Kindersterblichkeit sowie der erzwungenen Landflucht resultierte und auf dem Lohnverhältnis beruhte), technischer Fortschritt, wachsende Märkte im In- und Ausland und der Zugang zu natürlichen Ressourcen wie Kohle, Baumwolle oder Eisen, die für die Industrieproduktion benötigt wurden.[5]

Weil autoritative und allokative Ressourcen mittels unterschiedlicher gesellschaftlicher Verhältnisse produziert werden, entwickeln sie sich in unterschiedlichem Tempo. Wandel ist dabei eine Form des Experiments. Der *wirtschaftliche* Wandel vollzieht sich im Kapitalismus mehr oder weniger kontinuierlich, und weil Veränderungen im Hinblick auf den Geschmack und auf Produktionstechniken mehr oder weniger fließend vonstatten gehen, müssen die einzelnen Unternehmen experimentieren, um zu überleben (wobei diese Experimente immer durch die kulturellen, gesellschaftlichen, strukturellen und politischen Parameter eines bestimmten historischen Moments eingegrenzt sind).

Politische Experimente sind erheblich risikoreicher. Das Überleben von Staaten oder, enger gefaßt, von herrschenden Gruppierungen und Regierungsformen steht nur in Zeiten großen politischen Aufruhrs auf dem Spiel, wozu auch Krieg und Revolution zu zählen sind. Von daher ist der politische Wandel eher diskontinuierlich. In einer Periode des politischen Übergangs werden, ohne Rücksicht auf den Ausgang, unterschiedliche politische Ansätze auf die Probe gestellt, bis sich vielleicht eine Art von Kompromiß ergibt, der politische Stabilität verspricht, d.h. reproduziert werden kann.

Weil Wirtschaft und Staat wechselseitig voneinander abhängen, wirkt die Fortentwicklung des einen Sektors auf die des anderen ein. In Perioden politischer Unbeweglichkeit bringt der wirtschaftliche Wandel neuen gesellschaftlichen Druck und neue Konflikte hervor oder verändert die Grundlage für die Ressourcen staatlichen Handelns, woraus dann der Drang nach politischer Veränderung erwächst. In Perioden politischen Übergangs kann der politische Wandel auf den wirtschaftlichen Wandel zurückschlagen.

Zivile und militärische Verhältnisse

Ein vierter Charakterzug des modernen Staates, der gegenüber der Differenz zwischen dem Politischen und dem Ökonomischen meist in den Hintergrund rückt, ist die Unterscheidung zwischen zwei Arten von autoritativen Verhältnissen, nämlich zwischen den Bereichen des Zivilen und des Militärischen

Es gehört, wie Giddens sagt, zur Definition des modernen Staates, daß er innerhalb seines Einflußbereiches das Gewaltmonopol beansprucht.[6] Damit ist die Beseitigung aller unabhängigen Formen militärischer Organisation innerhalb des Staatsgebietes vermacht, die unter zweierlei Voraussetzung geschieht: Zum einen organisiert der Staat die Gewaltmittel selbst und stellt reguläre Streitkräfte auf, die integrale Bestandteile des Staatsapparates sind. Zum anderen sorgt er für die innere Befriedung, wozu die friedliche Aushandlung des Arbeitsvertrags, das allmähliche Verschwinden gewalttätiger Formen öffentlicher Bestrafung wie Hängen oder Auspeitschen und der Verzicht auf den Einsatz militärischer Mittel bei innenpolitischen Vorgängen gehören. Bei Giddens heißt es dazu:

> Diese Maßnahmen haben allerdings nicht das Verschwinden des Krieges zur Folge, sondern eine innerhalb des nationalstaatlichen Systems gegen andere Staaten 'nach außen gerichtete' Konzentration militärischer Macht. Die Festigung der inneren Verwaltungsressourcen des Staates trennt die Regierungsgewalt von ihrer starken und notwendigen Grundlage, dem Erzwingungsinstrument der bewaffneten Streitkräfte. [...] Wie für andere Staatsformen ist auch für den Nationalstaat der Anspruch auf die wirksame Kontrolle über die Gewaltmittel grundlegend für die Ausübung staatlicher Gewalt. Durch die Ausweitung der Überwachungsmöglichkeiten und der inneren Befriedung ist dieser Anspruch mehr oder weniger eingelöst und die Abhängigkeit des Staatsapparates von den Streitkräften als Mittel der Machterhaltung eben dadurch radikal vermindert worden. Die Unterscheidung zwischen militärischer und ziviler Polizei ist Symbol und materieller Ausdruck dieses Phänomens.[7]

Der Begriff des Friedens gewann im sechzehnten und siebzehnten Jahrhundert an Bedeutung. Dies verdankte sich nicht nur dem Prozeß internationaler Befriedung, sondern auch der mit der Entstehung eines Staatensystems einhergehenden Zunahme nicht-militärischer Methoden zur Regulierung zwischenstaatlicher Beziehungen, wie etwa Verträge, Kongresse und diplomatische Aktivitäten. Die Kriege waren nicht mehr so häufig (dafür aber umfassender und zerstörerischer). An die Stelle allgemeiner und mehr oder weniger kontinuierlich eingesetzter Gewalt tritt die diskontinuierliche organisierte Gewalt, in der Kriegs- und Friedensepochen einander ablösen.[8] Von daher wird die Rolle der militärischen Gewalt bei der Regulierung politischer Beziehungen durch den direkten Einsatz von Zwangsmitteln sowohl räumlich (auf die Außen-, nicht aber die Innenpolitik) wie auch zeitlich (auf die Periode der eigentlichen Kriegsführung) beschränkt.

Das bedeutet nicht, daß die Militärs politisch abstinent blieben. Aber sie handeln nun auf der politischen Ebene in ihrem Eigeninteresse als Vertreter einer Organisation und nicht als Bevollmächtigte eines

Zwangsapparats. Nach und nach gehen sie dazu über, die eigentliche Kontrolle der Bürger der zivilen Polizei zu überlassen, und in der Außenpolitik sind sie nicht kriegslüsterner als andere staatliche Organisationen. Der Begriff »Militarismus«, der sich im allgemeinen auf die Intervention der Streitkräfte in die Politik bezieht, hat sich mittlerweile in seiner Bedeutung gewandelt und bezeichnet nun einen Bruch mit den normalen Formen der politischen Reproduktion. Eine autoritäre Regierung, das heißt, eine Regierung, die verschiedene Zwangsmittel zur Aufrechterhaltung ihrer Herrschaft einsetzt, ist nicht notwendigerweise militaristisch, während eine Militärregierung, oder eine militarisierte Regierung – worunter ich eine Regierung verstehe, bei der das Militär einen wichtigen Bestandteil des Staatsapparates darstellt – mit großer Wahrscheinlichkeit autoritär ist.

Die Ursache dafür liegt in einer besonderen Eigenschaft des Militärs als einer Institution, die mit der Reproduktion des militärischen Machtsektors beschäftigt ist. Dabei bildet der Krieg den Hauptanreiz für den Wandel in militärischen Organisationen; er ist eine Art von Nützlichkeitstest, in dem Ressourcen und Erfordernisse in Einklang gebracht und die Militärmaschinerien an neue Taktiken und Technologien angepaßt werden. In Zwischenkriegsperioden hängt die Art und Weise der Mobilisierung von Ressourcen für die Kriegsführung von subjektiven Einschätzungen über den Verlauf eines künftigen Kriegsgeschehens ab, wobei diese Einschätzungen sich aus Erfahrungen in der Vergangenheit und institutionellem Eigeninteresse nähren. Beide Faktoren fördern die Trägheit, die Neigung der Militärs, an ihrem tradierten Bild vom »letzten Gefecht« festzuhalten. Aus diesen Gründen wird ein militarisierter Staat, d.h. ein Staat, in dem das Militär einen wichtigen und einflußreichen Bestandteil der den Staat konstituierenden gesellschaftlichen Verhältnisse ausmacht, sich Veränderungen eher widersetzen und auf sozialen Druck unempfindlich reagieren.

Die Ursprünge des imaginären Krieges können bis auf die Trennung des zivilen Bereichs vom militärischen zurückverfolgt werden. Den parallellaufenden Prozessen von innerer Befriedung und nach außen gewendeter Gewalt liegt eine Neigung zugrunde, innere Spannungen umzulenken und gegen einen äußeren Feind zu richten. Da man eine gemeinsame Identität als interne Legitimationsbasis benötigt, liegt es nahe, auf die Existenz eines »Anderen« (z.B. England versus Frankreich) zu verweisen. Rousseau hat die Verbindung zwischen der Ordnung im Inneren und der Anarchie im internationalen Bereich ganz deutlich gesehen:

> Wäre die gesellschaftliche Ordnung, wie man behauptet, das Werk der Vernunft und nicht das von Leidenschaften, hätte man dann so lange gezögert, zu erkennen, daß mit ihr zuviel oder zuwenig für unser Glück bewirkt wird; daß, wenn ein jeder von uns sich mit seinen Mitbürgern in einem gesellschaftlichen und mit der übrigen Welt im Naturzustande befindet, wir die Kriege der einzelnen untereinander doch nur verhindert haben, um tausendmal schrecklichere allgemeine Kriege zu entfachen [...]?[9]

Daß es so etwas wie eine äußere Bedrohung gibt, wird durch militärische Vorbereitungen untermauert. Hat man erst einmal reguläre Streitkräfte aufgestellt, so müssen sie in Zeiten, in denen kein Krieg herrscht, auch beschäftigt werden. Für den inneren Frieden, die Beseitigung der Privatkriege, sowie für lange Friedenszeiten ist es wichtig, die Untätigkeit abzubauen. Traditionellerweise wurden die Soldaten auf zukünftige Kampfhandlungen vorbereitet, sie wurden gedrillt und ausgebildet, sie zogen Gräben und bauten Befestigungsanlagen (militärische Neuerungen wie Drill, Militärakademien, ein fester Stab, sind im siebzehnten und achtzehnten Jahrhundert eingeführt worden). Auf diese Weise agierten sie eine imaginäre Konfrontation aus, die oftmals dem zuletzt geführten Krieg glich. Solche Verhaltensweisen dienen de facto dazu, eine Konfliktvorstellung zu bekräftigen, die den Status quo aufrechterhält. Als gegen Ende des neunzehnten Jahrhunderts die Industrialisierung des Krieges einsetzte, wurden die in Friedenszeiten vorgenommenen militärischen Vorbereitungen teurer und auch besser sichtbar, weil nun nicht nur Soldaten ausgebildet, sondern auch Fabriken und Werften mit Aufträgen versehen werden mußten.

Diese vier Charakterzüge des modernen Staates haben bestimmte Konsequenzen für die Analyse des Verhaltens von Staaten auf internationaler Ebene. Weil erstens die Staatsgewalt an ein Territorium gebunden ist, wird staatliches Verhalten zuallererst durch die innenpolitischen Prozesse geprägt. Die Politiker wollen ihre Macht behalten, und das hängt von Wahlen, Geld, Zeitungen oder aber von der Partei und vom Sicherheitsapparat ab. Weil zweitens der moderne Staat Bestandteil eines Staatensystems ist, wird staatliches Verhalten durch die zu einer gegebenen Zeit herrschenden Regeln und Normen des Systems eingeschränkt, die ihrerseits die zwischenstaatlichen Machtverhältnisse widerspiegeln. Drittens ist staatliches Verhalten vom ökonomischen Verhalten ebenso unterschieden wie abhängig (und vice versa). Und schließlich hängt staatliches Verhalten davon ab, wie der Staat konstruiert ist, von den (Konsens wie Zwang einschließenden) Methoden, mittels derer sich die Staatsgewalt reproduziert. Insbesondere wird das staatliche Verhalten durch das Un/Gleichgewicht zwischen ziviler und militärischer Macht beeinflußt.

Unterschiedliche Ansätze in der Erforschung der internationalen Beziehungen

Die hauptsächlichen Denktraditionen auf dem Gebiet der Erforschung der internationalen Beziehungen müssen in ihrem historischen Kontext verstanden werden. Die Unterschiede zwischen diesen Traditionen können bis zu den Anfängen des modernen Staates zurückverfolgt werden. Weil die Eigenschaften des modernen Staates und des Staatensystems in der Nachkriegsepoche gravierenden Veränderungen ausgesetzt waren (die ich im nächsten Abschnitt beschreibe), sind all diese Traditionen in einem gewissen Maße als Analysemethoden für die gegenwärtige Periode ungeeignet.

Die Unterscheidung zwischen dem sogenannten realistischen und dem marxistischen Ansatz kann bis auf jene Ausdifferenzierung von Politik und Ökonomie zurückverfolgt werden, die mit der Entstehung des Kapitalismus einherging. Die realistische Tradition – vorherrschend in bezug auf die internationalen Beziehungen – konzentriert sich auf die Staaten und das Staatensystem. Staaten gelten als hauptsächliche Gegenstände der Analyse, als subjektive Handlungsträger, denen ein Machttrieb innewohnt, oder die aufgrund der Konkurrenzsitutation im Staatensystem zum größtmöglichen Ausbau ihrer Macht gezwungen sind. Macht wird dabei vor allem in bezug auf militärische Kategorien begriffen.

Wirtschaftliche Entwicklungen sind nur insoweit wichtig, als sie zur nationalen Macht beitragen oder sie vermindern. Natürlich beschäftigen sich auch einige Vertreter des Realismus (vor allem die, die sich mit dem Niedergang von Mächten und Reichen auseinandersetzen) mit der Wechselwirkung zwischen Ökonomie und Politik. Doch während die Marxisten die Dys/Funktionalität der politischen Macht für den Kapitalismus betonen – wobei die Analyse auf das Kapitalverhältnis zielt –, gehen die Realisten gerade umgekehrt davon aus, daß die wirtschaftliche Entwicklung dys/funktional für die politische Macht ist – wobei die Analyse auf den Staat zielt.

Der marxistischen Tradition zufolge können die politischen Kämpfe und die Wandlungen des Staatensystems in letzter Instanz durch die Entwicklung des Kapitalismus erklärt werden. Allerdings läßt sich innerhalb der Theorie der internationalen Beziehungen nur schwer von einer marxistischen Tradition sprechen, weil es keine marxistische Theorie des Staates an sich gibt. Es gibt marxistische Theorien der internationalen Beziehungen (Lenin über den Imperialismus, Rosa Luxemburg über den Militarismus, Wallerstein über das Weltsystem), aber es handelt sich dabei nicht um Theorien über zwischenstaatliche Beziehungen. Das soll nicht heißen, daß der Marxismus keine Staatstheorien entwickelt hätte, doch wird in ihnen der Staat entweder als abhängige Variable behandelt, als neutrales Instrument der herrschenden Klasse, als »geschäftsführender Ausschuß der Bourgeoisie«, oder als »relativ autonom«, frei flottierend und somit nicht deutlich zu unterscheiden von dem, was die realistischen Theorien über den Staat sagen.

Die Marxisten definieren eine gegebene Gesellschaftsformation im Hinblick auf ihre Produktionsweise, also darauf, wie die allokativen Ressourcen reproduziert werden. Wichtig am marxistischen Ansatz ist die Analyse der gesellschaftlichen Verhältnisse und ihrer Reproduktion, d.h. der Begriff der Produktionsweise. Allerdings findet der Marxismus seine Schranken in der fast ausschließlichen Konzentration auf ökonomische Verhältnisse. Definiert man aber den Staat nicht als Institution, sondern als Reproduktionsweise autoritativer Ressourcen, als Ensemble gesellschaftlicher Verhältnisse, dann wird deutlich, daß es a priori keinen vernünftigen Grund dafür gibt, der Reproduktion einer bestimmten Art von Ressourcen, nämlich den allokativen oder materiellen, analytischen Vorrang einzuräumen. Der marxistische Ansatz ist für die Analyse des Kapitalismus im großen und ganzen brauchbar aufgrund der Dynamik der Produktionsverhältnisse – wobei man den Krieg als Impulsgeber für wirtschaftliche und politische Veränderungen nicht unterschätzen sollte. Doch wird die Unangemessenheit der marxistischen Staatstheorie deutlich, wenn andere Gesellschaftsformationen zur Debatte stehen. Gerade an der gegenwärtigen Epoche zeigt sich, daß der Marxismus die für Ost- und Mitteleuropa so typische Gesellschaftsformation nicht befriedigend zu analysieren vermag.

Ferner bleibt festzuhalten, daß zwischen dem Marxismus und dem klassischen Realismus viele Ähnlichkeiten bestehen. Der klassische Realismus, dessen Vertreter von Thukydides über Machiavelli und Hobbes bis zu Zeitgenossen wie E.H. Carr und Raymond Aron reichen, vertrat einen historischen Ansatz und beschäftigte sich mit der Thematik von Konflikt und Wandel. Die Marxisten stimmten mit den klassischen Realisten darin überein, die Gewalt für ein erstrangiges Instrument der Veränderung und, wie Marx es ausdrückte, für die »Geburtshelferin« einer neuen Gesellschaft zu halten. Die modernen Realisten, insbesondere die sogenannten Neorealisten,[10] verfahren in ihren Analysen sehr viel statischer; ihre Schlüsselbegriffe lauten »Balance«/»Gleichgewicht« und »Stabilität«. Hier findet sich eine

Parallele zur neoklassischen Wirtschaftstheorie, deren Untersuchungsgegenstand Firmen oder Unternehmer sind (ein abstrakter prototypischer Ansatz, der von E.H. Carr äußerst gering eingeschätzt wird[11]).

So wie die Unterscheidung zwischen Marxismus und Realismus aus der Trennung zwischen Politik und Ökonomie resultiert, so kann die Differenz zwischen Idealismus und Realismus aus der modernen Unterscheidung zwischen dem Zivilen und dem Militärischen abgeleitet werden. Die idealistische Tradition besitzt ihre Wurzeln in der politischen Philosophie des siebzehnten und achtzehnten Jahrhunderts (u.a. bei Locke, Rousseau, Kant) und beschäftigt sich mit der Konstruktion internationaler Friedensprojekte, mit demokratischen Methoden der Regulierung zwischenstaatlicher Beziehungen. Wenn, so wird argumentiert, eine Zivilgesellschaft auf nationalstaatlicher Ebene möglich ist, sollte dies auch auf internationaler Ebene zu schaffen sein.

Ich muß darauf hinweisen, daß diese Unterscheidung im Grunde nichts mit der Differenz von Idealismus und Realismus in Philosophie und Sozialwissenschaft zu tun hat.[12] In der Theorie der internationalen Beziehungen geht es vielmehr um die Differenz zwischen einem liberalen (»idealistischen«) Ansatz und einer konservativen (»realistischen«) *Realpolitik* [i.O. dt., d.Ü.]. In der Auslegung von E.H. Carr besitzt die Unterscheidung insofern einige Ähnlichkeit mit der philosophischen Differenzierung zwischen Realismus und Idealismus, als er die Idealisten für Utopisten hält, soll heißen, sie als Denker darstellt, die glauben, ihre Friedensvorstellungen könnten durch die Macht der Ideen allein erreicht werden. Im Gegensatz dazu bedeutet Realismus für Carr die Erkenntnis der Wirksamkeit von Machtstrukturen in den internationalen Beziehungen. Er wies die Möglichkeit friedfertigen Wandels nicht von sich, betonte aber, daß man an der Realität einer Welt von Nationalstaaten und nationalen Armeen nicht einfach vorübergehen dürfe.

Allerdings sind die Philosophen, die hinsichtlich der Theorie der internationalen Beziehungen als Idealisten gelten, nicht notwendigerweise philosophische Idealisten, vielmehr weicht ihre Interpretation der Realität von derjenigen E.H. Carrs ab. Ihr Interesse gilt der Konstruktion staatlicher Macht, dem Wesen des politischen Prozesses. Für gewöhnlich gehen Idealisten davon aus, daß die Staatsmacht in demokratischen Gesellschaften selbst dann nicht auf Gewalt beruht, wenn gewalttätige Methoden angewendet werden oder wenn der Staat einem gewaltsamen Akt (Revolution oder Krieg) sein Entstehen verdankt.[13] Im Endeffekt wird die Staatsmacht als ein Verhältnis behandelt, das reproduziert werden muß.

Die Realisten wiederum behandeln den Staat als einen Handlungsträger mit bestimmten Eigenschaften, zu denen z.B. die militärische Stärke gehört. Von daher zählen Einsichten in die Möglichkeit, zwischenstaatliche Beziehungen auf nicht-militärische Weise zu regeln, nicht zu ihren Stärken. Realisten reden bisweilen von einer internationalen Gesellschaft, meinen damit aber nur eine Gesellschaft von Staaten. Völker, innenpolitische Kämpfe oder transnationale Sozialbewegungen werden außer acht gelassen oder als kontingente Entwicklungen betrachtet. Und selbst wenn viele Realisten sich mit nichtmilitärischen Formen von Macht auseinandersetzen, fällt es ihnen doch schwer, die wachsende Ohnmacht militärischer Möglichkeiten im Nuklearzeitalter zur Kenntnis zu nehmen.

Der Ansatz, den ich hier vertrete, bezieht sich gleichermaßen auf die marxistischen und die idealistischen Traditionen. Die Analysemethode ist marxistisch. Sie betont die gesellschaftlichen Verhältnisse und die Art und Weise ihrer Re/Produktion. Sie steht damit in striktem Gegensatz zur Verdinglichung des Staates, d.h. zu einer Analyse, die den Staat als subjektive Entität auffaßt. Ebenso bezieht die Theorie des sozioökonomischen Wandels ihre Impulse aus dem Marxismus, ohne in Determinismus zu verfallen. Andererseits steht die Betonung innenpolitischer Prozesse und der Möglichkeit, durch sie und durch internationale Maßnahmen gewaltlose Veränderungen zu bewirken, in der idealistischen Tradition (ohne idealisierend *[idealistic]* zu sein). Bestimmte neue Merkmale der politischen Nachkriegsordnung können von den bisherigen Ansätzen in bezug auf eine Theorie der internationalen Beziehungen nicht angemessen erfaßt werden, weil diese Ansätze ihre Wurzeln in einer früheren geschichtlichen Epoche haben. Es bedarf also einer neuen Synthese.

Die Nachkriegsepoche

Nach 1945 trat an die Stelle des aus dem neunzehnten Jahrhundert stammenden europäische Staatensystems ein neues, weltumspannendes System. Die ganze Welt wurde in Nationen aufgeteilt und die Privilegien der einstigen Großmächte gingen über auf die Sowjetunion und eine außereuropäische Macht, die Vereinigten Staaten. Aus bestimmten Gründen (die im vierten Kapitel näher erläutert werden) ließe sich sagen, daß die sozialistischen Staaten ein eigenes System von Tributar- oder Satellitenstaaten bildeten. Nachdem das Staatensystem gewissermaßen seinen Höhepunkt erreicht hatte, begann es sich zu verändern und Merkmale aufzuweisen, die von den weiter oben beschriebenen in bedeutsamer Weise abweichen.

Zunächst wurde mit der russischen Revolution von 1917 und dem Aufstieg der Sozialdemokratie in Westeuropa nach dem Zweiten Weltkrieg die Scheidelinie zwischen Politik und Ökonomie erneut verwischt. Wichtige Segmente der Wirtschaft wurden vom Staat übernommen, oder, anders gesagt, wurden die für die Reproduktion allokativer Ressourcen typischen Verhältnisse ganz oder teilweise durch diejenigen ersetzt, die bisher für die Reproduktion autoritativer Ressourcen typisch gewesen waren. Die marxistische Theorie neigte zu der Annahme, daß diese Ersetzung kapitalistischer durch etatistische Verhältnisse, der Markt- durch die Planwirtschaft eine »fortschrittliche« Entwicklung sei. Diese Annahme entspringt indes einer unangemessener Interpretation staatlicher Verhältnisse. Ein militarisierter autoritärer Staat beruht auf primitiveren Zwangsformen als die Lohnarbeit sie darstellt, und gerade daran entzündet sich die liberale Kritik des Etatismus. Andererseits ist die Ersetzung ökonomischen Zwangs durch demokratisch-konsensuelle Verhältnisse ganz unzweideutig eine fortschrittliche Entwicklung.

Die Entwicklung des Etatismus hat bedeutsame Auswirkungen auf das Verhältnis zwischen dem politischen und dem wirtschaftlichen Wandel. In Gesellschaften, die praktisch keinen privatwirtschaftlichen Sektor kennen, vollzieht sich der wirtschaftliche Wandel fast ausschließlich als Ergebnis politischer Veränderung. Ein militarisierter autoritärer Staat neigt zur Stagnation und untergräbt so die Bedingungen für seine eigene Reproduktion. Für einen solchen Staat ist der Krieg ein wichtiger Mechanismus der Veränderung.

In den Ländern des Westens bildet der privatwirtschaftliche Sektor auch weiterhin einen erstrangigen und dynamischen Bestandteil der Gesellschaft. Dessen ungeachtet spielt der Staat eine zunehmend bedeutsamer werdende Rolle als Konsument (für *Welfare* oder für *Warfare,* für Wohlfahrt oder Krieg), als Versorger (der Infrastrukturen, Transportsysteme und Gesetzgebungen, Erziehung und Ausbildung, fiskalische und monetäre Regulierungsmechanismen etc. zur Verfügung stellt) und, in den westlichen Ländern, als Produzent. Von daher wird der wirtschaftliche Wandel in viel größerem Maße als früher durch staatliche Maßnahmen geprägt, gefördert oder behindert. Ob ein mehr oder weniger harmonischer Anpassungsprozeß im Rahmen des Möglichen liegt, hängt vor allem vom Charakter der Machtverhältnisse, von der Form der autoritativen Reproduktion ab. Ein Staat wie die USA z.B., in dem die Streitkräfte einen wichtigen Bestandteil des Staatsapparates bilden, kann nicht so schnell auf neuen gesellschaftlichen Druck reagieren wie ein weniger militarisierter Staat.

Ein wichtiges Kennzeichen der Nachkriegsepoche ist darin zu sehen, daß die entwickelten kapitalistischen Staaten innerhalb eines von den Vereinigten Staaten beherrschten militärisch-politischen Rahmens zur Regelung ihrer Beziehungen Formen entwickelten, die auf Konsens zielten. Organisationen wie das *Allgemeine Tarif- und Handelsabkommen* (GATT), der *Internationale Währungsfonds* (IWF) oder die *Europäische Wirtschaftsgemeinschaft* (EWG) waren in der Lage, die schärfsten ökonomischen Konflikte zwischen den entwickelten kapitalistischen Ländern (inklusive derer, die ihre Einflußsphären in der Dritten Welt respektierten) beizulegen. Die sowohl binnen- wie zwischenstaatlich sich vollziehende Entwicklung konsensueller Reproduktionsformen milderte die sozialen Auswirkungen der großen ökonomischen Restrukturierung, die die westlichen Länder in den achtziger Jahren durchgemacht haben. Dies bedeutete einerseits, daß die in diesem Zeitraum auftretenden Wirtschaftsprobleme der westlichen Länder – Massenarbeitslosigkeit, Umweltschäden, internationales ökonomisches Ungleichgewicht etc. – nicht in dem Sinne eine »Krise« darstellen wie die Ereignisse der dreißiger Jahre oder wie das, was jetzt in Osteuropa und der Dritten Welt geschieht. Andererseits hat die fortgesetzte politische Vorherrschaft der Vereinigten Staaten eine angemessene Reaktion auf diese Probleme bisher verhindert.

Aus dieser Argumentation lassen sich zwei Schlüsse ableiten. Erstens stellten sowohl die Wirtschaftskrise im Osten als auch die Wirtschaftsprobleme im Westen Krisen der Machtverhältnisse dar. Bei der Lösung dieser Probleme liegt der Schlüssel daher nicht im Widerspruch zwischen Markt und Staat (Kapitalismus vs. Sozialismus), sondern in der Form der staatlichen Verhältnisse – Konsens vs. Zwang, oder zivile vs. militärische Machtformen. Zweitens ist diese Frage der staatlichen Verhältnisse keine Frage des Ost-West-Verhältnisses, obwohl die Sowjetunion und die osteuropäischen Länder in der Nachkriegsepoche undemokratisch und stärker militarisiert waren. Vielmehr stellt sie sich auch im Westen.

Die zweite neue Eigenschaft, durch die die Nachkriegsepoche sich auszeichnete, bestand darin, daß sich Blöcke bildeten, die das Element des Militärischen noch weiter »nach außen« verlagerten. Die in die Nato oder den Warschauer Pakt integrierten Nationen behielten ihre eigenen Streitkräfte zwar bei, doch waren sie in die Kommandostrukturen der jeweiligen Allianz eingebunden. Selbst in Großbritannien und Frankreich, die ihr eigenes Potential an Nuklearwaffen besitzen und sich auf einseitige Interventionen in Drittweltländern eingelassen haben (Falklandinseln resp. Tschad) sind die Militärapparate in hohem

Maße von der technischen und infrastrukturellen Unterstützung seitens anderer Mitglieder der westlichen Allianz, und hier vor allem der Vereinigten Staaten, abhängig. Obwohl Blockstreitkräfte auch bei internen Konflikten (Ungarn/Tschechoslowakei) oder bei Konflikten zwischen einzelnen Blockmitgliedern (Griechenland vs. Türkei) eingesetzt wurden, bestand der vorgebliche Zweck der Streitkräfte darin, die Verteidigung gegen einen von außen kommenden Feind zu gewährleisten, und das war hauptsächlich (wenn auch nicht ausschließlich) der gegnerische Block.

Nato und Warschauer Pakt unterschieden sich von den Bündnissen des neunzehnten und den Kriegsallianzen des zwanzigsten Jahrhunderts vor allem dadurch, daß sie starr und institutionalisiert waren. Wie immer die Theorie beschaffen war, in der Praxis jedenfalls, in den Strategien, integrierten Kommandosystemen, Ausrüstungen, gemeinsam durchgeführten Manövern gab es innerhalb der Blöcke keine wirklich unabhängigen europäischen Streitkräfte. Einzelne europäische Länder bewahrten ihre Souveränität (im Sinne der gegenseitigen Anerkennung und der Regierungshoheit über ihre Staatsbürger), ohne daß sie einer nationalen Militärmacht bedurft hätten. Die britischen und französischen Nuklearstreitkräfte und imperialistischen Interventionen können nur als längst hinfällig gewordenes Festhalten an überkommenen Vorstellungen von nationaler Identität verstanden werden.

Die entwickelten Industrienationen erreichten – im Westen erfolgreicher als im Osten – die innere Befriedung durch die Förderung einer Blockidentität, die als »Blockdenken« *(blocism)* bezeichnet werden kann. Dadurch wurde der Nationalismus gesteigert oder bestenfalls verschoben. Rousseaus Hinweis auf die Ersetzung des privaten durch den viel grauenhafteren nationalen Krieg findet hier, auf einer anderen Stufe, erneute Bestätigung. Streitigkeiten zwischen und innerhalb von Nationen wurden auf den gegnerischen Block projiziert. Das Blockdenken nährte sich von abstrakten Idealen wie »Freiheit« und »Sozialismus«, nicht von Geschichte, Kultur oder Rasse und schien von daher fortschrittlicher zu sein.

Der Aufstieg des Blockdenkens wurde von Kriegsvorbereitungen begleitet, wie man sie zuvor in »Friedenszeiten« noch nie erlebt hatte. Die Integration der Streitkräfte umfaßte den Aufbau eines (schwerfälligen) Gesamtstabes, gemeinsame Übungen, Trainingslager etc. Das wissenschaftliche und technologische Wachstum verlangte die Besetzung von Laboratorien und Teststrecken, man benötigte Fabriken und Personal, und so entstand ein technologischer Rüstungswettlauf, der schließlich zu einem unglaublichen Vernichtungspotential führte.

Blockdenken und fortwährende Kriegsvorbereitungen – das waren die Hauptbestandteile eines imaginären Krieges, der in viel höherem Maße als seine Vorgänger alle Lebensbereiche durchdrang. Man könnte sagen, daß die entwickelten oder halbentwickelten Industrienationen sich gegen die wirkliche Gewalt und Armut der übrigen Welt abschirmten. Es hat viele gewalttätige Übergriffe auf Länder der Dritten Welt gegeben (vordringliche Beispiele sind Vietnam und Afghanistan) und es ließe sich behaupten, daß ihr Zweck darin lag, dem imaginären Krieg Substanz zu verleihen, die Wahrnehmung militärischer Macht zu stärken. (Das Scheitern dieser Unternehmungen hat mitgeholfen, den imaginären Krieg zu untergraben.) Diese Demonstrationen militärischer Macht fanden außerhalb der von Robin Luckham so genannten »Quarantäne des Kalten Krieges« statt, die das Blocksystem kennzeichnete.[14]

Der Begriff des imaginären Krieges sollte unterschieden werden von der Theorie der Abschreckung. Wenn man argumentiert, daß die Abschreckung den Frieden in Europa bewahrt hat, so geht man von der Annahme aus, der einzig mögliche Konflikt könnte zwischen den Blöcken stattfinden. Der Begriff des imaginären Krieges setzt voraus, daß die Angst vor einem äußeren Feind dazu benutzt wird, um mit Konflikten *innerhalb* eines Blocks fertig zu werden. Die Integration der Streitkräfte verhindert oder verringert die Gefahr nationaler oder innenpolitischer Konflikte. Daß es keinen Krieg innerhalb eines Blocks gegeben hat, erklärt sich daraus, daß ein Konflikt zwischen den Blöcken nicht stattfand oder unwichtig war.

Muß es überhaupt Blöcke geben? Vielleicht ist die gegenwärtige politische Übergangssituation nur ein Meilenstein auf dem Weg zur Reorganisierung des Blocksystems, ein Vorspiel zur weltweiten Neuordnung der Blöcke. Es gibt Zukunftsszenarios, die eine Welt von konkurrierenden Blöcken (USA, Westeuropa oder besser: Deutschland, Japan) vorsehen. Auch die Sowjetunion (und China) könnte einen Block bilden, ebensogut aber wäre es möglich, daß sich ganz Osteuropa auflöst und in nationale und Bürgerkriege zurückfällt. Was ehemals als Blockfeind galt, wird dann auf die Fanatiker und Fundamentalisten der blockfreien Welt verschoben. Ein solches Szenario würde auch die Umverteilung der Macht zwischen den entwickelten Industrienationen mit sich bringen, so daß die Wirtschaftsprobleme des Westens für eine gewisse Zeit gelöst werden könnten. Allerdings wäre damit nicht nur das Risiko verbunden, daß imaginäre Kriege (fehlerbedingt) zur Wirklichkeit werden könnten, sondern es würde sich auch die Aussicht auf periodisch auftretende ökonomische »Krisen« eröffnen, die aus der Starrheit des Blockstaatenssystems herrühren.

Andererseits könnte das Blocksystem auch eine Staatsform im Übergang sein, so wie der Absolutismus den Übergang vom traditionellen zum Nationalstaat markierte.

Blockbildung und Etatismus hängen aufs engste mit Militarismus und Unbeweglichkeit zusammen, aber sie sind auch Vorboten einer nicht-militärischen Regulierung zwischenstaatlicher Beziehungen, deren Vorläufer wiederum die nicht-militärische Regulierung innerstaatlicher Beziehungen war. In einem gewissen Ausmaß hat die Herausbildung einer Blockidentität auch die Entwicklung einer öffentlichen Meinung innerhalb des Blocks begünstigt, was z.B. an der Entstehung der westlichen Friedensbewegung zu Beginn oder der osteuropäischen Demokratiebewegung gegen Ende der achtziger Jahre deutlich geworden ist. Damit wird die Möglichkeit eines künftigen internationalen Systems sichtbar, das zwar immer noch durch Ungleichheit und Anarchie geprägt ist, in dem jedoch der militärischen Macht bei der Bewältigung von Konflikten keine tragende Rolle mehr zukommt. Das Blocksystem muß, mit anderen Worten, durchaus nicht als mehr oder weniger dauerhafter Charakterzug der Weltpolitik begriffen werden, sondern es könnte der Vorbote des Übergangs vom System der Nationalstaaten zu einer internationalen Zivilgesellschaft sein.

Anmerkungen

1 Anthony Giddens, *A Contemporary Critique of Historical Materialism,* Bd. 1: *Power, Property and the State* (Macmillan, 1981) und Bd. 2: *The Nation-State and Violence* (Polity, 1985). Die in diesem Kapitel vorgetragene Beschreibung des Staates sollte nicht mit Giddens' Analyse verwechselt werden. Obwohl ich mich in hohem Maße auf sein Werk beziehe, gibt es doch Unterschiede im Hinblick auf die Rolle der militärischen Macht und auf das Verhältnis von Autorität und Reproduktion. Hier weicht meine Interpretation von Giddens' Analysen ab, ohne unvereinbar mit ihnen zu werden.

2 Martin Wight, *The System of States* (Leicester University Press, 1977).

3 Ganz ähnlich wird der Terminus *Regulation* von der sogenannten Regulationsschule in Frankreich benutzt. Vgl. Michel Aglietta, *Régulation et crises du capitalisme. L'Expérience des Etats-Unis* (Paris 1976). Die Regulationisten kennzeichnen unterschiedliche Phasen der kapitalistischen Entwicklung im Hinblick auf unterschiedliche Formen der Regulation.

4 Vgl. Claus Offe, *Contradictions of the Welfare State* (Hutchinson, 1984).

5 Die Liberalen des frühen neunzehnten Jahrhunderts hielten die Annexion von Gebieten, ob nun in Europa oder anderswo, für eine rückwärtsgewandte und defensive Form politischer Expansion. Natürlich spielte diese Art der territorialen Ausdehnung bei der Bildung von Nationalstaaten immer noch eine wichtige Rolle, wie sich aus den europäischen Kriegen in der Mitte und am »Wettlauf um die Kolonien« gegen Ende des neunzehnten Jahrhunderts sowie

am deutschen Irredentismus des zwanzigsten Jahrhunderts ablesen läßt. Doch war die Annexionspolitik nicht länger eine notwendige Bedingung der wirtschaftlichen Expansion. In der Nachkriegsepoche kann die Entkolonisierung als Herausbildung eines erdumspannenden Staatensystems und von daher als eine Form der internationalen Integration gesehen werden. 1833 schrieb Macauley: »Es wäre, in unserem ureigensten Interesse, sehr viel besser für uns, wenn die Völker Indiens gut regiert würden und unabhängig von uns wären, als schlecht regiert und unsere Untertanen; wenn sie ihre eigenen Könige hätten, dafür aber Gewänder aus unseren Stoffen trügen und mit den bei uns gefertigten Messern und Gabeln speisten, statt sich vor englischen Steuereintreibern und Beamten zu verneigen und gleichzeitig zu ungebildet oder zu arm zu sein, um englische Güter wertschätzen oder kaufen zu können. Es ist unendlich lohnender, mit zivilisierten Menschen Handel zu treiben, als Wilde zu regieren.« (Zit.n. James Kurth, »The political consequences of the product cycle: industrial history and political outcomes«, *International Organisation*, Winter 1979, S. 10.)

6 Dieser Punkt ist von Webers Definition des Staates abgeleitet. »*Staat* soll ein politischer *Anstaltsbetrieb* heißen, wenn und insoweit sein Verwaltungsstab erfolgreich das *Monopol legitimen* physischen Zwangs für die Durchführung der Ordnungen in Anspruch nimmt.« (Max Weber, *Wirtschaft und Gesellschaft*, 5. rev. Aufl., bes. von J. Winckelmann, J.C.B. Mohr, Tübingen, 1985). Im Gegensatz zu Weber hält Giddens diese Definition nur für den modernen Staat für zutreffend. Sie umfaßt sowohl das Monopol über die Gewaltmittel als auch die staatliche Gewaltanwendung zur Durchsetzung von Ordnung. Für den Aufstieg des modernen Staates war die Beseitigung gesetzlich ungeregelter Formen organisierter Gewalt innerhalb des Staatsterritoriums von großer Bedeutung – darauf zielt das Gewaltmonopol ab. Natürlich sind auch alle modernen Staaten bis zu einem gewissen Ausmaß gewalttätig. Wenn aber die Beseitigung von wilden Formen der organisierten Gewaltausübung eine notwendige Grundlage für die Herrschaft des modernen Staates darstellt, gilt dies dann auch für die staatliche Gewaltanwendung zur Erzwingung der Ordnung? Es gibt moderne Staaten, die gewalttätige Formen der Bestrafung weitgehend beseitigt haben und deren Autorität durch Gewaltanwendung untergraben werden könnte. Dieser Punkt ist von Bedeutung, will man den Demokratisierungsprozeß in Osteuropa begreifen oder mögliche neue Formen politischer Ordnung durchdenken.

7 Giddens, *Nation-State*, S. 192.

8 Vgl. Michael Howard, »The concept of peace«, *Encounter*, 61:4, Dez. 1983.

9 Jean-Jacques Rousseau, *Auszug aus dem Plan eines ewigen Friedens des Herrn Abbé Saint-Pierre,* in: ders., *Kulturkritische und politische Schriften*, hg. von Martin Fontius. 2 Bde. Rütten & Loenig, Berlin, 1989. Das Zitat in Bd. 2, S. 8.

10 Eine ausgezeichnete Analyse der Unterschiede zwischen klassischem Realismus und Neo-Realismus findet sich bei Robert W. Cox, »Social forces, states, and world orders: beyond international relations theory«, in Robert Keohane (Hg.), *Neorealism and its Critics* (Cambridge University Press, 1986).

11 E.H. Carr, *The Twenty Years' Crisis* (Macmillan, 1940).

12 Der philosophische Idealismus beschäftigt sich mit der Bedeutung von Ideen in der oder für die Naturwissenschaft oder Geschichte: ob »Tatsachen« lediglich Konstruktionen des Menschen oder Ideen die Handlungsträger geschichtlichen Wandels sind, wie etwa Hegel annimmt. Im Gegensatz zum Idealismus erkennen die verschiedenen Versionen des Realismus eine von den Ideen

unabhängige Wirklichkeit an (wie etwa die Natur oder die gesellschaftlichen Strukturen), im Gegensatz zum Empirismus oder zum historischem Determinismus bekräftigen sie jedoch die Bedeutung von Ideen für die Interpretation oder Transformation der Realität. Philosophisch gesprochen wäre der Ansatz meines Buches also eher realistisch als idealistisch oder deterministisch. Vgl. Roy Bhaskar, *Reclaiming Reality* (Verso, 1989).

13 Das Argument, Demokratie könne nicht in internationalem Maßstab reproduziert werden, setzt voraus, daß *entweder* die Demokratie in einem Nationalstaat eine ausschließliche und ausschließende Identität erfordert, mithin auf einem sozialen Zusammenhalt beruht, der nur durch einen äußeren Feind bewirkt werden kann, *oder* einige Gesellschaften aus rassischen, kulturellen oder wirtschaftlichen Gründen ihrem Wesen nach gewalttätig sind. Aus dem ersten Argument könnte man eine weitere idealistische Position ableiten – daß nämlich eine ausgrenzende Identität eine Form des ideologischen Zwangs ist, mit dessen Hilfe eine unpopuläre Politik verdeckt werden soll. Eine wahrhaft demokratische Gesellschaft beruht auf Konsens und benötigt von daher keinen Feind.

14 Robin Luckham, »Operation El Dorado Canyon: globalising the cold war«, in E. P. Thompson, Mary Kaldor u.a., *Mad Dogs: The US-Raids on Libya* (Pluto, 1986).

Teil II: Der Kalte Krieg

3 Wo liegen die Ursprünge des Kalten Krieges?

Der Ausdruck »Kalter Krieg« wurde zuerst von Bernard Baruch im Jahre 1947 verwendet und bezieht sich für gewöhnlich auf den Ost-West-Konflikt im allgemeinen. Ich verwende den Begriff in einem etwas eingegrenzteren Sinn zur Bezeichnung der konfliktreichsten Ausprägung des imaginären Krieges, im Unterschied zur Entspannung, die in stärkerem Maße auf Kooperation beruht. Dieser Teil des Buches behandelt den Zeitraum von 1947 bis zur Mitte der sechziger Jahre, also jene Periode, in der die Blöcke sich formierten und die Ideologien des Ost-West-Konflikts institutionalisiert wurden. (Manche würden behaupten, daß der so definierte Kalte Krieg nur von 1947 bis 1953 gedauert habe.)

Die Periode des Kalten Krieges war wahrscheinlich die gefährlichste Phase des imaginären Krieges, weil hier eine tatsächliche militärische Auseinandersetzung in greifbare Nähe gerückt schien. Beide Seiten testeten die Grenzen ihrer Systeme, erprobten, wie weit sie gehen konnten, tasteten sich vor zu Regeln und Normen, an denen sie ihr Verhalten ausrichten konnten. Dulles, der damals Eisenhowers Außenminister war, sprach von einer »Politik am Rande des Abgrunds«.[1]

Die meisten Untersuchungen des Kalten Kriegs in seiner allgemeinen Bedeutung sind historisch orientiert und stammen größtenteils aus den Vereinigten Staaten. Sie konzentrieren sich auf die Ursprünge des Kalten Kriegs in den vierziger Jahren sowie auf die Interessen, Motive und Neigungen der politischen Schlüsselpersonen jener Periode. Sie gehen zumeist von der Voraussetzung eines grundlegenden Konflikts zwischen Ost und West aus und scheinen ihre Hauptaufgabe darin zu sehen, der einen oder der anderen Seite die Verantwortung in die Schuhe zu schieben. Grundsätzlich sind sie offenbar an der Frage interessiert, wer den Kalten Krieg begonnen hat.

Mein hauptsächliches Interesse ist anders gelagert. Es liegt in der Natur der Sache, daß Politiker nicht vollkommen sind. Die Realität der Macht ist ihnen ebensowenig von vornherein durchsichtig wie die Folgen irgendeiner Politik oder einer bestimmten Maßnahme. Allerdings haben manche ein besseres Gespür dafür, was zu tun oder zu lassen sei, als andere. Was sie erreichen, ist zumeist sehr verschieden von dem, was sie anstrebten. Die Politik, ich sagte es bereits im vorigen Kapitel, ist eine Art Experiment. Eine Politik ist erfolgreich, wenn sie von Dauer ist, wenn sie zumindest aus der Perspektive der herrschenden Institutionen für Stabilität sorgt, wenn sie der Wiederholung für wert befunden wird.

Und genau in dieser Hinsicht muß das Verhältnis zwischen Politik und Ökonomie sowie zwischen Innen- und Außenpolitik verstanden werden. Definiert man den Staat als Ensemble von Verhältnissen für die autoritative Reproduktion, so liegt darin die Konzentration auf die Innenpolitik beschlossen, d.h. auf einen Prozeß, in dem die innenpolitischen Institutionen des Staates gestützt und reproduziert werden. Wenn man diesen Prozeß verstehen will, muß man verschiedene Faktoren berücksichtigen: die internen Strukturen der Regierung (also etwa das Verhältnis zwischen Exekutive und Legislative, die internen Auseinandersetzungen in der Bürokratie, die Parteipolitik, die Rolle des Militär- oder Polizeiapparates), das Verhältnis zwischen Staat und Gesellschaft (wie etwa Wahlen oder Polizeigewalt) und die Beziehungen zu anderen Staaten. Ökonomische Faktoren und außenpolitische Interessen werden durch diesen innenpolitischen Prozeß vermittelt.

Politiker mögen ökonomische Motivationen besitzen, die sich in »großen Plänen« oder simpler Habgier niederschlagen können; wichtig aber ist, wie ihre Politik die ökonomischen Bedingungen, in denen der Staat arbeitet, beeinflußt, ob Ressourcen freiwerden, die die Durchführung dieser Politik ermöglichen, ob die Bedürfnisse der Bürger befriedigt werden und so die Legitimität der Politik vergrößert wird. Im großen und ganzen kann in Perioden wirtschaftlichen Wachstums eine größere Anzahl von miteinander konkurrierenden gesellschaftlichen Bedürfnissen befriedigt werden, und von daher ist eine Politik, die das ökonomische Wachstum fördert, zumeist erfolgreich. Auch wenn sich diese Auffassung in der Nachkriegsepoche allgemein durchgesetzt hat: zwingend notwendig ist der Zusammenhang nicht. Aus Sicht der herrschenden Gruppe zählt vor allem ihr eigenes Überleben und nicht das Wohlergehen der Gesamtgesellschaft, obwohl dieses, gerade wenn es sich um Demokratien handelt, möglicherweise zum Überleben der herrschenden Gruppe beiträgt. (Allerdings muß das Wohlergehen der Gesamtgesellschaft nicht notwendigerweise Randgruppen mit einschließen.)

Eine ähnliche Argumentation kann im Hinblick auf außenpolitische Fragen vorgetragen werden. Wichtig sind nicht die Theorien und Strategien, die von Politikern hinsichtlich der internationalen Situtation entworfen und verfochten werden; was zählt, ist die Art und Weise, in der die Beziehung zu anderen Staaten direkt oder indirekt auf den innenpolitischen Prozeß Einfluß nimmt (z.B. durch Krieg, gegenseitige ökonomische Abhängigkeit oder durch institutionelle Bindungen und Bündnisse), und wie diese Beziehung von den unterschiedlichen Gruppierungen, die am innenpolitischen Prozeß beteiligt sind, wahrgenommen wird. Mithin wird eine Außenpolitik dann erfolgreich (d.h. wiederholbar) sein, wenn sie mit einer Vielzahl von innenpolitisch bestimmten Wahrnehmungen übereinstimmt, die durch das tatsächliche Verhalten anderer Staaten beeinflußt sein können (aber nicht müssen).

Vor dem Hintergrund dieser Erwägungen liegt mein hauptsächliches Interesse also darin, zu erkunden, warum die grundlegenden Elemente des Ost-West-Konflikts – die militärische Konfrontation, die feindselige Rhetorik, die Spiele der Diplomatie und der Spionage – so dauerhaft gewesen sind, warum die während der Periode des Kalten Krieges entstandenen Strukturen und Institutionen reproduziert wurden, warum es so schwierig war, Politikformen durchzusetzen, die sich von denen des Kalten Krieges grundlegend unterscheiden. Weniger wichtig als die Frage nach dem Ausgangspunkt des Kalten Krieges ist das Problem, warum er fortgesetzt wurde.

Während des Zweiten Weltkriegs wurden sehr unterschiedliche politische Modelle für die Nachkriegszeit entworfen. Roosevelt und die Befürworter des *New Deal* vertraten eine idealistische Vision, die ihren Ausdruck in der Atlantik-Charta fand: weltweite kollektive Sicherheitsvorkehrungen und ein internationaler Wirtschaftsliberalismus sollten die Selbstbestimmung der Völker gewährleisten. Die europäischen Widerstandsbewegungen hofften auf ein vereinigtes sozialistisches Europa, aus dem nationalistische und imperiale Ansprüche für immer verbannt sein würden. Und Churchill und Stalin träumten, jeder auf seine Weise, von einem relativ harmonischen Verhältnis zwischen den konkurrierenden Einflußsphären – dem amerikanischen, russischen und britischen Empire. Diese Ziele oder Erwartungen wurden nicht zur Gänze erfüllt, obwohl das internationale politische System kurz vor dem Einsetzen des Kalten Krieges und dann noch einmal während der Entspannungsperiode der Vorstellung der verschiedenen Einflußsphären sehr nahe kam. Wie konnte es also geschehen, daß Truman und Stalin Ende der vierziger Jahre auf eine Formel stießen, die die internationale Politik in größerem oder geringerem Ausmaß über vierzig Jahre lang beherrschte?

Obwohl die Antwort darauf nicht in der Ursprungsgeschichte des Kalten Krieges liegt, ist die Diskussion über den Ursprung insofern lehrreich, als sie verdeutlicht, wie weit die Auffassungen der Historiker über die Art des zugrundeliegenden Konflikts voneinander abwichen. So wie die Politiker niemals genug wissen, um die Auswirkungen einer bestimmten Politik oder eines Plans vollständig einschätzen zu können, so sind die Historiker außerstande, die ganze Geschichte einer Kette von Ereignissen zu erzählen. Ihre Auswahl wird durch die Vorannahmen über die Geschichte bestimmt, die sie erzählen wollen. Diese Vorannahmen können sich als falsch erweisen, wenn sie durch die faktischen Materialien nicht bestätigt werden. Aber es kann niemals ein Beweis für ihre Richtigkeit geführt werden, weil es immer noch unentdeckte oder verlorene Materialien geben mag. Oder sagen wir, richtig wären die Vorannahmen dann, wenn man erzählen könnte, was wirklich geschehen ist – was schon physisch unmöglich wäre, weil es dazu so viel Zeit brauchte, wie die Ereignisse selbst gedauert haben. Und eine Einzelperson kann ohnehin nur einen Teil dessen erfahren, was insgesamt geschehen ist. Sicherlich können einige Historiker richtiger liegen als andere, weil sie genug Tatsachen anführen, die sich mit ihrer Geschichte im Einklang befinden. Aber es gibt immer die Möglichkeit alternativer Interpretationen.

Von daher liegt die Stärke der Geschichte, die jeder Historiker zu erzählen hat, entweder in dem ihr zugrundeliegenden Interesse oder vielleicht in ihrer ästhetischen Qualität oder ihrer Kraft, mit der sie gegenwärtige politische Haltungen zu bestätigen oder zu widerlegen vermag. Was die Ursprünge des Kalten Krieges angeht, so ist offensichtlich der letztere Punkt von Bedeutung, und von daher sind einige Bemerkungen über die diesbezügliche Diskussion eine notwendige Prämisse für eine Analyse der Epoche des Kalten Krieges.

Orthodoxie, Revisionismus und Postrevisionismus

Wenn man der einen oder der anderen Seite die Verantwortung für den Kalten Krieg zuweist, geht man von einer nicht-deterministischen Geschichtsauffassung aus, die unterstellt, daß in bestimmten Momenten ein anderes Verhalten zu einem anderen Resultat geführt hätte. Ein Großteil der Literatur über die Anfänge des Kalten Krieges konzentriert sich auf die letzten Jahre des Zweiten Weltkriegs. Einige historische Darstellungen beginnen aber bereits mit der bolschewistischen Revolution von 1917.[2] Aus der Perspektive verpaßter Gelegenheiten mag dies sogar eine angemessenere Zeitrechnung darstellen. So ließe sich etwa behaupten, daß gerade die westliche Intervention in den russischen Bürgerkrieg von 1918 bis 1921 den Kriegskommunismus hervorbrachte, der das Modell für das spätere System des Stalinismus abgab.[3] In anderer Hinsicht könnte die Schuld für den Kalten Krieg den Befürwortern der Appeasement-Politik zugewiesen werden. Hätten sich Großbritannien und Frankreich den Bemühungen des sowjetischen Außenministers Litvinov (der nach 1934 auch die Sowjetunion im Völkerbund vertrat) um gemeinsame Sicherheitsvorkehrungen angeschlossen und eindrucksvoll auf die italienische Invasion in Abessinien sowie auf Hitlers Besetzung des Rheinlands reagiert, so wäre der Zweite Weltkrieg vielleicht vermieden worden. Rußland hätte die im Vertrag von Brest-Litowsk vereinbarten Grenzen respektiert, und es hätte eine von Wilson inspirierte internationale Politik entstehen können.

Wie dem auch immer sein mag: die Normalversion dieser Geschichte beginnt mit den vierziger Jahren und wird zumeist von Amerikanern erzählt. Es gibt einige europäische Darstellungen,[4] aber der größte Teil der in Europa geführten Diskussionen über den Kalten Krieg ist von seinem Ansatz her weniger historisch als analytisch orientiert.[5] Grob gesagt existieren drei verschiedene Arten von Geschichtsschreibung:[6] die orthodoxen Versionen, die anfänglich nur in den Verlautbarungen und Memoiren von Politikern auftauchten;[7] die revisionistischen Versionen, die während und nach dem Vietnamkrieg Zustimmung fanden;[8] und die selbsternannten post-revisionistischen Versionen,[9] die in den siebziger Jahren und zu Beginn der Achtziger auftauchten. Letztere wären jedoch, wie ich noch begründen werde, genauer als neo-orthodoxe Versionen zu beschreiben.[10]

Die orthodoxe Version beschäftigt sich vor allem mit den vierziger Jahren und der Besetzung Osteuropas durch Stalin. Sie geht davon aus, daß der Westen, nachdem die Rote Armee sich erst einmal in diesen Gebieten festgesetzt hatte, nicht viel mehr tun konnte, als die weitere Expansion aufzuhalten. Eindämmungspolitik, Marshall-Plan und Nato-Gründung sind, so die Schlußfolgerung, Ergebnisse der Stalinschen Politik der vierziger Jahre. Die orthodoxe Geschichtsschreibung betont den Charakter des stalinistischen Systems und Stalins grundlegende Unsicherheit, aus der das Bestreben nach einem Sicherheitskordon erwuchs, wobei natürlich die obsessive Idee der Verteidigung in Expansionismus umschlagen kann. Weniger ausgefeilte Varianten dieser Theorie, die vor allem auf dem Höhepunkt des Kalten Krieges zu Beginn der fünfziger Jahre florierten, setzten letztlich alle totalitären Systeme einander gleich und gingen davon aus, daß Stalin ebenso wie Hitler einen Gesamtplan verfolgte.[11] Einige Vertreter der orthodoxen Version behaupten, es sei der Toleranz der Engländer und Amerikaner und dem Versäumnis, rechtzeitig eine zweite Front zu eröffnen, zuzuschreiben, daß Stalin seinen Einfluß auf Osteuropa unwidersprochen habe ausdehnen können. Litvinov sagte 1945 in einem Interview zu Edgar Snow: »Warum habt ihr Amerikaner bis jetzt damit gewartet, uns auf dem Balkan und in Osteuropa entgegenzutreten? [...] Ihr hättet es drei Jahre eher tun sollen. Jetzt ist es zu spät und eure Klagen wecken hier nur Mißtrauen.«[12]

Die revisionistische Version erzählt eine ganz andere Geschichte. Sie konzentriert sich auf den Zeitraum unmittelbar nach dem Zweiten Weltkrieg und geht davon aus, daß zu diesem Zeitpunkt eine Übereinstimmung über den Status von Deutschland und über einen Truppenabzug aus Mitteleuropa möglich gewesen wäre. Doch habe eine Reihe von amerikanischen Maßnahmen eine solche Übereinstimmung verhindert und die Teilung Europas besiegelt. Zu diesen Maßnahmen gehöre der Marshall-Plan, die Truman-Doktrin von 1947, die westdeutsche Währungsreform und später (nach der Blockade von Berlin) die Verabschiedung des Grundgesetzes, die den westdeutschen Staat konstituierte, ferner die Gründung der Nato und die ihr folgende militärische Aufrüstung. Die Weigerung, Osteuropa wirtschaftlich zu unterstützen, die Handelsembargos, die feindselige Atmosphäre: all dies habe Stalin dazu gezwungen, die Kontrolle über Osteuropa zu verschärfen und eine gleichermaßen feindselige Haltung einzunehmen.

Die revisionistische Geschichtsschreibung erklärt das US-amerikanische Verhalten aus der inneren Dynamik der amerikanischen Gesellschaft. William Appleman Williams war der erste revisionistische Historiker, der den Kalten Krieg mit der These von der *American frontier* in Verbindung brachte, d.h. mit der Vorstellung, der politische Zusammenhalt und die Stabilität Amerikas rühre von der fortwährenden Möglichkeit der Ausdehnung nach Westen her. Als man die Pazifikküste erreicht habe, hätte die US-Wirtschaft nach Übersee expandieren müssen, und genau dies war der Anlaß für die in den neunziger Jahren des vorigen Jahrhunderts gepflegte »Politik der offenen Tür«. Nationale ökonomische Konkurrenzkämpfe der dreißiger Jahre, insbesondere die Schaffung des Sterling-Blocks (1931) führten zu einer neuen Version dieser Politik: der *New Deal* baute auf einen internationalen Wirtschaftsliberalismus, der in der Atlantik-Charta festgeschrieben wurde und ebenso in Bedingungen enthalten war, die mit Lend-Lease-Verträgen und darauf folgenden amerikanischen Krediten zusammenhingen. Diese Konzeption wurde jedoch durch die während der letzten Kriegsjahre in Europa sich ausbreitenden sozialistischen Ideen und Bewegungen vereitelt. Von daher war das Nächstbeste, die sozialistischen Staaten aus dem Staatensystem hinauszuwerfen, um den

Wirtschaftsliberalismus mit dem Rest der Welt zu verwirklichen. Der Marshallplan und hohe Militärausgaben halfen gleichermaßen bei der Ausdehnung der amerikanischen Märkte.

Die postrevisionistische Version nimmt vor allem die frühen und die späten vierziger Jahre ins Visier und schreibt beiden Seiten ein gewisses Maß an Verantwortlichkeit zu. Man beklagt die exzessive Militarisierung, die den Kalten Krieg begleitete, sieht aber keine Alternative zum Gleichgewicht der Mächte und der Koexistenz unterschiedlicher Einflußsphären. John Lewis Gaddis vertritt diese Position in seinem Aufsatz »Der lange Friede« und zieht den Schluß, daß die zukünftige Geschichtsschreibung rückblickend »unsere Epoche gar nicht als die des 'Kalten Krieges' betrachten wird, sondern eher, wie die Zeitalter Metternichs und Bismarcks, als einen seltenen und der Erinnerung teuren 'Langen Frieden'«.[13] Und Daniel Yergin beendet seine ebenso faszinierende wie detaillierte Untersuchung über die diplomatischen und bürokratischen Verwicklungen der Periode mit einem Plädoyer für Entspannung im Sinne einer unsicheren, aber etwas weniger gefährlichen Koexistenz im Rahmen des Gleichgewichts der Mächte.[14]

Die Postrevisionisten neigen dazu, zwischen Roosevelt und Truman einen scharfen Trennungsstrich zu ziehen; Yergin spricht in diesem Zusammenhang von den Axiomen von Jalta und Riga. Roosevelt verfolgte damals eine Politik der Kooperation mit Stalin, die die gegenseitige Anerkennung der jeweiligen Einflußsphären vorsah.[15] Truman brach mit dieser Politik und fuhr einen offenen Konfrontationskurs. Offensichtlich gehen die Postrevisionisten davon aus, daß die Periode des Kalten Krieges, der Konfrontation, hätte vermieden werden können und daß die Fortsetzung der Politik Roosevelts zu einer mehr oder weniger dauerhaften Entspannung geführt haben würde.

Von sich selbst behaupten die Vertreter des Postrevisionismus, sie stünden den Ansichten des späten George Kennan nahe, dem für gewöhnlich die Doktrin der Eindämmung *(containment)* zugeschrieben wird. Sie war das Ergebnis des berühmten »langen Telegramms« an Truman im Jahre 1946, als Kennan Botschaftsrat in Moskau war und verdankt sich zudem einem mit »X« signierten (d.h. anonym veröffentlichten) Artikel, der 1947 in der Zeitschrift *Foreign Affairs* erschien. Kennan hat später verdeutlicht, daß er die Eindämmungspolitik nicht als militärische Antwort auf die sowjetische Bedrohung verstanden wissen wollte. Er ging vielmehr davon aus, daß diese Bedrohung politischer und nicht militärischer Natur war.[16] Er unterstützte den Marshall-Plan und die Truman-Doktrin (nicht aber die universalistische Sprache, in der letztere sich ausdrückte), weil er glaubte, daß die kommunistische Bedrohung unter anderem durch Wirtschaftshilfe für Westeuropa und Militärhilfe für Griechenland und die Türkei bekämpft werden könne. Doch hatte er Bedenken hinsichtlich der Währungsreform in Westdeutschland und opponierte gegen die Bildung der Nato, weil er glaubte, daß diese Maßnahmen jede Möglichkeit zunichte machten, die Teilung Europas irgendwann einmal durch Verträge oder Übereinkommen zu überwinden.

Aus meiner eigenen – europäisch geprägten – Sichtweise sind sowohl die orthodoxen als auch die revisionistischen Versionen zur Teil richtig. So könnte die orthodoxe Theorie darin recht haben, daß der Westen nach der sowjetischen Besetzung Osteuropas nicht mehr viel tun konnte, um die kommunistische Machtübernahme in diesen Ländern zu verhindern. Obwohl bürgerliche Parteien sich noch bis zum Winter 1947/48 an Koalitionsregierungen beteiligten, übernahmen die Kommunisten schon sehr früh die jeweiligen Innenministerien und die Kontrolle über den Parteiapparat. Sie wurden auch – vermutlich auf Weisung von Moskau hin – die stärkste Triebkraft im Prozeß des Wiederaufbaus. Aus vielen Gründen, die mit der für das stalinistische System charakteristischen Unsicherheit und Paranoia zusammenhingen, war es so gut wie ausgemacht, daß die Sowjetunion früher oder später direktere Kontrollmechanismen bedienen würde.

Andererseits gab es für den Westen keinen zwingenden Grund, auf die Besetzung Osteuropas mit dem Feldgeschrei der Truman-Doktrin oder der Formierung der Nato zu antworten. Die von den Revisionisten für die amerikanische Konfrontationspolitik vorgetragene Erklärung ist ungleich überzeugender. Darüber hinaus hat das Versäumnis, den osteuropäischen Ländern Wirtschaftshilfe aus rein humanitären Gründen (ohne politische Bedingungen)[17] zu gewähren, im Zusammenhang mit den späteren Handelsembargos den Prozeß der Stalinisierung unzweifelhaft beschleunigt und einer möglichen eigenständigen Entwicklung weniger Spielraum gelassen. Diese Ansicht war damals in Europa weitverbreitet und kann durch einen polnischen Witz veranschaulicht werden, der im Frühjahr 1947 in Umlauf war: »Was ist rot und frißt Gras?« Antwort: »Wir, im nächsten Jahr.« So trugen denn die Bildung der Nato, die militärische Aufrüstung und all die großen und kleinen Begleitumstände der ersten Nachkriegsjahre zweifellos dazu bei, Stalins Größenwahn noch zu vermehren und verschafften ihm die geeignete Legitimation für das Vorgehen der Sowjets in Osteuropa.

Paradoxerweise steht diese Interpretation den orthodoxen wie auch den revisionistischen Auffassungen näher als den postrevisionistischen

Theorien. Letztere neigen dazu, die sowjetische Rolle in Osteuropa und die innere Dynamik der amerikanischen Politik gleichermaßen herunterzuspielen, obwohl sie beiden Seiten einen Teil der Verantwortung zuschreiben. Ich muß hinzufügen, daß die Postrevisionisten mit dieser Einschätzung nicht konform gehen würden. Vielmehr beschließt Gaddis sein Buch über die Eindämmungspolitik mit der folgenden Betrachtung:

Sowohl im Langen Telegramm als auch im mit 'X' gezeichneten Artikel wies George Kennan darauf hin, daß die sowjetische Außenpolitik ganz und gar von innenpolitischen Erwägungen beeinflußt und für Vorschläge, Manipulationen oder selbst Bemühungen um Verständnis von außen völlig unzugänglich sei. Ohne die Analogie zu überdehnen, ließe sich genau dies von der amerikanischen Außenpolitik für jene dreißig Jahre behaupten, die zwischen Kennans Amtsantritt als Direktor des politischen Planungsstabes und Kissingers Ausscheiden aus dem Amt des Außenministers liegen. In einem bemerkenswerten Ausmaß ist die Eindämmungspolitik nicht so sehr das Produkt russischer Aktivitäten oder anderer politischer Ereignisse in der Welt gewesen, sondern resultierte aus dem Kräftespiel innerhalb der Vereinigten Staaten selbst.[18]

Doch läuft der ganze Tenor von Gaddis' Argumentation darauf hinaus, daß eine rational ausgerichtete internationale Politik durch interne Zwänge nicht habe verwirklicht werden können, durch Zwänge, die die Verzerrung einer ihrem Grundsatz nach realitätsorientierten Politik darstellten. Das erhellt jedenfalls aus Gaddis' Äußerungen zur Entspannungspolitik, wenn er sich fragt, warum Nixon und Kissinger sich gegenüber kommunistischen Staaten so ganz anders verhalten haben als gegenüber sozialen Bewegungen; ein Verhalten, das er als inkonsistent interpretiert. Die Tatsache, daß Nixon und Kissinger China und die Sowjetunion, nicht aber den »unabhängigen Marxismus« dulden konnten, scheint ihn zu verwirren. Sie konnten einen Sieg Hanois nicht zulassen, folglich betrieben sie die Invasion Kambodschas und verlängerten den Vietnamkrieg um vier Jahre. Sie konnten nicht die Regierung Allende in Chile dulden, ebensowenig wie den Eurokommunismus in Westeuropa.[19]

De facto hat George Kennans Verwirrung einen ganz ähnlichen Grund:

Wie ich es heute sehe, lag das größte Mysterium meiner damaligen Rolle in Washington darin, warum in bestimmten Fällen, wie etwa denen des Moskauer Telegramms vom Februar 1946 und des X-Artikels, meinen Äußerungen so viel Beachtung geschenkt wurde, und in anderen Fällen nicht. Die einzig denkbare Antwort liegt offenbar darin, daß Washington äußerst subjektiv reagierte und vor allem durch innenpolitische Stimmungen und institutionelle Positionen beeinflußt war.[20]

Das Rätsel wird gelöst, wenn wir den Ost-West-Konflikt in einem anderen Licht interpretieren. Die Postrevisionisten sehen diesen Konflikt als klassischen Interessengegensatz von Großmächten, in dem irrationales Verhalten bisweilen durch innenpolitische Zwänge hervorgerufen wird. Die orthodoxe Geschichtsschreibung interpretiert das amerikanische Verhalten als rationale Reaktion einer Großmacht auf das sowjetische Verhalten, das dem inneren Wesen der Sowjetunion entspringt. Die Revisionisten schließlich sehen im großen und ganzen das sowjetische Verhalten als eine mehr oder weniger rationale Reaktion auf das amerikanische Verhalten, das im Hinblick auf das innere Wesen des amerikanischen Systems erklärt werden muß. Schematisch lassen sich die unterschiedlichen Positionen mithin folgendermaßen darstellen:

		Reaktion der Sowjetunion auf:	
		äußeren Konflikt	inneren Konflikt
Reaktion der Vereinigten Staaten auf:	äußeren Konflikt	Postrevisionisten	Orthodoxe
	inneren Konflikt	Revisionisten	

Wenn wir nun den Ost-West-Konflikt so interpretieren, daß das leere Kästchen rechts unten gefüllt wird, nämlich als einen *imaginären* Konflikt, der parallele, aber im großen und ganzen getrennt verlaufende innere Konflikte verbirgt, dann wird das paradoxe Verhalten von Nixon und Kissinger erklärbar. Nach dieser Interpretation sind Kalter Krieg und Entspannung, Konflikt und Kooperation unterschiedliche Methoden, um mit internen Konflikten fertig zu werden. Kissinger und Nixon *brauchten* die Entspannung gerade deswegen, weil sie innenpolitische, d.h. innerwestliche Konflikte mit geringerem Kostenaufwand lösen wollten.

Unterschiedliche Annahmen über den Ost-West-Konflikt

Diese unterschiedlichen Versionen über die Ursprünge des Kalten Krieges verdanken sich unterschiedlichen Weltanschauungen. Tradierte Sprach- und Theorieformen verbinden sich mit politischen Neigungen, und daraus bilden sich die Umrisse dessen, was man für untersuchenswert hält. Sowohl die orthodoxe als auch die revisionistische Geschichtsschreibung ist realistischer Provenienz. Die Welt wird hier vorwiegend durch eine politisch-militärische Brille betrachtet. Vielleicht neigt die orthodoxe Geschichtsschreibung etwas mehr zum Idealismus. Die Demokratie wird stärker betont, und die totalitäre Struktur des Sowjetsystems gilt als Hindernis für die weltweite Demokratisierung. Die Postrevisionisten sind willens, ökonomische Faktoren insoweit in Betracht zu ziehen, als sich hierdurch Abweichungen von einem rational-realistischen Ansatz erklären lassen, doch verhalten sie sich bisweilen unwillig gegenüber Argumenten, die nach sozioökonomischem Determinismus aussehen, was dann hier und da zu einer unrealistischen Betrachtungsweise führt.

Die Revisionisten wiederum kommen aus der marxistischen Tradition; sie sehen die Welt durch eine sozioökonomische Brille. Von daher läßt sich möglicherweise erklären, warum ihre Analysen den Charakter des Sowjetsystems nicht zu erfassen vermögen.

In diesen aus der Vergangenheit überkommenen und übernommenen Geisteshaltungen liegt eine gewisse Blindheit gegenüber Aspekten der Nachkriegsepoche. Bestimmte Ereignisse, Phänomene oder Entwicklungen wurden von allen diesen Denkrichtungen übersehen oder übergangen. Die orthodoxen und postrevisionistischen Historiker scheinen sich der tiefsitzenden Konflikte in den Ländern des Westens und der Dritten Welt des öfteren nicht bewußt zu sein. So verhält sich z.B. auch Kennan selbst gegenüber der Dritten Welt bemerkenswert distanziert, wo nicht gar desintessiert.[21] Die revisionistischen Historiker wiederum sind – abgesehen von ein paar Trotzkisten – vielfach Apologeten der Ereignisse in Osteuropa.[22]

Tatsächlich vermittelt die Lektüre dieser ganzen Arbeiten den Eindruck einer außerordentlichen Gefühllosigkeit gegenüber dem Schicksal der Völker in Osteuropa. Zwar vergießen die orthodoxen Historiker und Polemiker diesbezügliche Krokodilstränen und prangern lauthals die Ungerechtigkeiten des Stalinismus an. Doch waren es westliche Regierungen, die westliche Kredite stoppten und 1947 Handelsembargos verhängten. Die osteuropäischen Länder waren sehr viel ärmer als die westeuropäischen und in einem viel größeren Umfang zerstört. Darüber hinaus hat man geschätzt, daß die Sowjetunion – in der Form von Kriegsreparationen, Profiten aus Beteiligungsgesellschaften und unfairen Preisgestaltungen – diese Länder um einen Betrag von insgesamt etwa 14 Milliarden Dollar erleichtert hat. Das ist etwa die Summe, die für die Marshallplan-Hilfe aufgewendet wurde.[23] Die Postrevisionisten wiederum betrachten das Schicksal Osteuropas als zweitrangig gegenüber dem Gesichtspunkt einer mit den Großmächten verbundenen Stabilität.

Ein Teil der Erklärung für diese Divergenzen liegt im Kalten Krieg selbst. Jeder wohlmeinende Liberale oder Sozialist, der den Versuch unternahm, die Wahrheit über Osteuropa zu erzählen, fand sich demselben Dilemma konfrontiert wie George Kennan 1945. Kennan, der viele Jahre im Ausland verbracht hatte, machte im »Langen Telegramm« seiner ehrlichen Empörung über den Stalinismus Luft. Damit aber stachelte er lediglich den innenpolitischen Antikommunismus in den Vereinigten Staaten an, und ein solcher Antikommunismus ist etwas ganz anderes als ernstgemeinte Kritik an der Sowjetunion. Für lange Zeit war die westliche Situation dergestalt, daß jede kritische Stellungnahme zu Osteuropa und der Sowjetunion als Begründung oder Rechtfertigung für die Strukturen des imaginären Krieges herhalten mußte. Und doch lag das Ingeniöse der Formel des Kalten Krieges darin, daß das Versagen der Kritik, die Unfähigkeit, die Wahrheit über den Osten zu berichten, die Linke an den Rand drängte und in Mißkredit brachte.

Ähnlich, wenn nicht schlimmer, war die Situation im Osten, wo sich die Repression im Inneren aus der imperialistischen Bedrohung erklärte. Jeder, der tapfer genug war, diese Hypothese der westlichen Gefahr in Frage zu stellen, ging das Risiko ein, als Agent des Imperialismus beschuldigt zu werden. Zugleich kam die Kritik am Westen dem stillschweigenden Einverständnis mit der Unterdrückung gleich.

Die Alternative war eine durch die Teilung Europas noch unterstützte Einäugigkeit. Der geringe Handelsumfang, die Reisebeschränkungen und dergleichen – all dies beförderte das Unwissen über die Ereignisse auf der jeweils anderen Seite der Teilungslinie. Zudem trug das tatsächliche Verhalten der sozialistischen Staaten nicht dazu bei, die Türen im Westen etwas weiter zu öffnen (was auch umgekehrt gilt). Die »andere Seite« wurde ein weißes Blatt, auf das man das Spiegelbild der eigenen Voreingenommenheiten skizzieren konnte. Andererseits waren die Ansichten darüber, was »drüben« eigentlich vor sich ging, eher eine Reflexion innenpolitischer Positionen als eine Beschreibung der tatsächlichen Ereignisse. Unvermeidlicherweise wurden dadurch die Denkweisen der Historiker beeinflußt.

In gewisser Weise war der imaginäre Krieg deshalb so wirksam, weil er sich auf tief verwurzelte Denkweisen bezog. Realismus, Marxismus und Idealismus erwuchsen aus der Trennung von Politik und Ökonomie sowie von zivilem und militärischem Bereich, die den Aufstieg des Kapitalismus und des Staatensystems begleitete. Ihre Sprache war es, in der unterschiedliche politische Positionen sich ausdrücken konnten. Alle drei Denkweisen, insbesondere aber Marxismus und Idealismus, hatten für die Analyse des Nachkriegssystems einiges anzubieten, alle übersahen gewisse neue Aspekte dieses Systems, das zu begreifen eine neue Sprache erforderte. Anders gesagt: alle diese Denkweisen erzählten

Geschichten über den Kalten Krieg, die ihn im Endeffekt am Leben hielten. Sie erzählten Geschichten von den Guten und den Bösen, in denen sich innenpolitische Auseinandersetzungen reflektierten und sogar ihre Legitimation fanden. Dies war zwar alles meilenweit von dem entfernt, was die Historiker, insbesondere die revisionistischen, gewollt hatten, doch benutzte man die Geschichten, um alternative Interpretationen, die dazu hätten beitragen können, den Kalten Krieg zu untergraben, im Dunkel zu halten. Dieser Punkt wird in den nächsten beiden Kapiteln entwickelt.

Anmerkungen

1 »Man muß die Fähigkeit beherrschen, bis an die Grenze zu gehen, ohne den Krieg auszulösen. Wenn man das nicht schafft, gerät man unweigerlich in den Krieg. Wenn man versucht, vor ihm davonzulaufen, wenn man sich scheut, bis an den Rand des Abgrunds vorzustoßen, ist man verloren.« Zitiert nach John Lewis Gaddis, *Strategies of Containment: A Critical Appraisal of Postwar American Security Policy* (Oxford University Press, 1982), S. 151. Auch nach dem Eindruck von Chruschtschow wußte Dulles, »wie weit er gehen konnte, und er ging nie zu weit. [...] Als Dulles starb, sagte ich zu meinen Freunden, zwar habe er Zeit seines Lebens den Kommunismus gehaßt und den Fortschritt verachtet, doch habe er nie jenen 'Rand' überschritten, von dem er in seinen Reden immer sprach, und schon aus diesem Grunde müßten wir sein Hinscheiden eigentlich beklagen.« *(Chruschtschow erinnert sich.* Rowohlt, Reinbek 1971, S. 401.)

2 Vgl. insbes. D.F. Fleming, *The Cold War and its Origins, 1917-1960* (2 Bde., Doubleday, 1961); und André Fontaine, *History of the Cold War from the October Revolution to the Korean War, 1917-1950*, übers. v. D.D. Page (Secker and Warburg, 1968).

3 Bei Fleming liest sich das so: »Inmitten von Chaos und Erschöpfung führten die Roten den ersten totalen Krieg und sie mußten ihn führen, um zu überleben. In den Feuern dieser rauhen Probezeit schmiedeten sie auch die Maschine des totalitären Staates – organisierter Terror der Geheimpolizei, planmäßige Verwendung aller nationalen Ressourcen, Nationalisierung der gesamten Industrie, Klassenkrieg in den Dörfern, um die hungernden Städter mit Nahrung zu versorgen (was später in der erzwungenen Kollektivierung der Landwirtschaft endete), all dies durchgeführt von einer monolithischen, äußerst disziplinierten Partei, die alle zivilen und militärischen Aktivitäten kontrollierte, und von einer schlagkräftigen Armee, die mit allen zur Verfügung stehenden Mitteln geschult und trainiert worden war.« *(Cold War,* S. 32).

4 Vgl. etwa Fontaine, *History;* Hugh Thomas, *Armed Truce: Beginnings of Cold War, 1945-6* (Hamish Hamilton, 1986); Alan S. Milward, *Reconstruction of Western Europe, 1945-51* (Methuen, 1984).

5 Vgl. etwa Isaac Deutscher, *The Great Contest: Russia and the West* (Oxford University Press, 1960; Dt. Ausg.: *Stalin. Die Geschichte des modernen Rußland.*

Kohlhammer, Stuttgart, 1951), eine klassische Darstellung der sozialistischen Version des Kalten Krieges. Orthodoxere Darstellungen bei Raymond Aron, *La Société industrielle et la guerre* (Plon, Paris, 1959), sowie Alistair Buchan, *War in Modern Society* (C.A. Watts, 1966).

6 Eine nützliche Übersicht (und eine Übersicht über die Übersichten) bietet Barton Bernstein, »Les États Unis et les origines de la guerre froide«, *Revue de l'Histoire de la Deuxième Guerre Mondiale,* 3, Juli 1976 (Presses Universitaires de France); und Stuart Morn, »The Russians are coming«, *Times Higher Education Supplement,* 28. Juli 1978.

7 Vgl. Herbert Feis, *Churchill, Roosevelt, Stalin: The War They Waged and the Peace They Sought* (Princeton University Press, 1957); *Between War and Peace: The Potsdam Conference* (Princeton University Press, 1957; dt. Ausg.: *Zwischen Krieg und Frieden. Das Potsdamer Abkommen.* Athenäum, Frankfurt/M., 1962); und *Japan Subdued: The Atomic Bomb and the End of World War II* (Princeton University Press, 1957). Jüngere orthodoxe Darstellungen bei Lynn Etheridge Davis, *The Cold War Begins: Soviet-American Conflict over Eastern Europe* (Princeton University Press, 1974); und Vojtech Mastny, *Russia's Road to the Cold War: Diplomacy, Warfare and the Politics of Communism, 1941-45* (Columbia University Press, 1979).

8 Die klassische Darstellung der revisionistischen Thesen findet sich bei William Appleman Williams, *The Tragedy of American Diplomacy* (World Publishing, 1959). Williams' Ideen wurden von Gar Alperowitz aufgenommen und weiterentwickelt; vgl. ders., *Atomic Diplomacy: Hiroshima and Potsdam, the Use of the Atomic Bomb and the Confrontation with Soviet Power* (überarbeitete und erweiterte Fassung, Penguin, 1985); Joyce und Gabriel Kolko, *The Limits of Power: The World and United States Foreign Policy, 1945-54* (Harper and Row, 1972); Walter LaFeber, *America, Russia and the Cold War, 1945-71* (John Wiley, 1972); sowie als neuerer Beitrag Richard Barnet, *The Alliance* (Simon and Schuster, 1984).

9 John Lewis Gaddis verwendete den Ausdruck in »The emerging post-revisionist synthesis on the origins of the cold war«, *Diplomatic History,* 8, Sommer 1983.

10 Dazu gehören John Lewis Gaddis, *The United States and the Origins of the Cold War, 1941-47* (Columbia University Press, 1972); Ernest R. May, *'Lessons' of the Past* (Oxford University Press, 1973); Daniel Yergin, *Shattered Peace: The Origins of the Cold War and the National Security State* (Houghton Mifflin, 1978; dt. Ausg.: *Der zerbrochene Frieden. Der Ursprung des Kalten Krieges und die Teilung Europas.* Societäts-Verlag, Frankfurt/M., 1979).

11 Vgl. etwa Zbigniew Brzezinski, *Totalitarian Dictatorship and Autocracy* (Harvard University Press, 1956). Die Stimmung jener Epoche wird sehr schön im fünften Kapitel, »Rußland und der Kalte Krieg«, von George Kennans *Memoirs 1950-63* (Little, Brown, 1972) beschrieben. Gaddis, *Strategies,* zufolge zitierte Dulles sehr gern aus Stalins Buch *Probleme des Leninismus*, das er Hitlers *Mein Kampf* an die Seite stellte.

12 Zit.n. Mastny, *Russia's Road,* S. 283; vgl. auch Edward Mark, »American policy towards Eastern Europe and the origins of the cold war, 1941-46: an alternative interpretation«, *Journal of American History,* 68, September 1981.

13 John Lewis Gaddis, »The long peace«, *International Security,* 10:4, Frühjahr 1986, S. 142.

14 Yergin, *Shattered Peace.*

15 Tatsächlich scheint Roosevelt der Idee einer Aufteilung in verschiedene Einflußsphären sehr reserviert gegenübergestanden zu haben und drängte auf der Konferenz von Jalta wenigstens auf den Anschein von Selbstbestimmung. Er lehnte das berühmte Geschäft mit den prozentualen Anteilen ab, das im Oktober 1944 in Moskau vorgeschlagen wurde und das Churchill in seinen Memoiren beschreibt. Bei diesem Geschäft versuchten Stalin und Churchill sich über die proportionale Aufteilung der Einflußgebiete in Osteuropa und den Balkanländern zu verständigen. Mastny gibt eine faszinierende Darstellung der ganzen Geschichte, die nun auf der Grundlage neu verfügbarer Dokumente aus dem *UK Public Record Office* an Kohärenz gewinnt. (Die ursprünglich aufgezeichnete Version der Geschichte findet sich nur in einem frühen Entwurf des Protokolls über das Zusammentreffen in den Akten der britischen Botschaft in Moskau; im abschließenden Protokoll wurde der Vorgang weggelassen. Jedoch findet sich der »berühmt-berüchtigte« Zettel mit den von Stalin notierten Prozentangaben in der Akte des Premierministers im *Public Record Office.)* Am nächsten Tag feilschten Molotow und Eden offensichtlich um ihre Prozentanteile; sie konnten sich nicht über die jeweiligen Interessen im Hinblick auf Ungarn einigen, was darauf hindeutet, wie ernst es den Russen mit den Einflußsphären war. In der Folge scheint Churchill durch die ganze Sache ziemlich in Verwirrung geraten zu sein. In einem am Tag nach dem Treffen verfaßten Memorandum setzte er sich »ebenso ausführlich wie gewunden dafür ein, daß die Zahlen nur als grober Hinweis über das Ausmaß der jeweiligen Interessen verstanden werden sollten, daß sie zeigten, inwieweit die Interessen zusammenfielen und daß sie ohnehin nur für die Dauer des Krieges Gültigkeit besäßen«. Mastny, *Russia's Road,* S. 209.

16 In einer Reihe von Artikeln in der *New York Times*, die später unter dem Titel *The Cold War* (Harper & Row, 1972) als Buch erschienen, geht Walter Lippmann sehr hart mit George Kennans X-Artikel ins Gericht. In einem gequälten Brief an Lippmann, der indes nie abgeschickt wurde, behauptete Kennan, er sei mißverstanden worden: »Die Russen denken nicht an eine Invasion. So etwas liegt nicht in ihrer Tradition. Sie haben es mit Finnland versucht und sich dabei die Finger verbrannt. Sie wollen überhaupt keinen Krieg, gleich welcher Art. Überdies wollen sie nicht die Verantwortung tragen, die eine offizielle Invasion mit sich bringt. Sie ziehen es vor, solche Arbeiten auf der politischen Ebene zu erledigen, mit Handlangern. Ich bitte zu beachten: wenn ich 'politisch' sage, dann meine ich nicht 'gewaltlos'. Es bedeutet aber, daß die Gewalt nominell *innenpolitisch*, nicht *international* ausgerichtet ist. Es ist, wenn man so will, eine polizeiliche, [...] keine militärische Gewalt.« George Kennan, *Memoirs 1925-50* (Hutchinson, 1968), S. 361.

17 Obwohl es rein technisch betrachtet die Russen waren, die die Marshallplan-Hilfe zurückwiesen, scheint es so, als hätten die Amerikaner immer die Absicht gehabt, das Programm so anzubieten, daß den Russen und ihren Satelliten keine andere Wahl blieb als abzulehnen. Dieser Auffassung ist jedenfalls Kennan in seinen Memoiren. Jüngere Untersuchungen der Rolle Großbritanniens legen die Vermutung nahe, daß Bevin, der britische Außenminister, darauf drängte, die Russen auszuschließen. Der französische Außenminister Bidault schloß sich dieser Auffassung an, war aber unsicher wegen der öffentlichen Meinung in Frankreich. Vgl. William C. Cromwell, »The Marshall Plan, Britain and the cold war«, *Review of International Studies,* 8, 1982, S. 233-49. Das ist auch der Grund dafür, warum die Amerikaner sich nicht einer Körperschaft der Vereinten Nationen, der *Wirtschaftskommission für*

Europa (ECE), bedienten, sondern für die Durchführung des Marshallplans eine eigene Organisation auf die Beine stellten, nämlich die *Organisation für europäische wirtschaftliche Zusammenarbeit* (OEEC), die später zur OECD, zur *Organisation für wirtschaftliche Zusammenarbeit und Entwicklung* wurde und alle entwickelten Industrienationen umfaßte. Mein Vater, Nicholas Kaldor, begann 1947 für die ECE zu arbeiten, und ich erinnere mich daran, daß er mir erzählte, er und Gunnar Myrdal, der erste Direktor der ECE, hätten anfänglich geglaubt, sie würden einen auf amerikanischen Krediten beruhenden Plan für den wirtschaftlichen Wiederaufbau von ganz Europa entwickeln.

18 Gaddis, *Strategies*, S. 357.

19 Ebd., Kap. 9 und 10.

20 Kennan, *Memoirs 1925-50*, S. 403.

21 Vgl. etwa George Kennan, *The Cloud of Danger: Some Current Problems of American Foreign Policy* (Hutchinson, 1978; dt. Ausg.: *Wolken der Gefahr. Aktuelle Probleme der amerikanischen Außenpolitik*. Tuduv, München, 1978).

22 Vgl. etwa Chris Harman, *Bureaucracy and the Revolution in Eastern Europe* (Pluto, 1974).

23 Vgl. Paul Marer, »Intrabloc economic relations and prospects«, in David Holloway und Jane M.O. Sharpe (Hg.), *The Warsaw Pact; Alliance in Transition?* (Macmillan, 1984).

4 Der Stalinismus und Ostmitteleuropa

Nach 1917 brachte die Sowjetunion ein neues System hervor, in dem die Trennung zwischen autoritativer und materieller Reproduktion, zwischen Politik und Ökonomie, keine Gültigkeit mehr besaß. Vielmehr wurden diese Elemente zu einer integralen Einheit zusammengeschlossen, die während der Stalin-Ära sogar die menschliche Reproduktion umfaßte. (Die Reproduktion der Natur wurde dabei rücksichtslos vernachlässigt, so daß heute die ökologische Krise in Osteuropa wahrscheinlicher schlimmer ist als irgendwo sonst auf der Erde.) Es war ein, wie Fernando Claudin hervorhebt, »nicht nur vom historischen Gesichtspunkt, sondern auch von den theoretischen Voraussagen des Marxismus her völlig neuartiges soziales System«.[1]

Entwickelt wurde das System in Rußland und den anderen, unter russischer Vorherrschaft stehenden Nationen, die die Sowjetunion ausmachten. Nach dem Zweiten Weltkrieg dehnte es sich auf die sogenannten Volksdemokratien Osteuropas, auf China, Nordkorea, später dann auf Vietnam und Kuba aus. Rudolf Bahro weist darauf hin, daß ohne China und Osteuropa das russische Experiment als Unfall der Geschichte hätte betrachtet werden können. Tatsächlich aber wurde daraus die Norm für den Sozialismus, das archetypische Beispiel. Folgerichtig stellte es dann auch die Niederlage und Tragödie der sozialistischen Idee dar.[2]

Wenn man begreifen will, wie die Reproduktion der internationalen Beziehungen zwischen den sozialistischen Staaten in Europa funktionierte, muß man sich das sowjetische System näher anschauen, denn genau dieses wurde den osteuropäischen Staaten zwischen 1947 und 1952 aufgezwungen. Natürlich kann ich hier keine umfassende Analyse der sowjetischen Gesellschaft liefern. Ich möchte vielmehr im folgenden versuchen, einige Elemente einer solchen Analyse hervorzuheben und beziehe mich dabei in erster Linie auf Arbeiten osteuropäischer Autorinnen und Autoren.[3]

Das sowjetische System

Der erste (in fast allen Analysen des Sowjetsystems hervorgehobene) Punkt betrifft die Rückständigkeit des russischen Reiches zum Zeitpunkt der bolschewistischen Machtübernahme. Diese Rückständigkeit hat nicht nur mit wirtschaftlicher Unterentwicklung zu tun, mit der schrecklichen Armut großer Bevölkerungsmassen – ein Punkt der auch von der offiziellen Sowjetideologie hervorgehoben wurde –, sondern vielmehr mit der Gesellschaftsformation, die für Rußland bis zur bolschewistischen Revolution kennzeichnend gewesen war und die vielfach als »halbasiatisch« oder als »östlicher Absolutismus« bezeichnet wurde. Von Marx und Engels stammt der Ausdruck »asiatische Produktionsweise«. Er bezieht sich auf eine Formation, deren Hauptmerkmal ein hochzentralisierter Staat ist, der die Aufgabe hat, bestimmte, gesellschaftlich vordringliche Projekte durchzuführen, wie etwa den Bau von Bewässerungsanlagen, Schutz vor Überflutung, Kriegsführung. All diese Projekte beruhen auf Formen abhängiger Arbeit (Sklaverei, Leibeigenschaft etc.). Was Rußland betrifft, so hieß das gesellschaftliche Projekt Krieg – ständig wiederkehrende Invasionswellen haben hier den gleichen Zweck erfüllt wie Überflutungen oder Dürreperioden in anderen asiatischen Gesellschaften. Im allgemeinen sind diese Gesellschaften so strukturiert, daß der Staat durch eine Priesterkaste beherrscht wird, die ihre Legitimation aus religiösen oder (wie im Falle des Konfuzianismus) säkularisierten Überzeugungen bezieht. Das russische System wird deswegen als halbasiatisch bezeichnet, weil es die Charakterzüge der asiatischen Produktionsweise mit europäischem Feudalismus verband. Der Ausdruck »östlicher Absolutismus« wurde von Perry Anderson geprägt; in seinem Buch über die Ursprünge des Absolutismus[4] betont er den europäischen Charakter der absolutistischen Staaten im Osten (Rußland, Preußen, Habsburg) und ihre Entwicklung als Teil eines europäischen Staatensystems nach der Krise des Feudalismus im späten fünfzehnten Jahrhundert.[5]

Übereinstimmend wird in all diesen Untersuchungen die abweichende Entwicklung betont, die Osteuropa zwischen dem dreizehnten und dem sechzehnten Jahrhundert durchlaufen hat. Zu einer Zeit, als im Westen die Leibeigenschaft verschwand, wurde im Osten die sogenannte zweite Leibeigenschaft eingeführt. Insbesondere in Rußland wurde der Erbadel durch den Dienstadel ersetzt, der seinerseits Eigentum in Form von Pfründen erhielt. So wurden z.B. ranghohen Militärs für ihre dem Staat geleisteten Dienste nicht vererbbare Güter zugesprochen. Die Gutsbesitzer auf Zeit konnten die Ländereien nicht verkaufen oder weitervermitteln, ebensowenig durften sie die Anbaumethoden verändern. Als Folge ergab sich eine hochzentralisierte Gesellschaft, in der selbst die orthodoxe Kirche in den Staat integriert war und in der die Situation der Leibeigenen an Sklaverei grenzte. Die zaristische Herrschaft wurde durch brutalen Zwang, für den ein umfangreicher Militär- und Polizeiapparat zur Verfügung stand, ebenso gesichert wie durch eine mystische, halbreligiöse, chauvinistische Tradition, in der die Gottgleichheit der Zaren eine große Rolle spielte.

Und die Praxis, bestimmte Projekte mit Hilfe der Errichtung von Arbeitslagern durchzuführen, war keine Erfindung der bolschewistischen Revolution.[6] Auch nachdem die Leibeigenschaft im Jahre 1867 aufgehoben wurde, verbesserte sich die Lage der Bauern nicht. Die im späten neunzehnten und zu Beginn des zwanzigsten Jahrhundert sich entwickelnde Industrie war zum großen Teil kriegsbedingt entstanden.

Einige osteuropäische Autoren sind der Auffassung, daß die gegenwärtige Teilung Europas nicht so sehr mit der Stellung der russischen und amerikanischen Truppen am Ende des Zweiten Weltkriegs zusammenhängt, sondern vielmehr die Trennungslinie zwischen dem östlichen und dem westlichen Absolutismus im siebzehnten und achtzehnten Jahrhundert reflektiert. Allerdings wird hierbei auch eingeräumt, daß die geschichtliche Entwicklung von Ostmitteleuropa anders verlief als die von Rußland.[7] Die österreichisch-ungarische Monarchie stellte eine Mischform aus östlichen und westlichen Systemen dar, in der der imperiale Staat viel schwächer war als im Falle Rußlands und Preußens; die nationale und kulturelle Autonomie war sehr viel stärker ausgebildet. In Preußen wiederum verband sich Mitte des neunzehnten Jahrhunderts der Militarismus der Junker von Ostpreußen und Brandenburg mit dem westdeutschen Kapitalismus.

Diese Argumente sind faszinierend und weisen zweifellos auf bestimmte historische Strukturmomente hin, die begreiflich machen, wie der Stalinismus entstehen konnte. Man sollte sie jedoch nicht überbewerten, denn in solchen Erklärungen liegt immer auch ein Stück Fatalismus, scheinen sie doch die Schlußfolgerung nahezulegen, daß Demokratie in Gesellschaften mit einer stark zentralistischen Tradition nicht lebensfähig ist. So möchte etwa Milan Kundera Rußland aus Europa ausschließen, weil die russische Geschichte mit den kulturellen Traditionen Europas, die ganz wesentlich an die Idee des Individuellen gebunden sind, nicht in Einklang gebracht werden kann.[8] Aber die Vergangenheit läßt sich auf mehr als eine Weise interpretieren. Im Lichte der Gegenwart ist ein eindimensionales Ensemble von Ursachen leicht ausgemacht. Doch gibt es noch andere Traditionen in Rußland und Ostmitteleuropa, wie etwa die Sowjets und die Arbeiterräte, aus denen die Möglichkeit einer anders gearteten Gegenwart erwachsen könnte.[9]

Das zweite Element, das unweigerlich in fast jeder Analyse des Sowjetsystems auftaucht, bezieht sich auf das Erbe der sozialistischen Ideen. In seinem berühmten Essay über die Sozialdemokratie vertrat Schumpeter die Auffassung, weder der Leninismus noch der Fabianismus seien marxistische Philosophien.[10] Marx ging es um die Entwicklung der Arbeiterklasse insgesamt. Als Lenin aber, so Schumpeter, das Schwergewicht auf eine Avantgarde-Partei von Intellektuellen legte, hatte er unwiderruflich mit dem klassischen Marxismus gebrochen. Andererseits waren auch die Fabier, die eine staatliche Sozialgesetzgebung anstrebten, keine Marxisten. Nur die deutsche Sozialdemokratie, die eine große Arbeiterpartei ins Leben gerufen hatte und sich dennoch – trotz aller Bismarckschen Sozialgesetzgebung – weiterhin antagonistisch zum kapitalistischen Staat verhielt, war genuin marxistisch. Die britische Situation war in zu hohem Maße durch Konsensbereitschaft und die Möglichkeit der Regierungsübernahme geprägt. In Rußland war die Arbeiterklasse noch nicht sehr weit entwickelt, und politische Aktivitäten konnten nur von kleinen Gruppen hoch motivierter Intellektueller durchgeführt werden, die bereit waren, in den politischen Untergrund abzutauchen. Schon in seiner Auseinandersetzung mit Bakunin hatte Marx die revolutionäre Tradition in Rußland kritisiert und die Bakunisten beschuldigt, sich selbst als privilegierte Vertreter der Idee der Revolution zu betrachten und sich zum »Generalstab« zu ernennen.[11]

Dennoch *haben* sich Fabianismus und Leninismus auf marxistische Ideen berufen. So vertraten sie etwa (was für diesen Zusammenhang am wichtigsten ist) den auf Eigentumsverhältnissen beruhenden Klassenbegriff des Marxismus und hielten die Beseitigung des Privateigentums für eine wesentliche Voraussetzung des Sozialismus. In Rußland gab es nur sehr wenig Privateigentum, so daß dessen Aufhebung, wie Lenin später schrieb, der leichteste Teil der Revolution war. Darüber hinaus wollten Fabianismus und Leninismus den Lebensstandard der Bevölkerungsmassen heben, und für die Fabier wurde das im Laufe der Zeit wichtiger als die Aufhebung des Privateigentums. Die Tatsache, daß sie sich an den Staat wandten und sich als Handlungsträger der Arbeiterklasse sahen, läßt sich zum Teil auch darauf zurückführen, daß der Marxismus nicht imstande war, eine die Faktoren von Herrschaft und Autorität berücksichtigende Analyse des Staates und der Klassenverhältnisse zu liefern. (Das ist natürlich so nicht ganz richtig. Marx – und Engels – betrachteten den Staat als eine die Klassenausbeutung reflektierende Form des Zwangs. Wenn die Ausbeutung erst einmal beseitigt und der Kommunismus erreicht ist, kann auch der Staat »absterben«. Für die Übergangsperiode aber war dem Staat durchaus noch eine Rolle zugedacht, und auch die im *Kommunistischen Manifest* erhobenen Forderungen waren an die Adresse des Staates gerichtet. Und in seinen direkt politisch ausgerichteten Schriften, insbesondere dem *Achtzehnten Brumaire* und dem *Bürgerkrieg in*

Frankreich beschreibt Marx auf brillante Weise, wie der besondere Charakter der Staatsmaschinerie eine bestimmte Klassenzusammensetzung in der Gesellschaft widerspiegelt. Auch Engels weist in den Kapiteln über die »Gewaltstheorie« des *Anti-Dühring* auf diesen allgemeinen Punkt hin. Dennoch vermitteln diese kurzen Hinweise insgesamt den Eindruck, der Staat sei entweder eine abhängige Variable oder liege gänzlich außerhalb des theoretischen Schemas.)

Daß Fabier und Leninisten sich als privilegierte Mitglieder der Arbeiterklasse, als uneigennützige Intellektuelle im Dienste der Arbeiterklasse verstehen konnten, hängt auch mit der – von enttäuschten kommunistischen Autoren oftmals betonten – Tatsache zusammen, daß Marxismus und Sozialismus in Wirklichkeit Doktrinen für Intellektuelle waren, auf die sie – wegen ihrer wirksamen Methoden für die Gesellschaftsanalyse – eine beträchtliche Anziehungskraft ausübten.

György Konrád und Iván Szelényi beschreiben das sozialistische System als ein rationales – im Gegensatz zu einem traditionalen – Umverteilungssystem. Die Differenz liegt im Wirtschaftswachstum. Die traditionalen Umverteilungssysteme, die asiatischen oder halbasiatischen Produktionsweisen, waren nur mit der einfachen Reproduktion befaßt, d.h. mit der Gewinnung von Ressourcen, die zur Reproduktion des Staates sowie der Bewässerungsanlagen, Deichbauten etc. ausreichten. Das rationale Umverteilungssystem erfordert dagegen einen ständigen Zuwachs an Mehrwert, der dem Staat für die Umverteilung zur Verfügung steht. Darin eingeschlossen ist die Rationalisierung der Bürokratie, die Durchführung von Wirtschaftsgesetzen etc.

Das Moment der Rationalität wurzelt in sozialistischen Ideen und wurde von Fabiern wie Leninisten gleichermaßen hochgehalten, wobei erstere in gewisser Hinsicht liberaler waren. In ihrer Version des Sozialismus würde ein von Fabiern regierter und von der Arbeiterklasse gewählter parlamentarischer Staat rationale Pläne entwerfen und durchführen, die die Entwicklung der Arbeiterklasse befördern könnten. Die Fabier befürworteten auch – als Alternativen zum Privateigentum – einen kommunalen Sozialismus und Genossenschaften. Die Leninisten wiederum hielten für die Durchführung solcher Pläne die Machtergreifung der Avantgardepartei für ausreichend. Lenins Ideen finden in *Staat und Revolution* einen sehr deutlichen Ausdruck. Für ihn war die Zerschlagung der alten Staatsmaschinerie ebenso notwendig wie die umgehende Konstruktion einer neuen. Er verglich seine Vision des sozialistischen Systems mit dem Funktionsapparat der Post:

Unser nächstes Ziel ist, die *gesamte* Volkswirtschaft nach dem Vorbild der Post zu organisieren, und zwar so, daß die unter der Kontrolle und Leitung des bewaffneten Proletariats stehenden Techniker, Aufseher, Buchhalter sowie *alle* beamteten Personen ein den 'Arbeiterlohn' nicht übersteigendes Gehalt beziehen.[12]

Lenin war gegenüber dem Parlamentarismus skeptisch eingestellt. Er hielt ihn für eine kapitalistische Demokratie und verwies auf Marx' Bemerkung, das Parlament eröffne den Unterdrückten alle paar Jahre die Gelegenheit, darüber zu entscheiden, von welchen Vertretern der Ausbeuterklasse sie diesmal im Parlament vertreten und unterdrückt sein wollen. Für ihn gibt es keine Freiheit, bis die Unterdrückung beseitigt ist und mithin der Staat aufhört zu existieren.[13]

Während Fabier und Leninisten in der Frage der Form des Staates keine einheitliche Haltung einnahmen (was natürlich sehr wichtig ist), waren sie sich durchaus einig im Hinblick auf die ökonomische Funktion des Staates im Sozialismus, deren Konzeption auf Marx zurückgeht. Und gerade darauf zielt Bakunins Kritik an Marx. Er wirft den Marxisten vor, sie wollten »eine einzige Staatsbank [gründen], konzentrierend in ihren Händen alle kommerziell-industrielle, ländliche und selbst wissenschaftliche Produktion, und sie teilen die Masse des Volks in zwei Armeen: industrielle und agrikole unter dem unmittelbaren Kommando von Staatsingenieuren, die einen neuen privilegierten wissenschaftlich-politischen Stand bilden«.[14]

In Rußland entwickelte sich ein rationales Umverteilungssystem während der letzten Jahre der Zarenherrschaft unter dem Druck des westlichen Kapitalismus.[15] Und dieser Druck war auch weiterhin ein wichtiger Aspekt der rationalen Umverteilung, insbesondere während der Periode des Kriegskommunismus sowie in den dreißiger und vierziger Jahren. Doch der entscheidende, durch die bolschewistische Revolution bewirkte Wandel war die Idee des Wirtschaftswachstums, um den Lebensstandard zu erhöhen und mit dem Westen zu konkurrieren. Dies war ein wichtiger Bestandteil der Ideologie und Legitimation des Staates.[16] Kein Wunder, daß die berühmten Fabier Beatrice und Sidney Webb so beeindruckt waren, als sie die Sowjetunion in den dreißiger Jahren besuchten.

Das dritte in jeder Analyse des Sowjetsystems enthaltene Element ist der besondere Charakter des Stalinismus, wurde dieser doch Ende der vierziger Jahre nach Osteuropa exportiert. Die Entstehung des Stalinismus Anfang der dreißiger Jahre kam für die Sowjetunion einer zweiten Revolution gleich, obwohl es Andeutungen des stalinistischen Systems bereits in der Periode des Kriegskommunismus gegeben hatte. Der Stalinismus besitzt bestimmte Charakterzüge, die ihn von der vorhergehenden Periode der »Neuen Ökonomischen Politik« (NEP) ebenso abgrenzen wie vom System des Poststalinismus. Während der NEP war die Landwirtschaft in den Händen der Bauern selbst, und durch die Enteignung der zaristischen Landgüter entstand eine neue Klasse von Kulaken. Auch kleine Privatunternehmen waren weiterhin zugelassen. Der nach innen relativ demokratisch funktionierende Parteiapparat kontrollierte die Staatsmaschinerie, die Intellektuellen genossen ein gewisses Maß an kultureller Autonomie und Vielfalt. Unter dem Banner des Stalinismus wurde die Landwirtschaft zwangskollektiviert, um den herausgepreßten Mehrwert ebenso zu vergrößern wie die Zahl der verfügbaren Arbeitskräfte. Damit wurde ein Schnellprogramm zur Industrialisierung und militärischen Aufrüstung in Gang gesetzt, dessen Leitung und Kontrolle durch die (1928 zuerst eingeführten) Fünfjahrespläne gewährleistet werden sollte. Anstelle des gesäuberten Parteiapparats kontrollierte ein einzelnes Individuum, Stalin, den Staatsapparat. Unterstützt wurde er dabei von der Geheimpolizei. Der mit einem drakonischen Arbeitskodex verbundene Terror diente zur Disziplinierung der Arbeiter, Bauern und Intellektuellen. An die Stelle des Leninismus trat eine halbmystische stalinistische Ideologie, in der sich Marxismus, russischer Chauvinismus und Personenkult ein Stelldichein gaben.

Im Juni 1957, ein Jahr nachdem Gomulka in Polen an die Macht gelangt war, hielt einer der führenden polnischen Reformökonomen, Oskar Lange, in Belgrad einen berühmt gewordenen Vortrag, in dem er das stalinistische System als eine »Kriegswirtschaft sui generis« beschrieb. Darunter verstand er ein System, das der Organisation kapitalistischer Wirtschaften in Kriegszeiten vergleichbar ist. »In kapitalistischen Ländern wurden während des Krieges ganz ähnliche Methoden angewandt, wie etwa die Konzentration aller Ressourcen, die verhindern sollte, daß es einen Ressourcenabfluß zu Bereichen gab, welche für unwichtig, d.h. mit der Kriegsführung nicht unmittelbar verbunden erachtet wurden.«[18] Lange vertrat die Auffassung, daß die »Methoden der Kriegswirtschaft« in einer »revolutionären Übergangsperiode notwendig« wären. Zugleich legte er großen Wert auf die Feststellung, daß diese Methoden nicht per se sozialistisch sind. So wurde etwa die Zwangsablieferung landwirtschaftlicher Produkte »zuerst von der Besatzungsarmee Kaiser Wilhelms des Zweiten eingeführt, den wohl niemand für einen Verfechter des Sozialismus halten wird«.[19]

Die Analogie zur Kriegswirtschaft kann noch weiter gezogen werden. Es war ja nicht nur so, daß man einfach ihre Methoden anwendete;

vielmehr war das stalinistische System auf den Krieg zugeschnitten und funktionierte im Grunde nur in Kriegszeiten. Die ersten zwei Fünfjahrespläne, die bis zum Ausbruch des Zweiten Weltkriegs reichten, sahen die Errichtung gigantischer Fabriken »im amerikanischen Stil« vor, die Waffen produzierten oder in Stätten zur Waffenproduktion umgewandelt werden konnten. Wie der Luftfahrtingenieur Jakowlew verdeutlicht, diente die Einführung der Massenproduktion nicht, wie in Amerika, dem Konsum, sondern dem Krieg.[20] (Natürlich gab es auch noch andere Gründe für diese Produktion in großem Maßstab, wie etwa die Ausbildung einer großen Anzahl ungelernter Landarbeiter und Bauern, die verstärkte wirtschaftliche Nutzung von Rohmaterialien und die geographischen Dimensionen der Sowjetunion.)

In einem solchen System stellte sich die Form der Regulation als administrative Anordnung dar. Da die Konsumenten völlig machtlos waren, wurden die administrativen Anordnungen von den subjektiven Einschätzungen derjenigen bestimmt, die sie erteilten. Während der dreißiger Jahre kümmerte sich Stalin höchstpersönlich um die Rüstungsproduktion; er setzte sich mit den Erfahrungen anderer Länder auseinander und hielt laufend Kontakt zu den Konstrukteuren verschiedener Waffentypen. Dennoch brachte der Kriegsausbruch jede Menge von Täuschungen, Irrtümern und Fehlkalkulationen an den Tag. Schon in den ersten Kriegsmonaten wurde ein großer Teil der Rüstungsindustrie zerstört oder erbeutet, und viele Waffen zeigten sich ihren deutschen Gegenstücken unterlegen. Jedoch war das stalinistische System während der Kriegsperiode zu außerordentlichen Kraftanstrengungen in der Lage. Die Industrie mußte in den östlichen Bereich der UdSSR ausgelagert werden, und gegen Ende des Krieges war die Rüstungsproduktion trotz der enormen Kosten nach Stückzahl und Qualität mit den amerikanischen Anstrengungen vergleichbar.[21] Die folgende Tabelle macht einiges vom Umfang dieser Anstrengungen deutlich.

Tabelle 4.1:
Nationaleinkommen, industrielle und landwirtschaftliche Produktion (1940 = 100)

	1941	1942	1943	1944
Nationaleinkommen	92	66	74	88
industrielle Bruttoproduktion	98	77	90	104
Rüstungsgüter	140	186	224	251
Brennstoff	94	53	59	75
landwirtschaftliche Bruttoproduktion	62	38	37	54

Quelle: Alec Nove, *An Economic History of the USSR*, 3. Aufl. (Penguin, 1984)

1942 machte die Rüstung also 52 Prozent des Nationaleinkommens aus, was nach Alec Nove »der höchste Anteil ist, der jemals erreicht wurde«.[22] Die Sowjetunion produzierte im Verlauf des Krieges 489.000 Gewehre, 136.800 Flugzeuge und 102.500 Panzer und selbstfahrende Geschütze. Im Vergleich dazu stellten die Importe aus Großbritannien und den Vereinigten Staaten keine nennenswerte Größe dar. Die Lend-Lease-Versorgung mit Werkzeugmaschinen, Lokomotiven, nicht-eisenhaltigen Metallen etc. war sicherlich wichtig, damit Engpässe überwunden werden konnten. Dennoch entsprangen die sowjetischen Errungenschaften der Kriegsperiode in erster Linie der eigenen Kraftanstrengung.

Die Entwicklung der Kriegswirtschaft scheint untrennbar verbunden gewesen zu sein mit einem alles durchdringenden Gefühl von Unsicherheit und Verfolgungswahn, das für die Epoche des Stalinismus so kennzeichnend ist. Vor Stalin waren die Bolschewiki natürlich darauf bedacht, den Sozialismus vor den Übergriffen des westlichen Kapitalismus zu bewahren, was insbesondere nach der Anerkennung der These vom »Sozialismus in einem Land«, Mitte der zwanziger Jahre, von Bedeutung war. Dabei ging es nicht nur, wie im Bürgerkrieg, um eine mögliche militärische Intervention des Westens, sondern auch um die Notwendigkeit, den Sozialismus wirtschaftlich zu sichern. Die Industrialisierung war nicht nur erforderlich, um das Land gegen äußere Bedrohungen abzusichern, sondern sollte auch zum Sieg des Sozialismus im ideologischen Wettbewerb mit dem Kapitalismus beitragen (ein Moment, das später zum Bestandteil des ideologischen Arsenals für den imaginären Krieg wurde).

Im Stalinismus jedoch spielte die Beschäftigung mit der – sowohl realen wie eingebildeten – militärischen Unsicherheit eine zunehmend wichtigere Rolle, und dies scheint sich mit dem Ausmaß der inneren Repression verkoppelt zu haben. Einerseits erwuchs gerade nach Hitlers Machtergreifung aus der Angst vor dem Krieg und einer damit verbundenen Niederlage die durchaus ernstzunehmende Angst um das Überleben des Regimes. Es war ja schließlich die ganze gegen die zaristischen Armeen gerichtete Wucht des deutschen Militarismus gewesen, die im Ersten Weltkrieg den Bolschewiki die Chance zur Revolution gegeben hatte.[23]

Andereseits kann man die äußere Bedrohung als Manifestation von Stalins eigener Paranoia betrachten, die aus der Zeitsituation heraus verstanden werden muß, aus dem Chaos, den Enttäuschungen, den enormen Hindernissen, die bei der Konstruktion des stalinistischen Systems zu überwinden waren.[24] Isaac Deutscher spricht vom »Teufelskreis«

des Terrors, der durch die Unterdrückung nach innen in Gang gesetzt wurde. Je mehr Verhaftungen, Folterungen, Deportationen nach Sibirien, Hinrichtungen, desto größer die Furcht vor der Entdeckung dieser Verbrechen, vor Anschlägen und Verschwörungen, folglich vermehrte Verhaftungen, Deportationen, Hinrichtungen, damit die Wahrheit verborgen und (wirklichen oder imaginären) Verschwörungen vorgebeugt werden kann.[25] Dieses ständig wachsende Gefühl der Unsicherheit richtete sich auf die inneren wie auch auf die äußeren Verhältnisse (die Opfer der Repression waren natürlich immer Agenten des Imperialismus) und wiederholte damit in einem gewissen Maße die historische Erfahrung der unsicheren Situation Rußlands.[26]

Die meisten sowjetischen Gelehrten, ob linker oder rechter Provenienz, halten den Stalinismus für eine notwendige Folge der bolschewistischen Revolution, die, wollte sie in einer feindlichen internationalen Umgebung überleben, den Lebensstandard zu erhöhen gezwungen war.[27] Keine andere Methode hätte eine zurückgebliebene Agrargesellschaft in die zweitstärkste Militär- und Industriemacht der Welt verwandeln können. Interessanterweise ist Stephen Cohen[28] der Ansicht, daß eben dies nicht zutrifft, die Kollektivierung vielmehr einen enormen Rückgang der Lebensmittelproduktion und damit des verfügbaren Mehrwerts zur Folge hatte. (In der großen Hungersnot von 1933, die eine Folge der Kollektivierung war, starben über fünf Millionen Bauern.) Die großen Säuberungen, denen so viele technische Experten und Armeeoffiziere zum Opfer fielen, legten Industrie und Armee lahm und trugen wesentlich zu den Niederlagen am Kriegsbeginn bei. (Die Sachkenntnis wurde durch Stalins persönliches Interesse ersetzt.) Cohen geht davon aus, daß Bucharins Ideen und die »Neue Ökonomische Politik« eine menschlichere, wenn auch nicht demokratische Form des Sozialismus in der Sowjetunion erlaubt hätten. Dabei ergibt sich natürlich die Frage, ob ein System à la Bucharin die Feuerprobe des Krieges bestanden oder sich nicht ebenfalls in Richtung eines stalinistischen Modells entwickelt hätte.

Ob Cohen nun recht hat oder nicht (und hätte er recht, es wäre schön und traurig zugleich) – es *war* nun einmal das stalinistische System, das die bolschewistische Revolution beerbte und die nachfolgende Geschichte unauslöschlich geprägt hat. Das poststalinistische System kehrte zu einem eher kollektiven Führungsstil zurück, im Zentralkomitee fanden wirkliche Diskussionen statt, die Polizei wurde mehr oder weniger durch die Partei kontrolliert, die Landwirtschaft liberalisiert, dem Privatleben und den Naturwissenschaften eine größere Eigenständigkeit zugebilligt. Nichtsdestotrotz sind die Überreste des

Stalinismus, wie Chruschtschow und Gorbatschow erkennen mußten, sehr zählebig. Die Opfer der Säuberungen gehen in die Millionen, weitere Millionen Menschen aber profitierten vom System oder waren auf irgendeine Weise darin integriert und haben, im Gegensatz zu den Opfern, im großen und ganzen überlebt. Darüber hinaus hat der Stalinismus im Gefühl der Millionen neugeschaffener Intellektueller und Arbeiter (zumindest in Rußland) offensichtlich eine populistische Saite zum Klingen gebracht. Immerhin hat er den Lebensstandard erhöht, auch wenn die meisten Menschen weiterhin in bitterer Armut lebten. Er hat die Alphabetisierungsrate enorm in die Höhe getrieben, den Erziehungssektor erweitert und die Aufstiegschancen erhöht. Und schließlich hat er die ungeheuren Opfer und Verluste, die fast jede russische Familie tragen mußte, gerechtfertigt. Man braucht, um die Macht der stalinistischen Kultur zu erkennen, nur die Erhabenheit ihrer »Zuckerbäcker«-Architektur zu betrachten, die unterirdischen Paläste der Metro (erbaut mit Sklavenarbeit, wie die Pyramiden), die Wandbilder des sozialistischen Realismus mit ihren Arbeitern, Bauern und poetischen Idyllen. Und schließlich bietet ja auch der Prozeß der Entstalinisierung mit seinen massiven Problemen – Ineffizienz, Verschwendung, Alkoholismus – Anlaß genug, sich (vielleicht sehr selektiv) des Stalinismus als einer Epoche der Errungenschaften, der Disziplin, der Effizienz zu erinnern. Die Entstalinisierung ist gewissermaßen ein persönlicher Vorwurf an all jene, die sich durch Verbrechen, Überzeugung oder Opfer auf den Stalinismus eingelassen haben.

Stalinismus und (um es so zu nennen) »Bucharinismus« können als die beiden Alternativmodelle für eine autoritative Reproduktion dargestellt werden. Das bucharinistische System sieht eine gewisse Trennung zwischen der materiellen und der autoritativen Reproduktion vor. Die Landwirtschaft wird durch Marktmethoden, wie z.B. Lohnarbeitsverhältnisse, geregelt, schließt aber auch außerökonomische Einflußnahmen ein, wie z.B. körperlichen Zwang oder ideologische Anreize (Aufbau des Sozialismus). In diesem Modell liegt das vorrangige Ziel des Wirtschaftswachstums darin, die ideologischen Anreize aufrechtzuerhalten, zu zeigen, daß der Sozialismus aufgebaut wird, und für den individuellen Einsatz eine Art kollektiver Vergütung zu leisten, die eine gewisse Erhöhung des Lebensstandards mit einschließt.

Im stalinistischen System wurden Landwirtschaft und Industrie durch autoritative Methoden reguliert, und die hauptsächliche Form der Regulation bestand im physischen oder »administrativen« Zwang – dem gefürchteten Arbeitskodex. Wer die Stachanowschen Produktionsziffern nicht erreichte, riskierte Verhaftung oder Deportation. In diesem Modell liegt der hauptsächliche Zweck des Wirtschaftswachstums in der Ausweitung des Militär- und Polizeiapparats, den ausführenden Organen der Zwangsmaßnahmen. Lebensnotwendiger Bedarf wird zur Reproduktion von Arbeitern und Soldaten bereitgestellt und das immer abgründiger werdende Gefühl der Unsicherheit muß, verstärkt durch den Dynamismus des Westens, diese reproduktiven Erfordernisse noch weiterschrauben.

Die Periode des Kalten Krieges in ihren Anfängen

Die Stalinisierung Osteuropas begann im Gefolge der Gründung der Kominform 1947, die sich als Antwort auf Trumandoktrin und Marshallplan präsentierte. Claudin zufolge sah Stalin zwischen der Auflösung der Komintern im Jahre 1943 und der vier Jahre später vollzogenen Gründung der Kominform sein Hauptziel in der Kooperation mit den Westmächten. Zu diesem Zweck war Stalin sogar bereit, die kommunistischen Parteien Frankreichs und Italiens an die Kandare zu nehmen und zu Helfershelfern bei der Wiederherstellung der diskreditierten bürgerlichen Eliten in Westeuropa zu machen. Ebenso gab er seine Zustimmung zu Koalitionsregierungen in Ostmitteleuropa. Als die Kooperation schwieriger wurde, nahm er aus Rücksicht gegenüber den Satellitenstaaten und im Hinblick auf das Verhalten der westlichen kommunistischen Parteien eine stärker antagonistische Haltung ein.[29] Auf dem ersten Treffen der Kominform formulierte Shdanow, Stalins Sprachrohr in Sachen Ideologie, die Doktrin von den »zwei Lagern«, die Theorie eines unvermeidlichen Kampfes zwischen Imperialismus und Antiimperialismus.

Wenn man die Ereignisse nach der Bildung der Kominform erklären will, muß man unzweifelhaft die feindselige Haltung des Westens berücksichtigen. Doch ob diese Ereignisse nun durch die Angst vor der kapitalistischen Einkreisung zusätzliche Motive erhielten oder nicht, früher oder später mußte die Unsicherheit bezüglich der neu geformten Pufferzone in Ostmitteleuropa anwachsen. Abgesehen von der böhmisch-schlesischen Industrieregion und den Industriezentren in Warschau, Budapest und Bukarest war der größte Teil Ostmitteleuropas das agrarische Hinterland für Deutschland, in sehr viel geringerem Maße auch für Italien und Österreich gewesen. 1938 betrug der Handel von Ostmittel- mit Westeuropa 70 Prozent des Gesamthandelsvolumens und bestand zum größten Teil aus der Lieferung deutscher Industrieprodukte im Austausch mit Rohstoffen und Nahrungsmitteln.

Durch den Krieg war der Handel unterbrochen worden, belebte sich 1947 aber zusehends. Darüber hinaus boten die Amerikaner für »gutes« politisches Betragen Wirtschaftshilfe in geringem Umfang an. So erhielt z.B. Ungarn nach dem Wahlsieg der bürgerlichen Kleinbauernpartei amerikanische Kredite.[30]

Es ist durchaus plausibel anzunehmen, daß Stalin befürchtete, wachsende Bindungen an den Westen könnten die Satelliten der Kontrolle entziehen und vielleicht nicht ins westliche Lager, aber immerhin zu einer Form von Autonomie führen, die dem Stalinismus ein Alternativmodell entgegensetzen und zudem die Wahrheit über die in diesen Regionen vom Sowjetsystem begangenen politischen Verbrechen ans Tageslicht bringen würde. Kennan behauptete schon 1944, daß die Sowjetunion genau deshalb keine nicht-kommunistische Regierung in Polen akzeptieren könne, weil sie die Ermordung polnischer Offiziere bei Katyn und die Deportation von Millionen Polen in sowjetische Lager vertuschen müsse.[31] Es kann sein, daß Stalin ebensoviele Gründe hatte, seine Beteiligung am Marshallplan abzulehnen, wie die Amerikaner für seinen Ausschluß.

Sollten dies wirklich Stalins Befürchtungen gewesen sein, so wären sie durch die Abspaltung Jugoslawiens im Jahre 1948 aufs schönste bestätigt worden. Die Jugoslawen wurden dabei nicht durch westliche Kredite unterstützt, sondern sahen sich einem Handelsembargo ausgesetzt. Die jugoslawische Führung konnte sich der Unterstützung der Massen für Titos Position versichern, indem sie die Wahrheit erzählte. Sie veröffentlichte den Briefwechsel zwischen Stalin und Tito und enthüllte den wahren Gehalt der sowjetisch-jugoslawischen Spannungen: das Verhalten der Roten Armee in Jugoslawien (im Gegensatz zu dem der britischen Einsatztruppen!), die Rolle der sowjetischen Geheimagenten, die kommunistischen Machtübernahmen in den Satellitenstaaten im Winter 1947/48, die ausbeuterischen Beteiligungsgesellschaften und die unfairen Handelsbedingungen, die Übergabe der (von slowenischen Partisanen befreiten) Stadt Triest an Italien, etc. etc. Mit Claudins Worten: »Für Menschen, welche der stalinistischen Religion anhingen, war es, selbst wenn sie über alle damals bekannten Einzelinformationen verfügten, nicht leicht, sich schlagartig auf das Gebiet des weltlichen Marxismus zu begeben.«[32]

Die darauf folgenden Schauprozesse in fast allen Ländern Ostmitteleuropas, die an die Moskauer Prozesse von 1937/38 erinnerten, sowie die Säuberungen unter den in der Heimat gebliebenen Kommunisten (die die Kriegsjahre damit verbracht hatten, in den Widerstandsgruppen ihres jeweiligen Landes zu kämpfen) richteten sich deutlich gegen die titoistische Ketzerei. Im ersten dieser Schauprozesse, der gegen Laszlo Rajk inszeniert wurde, sagte der Ankläger: »Dieser Prozeß ist eigentlich nicht ein Prozeß gegen Laszlo Rajk und seine Komplizen; Tito und seine Helfershelfer sitzen auf der Anklagebank. [...] Es ist klar, daß der Gerichtshof des ungarischen Volks, wenn er Rajk und seine Verschwörerbande aburteilt, vom moralischen und politischen Standpunkt her die Verräter an Jugoslawien, die Verbrecherbande um Tito, Rankovitch, Kardelj und Djilas verurteilt. Hierin liegt die internationale Bedeutung des Prozesses.«[33]

Indem Stalin alle einheimischen Elemente des Kommunismus beseitigen ließ und den übriggebliebenen Parteiapparat in die politischen Verbrechen verstrickte, schuf er die Grundlage für die weitere Fortschreibung der Beziehungen zwischen der Sowjetunion und Ostmitteleuropa. »[Doch] eines der Hauptmotive für die sowjetische Militärintervention in Ungarn war – ebenso wie zwölf Jahre später in der Tschechoslowakei [...] –, eine vollständige Aufhellung der in den Volksdemokratien begangenen politischen Verbrechen zu verhindern«, sagt Claudin.«[34] Was die Kommunisten zusammenhielt, so Simecka, war »in erster Linie das Bewußtsein des gemeinsamen 'Sündenfalls'«.[35]

Die Ausbreitung des Terrors und der Aufbau einer politischen Elite von Stalinisten war natürlich mit der Zwangseinführung des stalinistischen Wirtschaftssystems verbunden. Der Zweite Weltkrieg stellte den Scheitelpunkt, die entscheidene Erfahrung des stalinistischen Systems dar. Als dann der Kalte Krieg einsetzte, war dies eine willkommene Gelegenheit, diese Erfahrung zu tradieren und das diesbezügliche Know-how der Sowjetunion auf die geeignetste Weise zu exportieren, bot es doch die Grundlage für einen durch »kriegsähnliche« Zwangsmaßnahmen bewirkten schnellen Wiederaufbau.[36] Da westliche Hilfe und westlicher Handel ausbliegen, war die stalinistische Kriegswirtschaft für Osteuropa die einzig verbleibende Möglichkeit.

Und sie mußte bis in alle Einzelheiten übernommen werden. Es wurden Pläne für eine autarke, auf Selbstversorgung ausgerichtete industrielle Entwicklung entworfen, wobei das Hauptgewicht auf der Stahl- und Schwerindustrie und, nach dem Koreakrieg, auf der Rüstungsproduktion lag. (Nach Schätzungen waren in den Jahren von 1951 bis 1955 etwa 11 Prozent der industriellen Gesamtentwicklung Polens auf militärische Zwecke ausgerichtet.)[37] Die Landwirtschaft wurde gewaltsam kollektiviert. Ein eigenständiges Privatleben, wie Cafés oder nicht-politische Clubs es bieten, wurde drastisch beschränkt.[38] Die Reglements der Sowjetarmee wurden den Truppen der mittelosteuropäischen Staaten »bis ins letzte Detail« aufgezwungen, und sowjetische Offiziere erhielten

Kommandeursposten und »forderten Rechte und Vorrechte, [...] die nur als erniedrigend empfunden werden konnten«.[39] In Polen wurde 1949 ein Sowjetmarschall, Konstantin Rokosovsky, zum Verteidigungsminister ernannt. Und überall in Osteuropa, wo die jeweiligen Führer sich im Widerschein Stalins badeten, wurde der Personenkult eingeführt.[40]

Als Stalin starb, war die osteuropäische Wirtschaft unwiderruflich von der des Westens abgespalten. 1953 hatte der Handelsanteil mit dem Westen mit 14,4 Prozent einen Tiefpunkt erreicht, was nicht nur an der Isolation und den Autarkiebestrebungen der stalinistischen Periode, sondern auch an der feindseligen Haltung des Westens lag. Das Koordinationskomitee mit Namen KoKom wurde 1949 durch die Vereinigten Staaten ins Leben gerufen; es sollte gegen den Osten gerichtete strategische Embargomaßnahmen westlicher Länder koordinieren. Im selben Jahr wurde die KoKom-Liste der für den Export verbotenen Güter eingeführt, die bis 1954 etwa 50 Prozent der normalerweise in den Osthandel fließenden Waren umfaßte. Zudem gab es noch separate Beschränkungen in der US-amerikanischen Handelsgesetzgebung.

Nach Stalins Tod

Nach Stalins Tod setzte die erste »Tauwetter«-Periode ein (die ihren Namen dem russischen Schriftsteller Ilja Ehrenburg verdankt). Sie brachte alle drei Säulen des stalinistischen Systems fürs erste zum Einsturz. Die Feindschaft zwischen Ost und West schwächte sich ab, die Kontrollmechanismen zwischen der Sowjetunion und den sogenannten Volksdemokratien wie auch innerhalb der osteuropäischen Länder selbst wurden gelockert – es kam im Endeffekt zu einer Veränderung der Verhältnisse zwischen und in den sozialistischen Staaten. Für Fejto erfüllt die Reform zur damaligen Zeit die Funktion einer »Therapie«: es ist ein Versuch, die Krankheit der Unterdrückung (die psychologische und moralische Erniedrigung) zu heilen: »So kam nach der Integration die Diversifierung und die Selbstbestimmung; nach dem Terror, mit gelegentlichen Pausen und Rückschlägen, die Entspannung; nach den großen Prozessen die großen Rehabilitationen, nach unhinterfragtem Gehorsam der Widerstand; nach der Isolation das Öffnen der Türen. Und all dies im steten Wechsel von Ebbe und Flut, von Frost und Tauwetter.«[41]

Und dies brachte die Entspannung nach Stalins Tod mit sich:

- das vorläufige Ende der Belagerungsmentalität der Jahre zwischen 1948 und 1953, eine neue Betonung der Grundsätze friedlicher Koexistenz, die Bereitschaft, dem Westen Kommunikations- und sogar Handelswege zu öffnen;

- die Bereitschaft, die sozialistischen Länder als polyzentrisch zu verstehen, wobei in dieser Hinsicht Chruschtschows Besuch in Jugoslawien (1955) besonders wichtig ist.[42] Diesem neuen Kurs zufolge sollten die kommunistischen Parteien Osteuropas eine den innenpolitischen Bedingungen entsprechende Politik betreiben;
- eine Reihe von innenpolitischen Reformen: Verminderung des Terrors, Kontrolle der Polizei durch die Partei, Verlangsamung des Wirtschaftswachstums (vor allem bei den Investitionen), Neugewichtung der Ressourcen zur Förderung der Landwirtschaft und der Konsumgüterindustrie (wozu auch die teilweise Konversion der Rüstungsindustrie in Richtung auf die Produktion langlebiger Konsumgüter gehörte), Liberalisierung der Landwirtschaft (Rückgang oder Stop der Kollektivierung, weniger Diskriminierung gegen private Bauern, wozu insbesondere die Abschaffung oder Verminderung von Zwangsablieferungen gehört), größere Duldung der privaten Initiative (Kunsthandwerk, Cafés und Restaurants, Kleinindustrie, private Vermietung). Die ominösen »gemischten Gesellschaften« wurden demontiert und die Reparationszahlungen eingestellt.

Diese Veränderungen wirkten in den einzelnen Ländern ganz unterschiedlich – ein Muster, das sich in den folgenden Entspannungsperioden wiederholen sollte. Der Kalte Krieg hatte die sozialistischen Staaten homogenisiert; die Entspannung brachte die Unterschiede zum Vorschein. In Ungarn und Polen etwa verbreitete sich der Revisionismus wie ein Lauffeuer unter den Intellektuellen, die nun der Idee eines dezentralisierten, demokratischen und internationalistischen Sozialismus anhingen. Zahllose politische Clubs wurden gegründet, und man drängte sich zu den Vorträgen marxistischer Philosophen, lauschte in Ungarn Georg Lukács und in Polen Leszek Kolakowski. In beiden Ländern erlangten die Revisionisten die Kontrolle über die Partei, was schließlich zu den Ereignissen vom Oktober 1956 führte: zur ungarischen Revolution und zum polnischen Kompromiß, der Gomulka den weiteren Erhalt der Macht sicherte. Obwohl die Reformen in Polen danach Stück für Stück zurückgenommen wurden und das Land in den sechziger Jahren zum Konservatismus zurückkehrte, bedeutete der Sieg von Gomulka immerhin, daß die Landwirtschaft privatisiert blieb, die Intellektuellen einigen Freiraum hatten und die (für Ungarn und Polen 1956 so wichtige) Erfahrung der Arbeiterräte spätere soziale Bewegungen beeinflussen konnte. In der DDR und der Tschechoslowakei sowie in Albanien und Rumänien hielt sich die Entstalinisierung in sehr viel engeren Grenzen – hier fürchteten die stalinistischen Regimes den warmen Wind aus Moskau.

Der sowjetische Einmarsch in Ungarn 1956 ließ entstehen, was Fejto als »Heilige Allianz« der osteuropäischen, sowjetischen und chinesischen Stalinisten gegen Revisionismus und Nationalkommunismus bezeichnete. Die 1957 in Moskau stattfindende Konferenz der kommunistischen Parteien bekräftigte erneut die Einheit des sozialistischen Lagers unter sowjetischer Führung und signalisierte sogar eine Rückkehr zur Zwei-Lager-Strategie der Jahre 1948-53. Mao sagte, die Kommunisten sollten sich nicht durch die Erpressung mit Atomwaffen einschüchtern lassen. China sei ein großes Land mit 600 Millionen Menschen. Selbst wenn die Hälfte davon in einem Atomkrieg umkäme, blieben immer noch 300 Millionen übrig, um den Sozialismus wiederaufzubauen. Die Jugoslawen konnten die Abschlußerklärung nicht unterzeichnen, was zu einer sehr schnellen Verschlechterung der sowjetisch-jugoslawischen Beziehungen führte. Der, wie Fejto es ausdrückt, »spektakulärste Sieg« der Heiligen Allianz war die Hinrichtung von Imre Nagy und dreier seiner Freunde am 17. Juni 1958. »Die Zeitungen in Peking jubelten auf; Prag, Sofia und Tirana brachten ihre Befriedigung zum Ausdruck. Polen senkte den Kopf. Ungarn, überwältigt vom Verlust einiger seiner besten Söhne, war betäubt, gedemütigt und hilflos.«[43]

Die Folgezeit erlebte eine – allerdings sehr vorsichtige – Erneuerung der Liberalisierung, die im Rahmen der Konsolidierung des sozialistischen Blocks durch die Tätigkeit multinationaler Institutionen wie des Warschauer Pakts und des RGW (Rat für gegenseitige Wirtschaftshilfe) stattfand. Es war die Periode der beginnenden Entzweiung zwischen China und der Sowjetunion, die sich als ideologische Auseinandersetzung um die Frage »Friedliche Koexistenz oder antiimperialistischer Kampf?« drapierte. Albanien schlug sich, um seine Autonomie zu bewahren, auf die Seite Chinas während Rumänien einen mittleren Kurs verfolgte. 1963 war man in Bukarest sogar dazu in der Lage, Vorschlägen, den RGW in eine länderübergreifende Planungsbehörde zu verwandeln, eine Absage zu erteilen, weil man befürchtete, dies könne zu einer Arbeitsteilung zwischen der industrialisierten sozialistischen Wirtschaft des Nordens und der Agrarwirtschaft des Südens führen.

Die zweite Hälfte der fünfziger Jahre war eine Periode beschleunigten Wirtschaftswachstums, das sich möglicherweise sowohl den Reformen (vor allem in der Landwirtschaft) als auch den verspäteten Auswirkungen der regen Investitionstätigkeit der Stalinepoche zuguteschreiben läßt. (Will man den Statistiken Glauben schenken, so gab es damals die höchsten Wachstumsraten, die je von einem Land, ob kapitalistisch oder sozialistisch, erreicht wurden.) Chruschtschow war davon überzeugt, daß der Sozialismus am Ende den Wettbewerb mit dem Kapitalismus gewinnen würde. Doch zu Beginn der sechziger Jahre verlangsamte sich das Wachstum (vor allem der Reallöhne) allmählich.

Ab der zweiten Hälfte der sechziger Jahre wurden alle Länder Osteuropas von einer neuen Reformwelle erfaßt, deren Ursache in Kossygins Maßnahmen von 1965 lag (wobei die DDR ihr »Neues ökonomisches System der Planung und Leitung« bereits 1963 eingeführt hatte). Die Reformen der sechziger Jahre waren, vor allem in Jugoslawien und Ungarn, sehr viel weitergehend als die der fünfziger. De facto ließen sich diese beiden Länder nicht mehr als zentralisierte Kommandowirtschaften beschreiben; vielmehr wurden hier wichtige Elemente der Marktregulierung eingeführt. Allerdings blieben die Reformen – wiederum mit Jugoslawien und Ungarn als Ausnahmen – im großen und ganzen auf den ökonomischen Bereich beschränkt, und es gab allerlei Anstrengungen, unerwünschte politische Nebenwirkungen auszuschalten. Die Ungarn betonten, der am 1. Januar 1968 ins Leben gerufene »Neue Wirtschaftsmechanismus« diene lediglich dazu, die wirtschaftliche Effizienz zu erhöhen. Einige Kommentare gehen sogar davon aus, daß die politischen Führungen in Osteuropa ganz ausdrücklich eine Steigerung der Konsumtion als Ersatz für politische Rechte ins Auge faßten, um die Bevölkerung ruhig zu halten.[44] Andererseits war die Wirtschaftsreform nicht ohne ein gewisses Maß an politischer Liberalisierung zu haben, wozu eine offene Diskussion der Wirtschaftspolitik und eine größere Toleranz gegenüber Intellektuellen, wo nicht gar ihre Einbeziehung in den Reformprozeß gehörte.

In Jugoslawien war die Wirtschaftsreform Ergebnis einer politischen Auseinandersetzung, die mit der Niederlage der Neostalinisten und der Entlassung von Rankovic (Titos Berija, der Gründer und Oberbefehlshaber der jugoslawischen Geheimpolizei) beendet wurde. Die Ereignisse der Jahre 1966-67 sind auch als zweite jugoslawische Revolution beschrieben worden.[45]

In der Tschechoslowakei war die Wirtschaftsreform direkt an die politische Reform geknüpft. Letztere galt als wichtiges Moment bei der Beseitigung der Hindernisse, die der Wirtschaftsreform im Wege standen, während die Wirtschaftsreform wiederum als Grundlage der politischen Reform, der Entwicklung eines pluralistischen Systems dienen sollte. Der Prager Frühling wurde in Polen (das damals tief in einer neuen antisemitischen Säuberungswelle steckte), sowie in der DDR und der Sowjetunion mit äußerster Besorgnis betrachtet. Die von fünf Mitgliedern des Warschauer Pakts durchgeführte Intervention markierte den Beginn einer neuen Periode der »Normalisierung«, die ganz Osteuropa erfassen sollte.

In einem Artikel beschreibt Szelényi die Stimmung unter den osteuropäischen Intellektuellen während der sechziger Jahre.[46] Es war eine Zeit der Erwartungen, der Hoffnung, daß der Irrationalismus des Stalinsystems der Ratgeberschaft intellektueller Experten Platz machen würde. Zu eben dieser Zeit prägte Lukács den Satz: »Selbst der schlechteste Sozialismus ist besser als der beste Kapitalismus.« Und ein Buch des Autors Radovan Richta mit dem Titel *Zivilisation am Scheideweg* ging von Hand zu Hand. (Es scheint ein östliches Gegenstück zu Anthony Croslands *The Future of Socialism* gewesen zu sein, das einige Jahre zuvor dem atlantizistischen Konsens Ausdruck verliehen hatte.) Es war, sagt Szelényi, »eine beredte Apologie der wissenschaftlich-technischen Revolution und der Ruf nach einer neuen Weltordnung, in der weder gierige Kapitalisten noch unfähige Bürokraten den kompetenten und uneigennützigen Experten darin hindern können, ihrem Beruf nachzugehen und die Gesellschaft zu leiten«.[47]

Die Konsolidierung des Ostblocks

In der Periode des Stalinismus waren die Beziehungen zwischen der Sowjetunion und den mittelosteuropäischen Ländern streng bilateral. In der Zeit nach Stalins Tod scheint Chruschtschow eine eher konsensorientierte Beziehung angestrebt zu haben, jedenfalls deutete seine Verwendung des Ausdrucks »proletarischer Internationalismus« darauf hin.[48] Nach dem Einmarsch in Ungarn entwickelte die Sowjetunion zusammen mit den neuen Eliten der osteuropäischen Länder verschiedene multilaterale Formen der Koordination und Kontrolle.

Der RGW oder »Rat für gegenseitige Wirtschaftshilfe« (RGW) wurde 1947 als Antwort auf die Einrichtung der OEEC (der für die Marshallplanhilfe zuständigen Organisation) gegründet. Wegen der Unbeweglichkeit der zentralen Planung waren die Beziehungen zwischen Planwirtschaften in der Hauptsache bilateral; multilaterale Vereinbarungen gestalten sich dagegen äußerst kompliziert. Doch in den späten fünfziger Jahren begann der RGW eine aktivere Rolle zu spielen, d.h. umfangreichere Planungsvorkehrungen für den Handel zu treffen, den Tausch von Rohstoffen und Nahrungsmitteln gegen RGW-Fabrikate zu regeln und blockumfassende Infrastrukturvorhaben wie etwa Versorgungsnetze für Elektrizität und Öl zu verwirklichen.

Der Warschauer Pakt wurde 1955 ins Leben gerufen, was man im allgemeinen als diplomatischen Schachzug in Reaktion auf die Wiederbewaffnung der BRD interpretiert hat. Die Sowjetunion bot als Gegenleistung zur Auflösung der Nato die des Warschauer Paktes an. Zwischen 1955 und 1958 wurden die osteuropäischen Armeen verkleinert

(Berichten zufolge um etwa 2,5 Millionen Soldaten), und nach 1956 wurde die ungarische Armee praktisch aufgelöst. Sowjetische Offiziere kehrten in die UdSSR zurück oder verließen die Streitkräfte.

Mit Beginn der sechziger Jahre wurden die osteuropäischen Armeen zunehmend in ein dem Warschauer Pakt unterstehendes Kommandosystem integriert, dessen Hauptquartier im sowjetischen Verteidigungsministerium beheimatet war. Zu der Zeit wurde auch eine neue sowjetische Militärdoktrin ausgearbeitet und der Öffentlichkeit 1962 in Marschall Sokolovskys Buch über militärische Strategie vorgestellt. Dort wurde explizit die Forderung erhoben, osteuropäische Truppen in gemeinsame Kampfhandlungen unter sowjetischem Kommando einzubinden.[49] Während dieser Zeit wurden die ersten gemeinsamen Manöver abgehalten, und Christopher Jones geht in recht überzeugender Weise davon aus, daß diese Manöver einen Schlüsselmechanismus der politischen Kontrolle darstellten, für die ein einheitliches Führungssystem, die Standardisierung der Ausrüstung, die Ausarbeitung einer gemeinsamen Doktrin sowie ein integriertes System der politischen Leitung und der Ausbildung von Offizieren erforderlich waren. Jones zufolge bildeten diese gemeinsamen Manöver Generalproben für die Intervention, was sich 1968 in der Tschechoslowakei dann tatsächlich erwiesen hat.[50]

Doch stellte der Warschauer Pakt auch eine Form direkter militärischer Kontrolle dar (was sich 1968 oder später an den Manövern entlang der polnischen Grenze verdeutlichte), ebenso wie er eine Form der psychologischen Kontrolle war. Was er erreichte, war die Reproduktion des imaginären Krieges im Rahmen des gesamten Blocks. Die Furcht vor dem Feind, mit der die Verhängung des Stalinismus über Osteuropa Ende der vierziger Jahre gerechtfertigt wurde, nahm in den gemeinsamen Kriegsvorbereitungen konkrete Gestalt an. Der Warschauer Pakt formulierte eine gemeinsame Konzeption im Hinblick auf den Charakter des Ost-West-Konflikts, die gemeinsame Vision eines künftigen Krieges, mit der die politischen (und militärischen) Anschauungen der im Pakt etablierten Mächte zusammengeschweißt wurden.

In diskursiver Hinsicht war der Pakt niemals so wirkungsvoll wie die Nato. Für den Zusammenhalt des Ostens waren die von der KPdSU beherrschten Beziehungen zwischen den Parteien sehr viel wichtiger. In den einzelnen Ländern vollzog sich die Kontrolle der Partei durch ihre Komitees am Arbeitsplatz, in der Schule, der Kaserne etc., ferner durch die Parteibürokratie und das System der Nomenklatura (wodurch die Partei die Schlüsselpositionen überwachen konnte). Dies alles verband sich darüber hinaus mit einem Netzwerk von Beratungen, Austauschverhältnissen und Verhandlungen zwischen den osteuropäischen Parteien, mit der Ausbildung von Militärpersonal in der Sowjetunion, mit gemeinsamen Diskussionen über ideologische Fragen, häufigen Zusammenkünften von Parteisekretären sowie Verbindungen zwischen den Sicherheitsapparaten und gemeinsamen Geheimdiensttreffen. Diese Beziehungen zwischen den Parteien bildeten ideologische, physische und sogar ökonomische Formen des Zwangs und der Nötigung. Man kann durchaus sagen, daß die militärischen Interventionen, die wirklichen Kriege, von 1956 und 1968 ein Versagen oder einen Zusammenbruch sowohl der Parteimechanismen als auch der durch den imaginären Krieg vermittelten indirekten Kontrollformen darstellten.

Zwang und Instabilität

Wenn die Vertreter des »langen Friedens« das Argument der Stabilität in die Debatte werfen, so beziehen sie sich de facto nur auf eine Handvoll entwickelter Industriegesellschaften des kapitalistischen Westens. Im Gegensatz dazu war Osteuropa keineswegs stabil, besser gesagt: die Perioden der Stabilität waren trügerisch, hinter ihnen verbarg sich eine unterdrückte Instabilität. Ostmitteleuropa durchlitt Krieg und brutale Repression: hier konnte der Stalinismus – anders als vielleicht in Rußland – keine Kraft aus der geschichtlich-kulturellen Tradition ziehen, er wurde vielmehr durch eine von außen kommende Besatzungsmacht aufgezwungen. Ließ der militärische und polizeiliche Druck einmal nach, kam es zu sozialen und politischen Erhebungen, die ihrerseits eine Erneuerung der Zwangsmaßnahmen hervorriefen, denn die Besatzer fürchteten, daß der Aufstand das Sowjetregime selbst in Frage stellen könnte, weil er entweder die militärische Unsicherheit verstärken, ein anziehenderes Modell des Sozialismus entwerfen oder die Aufdeckung vergangener politischer Verbrechen zur Folge haben könnte. Es war mithin gerade die *Instabilität* der Verhältnisse in Ostmitteleuropa, die zur Reproduktion der Militär- und Polizeiapparate, zur fortwährenden Kriegsvorbereitung und schließlich zu tatsächlichen Kriegen führte.

Anmerkungen

1 Fernando Claudin, *Die Krise der kommunistischen Bewegung. Von der Komintern zur Kominform.* Band 2: *Der Stalinismus auf dem Gipfel seiner Macht.* Olle & Wolter, Westberlin, 1978. Das Zitat S. 323.

2 Wie Bahro sagt, wurde die sozialistische Idee »zum Schicksal der Revolutionäre, die sie in Rußland trugen. Ihre Perversion in eine neue Herrschaftsideologie, in den Katechismus einer modernen Staatskirche, gipfelte konsequenterweise in der Vernichtung der alten bolschewistischen Avantgarde durch den Stalinschen Machtapparat. Der Gang der Geschichte in der Sowjetunion bedeutete eine intellektuell-moralische Tragödie für das Bewußtsein aller menschlich ernstzunehmenden Kommunisten.« (*Die Alternative. Zur Kritik des real existierenden Sozialismus.* EVA, Köln-Frankfurt/M. 1977), S. 23.

3 Vgl. bes. ebd.; György Konrád und Iván Szelényi, *Die Intelligenz auf dem Weg zur Klassenmacht* (Frankfurt/M. 1978); Ferenc Fehér, Agnes Heller und György Markus, *Diktatur über die Bedürfnisse. Sozialistische Kritik osteuropäischer Gesellschaftsformationen,* VSA, Hamburg, 1979.

4 Perry Anderson, *Lineages of the Absolutist State* (New Left Books, 1974; dt. Ausgabe: *Die Entwicklung des absolutistischen Staates*, Suhrkamp, Frankfurt/M., 1979.)

5 Bahro verwendet den Ausdruck »halbasiatisch«. Dadurch wird die Ähnlichkeit mit anderen asiatischen Produktionsweisen (China, Indien, Ägypten etc.) betont, und daraus erklärt sich dann auch die Anziehungskraft des sowjetischen Systems für Länder der Dritten Welt. Das russische System war in dem Sinne halbasiatisch, daß es auch Erbteil des europäischen Feudalismus war. Allerdings verdeckt der Ausdruck »asiatisch« offensichtlich wichtige Unterschiede zwischen den verschiedenen Reichen in Asien. Das der Mogule z.B. war viel dezentralisierter und pluralistischer als das Reich der Mitte. Für Konrád und Szelényi *(Die Intelligenz…)* leitet sich die Betonung asiatischer im Gegensatz zu europäischen Entwicklungsformen (die sie als traditionelle Umverteilungssysteme bezeichnen) aus dem Einfluß ab, den türkische und tatarische Expansionswellen auf den Osten ausgeübt haben. So hat z.B. zumindest Rußland einige der Organisationsformen des tatarischen Militärreiches übernommen. Anderson legt mehr Gewicht auf den westlichen Einfluß, der Resultat schwedischer Expansionsbestrebungen war.

6 »Iwan der Schreckliche zum Beispiel, dem es schließlich gelang, die Herrschaft der tatarischen Khane zu brechen, ließ sich zum Zaren aller Russen krönen, rottete und plünderte den Erbadel aus, rekrutierte aus dem Dienstadel eine moderne politische Polizei, während er aus dem staatlich eingezogenen Mehrprodukt Eisenhütten, Rüstungs- und Schiffsbaumanufakturen gründete, in denen er statt Lohnarbeiter zur Fronarbeit gezwungene Leibeigene arbeiten ließ.« Konrád und Szelényi, *Die Intelligenz…*, S. 144.

7 Jenö Szücs, »Three historical regions of Europe«, in John Keane (Hg.), *Civil Society and the State* (Verso, 1988).

8 Milan Kundera, »The tragedy of Central Europe«, *New York Review of Books,* xxxi: 7, 26. April 1984.

9 Darauf weist Istvan Rev hin: »Local autonomy or centralism – when was the original sin committed?«, *International Journal of Urban and Regional Research,* 8:1, März 1984.

10 Joseph Schumpeter, *Kapitalismus, Sozialismus und Demokratie* (Franckhe, München, 5. Aufl., 1980).

11 Vgl. dazu Claudin, *Krise der kommunistischen Bewegung,* Bd. 2, S. 351.

12 W.I. Lenin, *Staat und Revolution,* in: ders., *Werke* Band 25 (Berlin 1960), S. 393-507. Das Zitat S. 440.

13 Vgl. Lenin, *Staat und Revolution:* »Die Diktatur des Proletariats aber, d.h. die Organisierung der Avantgarde der Unterdrückten zur herrschenden Klasse, um

die Unterdrücker niederzuhalten, kann nicht einfach nur eine Erweiterung der Demokratie ergeben. *Zugleich* mit der gewaltigen Erweiterung des Demokratismus, der *zum erstenmal* ein Demokratismus für die Armen, für das Volk wird und nicht ein Demokratismus für die Reichen, bringt die Diktatur des Proletariats eine Reihe von Freiheitsbeschränkungen für die Unterdrücker, die Ausbeuter, die Kapitalisten. Diese müssen wir niederhalten, um die Menschheit von der Lohnsklaverei zu befreien, ihr Widerstand muß mit Gewalt gebrochen werden, und es ist klar, daß es dort, wo es Unterdrückung, wo es Gewalt gibt, keine Freiheit, keine Demokratie gibt.« *Werke* Bd. 25, a.a.O., S. 475.

14 Zit. n. Bahro, *Die Alternative,* S. 48.

15 Konrád und Szelényi sagen, daß jene Bürokraten, die die russische Revolution überlebten, sich in der gleichen komischen Situation befanden »wie Monsieur Jourdain, der mit Überraschung konstatiert, daß er Prosa spricht. Obwohl sie die Roten haßten, nachdem sich der Sturm gelegt hatte, mußten die Bürokraten der Kriegswirtschaft bemerken, daß sie nach der roten Logik der expansiven rationalen Redistribution denken.« *Die Intelligenz...,* S. 157.

16 »Was für eine Dynamik der sozialen und ökonomischen Entwicklung« heißt es bei Bahro, »wieviel solidarische Anstrengung aller für das allgemeine Wohl haben sich die alten Sozialisten ausgemalt! Eben jene große Initiative, die Lenin so begeistert beschrieb, als die Arbeiter der Moskau-Kasaner Eisenbahn ihren ersten revolutionären Subbotnik begingen. Gerade darin gründete letztlich unser Vertrauen in die Überlegenheit der sozialistischen Produktionsweise, unser hartnäckiges Festhalten an der Überzeugung, wir würden den Kapitalismus in absehbarer Frist 'einholen und überholen'.« *Die Alternative,* S. 240.

17 Parteikongresse fanden sehr viel sporadischer statt. Fünf Jahre verstrichen zwischen dem 17. und dem 18. Parteikongreß und noch einmal dreizehn Jahre zwischen dem 18. und dem 19. Parteikongreß. Von den 1.966 Delegierten des 17. Parteikongresses im Jahre 1934 wurden 1.108 aus der Partei ausgeschlossen, verhaftet oder noch schlimmer behandelt. Von den 139 Mitgliedern und Stellvertretern, die 1934 in das Zentralkomitee gewählt worden waren, wurden 98 später hingerichtet. 1937/38, als der Terror seinen Höhepunkt erreichte, fiel ein Drittel der Parteimitglieder den Säuberungen zum Opfer. Vgl. Adam B. Ulam, *A History of Soviet Russia* (Praeger, 1976).

18 Oskar Lange, »Role of planning in socialist economy«, Vortrag, gehalten am 19. November 1957 am Institut für Internationale Politik und Wirtschaft in Belgrad; in: Oskar Lange (Hg.), *Problems of Political Economy of Socialism* (Peoples Publishing House, Neu Delhi, 1962), S. 18.

19 Ebd., S. 19.

20 Vgl. Alexander Yakovlev, *The Aim of a Lifetime: The Story of Alexander Yakovlev, Designer of the YAK fighter plane* (Progress Publishers, Moskau, 1972.)

21 Yakovlev sagt: »Wäre es kein sozialistisches Land, sondern das vorrevolutionäre Rußland, würde es, wie Polen, Frankreich und andere bürgerliche Staaten in Europa, zusammenbrechen.« Ebd., S. 144.

22 Alec Nove, *An Economic History of the USSR,* 3.Aufl. (Penguin, 1984), S.274.

23 Isaac Deutscher malt sich folgendes Gespräch zwischen Stalin und dem Geist des letzten Zaren aus: »'Dein Ende rückt immer näher', flüstert das Gespenst. 'Du hast das Chaos des Krieges ausgenutzt, um meinen Thron zu zerstören. Nun wird dich bald das Chaos eines anderen Krieges verschlingen.' 'Ihr begreift einfach nichts, ihr entthronten Monarchen', entgegnet der lebende

Mann. 'Es war doch nicht der Krieg, der euch besiegt hat, sondern die bolschewistische Partei. Natürlich haben wir Bedingungen, die der Krieg schuf, zu unseren Gunsten ausgenutzt, aber...' 'Bist du ganz sicher«, unterbricht ihn das Gespenst, 'daß nicht eine neue Opposition den nächsten Krieg zu ihren Gunsten nutzen wird? Erinnerst du dich an die furchtbaren Tumulte in Petersburg, als die Nachricht verbreitet wurde, die Deutschen hätten Riga erobert? Und wenn nun die Deutschen erneut vor Riga auftauchen, oder in Kiew, im Kaukasus, oder vor den Toren von Moskau?' 'Ich sagte doch: du hast die großartige Partei der Bolschewiki gegen dich gehabt, während ich Trotzki ins Exil und all meine anderen Gegner vernichtet habe.' Das Gespenst wiehert vor Lachen. 'Habe ich dich nicht 1914 bis 1917 in Sibirien gefangengehalten, und waren Lenin und Trotzki damals nicht auch im Exil?...' (Isaac Deutscher, *Stalin* (1949), Penguin, 1982; S. 373. (Dt. Ausg.: *Stalin. Eine politische Biographie.* Agon, Berlin, 1989.)

24 Für Moshe Lewin entsprang der Terror den Enttäuschungen und der Unfähigkeit der Regierung. Die dreißiger Jahre sind für ihn eine Periode »der Spontaneität und des Dahintreibens«; die Regierung war unfähig, die Zügel in die Hand zu nehmen, Kontrollmechanismen zu entwickeln und die Gesellschaft zu lenken. Die »Obrigkeit beklagte sich darüber, daß die Menschen nicht das taten, wozu sie aufgefordert wurden, daß sie Mittel und Wege fanden, die Sache in die eigenen Hände zu nehmen, jedes Mauseloch ausfindig machten, um das System auszumanövrieren und sich durch ein Netzwerk von Freunden, Bekanntschaften, Bestechungen und abenteuerlichen Risiken über Wasser hielten.« Moshe Lewin, *The Gorbachev Phenomenon: A Historical Interpretation* (Radius, 1988), S. 27. (Dt. Ausg.: *Gorbatschows neue Politik.* Fischer, Frankfurt/M., 1988.)

25 Gegen Ende seines Lebens war Stalins unmittelbare Umgebung mit Verschwörungen und Gegenverschwörungen angefüllt, und dementsprechend wuchs sein Mißtrauen. »Er sah einen bisweilen an«, erinnert sich Chruschtschow, »und sagte: 'Warum ist dein Blick heute so unstet?' oder: 'Warum wendest du dich ab und schaust mir nicht direkt in die Augen?'.« Zit. n. Deutscher, *Stalin,* S. 596.

26 Darauf wies George Kennan in seinem »langen Telegramm« hin. Für ihn hatte das Gefühl militärischer Unsicherheit »tatsächlich recht wenig mit den Gegebenheiten außerhalb Rußlands zu tun: es resultiert in erster Linie aus grundlegenden inner-russischen Bedürfnissen, die vor dem jüngsten Krieg bereits existierten und auch heute noch vorhanden sind«: »Daß der Kreml die Weltpolitik auf so neurotische Art betrachtet, liegt an dem traditionellen und instinktiven Gefühl der Unsicherheit in Rußland. Ursprünglich war es die Unsicherheit eines friedfertigen, Landbau betreibenden Volkes, das auf einer großen, gut zugänglichen Ebene in der Nachbarschaft wilder Nomadenstämme lebte. Als Rußland dann mit dem ökonomisch fortgeschritteneren Westen in Berührung kam, gesellte sich die Furcht vor kompetenteren, mächtigeren, besser organisierten Gesellschaften in der dortigen Region hinzu. Doch diese Art der Unsicherheit betraf weniger das russische Volk als seine Herrscher, die unabänderlich fühlten, daß ihre Herrschaft in der Form relativ archaisch war und auf schwachen und künstlichen psychologischen Fundamenten ruhte. Einem Vergleich mit den politischen Systemen des Westens würde sie nicht standhalten können. Aus diesem Grund haben sie immer vor dem Eindringen ausländischer Elemente Angst gehabt, den direkten Kontakt zwischen der westlichen Welt und der ihren gefürchtet und sich gefragt, was wohl geschehen

würde, wenn die Russen die Wahrheit über das Ausland oder die Ausländer die Wahrheit über Rußland erführen. Und sie haben gelernt, ihre Sicherheit nur im geduldigen, aber tödlichen Kampf um die totale Zerstörung der Konkurrenzmacht, nicht in Verträgen und Kompromissen mit ihr zu suchen.« (»Telegraphische Botschaft vom 22. Februar 1946«, abgedruckt in George Kennan, *Memoirs 1925-50* (Hutchinson, 1968), S. 549f.)

27 Selbst Trotzki war der Auffassung, daß der Despotismus des Staates das Ergebnis »der eisernen Notwendigkeit [war], eine privilegierte Minderheit so lange heranzuziehen und zu unterstützen, wie es unmöglich ist, die wirkliche Gleichheit aller herzustellen«. Leo Trotzki, *Revolution Betrayed: What is the Soviet Union and Where is it Going?* (Faber, 1937), S. 55. (Dt. Ausg.: *Die verratene Revolution.* Veritas, Zürich, 1958.)

28 Stephen Cohen, *Rethinking the Soviet Experience* (Oxford University Press, 1985).

29 Die französischen und italienischen Kommunisten kritisierten die Jugoslawen auf dem ersten Treffen der Kominform sehr heftig; wahrscheinlich genossen sie die implizite Rückendeckung durch Stalin und seinen Chefideologen Shdanow. Eine Darstellung der Zusammenkunft findet sich in Claudin, *Krise der kommunistischen Bewegung*, Bd. 2, S. 76-78.

30 Eine ausführliche Darstellung in Joyce und Gabriel Kolko, *The Limits of Power* (Harper and Row, 1972), Kap. 70.

31 Kennan erinnert sich an eine Diskussion mit dem Ratsmitglied der polnischen Botschaft in Washington 1944: »Ich verließ diese Diskussion mit dem bestimmten Gefühl, daß Stalins feindseliges Verhalten gegenüber der Exilregierung nur zum Teil auf Rußlands stärker gewordene militärische und politische Position zurückgeführt werden konnte. Die vollständige Erklärung lag auf einer anderen Ebene: die Sowjets waren in großer Verlegenheit wegen der Ausschreitungen ihrer Militärpolizei gegen die polnische Bevölkerung in den Jahren 1939 und 1940. Daraus resultierte die Entscheidung, daß es im Nachkriegspolen keine Regierung geben dürfe, welche die Neigung oder die Möglichkeit besitzt, in der Vergangenheit herumzustöbern und diese von der sowjetischen Obrigkeit durchgeführten Aktionen ans Licht der Öffentlichkeit zu bringen. [...] Stalin ging es keinesfalls, wie oft vermutet wurde, darum, einfach eine 'befreundete Regierung' auf der anderen Seite der polnischen Grenze zu haben. Vielmehr benötigte er die Kollaboration jeder zukünftigen politischen Obrigkeit in Polen zur Unterdrückung der Beweise und Erinnerungen an die von der sowjetischen Miliz zwischen 1939 und 1941 durchgeführten Aktionen, für die keine einleuchtende und achtbare Erklärung gefunden werden konnte. Natürlich bot nur eine kommunistische Regierung unter sowjetischer Kontrolle die Gewähr für eine solche Kollaboration.« *(Memoirs 1925-50,* S. 203)

32 Auf einem Treffen von Kommunisten in Belgrad wurde der Entschluß gefaßt, folgendes Telegramm an Stalin zu senden: »Genosse Stalin, wir glauben unverbrüchlich an Sie, daß Sie alles tun werden, um die ungerechte Anschuldigung, die gegen unser Land, unsere Partei und unser Zentralkomitee erhoben wurde, aus dem Weg zu räumen.« Claudin, *Krise der kommunistischen Bewegung*, Bd.2, S.223.

33 Zit. n. ebd., S. 517.

34 Ebd.

35 Milan Simecka, »From class obsessions to dialogue: détente and the changing political culture of Eastern Europe«, in Mary Kaldor, Gerard Holden und Richard Falk (Hg.), *The New Détente* (Verso, 1989).

36 Thad P. Alton, »East European GNPs: origins of products, final uses, rates of growth and international comparisons«, in *East European Economies: Slow Growth in the 1980s,* Bd.1: *Economic Policy and Performance*, Joint Economic Committee, 90th Congress, 1st Session (Washington DC, 1985).
37 Michael Kaser, *RGW: Integration Problems of the Planned Economies* (Oxford University Press, 1967): »Die am Sowjetmodell ausgerichtete Industrialisierung war in die Zielvorstellungen einer sozialistischen Gesellschaft eingebettet, und weil die sowjetische Obrigkeit lediglich ihre bereits eingearbeiteten Muster einführen wollte, wurde jeder Versuch einer nationalspezifischen Anpassung unterdrückt. [...] So hatte man z.B. in Polen Techniken entwickelt, um einen auf dem harmonischen Wachstum von Konsumtion und Investition beruhenden Dreijahresplan aufzustellen. Diese Techniken wurden 1949 durch die viel grobschlächtigere Vorgehensweise der Sowjets ersetzt, die einen Sechsjahresplan vorsah, in dem es einerseits um die Konzentration der industriellen Ressourcen auf Kapitalgüter und andererseits um landwirtschaftliche Produktionsziele ging, die reine Phantasie waren.« (S. 18.)
38 Istvan Rev, »The anti-ecological nature of centralisation«, in Mary Kaldor, Gerard Holden und Richard Falk (Hg.), *New Détente.*
39 Malcolm Mackintosh, »The Warsaw treaty organisation: a history«, in David Holloway und Jane M.O. Sharpe (Hg.), *The Warsaw Pact: Alliance in Transition?* (Macmillan, 1984), S. 142.
40 Gomulka, nach 1956 erneut polnischer Parteichef, charakterisiert den Personenkult wie folgt: »Der Personenkult ist ein bestimmtes System, das in der Sowjetunion vorherrschte und praktisch allen kommunistischen Parteien aufgepfropft wurde. [...] Das Wesen dieses Systems bestand darin, eine individuelle hierarchische Stufenfolge von Kultpersonen zu schaffen. [...] Im sozialistischen Staatenblock stand Stalin auf der obersten Stufe dieser Hierarchie, und alle, die unter ihm standen, verneigten sich vor ihm. [...] Auf der zweiten Stufe in der Hierarchie standen die Ersten Sekretäre des Zentralkomitees der Parteien der verschiedenen Länder, die sich ihrerseits in die Gewänder der Unfehlbarkeit und Weisheit hüllten. Doch ihr Kult erstrahlte nur im jeweiligen Hoheitsgebiet ihres Landes, in dem sie an der Spitze der nationalen Kulthierarchie standen, und dieser Schein sandte nur ein gespiegeltes, erborgtes Licht aus, wie der Mond.« (Zit. n. Karen Dawisha, *Eastern Europe: Gorbachev and Reform.* Cambridge University Press, 1988; S. 71.)
41 François Feijto, *A History of the People's Democracies* (1969) (Penguin, 1977), S. 25.
42 Die gemeinsame jugoslawisch-sowjetische Erklärung bestätigte: »Treue gegenüber den Prinzipien gegenseitiger Achtung und Nichteinmischung in die inneren Angelegenheiten, seien diese wirtschaftlicher, politischer oder ideologischer Natur, weil Fragen der inneren Organisation, der unterschiedlichen Gesellschaftssysteme *und der verschiedenen Formen sozialistischer Entwicklung* ausschließlich Sache des jeweiligen Landes sind. Anerkenntnis des Prinzips, daß Militärblöcke das Risiko internationaler Spannungen vergrößern, das gegenseitige Vertrauen der Nationen untergraben und die Gefahr eines Krieges vermehren.« (Zit. n. ebd., S. 53, Hervorhebung M.K.)
43 Fejto, *History of the People's Democracies*, S. 143.
44 Sarah Terry spricht von einem »impliziten Gesellschaftsvertrag zwischen dem Regime und der Gesellschaft, in dem die politische Führung sich zur Hebung des Lebensstandards im Austausch gegen die politische Einwilligung der Bevölkerung verpflichtet«. »The implications of economic and political

succession«, in *East European Economics: Slow Growth,* Bd. 1: *Economic Policy and Performance,* S. 903.

45 Fejto, *History of the People's Democracies.*

46 Iván Szelényi, »The prospects and limits of the East European new class project: an auto-critical reflection on the intellectuals and the road to class power«, *Politics and Society,* 15:2, 1986/87.

47 Ebd., S. 112.

48 Vgl. Margot Light, *The Soviet Theory of International Relations* (Harvester, 1988), Kap. 6.

49 *Military Strategy: Soviet Doctrines and Concepts* (Pall Mall, 1963). Marschall Jakubowsky schrieb in der *Sowjetischen Militärenzyklopädie:* »Eines der wichtigsten Ziele der sozialistischen militärischen Zusammenarbeit ist die Koordination der Bemühungen um die weitere Entwicklung der Militärtheorie und um die Ausarbeitung einer einheitlichen Sichtweise über den Charakter und die Methoden der Kriegsführung auf der Grundlage der marxistisch-leninistischen Ideologie. Für diese Zwecke sind zwischen militärwissenschaftlichen Institutionen geschäftsmäßige Verbindungen geknüpft worden; es werden regelmäßige theoretische Konferenzen abgehalten und es findet ein gemeinsames Ausarbeiten von militärhistorischen Studien statt.« (Zit. n. Christopher D. Jones, *Soviet Influence in Eastern Europe: Political Autonomy and the Warsaw Pact.* Praeger, 1981, S. 151.)

50 Jones, *Soviet Influence.* Jones ist auch der Auffassung, daß die Integration in den Warschauer Pakt darauf abzielte, eine unabhängige Verteidigungspolitik, die der sowjetischen Intervention Widerstand leisten könnte, zu verhindern. Für ihn war die Entwicklung territorialer Verteidigungsstrukturen in Jugoslawien, Rumänien und Albanien die Grundlage der relativen politischen Autonomie dieser Länder. Er zitiert während des Prager Frühlings ausgearbeitete Vorschläge der tschechischen Gottwald-Militärakademie, die sich auf eine alternative, territorial gegründete Verteidigung beziehen; seiner Ansicht nach einer der Hauptgründe für den Einmarsch. Diese Interpretation betont verdienstvollerweise die inneren Funktionen des Warschauer Pakts, übersieht aber seine ideologische Rolle der Verteidigung gegen äußere Bedrohungen und vernachlässigt auch den nicht-militärischen politischen Widerstand. In Jugoslawien sah sich die Sowjetunion mit der Möglichkeit eines umfassenden militärischen *und* politischen Widerstands gegen die Intervention konfrontiert. Rumänien und Albanien waren dagegen weder militärisch noch strategisch von Bedeutung und für eine militärische Verteidigung gegen die (wirkliche oder eingebildete) Bedrohung aus dem Westen nahezu ungeeignet. Sie boten auch kein alternatives Modell des Sozialismus, sondern kehrten vielmehr zu ziemlich abstoßenden Formen des Stalinismus zurück. Eine ausgezeichnete Analyse der unterschiedlichen Interpetationen des Warschauer Pakts findet sich in Gerard Holden, *The Warsaw Pact: Soviet Security and Bloc Politics* (UNU, Basil Blackwell, 1989), bes. Kap. 2.

5 Die Entstehung des Atlantizismus

So wie die orthodox eingestellte Geschichtsschreibung Einsichten in das Funktionieren des sozialistischen Staatensystems vermittelt, lassen sich bei der revisionistischen Geschichtsschreibung die sachdienlichsten Hinweise für eine Analyse des Atlantizismus finden. Die unterschiedlichen Geschichten, die orthodoxe und revisionistische Historiker über das Verhalten des Westens erzählen, erklären sich zum Teil aus unterschiedlichen Analyseebenen. Die orthodoxe Geschichtsschreibung befaßt sich mit Gründen, d.h. damit, warum bestimmte Politiker sich zu einer bestimmten Handlungsweise entschlossen haben, und dazu benutzt sie Memoiren, Briefe und die Archive der Diplomatie. Den Revisionisten dagegen ist mehr an der Aufdeckung von Ursachen gelegen, d.h., es geht ihnen um zugrundeliegende sozioökonomische Faktoren, aus denen sich bestimmte Präferenzen erklären lassen, und dazu benutzen sie Statistiken, amtliche Dokumente etc.

Die Politiker können viele Gründe für die von ihnen vertretene Politik haben: es mag ihnen um die nächste Wahl gehen oder um ihr persönliches Verhältnis zu anderen Mächtigen der Welt oder gar (Gott bewahre!) um ihren ökonomischen Eigennutz. Ob jedoch ihre Politik erfolgreich ist und von den nachfolgenden Führungen zielstrebig weiterverfolgt wird oder nicht, hängt von Ursachen ab, d.h. von den gesellschaftlichen, politischen und wirtschaftlichen Rahmenbedingungen ihrer je eigenen Situation. Die vierziger Jahre waren eine Phase des Experimentierens. In den Fünfzigern begann das charakteristische Muster des Kalten Krieges sich abzuzeichnen, und zwar deshalb, weil der Kalte Krieg, als politische Formel verstanden, in der Lage zu sein schien, in Westeuropa (zumindest was den nördlichen Teil betrifft) und den Vereinigten Staaten einen Konsens herzustellen. Eben dadurch reproduzierte er sich selbst durch den Wahlprozeß und durch die Bindungen des atlantischen Bündnisses.

Damit soll nicht gesagt werden, daß Handlungsgründe bedeutungslos sind. Zum einen hängen sie eng mit Handlungsursachen zusammen. Die Denkweisen von Politikern sind durch ihre gesellschaftliche Erfahrung geformt, durch die öffentliche Reaktion auf ihre Ideen und Vorschläge, oder durch institutionelle Einflüsse seitens der Regierung; und all dies wird seinerseits von allgemeineren gesellschaftlichen und ökonomischen, innenpolitischen und internationalen Trends beeinflußt sein oder sie zumindest reflektieren.

Wichtiger noch ist die Tatsache, daß jede zielgerichtete Politik aus dem Zusammenwirken von Gründen und Ursachen, von subjektiven und objektiven, besonderen und allgemeinen Momenten resultiert. Die Ursachen, die objektiven Bedingungen, innerhalb derer die Politiker operieren, bestimmen die Umrisse dessen, was möglich ist. Wer dies übersieht, wird früher oder später eine politische Niederlage erleiden. Anders gesagt, muß eine bestimmte Politik bestimmte gesellschaftliche oder ökonomische Bedürfnisse befriedigen, wenn sie für längere Zeit überleben will. Man kann jedoch auf sehr verschiedene Art und Weise erfolgreich sein oder innerhalb der Grenzen des Möglichen bleiben, und dadurch wiederum können die gesellschaftlichen und ökonomischen Bedürfnisse, die Grenzen und Umrisse des zukünftigen Handelns geformt werden.

Um den Erfolg des Atlantizismus in der Nachkriegsepoche zu verstehen, muß man zum einen die besondere wirtschaftliche Konstellation gegen Ende des Zweiten Weltkriegs und zum anderen die Teilnehmer am Schöpfungsprozeß des Atlantizismus beschreiben.

Der Aufstieg des Fordismus

Zu Beginn des zwanzigsten Jahrhunderts brach sich in den Vereinigten Staaten ein neues System der industriellen Entwicklung Bahn, das die auf dem Handwerk beruhende und mit Eisenbahnen und Dampfmaschinen verbundene Schwerindustrie, die für das späte neunzehnte Jahrhundert charakteristisch war, ersetzte. Dies neue System wurde nachmals im allgemeinen als Fordismus bezeichnet, benannt nach Henry Ford, der dessen wesentliche Elemente einführte: Techniken der Massenproduktion unter Einsatz von angelernten Arbeitern, die Verbreitung von relativ billig hergestellten langlebigen Konsumgütern, insbesondere Kraftfahrzeugen, und die intensive Nutzung von Energieträgern, vor allem Öl. Der Fordismus ergab sich aus den besonderen kulturellen, geographischen und gesellschaftlichen Bedingungen, die in Amerika zu Anfang des zwanzigsten Jahrhunderts gegeben waren: räumliche Weite, Überfluß an Rohstoffen, ständige Zunahme von Arbeitskräften, relative Gleichberechtigung, Möglichkeit zur Eigeninitiative.

Bis weit in die zwanziger Jahre hinein erzielten die Vereinigten Staaten spektakuläre Wirtschaftswachstumsraten. 1929 entfielen auf sie mehr als vierzig Prozent der weltweit produzierten Industriegüter, darunter allein 2,9 Millionen Kraftfahrzeuge. (Zum Vergleich: Frankreich produzierte 211000 Stück, Großbritannien 182000, Deutschland 117000.) Allerdings waren die USA von der Wirtschaftskrise der dreißiger Jahre härter betroffen als jedes andere Land. 1938 war ihr Anteil an der weltweiten Industrieproduktion auf unter dreißig Prozent gefallen. Die

Erfahrung dieser Krise sollte von großem Einfluß auf die Sichtweise der Politiker in der Nachkriegsepoche sein.

Die Wirtschaftskrise läßt sich durch eine strukturelle Entkoppelung der industriellen Entwicklungsmuster von den politischen Institutionen erklären. Der wirtschaftliche Wandel hatte den politischen überholt, was sich als Entkopplung der Produktion von der Konsumtion sowohl innerhalb der Vereinigten Staaten selbst als auch auf internationaler Ebene darstellte. Innenpolitisch sahen sich die USA dem gegenüber, was Rostow als »doppelte strukturelle Anpassung« bezeichnet hat.[1] Einerseits verminderte sich die Kaufkraft der bäuerlichen Betriebe und der ausländischen Märkte, weil die Nahrungsmittel- und Rohstoffpreise gegen Ende der zwanziger Jahre drastisch fielen; eine Entwicklung, die durch den Zusammenbruch des Kreditbooms der zwanziger und den wachsenden Protektionismus der dreißiger Jahre noch verschärft wurde. Andererseits steigerte sich, aufgrund der Einführung fordistischer Methoden der Arbeitsorganisation, die Produktionskapazität vor allem in den neuen (und führenden) Industriesektoren Automobilbau, Chemie und Elektrizität.

Auf internationaler Ebene lag die Hauptproblematik darin, daß das wirtschaftliche Gravitationszentrum sich zwar auf die Vereinigten Staaten verlagert hatte, diese Tatsache sich jedoch nicht in den internationalen Wirtschaftsbeziehungen niederschlug, die immer noch durch die politische Machtverteilung der Epoche vor 1914 geprägt waren. Kindleberger geht davon aus, daß die Wirtschaftskrise durch das Fehlen einer Hegemonialmacht verursacht wurde, die einen internationalen Wirtschaftsliberalismus hätte durchsetzen können; Großbritannien war nicht mehr in der Lage, diese Rolle auszufüllen und den Vereinigten Staaten fehlte der Wille.[2] Immerhin gelang es Großbritannien in den dreißiger Jahren, die besondere Rolle des Sterling und ein System imperialer Sonderrechte auszunutzen, um die schlimmsten Folgen der Depression von der britischen Wirtschaft fernzuhalten.

Der Zweite Weltkrieg löste das Problem zumindest eine gewisse Zeit lang, weil aufgrund der Kriegsanstrengungen und des Lend-Lease-Programms die Nachfrage drastisch anstieg. Die amerikanische Regierung setzte darauf, die Vorkriegsprobleme während des Krieges zu lösen; vielleicht liegt hier der Grund dafür, daß die Nachkriegsinstitutionen so stark von den Erfahrungen des Zweiten Weltkriegs zehrten. Nach dem Krieg sicherten die aufgestauten Konsumbedürfnisse für einige Jahre die volle Auslastung der Produktionskapazitäten. Europa lag natürlich am Boden. Während das US-amerikanische Bruttosozialprodukt von 1938 bis 1948 um 65 Prozent zunahme, *sank* das Gesamt-

BSP der avanciertesten westeuropäischen Länder im gleichen Zeitraum um 13 Prozent, wobei diese Zahl große Unterschiede zwischen den einzelnen Ländern verdeckt. 1948 lag das Bruttosozialprodukt der deutschen Westzonen mehr als 50 Prozent unter dem von 1938 (vgl. Tabelle 5.1).

Tabelle 5.1: Bruttosozialprodukt von Westeuropa und den Vereinigten Staaten bei konstanten Preisen, 1938-50

	1938	1948	1950
Belgien	100	115	124
Frankreich	100	45	64
Westdeutschland	100	45	64
Italien	100	92	104
Niederlande	100	114	127
Norwegen	100	122	131
Schweden	100	133	148
Schweiz	100	125	131
Großbritannien	100	106	114
Westeuropa	100	87	102
Vereinigte Staaten	100	165	179

Quelle: Herman van der Wee, *Prosperity and Upheaval, 1945-1980* (Pelican, 1987), S. 30

Gegen Ende des Krieges wurde das Lend-Lease-Programm über Nacht eingestellt und auch das Hilfs- und Rehabilitationsprogramm der Vereinten Nationen lief aus. Alle Länder Westeuropas benötigten dringend die amerikanische Unterstützung, um technische Einrichtungen, Nahrungsmittel, schlichtweg das zu kaufen, was für den Wiederaufbau gebraucht wurde. Vor allem Großbritannien hatte seine Gold- und Dollarreserven während des Krieges aufgebraucht und einen großen Teil seiner überseeischen Investitionen liquide gemacht, so daß es nun gezwungen war, nach der Beendigung des Lend-Lease-Programms die Vereinigten Staaten um ein Darlehen zu ersuchen. Die »Dollarknappheit« in Europa wie auch in der übrigen Welt sollte noch bis in die fünfziger Jahre andauern. Gegen Ende der vierziger Jahre war vielen Wirtschaftsexperten klar, daß Staatsausgaben in einer gewissen Höhe sowohl im Inland wie auch im Ausland (zur Ankurbelung des dortigen Marktes) getätigt werden müßten, um die Überkapazität der amerikanischen Wirtschaft zu überwinden. Und dies wurde durch die Politik des Kalten Krieges erreicht.

Die revisionistische Geschichtsschreibung erklärt den Kalten Krieg in erster Linie aus den expansionistischen Bestrebungen des kapitalistischen Wirtschaftssystems, die aus der ihm innewohnenden Tendenz zur Kapazitätserweiterung resultieren. Das heißt nicht, daß die Politiker notwendigerweise expansionistisch sind und nur an den Macht- oder Marktausbau denken. Ihnen fällt die Aufgabe zu, für die Durchführung dieser Bestrebungen zu sorgen. Sie sind sich dessen vielleicht nicht bewußt (obwohl vielen die Tragweite der Wirtschaftsprobleme, denen sie gegenüberstehen, durchaus nicht verborgen bleibt), der springende Punkt ist aber, daß die Gründe, aus denen eine bestimmte Politik verfolgt wird, nebensächlich sind angesichts der Tatsache, daß nur diejenige Politik eine Überlebenschance hat, der es gelingt, die Wirtschaftsprobleme zu lösen.

Nun war der Expansionismus sicherlich nicht die einzige Möglichkeit des erfolgreichen Umgangs mit den ökonomischen Problemen der Nachkriegsepoche. Die Nachfrage in den Vereinigten Staaten hätte auch durch Staatsausgaben angeheizt werden können, was viele Vertreter des *New Deal* wie etwa Leon Keyserling, der Vorsitzende des Wirtschaftsrates, sicherlich lieber gesehen hätten. Und die Regulation der internationalen Wirtschaft hätte durch eine übernationale Autorität wahrgenommen werden können, wie sie schon Keynes 1943 mit seinem Vorschlag einer internationalen, von den Vereinten Nationen unterstützten Clearing-Union ins Auge gefaßt hatte. Ein solcher Ansatz hätte viele (wenn auch nicht alle) der schrecklichen Wirtschaftsprobleme, mit denen wir heute konfrontiert sind, verhindern können.

Die Lücke in der revisionistischen Argumentation liegt in der fehlenden Erklärung dafür, daß der Kalte Krieg über die von Keynes oder Roosevelt vorgeschlagenen Alternativen den Sieg davontrug. Die orthodoxe und postrevisionistische Geschichtsschreibung würde hier auf die sowjetische Bedrohung hinweisen – »ein neues Bewußtsein des globalen Gleichgewichts der Mächte und die Auswirkungen, die jüngste Entwicklungen in der Militärtechnologie darauf haben könnten«.[3] Doch stellt sich die Frage, warum die führenden Politiker des Westens mit solcher Panik auf die sowjetische Bedrohung reagierten, wo doch die kriegsbedingte Zerstörung und Erschöpfung der UdSSR so augenfällig war. Und warum legten sie sich auf eine militärische Reaktion fest? Sicherlich genoß die Sowjetunion in Mitteuropa hinsichtlich der konventionellen Streitkräfte ein deutliches Übergewicht. Doch handelte es sich dabei vorwiegend um Garnisonstruppen, die die Ordnung in Osteuropa aufrechterhalten sollten oder noch nicht entlassen worden waren.[4] Dulles sagte zu verschiedenen Gelegenheiten, daß er nicht von einer sowjetischen Invasion ausgehe, und ähnliches gilt für andere »verantwortliche Politiker«. Alle Beweismaterialien, auch die von den orthodoxen Historikern beigebrachten, weisen darauf hin, daß die Sowjetunion nicht die Absicht verfolgte, über die während des Zweiten Weltkriegs errichtete Besatzungszone hinauszugehen.[5] In Europa, wo man der Grenze zwischen Ost und West ja sehr viel näher war, schätzte man die Situation nicht anders ein. Selbst nach einer sowjetischen Aufrüstungsphase zu Beginn der fünfziger Jahre gaben amerikanische Regierungsbeamte ihrer Besorgnis darüber Ausdruck, daß es in Europa »Politiker gibt, die so handeln, oder darauf vorbereitet sind, so zu handeln, als wäre die sowjetische Bedrohung bereits im Abklingen begriffen«.[6]

Natürlich gab es in Frankreich, Italien und Griechenland mächtige pro-sowjetische kommunistische Parteien. Doch erklärt das nicht die Militarisierung des Kalten Krieges. Warum konnte die militärische Konzeption der nationalen Sicherheit im amerikanischen und später auch im europäischen Denken die Oberhand gewinnen? Warum erlangte die Wahrnehmung der Sowjetunion als einer von außen kommenden Bedrohung die Vorherrschaft über alle anderen Wahrnehmungsweisen der internationalen Situation?

Die Politik der Vereinigten Staaten

Alan Wolfe meint, die Antwort auf diese Fragen liege in den innenpolitischen Verhältnissen der Vereinigten Staaten unmittelbar nach Kriegsende. Er ist der Auffassung, daß Antikommunismus verbunden mit wachsenden Militärausgaben die einzige Möglichkeit war, mit der führende amerikanische Politiker den Kongreß und die Öffentlichkeit dazu bringen konnten, eine Vormachtrolle der USA zu unterstützen. Tatsächlich, so Wolfe, klaffte eine große Lücke zwischen der öffentlichen Rhetorik und den privaten Einschätzungen, die bis in die Ära Reagan hinein gang und gäbe war.[7]

Erstens nämlich, argumentiert Wolfe, erlaubte der Antikommunismus einen parteiübergreifenden Konsens zwischen Demokraten und Republikanern. Die ersten zwei Nachkriegsjahre standen im Zeichen eines konservativen Gegenschlags. In den Kongreßwahlen von 1946 schnitten die Republikaner gut ab und konnten einige politische Maßnahmen der New-Deal-Ära rückgängig machen. (Am deutlichsten zeigt sich dies am Taft-Hartley-Gesetz, das schwer erkämpfte Gewerkschaftsrechte für die Industriearbeiterschaft wieder abschaffte.) Im allgemeinen erwartete man nicht, daß Truman die Wahlen von 1948 gewinnen würde. Während dieser Zeit war die amerikanische

Außenpolitik von Rückzugsbestrebungen gekennzeichnet, die in umfangreichen Demobilisierungen und der Einstellung der Kriegshilfeprogramme ihren Ausdruck fanden. Die zähen Darlehensverhandlungen mit Großbritannien – die USA bestanden darauf, daß die Konvertierbarkeit des Sterling wiedereingeführt und die imperialen Sonderrechte aufgegeben werden müßten – verdeutlichen die Stimmung. Durch den Antikommunismus konnte man die Republikaner von den globalen Aufgaben der Vereinigten Staaten überzeugen, und Wolfe weist darauf hin, daß der Ausdruck »nationale Sicherheit« ganz augenfällig auf die vom New Deal gehegte Konzeption der »sozialen Sicherheit« verweist: »Der Kalte Krieg und der New Deal existierten auf einer gemeinsamen Diskursebene; beide erforderten eine aktiv handelnde Regierung und beide benötigten Planung. Beide stellten Reaktionen auf eine Notfallsituation dar – Wirtschaftschaos im einen, internationales Chaos im anderen Fall.«[8]

Die Notwendigkeit eines parteiübergreifenden Konsenses resultierte zum Teil aus der politischen Struktur der Vereinigten Staaten, die eher darauf zugeschnitten war, partikulare Interessen auszudrücken, als darauf, eine einheitliche politische Vorgehensweise hervorzubringen. Wolfe sieht das Problem darin, »ein Reich des zwanzigsten Jahrhunderts in einer Politik unterzubringen, die aus dem achtzehnten Jahrhundert stammt«.[9] Einerseits beförderten die Militärausgaben die Entstehung von Sonderinteressen – Kongreßabgeordnete, die in ihren jeweiligen Wahlkreisen Militärstützpunkte haben, die Lobbyisten der Flugzeugindustrie etc. (Im Gegensatz zu den meisten Historikern, die, einschließlich der Revisionisten, davon ausgehen, daß die Frage des militärisch-industriellen Komplexes vor 1950 praktisch ohne Bedeutung gewesen ist, bin ich der Ansicht, daß die Flugzeugindustrie, die nach dem Krieg vor dem Zusammenbruch stand, de facto eine Schlüsselrolle bei der Entscheidung von 1948 gespielt hat, die Zahl der anzuschaffenden Flugzeuge zu verdoppeln; im darauffolgenden Jahr kam es sogar noch zu weiteren Zunahmen.)[10] Andererseits hatte, mit Alan Wolfe zu sprechen, der Krieg in der US-amerikanischen Geschichte »für einen hinreichenden Ausnahmezustand gesorgt, um das Regieren möglich zu machen. Für alle Nachkriegspräsidenten, die auf einen aktiven Regierungsstil hinauswollten, war ein permanenter Kriegszustand – also genau das, was der Kalte Krieg innenpolitisch versprach – wahrscheinlich die einzige Möglichkeit, um in einem von Maklertum und Patronage beherrschten politischen System eine Politik durchzusetzen, die koordiniert und geplant war.«[11]

Was Wolfe nicht erklärt, und was der Erklärung bedarf, ist die Frage, warum die politische Führung in Amerika auf den Antikommunismus setzen konnte. Sicherlich gab es einen Unterschied zwischen öffentlichen Bekundungen und privaten Einschätzungen, und viele Beweismaterialien deuten darauf hin, daß die sowjetische Bedrohung lange Jahre hindurch aus rein innenpolitischen Gründen übertrieben worden ist.[12] Dennoch scheint der Antikommunismus etwas angesprochen zu haben, das tief in der amerikanischen Seele verwurzelt ist. Obwohl viele Politiker den öffentlichen Gefühlsausbrüchen, die im Gefolge des McMahon-Gesetzes (das zur Geheimhaltung der Atombombe diente) und während der McCarthy-Ära aufkamen, wahrscheinlich eher reserviert gegenüberstanden, hatten Politiker wie Truman, Dulles und Eisenhower offenbar eine sehr grobgestrickte Vorstellung vom Kommunismus (in der alle möglichen Formen des Totalitarismus sich ein Stelldichein gaben) und waren zweifellos nicht willens, Kommunisten an der Regierung zu dulden.[13] (Andererseits waren Stalins Auffassungen vom Kapitalismus keineswegs differenzierter; sein Vorkriegsflirt mit Hitler wie auch die Leichtigkeit, mit der das Kriegsbündnis in den Kalten Krieg umgewandelt wurde, erklärt sich aus seinem Unvermögen, zwischen Nazismus und Demokratie zu unterscheiden.)

In den frühen fünfziger Jahren wurde der Antikommunismus zu einer Form von »Massenhysterie« (George Kennan) und unterschied sich damit beträchtlich vom Antikommunismus vieler Europäer, die mit kommunistischen Parteien und den Wesenszügen des Stalinismus vertraut waren. Die amerikanische Version dagegen beruhte kaum auf einer rationalen Einschätzung der Sowjetunion, sondern machte, wie George Kennan erklärte, »die Menschen blind für die wahre Beschaffenheit unserer nationalen Probleme«.[14] William Graf unterscheidet zwischen rationalem und irrationalem, regressivem und progressivem Antikommunismus,[15] wobei die amerikanische Version irrational und regressiv gewesen sei. Die Kommunistische Partei der USA besetzte zwar gegen Ende des Krieges einige einflußreiche Positionen in den Gewerkschaften, war ansonsten aber winzig. Der Antikommunismus wiederum trug nicht so sehr zur Verteidigung der Demokratie bei, sondern vermehrte Intoleranz und Unterdrückung. Kennan, schockiert durch die Behandlung, die viele ehrbare Beamte im Auswärtigen Dienst über sich ergehen lassen mußten, listet auf, was mit dem McCarthyismus alles Hand in Hand ging:

> ein wachsender Anti-Intellektualismus, Mißtrauen gegenüber dem Denken, Argwohn gegenüber Bildung und Erziehung, Argwohn gegenüber den Auswirkungen ausländischer Kontakte und Einflüsse auf die individuelle Persönlichkeit, die Forderung nach konformem Verhalten im Rahmen eines provinziellen Chauvinismus. […] Mir schien in diesen Tendenzen ein Primitivismus und eine verdeckte Brutalität zu stecken, die nicht nur die Freiheit des Denkens

im politischen Sinne, sondern auch den kulturellen Fortschritt des Landes im allgemeinen bedrohte.[16]

Der Antikommunismus scheint ein sehr tiefsitzendes Gefühl der Unsicherheit bei den Amerikanern berührt zu haben. Über seine Ursachen läßt sich nur spekulieren. Vielleicht hängt es mit der Tatsache zusammen, daß so viele Einwanderer in die USA gekommen waren, um der religiösen Verfolgung in Europa zu entgehen und nun unbewußt selbst nach einigen Generationen noch fürchteten, der Atlantik würde sie nicht vor ihrer Vergangenheit schützen. Vielleicht spielte auch die Unsicherheit der Einwanderer in einem neuen Land, in dem sie noch keine Wurzeln geschlagen haben, eine Rolle. Vielleicht war es die Größe der Vereinigten Staaten, die Schwierigkeit, in einem so riesigen Land eine Identität zu entwickeln.

Wo immer seine Ursachen liegen mögen, festgehalten sei auf jeden Fall, daß der amerikanische Antikommunismus mit der Atombombe in Zusammenhang stand. Die im McMahon-Gesetz von 1946 sich manifestierende Entscheidung, die Bombe geheimzuhalten, scheint die erste Nachkriegssalve des Antikommunismus abgefeuert zu haben: die Suche nach Spionen und Verrätern, die das Geheimnis enthüllen könnten. Die Detonation einer sowjetischen Bombe und der 1957 erfolgte Start des Sputniks scheinen eine ähnliche Wirkung erzielt zu haben. Robert Jay Lifton spricht von der »mythologischen Verbindung zwischen Geheimhaltung und Sicherheit«.[17] Die amerikanischen Präsidenten waren mit dem »psychologischen Gleichgewicht der Mächte« (Eisenhower) wie auch mit der Angst vor einer Demütigung (Kennedy) beschäftigt. Die Anschaffung zahlloser Atomwaffen in den fünfziger Jahren sollte dieses »psychologische Gleichgewicht der Mächte« verbessern. Rückschauend scheint klar, daß dies Gleichgewicht auf das eigene Unsicherheitsgefühl der Amerikaner zielte, und daß schon die Angst vor der Demütigung von den amerikanischen Mitbürgern als Demütigung empfunden wurde.

Kennan weist darauf hin, daß die amerikanische Regierung den Antikommunismus nicht geschaffen hat. Aber den nachfolgenden Regierungen gelang es nicht, ihn zu stoppen oder unter Kontrolle zu bringen. Von daher hinterließ er »einen nachhaltigen Eindruck im politischen Leben Amerikas. In den nächsten zwei Jahrzehnten würde es keinen Präsidenten geben, der nicht in ständiger Angst vor dem antikommunistischen rechten Flügel seinen Handlungen Zügel anlegen würde, um ihn versöhnlich zu stimmen und möglichst nicht gegen sich aufzubringen.«[18] Man kann dies auch noch etwas anders sehen. Die folgenden politischen Führer Amerikas benutzten den Antikommunismus, um ihre globalen politischen Maßnahmen zu rechtfertigen, entfesselten dadurch aber eine Ideologie, die die Grundlage für den Kalten Krieg abgeben sollte. Sie appellierten, wie schwache Politiker es immer gern taten, an gewisse Urinstinkte, die man wohl besser nicht hätte wecken sollen.

Mit der Ausnahme von Westdeutschland erreichte der Antikommunismus in Europa nicht die gleichen Ausmaße. Er zeigte sich allerdings dort am stärksten, wo die kommunistische Bedrohung am geringsten war. Die Versuche der Linken, das Sowjetsystem in Schutz zu nehmen, erklärt sich zum Teil aus dem Antikommunismus, dem sie sich gegenüber sah, und aus der räumlichen Distanz zur Sowjetunion. Es schien die einzige Möglichkeit, dem Antikommunismus etwas entgegenzusetzen. Und gerade weil das Sowjetsystem mit dem Schutzwall des Kalten Krieges eingemauert worden war, gab es keinen ersichtlichen Grund, warum die Ansichten der Linken über das, was im Osten vor sich ging, realistischer oder unrealistischer sein sollten als die Auffassungen der irrationalen Rechten.

Die Rhetorik des Antikommunismus sollte das Markenzeichen der Regierung Eisenhower werden, die am 1. Januar 1953 die Amtsgeschäfte übernahm. Eisenhower war aber in fiskalischer Hinsicht ein Konservativer und akzeptierte nie die keynesianischen Ideen im Dokument NSC-68, das, kurz vor dem Ausbruch des Korea-Krieges, eine militärische Aufrüstung empfohlen hatte. Seine Strategie des »New Look«, die die Rolle der Atomwaffen betonte und den entschiedenen Willen der USA bekräftigte, jede Bedrohung mit einem atomaren Gegenschlag zu beantworten, galt als Methode zur Reduzierung der konventionellen militärischen Verpflichtungen gegenüber Europa und zur Senkung der durch das Militär verursachten Kosten. Die Arbeitslosigkeit in den Vereinigten Staaten blieb während der ganzen fünfziger Jahre hoch.

Die Politik Westeuropas

Auch die innereuropäische politische Situation war, aus ganz anderen Gründen, für die Erklärung des Kalten Krieges von Bedeutung.

In Amerika driftete die innenpolitische Szenerie nach dem Zweiten Weltkrieg nach rechts, in Europa geschah genau das Gegenteil. Zwischen 1943 und 1947 herrschte hier etwas vor, das man als transkontinentale revolutionäre Stimmung bezeichnen könnte. In Westeuropa hatten sich die herrschenden Schichten während der Kriegszeit durch ihre Appeasement- oder Kollaborationspolitik ihrer Glaubwürdigkeit beraubt. Der überwältigende Sieg der Labour-Partei 1945 in Großbritannien war die erste öffentliche Andeutung der noch zu erwartenden Ereignisse. In ganz Westeuropa lagen die Linksparteien bei den Wahlen vorne, und die meisten Nachkriegsregierungen bestanden aus Koalitionen, in denen nach links tendierende christliche Parteien mit Sozialisten und Kommunisten zusammenarbeiteten. (Das Mißtrauen der Amerikaner gegenüber dem Sozialismus war sicher einer der Gründe für ihren Unwillen, Großbritannien 1945 die Anleihe zu gewähren.) Und in diesen ersten beiden Jahren betrieben die meisten Regierungen eine wohlfahrtsstaatlich orientierte Politik der Planung und Nationalisierung.

Neu in der politischen Landschaft der Nachkriegsepoche waren die christdemokratischen Parteien, die in Deutschland, Italien, den Niederlanden, Belgien und Frankreich (hier unter dem Namen *Mouvement Républicaine Populaire* – MRP) antraten. Sie sollten die Parteien des bürgerlichen Establishments aus der Vorkriegsepoche ersetzen und umfassen auch heute noch ein relativ breites Spektrum an politischen Anschauungen.

Die linken Parteien waren in den einzelnen Regionen Europas sehr unterschiedlichen strukturiert. Historisch betrachtet ist die Trennungslinie zwischen Norden und Süden vielleicht genauso wichtig wie die zwischen Osten und Westen. Bei den südeuropäischen Ländern handelte es sich großenteils um landwirtschaftliche, katholische, traditionelle Marktwirtschaften mit wenig ausgeprägter Staatsmacht (wobei natürlich die orthodoxe Kirche in Griechenland eine wichtige Rolle spielt). Frankreich und Italien reichen über die Nord-Süd-Linie hinaus, was – vor allem im Hinblick auf Italien – für ihre innenpolitischen Verhältnisse von Bedeutung ist. In allen diesen südeuropäischen Ländern gab es große kommunistische Parteien (die in Spanien und Portugal allerdings von faschistischen Regimes unterdrückt wurden). In Griechenland, Italien und Frankreich hatten die Kommunisten eine zentrale Rolle im Widerstand gespielt und in der Folge eine außerordentliche Popularität gewonnen. Ihre Entschlossenheit, an dem festzuhalten, was sie im Widerstand erkämpft hatten, führte zum Bürgerkrieg in Griechenland. Daß sich Vergleichbares in Italien und Frankreich, wo die Widerstandskämpfer große Teile des Landes befreiten, nicht ereignete, mag an Stalin gelegen haben, der sehr darum besorgt war, mit den Briten und Amerikanern zu kooperieren. In den französischen Parlamentswahlen vom Oktober 1945 erzielte die KPF 26,2 Prozent der Stimmen, ein Anteil, der sich im November 1946 auf

28,2 Prozent erhöhte. In Italien gewannen die Kommunisten 1946 19 Prozent der Stimmen. In diesen Ländern waren auch die sozialistischen Parteien marxistischer und intellektueller orientiert als die Arbeiterparteien des Nordens.

Das Einsetzen des Kalten Krieges brachte für seine Gegner – Kommunisten und Linkssozialisten (zu denen z.B. Nenni und seine Partei in Italien gehörten) – die Einschränkung der Bürgerrechte mit sich. Die Kommunisten wurden schon Anfang 1947 aus den Regierungen Frankreichs und Italiens herausgedrängt, was zumindest in Italien unmittelbar auf Drängen der USA geschah.[19] Im Herbst 1947 fanden in Frankreich und Italien von Kommunisten geleitete Streiks statt, die brutal unterdrückt wurden. Der Kalte Krieg spaltete auch die französischen und italienischen Gewerkschaftsbewegungen entlang der Teilung zwischen Ost und West.

Obwohl Frankreich und Italien an allen Initiativen, die zur Bildung der Nato führten, beteiligt waren, hielten sie sich, vermutlich aufgrund innenpolitischen Drucks, hinsichtlich einer allzu augenfälligen anti-sowjetischen Haltung eher bedeckt. Der französische Außenminister Bidault legte während der Marshallplan-Verhandlungen sehr viel Wert darauf, nicht als jemand zu gelten, der es auf den Ausschluß der Sowjetunion angelegt habe. In der Folge ergriff Frankreich die Initiative für die Einrichtung der Europäischen Gemeinschaft für Kohle und Stahl (Montanunion), der Vorläuferin der Europäischen Gemeinschaft. Die Amerikaner unterstützten diese Initiative, weil sie zum einen die Integration der Westzonen Deutschlands in die westeuropäische Wirtschaft beförderte und weil sie zum anderen den europäischen Markt vereinheitlichen half und zur wirtschaftlichen Liberalisierung beitrug. Allerdings, und dies entsprach den Absichten der Initiatoren – Robert Schuman, dem Nachfolger Bidaults, und Jean Monnet –, bildete die Konstruktion einer französisch-deutschen Beziehung und die wirtschaftliche Integration der (wie de Gaulle sich während des Krieges ausgedrückt hatte) »Länder Karls des Großen« innerhalb der atlantischen Allianz ein kontinentales Gegengewicht zu den Vereinigten Staaten. Dies sollte sich während der siebziger und achtziger Jahre als wichtig erweisen.

In Nordwesteuropa – Skandinavien, Großbritannien und den Beneluxländern – waren die wichtigsten Kräfte der Linken die sozialdemokratischen oder Labourparteien; vor allem in Großbritannien und den Beneluxstaaten waren diese Parteien labouristisch oder fabianistisch orientiert. »Labouristisch« soll heißen, daß sie die Industriearbeiterschaft repräsentierten und in erster Linie daran interessiert waren, bessere Bedingungen für die Arbeiter herauszuholen. Insoweit sie sozialistische Ideen übernahmen, waren diese zumeist fabianistisch, d.h. sie zielten auf eine praktische Politik, die von einer sozialistischen Mehrheit im Parlament durchgeführt werden sollte.[20] Obwohl es in allen diesen Parteien pazifistisch-internationalistische Kräfte gegeben hatte, die stark vom Liberalismus einer früheren Epoche beeinflußt waren – woraus sich z.B. das Engagement der britischen Labourpartei für die Unabhängigkeit Indiens erklären läßt –, zeigten sich die Parteien im allgemeinen kaum an Außenpolitik interessiert und waren von daher geneigt, auf die Verwaltungsbeamten zu hören. Darüber hinaus gab es in der Führungsspitze dieser Parteien einen starken nationalistischen Einschlag – immerhin vertraten sie die Interessen einer nationalen Arbeiterklasse –, der besonders die britischen und niederländischen Parteiführer dazu bewog, sich für die Sicherung imperialer Ansprüche einzusetzen. Ernest Bevin, der Labour-Außenminister und vielleicht die einflußreichste Persönlichkeit in der Entwicklung des Kalten Krieges während der späten vierziger Jahre, hatte in einem 1938 veröffentlichten Artikel seiner Gewerkschaftszeitung vorgeschlagen, ein europäisches Commonwealth zur gemeinsamen Verwaltung der Kolonialgebiete zu schaffen. So etwas »würde uns größere Sicherheit verschaffen als der Versuch, das alte Gleichgewicht der Mächte aufrechtzuerhalten«.[21]

Hinter der Entscheidung, die Atombombe zu bauen, stand die Entschlossenheit, den Großmacht-Status Großbritanniens zu erhalten.[22] Ebenso verfolgte Bevin hinsichtlich der Türkei und Griechenlands strategische, nicht politische Ziele. Wie Churchill hielt er es für lebensnotwendig, den Nahen Osten als britische Einflußzone zu erhalten, um den Zugang zum britischen Empire kontrollieren zu können. Es sei daran erinnert, daß Großbritannien zur damaligen Zeit, 1946, zwar durch den Krieg gezeichnet, aber immer noch die zweitgrößte Industriemacht war, und auch das britische Empire hatte noch Bestand.

Auch diese sozialdemokratischen und Labour-Parteien von Nordwesteuropa waren streng antikommunistisch eingestellt, was vor allem aus ihren Erfahrungen mit kommunistischen Parteien und aus ihrem Engagement für die Demokratie entsprang. Ihr Antikommunismus kann als rational beschrieben werden, wobei Bevin, vielleicht im Interesse der Amerikaner, zweifellos zu Übertreibungen neigte. Nach allem was man hört, versuchte er die Sowjetunion wie eine abtrünnig gewordene kommunistische Gewerkschaft zu behandeln.[23] Diese Parteien, insbesondere aber die britische Labourpartei, spielten eine zentrale Rolle bei der Einbindung der Vereinigten Staaten in die Welt- und

Europapolitik. Zuerst stellten die Briten ein Ultimatum in bezug auf Griechenland und die Türkei, das zur Truman-Doktrin führte. Dann unterstützten sie die Anträge auf Marshallplan-Hilfe. Dann handelte Bevin den Brüsseler Pakt zwischen Großbritannien, Frankreich, Italien und den Beneluxländern aus, der zum Vorläufer der Nato werden sollte, als deren Schöpfer Bevin sich betrachtete. Die ersten zehn Tage im April 1947, als der Pakt unterzeichnet wurde, waren, seinem Biographen zufolge, die größten seines Lebens, der Höhepunkt seiner politischen Laufbahn.[24]

Bevin und andere engagierten sich in diesem und für diesen Kalten Krieg vor allem aus einer wirtschaftlichen Notwendigkeit heraus: die großzügige Haltung der USA im Zweiten Weltkrieg durfte nicht aufs Spiel gesetzt werden. Des weiteren war der Nationalismus der Vorkriegszeit noch längst nicht beseitigt, man erhoffte sich von den Vereinigten Staaten den Erhalt des Empires. Und schließlich gab es noch Befürchtungen, daß ohne die USA das politische Spektrum sich nach links verschieben und eine auf Konsens gerichtete Innenpolitik unmöglich werden würde. Der strenge Winter von 1947 verschlimmerte die aus dem Krieg übernommenen Wirtschaftsprobleme noch zusätzlich. Die Arbeitslosigkeit in Großbritannien stieg auf 15 Prozent und das Handelsdefizit wuchs. Schließlich sah sich die Regierung gezwungen, die Wirtschaftshilfe für Griechenland und die Türkei einzustellen. Ferner wurde beschlossen, das Palästinenserproblem den Vereinten Nationen zu übertragen und die Machtübergabe im indischen Subkontinent spätestens im Juni 1948 zu vollziehen.[25] Auch bei der Teilung Deutschlands spielte Bevin eine Schlüsselrolle. Die Briten konnten sich die Subventionierung ihrer Besatzungszone nicht mehr leisten und fürchteten, die Subventionen könnten zu Reparationszahlungen in der Ostzone verwendet werden. Also lancierten sie den Bevin-Plan für den Wiederaufbau von Westdeutschland innerhalb von Westeuropa. Bevin schrieb höchstpersönlich an Marshall, um ein eventuelles Übereinkommen zwischen den Vereinigten Staaten und der Sowjetunion zu verhindern.[26]

Bevin beschrieb den Brüsseler Pakt als ein »geistiges Bündnis«,[27] einen politischen Zusammenschluß nicht-kommunistischer Regierungen in Westeuropa. Ein zusätzlicher Faktor bei diesem Vertrag war insbesondere für Frankreich und die Beneluxländer die Furcht vor einem wiedererstarkenden Deutschland. Später hielt man ein militärisches Engagement der Amerikaner in Europa für die beste Sicherheitsgarantie im Hinblick auf ein wirtschaftliches Engagement; ohne das erstere würden die Amerikaner und vor allem der Kongreß von der Notwendigkeit, in Europa Geld auszugeben, nicht zu überzeugen sein. Diese Sichtweise wird durch Paul Nitze, Kennans Nachfolger in der politischen Planungsabteilung des US-Außenministeriums, bestätigt: »Es ist nicht wahr, daß wir an einen unmittelbar bevorstehenden Angriff der Russen glaubten. [...] In erster Linie machten wir uns Sorgen wegen der wirtschaftlichen Situation in Europa.«[28]

Bevin gelang es, die Bedingungen für die Wiederherstellung der anglo-amerikanischen Allianz aus dem Zweiten Weltkrieg zu schaffen – die Wirtschaftshilfe, den Zusammenhalt, die innenpolitische Planung und Koordination. Der Impuls für die Militarisierung entsprang der innenpolitischen Konstellation der Vereinigten Staaten. Die Argumente waren in dem wohlbekannten, im Frühling 1950 vorbereiteten Dokument NSC-68 enthalten. Dann brach der Koreakrieg aus, der augenscheinlich die Hypothese einer sowjetischen Bedrohung bestätigte.

Die Konsolidierung der Allianz bedeutete eine Verschiebung nach rechts und den Sieg von »Warfare« über »Welfare« – zumindest in den fünfziger Jahren. Insbesondere erweiterte sich dadurch der Raum für den Nationalismus in Europa, jedenfalls in Großbritannien und Frankreich. Diese beiden Länder stimmten gegen den atlantizistischen Vorschlag einer Europäischen Verteidigungsgemeinschaft (EVG), mit der auch die Wiederbewaffnung Deutschlands verbunden sein würde. Großbritannien wollte der EVG ohnehin nicht beitreten. Sie kam schließlich in der französischen Nationalversammlung zu Fall, woraufhin Gaullisten und Kommunisten gemeinsam die Marseillaise anstimmten. Dennoch wurde während dieser Periode eine integrierte Kommandostruktur eingerichtet, die vor allem der Einbindung der deutschen Streitkräfte diente.

Während der fünfziger Jahre gab es Uneinigkeit zwischen den Vereinigten Staaten und ihren westeuropäischen Partnern sowohl in bezug auf den Imperialismus (die politische Haltung gegenüber Indochina, dem Mittleren Osten und Afrika) als auch hinsichtlich der atomaren Waffen. Großbritannien wie auch Frankreich fuhren fort, ein eigenes Atomwaffenpotential zu entwickeln, und der westdeutsche Verteidigungsminister Franz Josef Strauß forderte dergleichen sogar schon für die Bundesrepublik.

Für Großbritannien war die britisch-französische Intervention in Ägypten (zur Wiedergewinnung der Kontrolle über den Suez-Kanal) eines der letzten größeren imperialistischen Abenteuer. In Frankreich folgte diesem militärischen Unternehmen der Gaullismus und der schließliche Rückzug Frankreichs aus der gemeinsamen Kommandostruktur.

Die politische Situation in Deutschland wiederum paßte in kein Schema, ließ sich weder mit der Lage in Südeuropa noch mit den Demokratien des Westen vergleichen. Die vorherrschende Nachkriegsstimmung bestand nach übereinstimmenden Berichten in »Verwirrung, Schock und Apathie«.[29] Politische Orientierungsversuche zielten zumeist auf einen demokratischen Sozialismus. Die »Antifa-Bewegung«, die sich nach der Befreiung formierte und zur Besetzung von Fabriken und Landgütern aufrief, war demokratisch-sozialistisch – und wurde von allen vier Besatzungsmächten verboten, während in der Folge die Parteien und Verbände aus der Zeit vor 1933 wieder zugelassen wurden. Die in den Westzonen nach dem Krieg abgehaltenen Wahlen auf Kommunal- und Landesebene zeigten deutlich, daß die Sozialdemokraten über die Stimmenmehrheit verfügten und sie in einem vereinigten Deutschland auch behalten würden.

Die SPD glich den anderen sozialdemokratischen Parteien darin, daß sie das Gros der Arbeiterklasse repräsentierte und sich nicht als Avantgarde-Partei verstand. Andererseits verband sie mit den kommunistischen Parteien und den Sozialisten des Südens eine marxistische Tradition. Ihr Parteivorsitzender, Kurt Schumacher, hatte im Ersten Weltkrieg einen Arm verloren, und war unter den Nazis zehn Jahre in einem KZ inhaftiert gewesen. Er engagierte sich stark für ein vereinigtes Deutschland und war insofern in einm progressiven Sinne antikommunistisch, als er annahm, daß durch die Konstituierung eines westdeutschen Staates die zwanzig Millionen Deutschen in der Osthälfte dazu gezwungen würden, für die Verbrechen des gesamten Deutschland zu büßen und zu zahlen: durch Reparationsleistungen und durch die Unterwerfung unter eine totalitäre Herrschaft. Adenauer war für ihn der »Kanzler der Alliierten«. Die Christdemokraten (die CDU zusammen mit ihrer bayrischen Schwesterpartei, der CSU) gewannen die nach der Verkündung des Grundgesetzes angesetzten Bundeswahlen 1949 mit hauchdünner Mehrheit. Was wäre gewesen, wenn Schumacher den Sieg davongetragen hätte? Hätte er den Schulterschluß mit dem Westen vollzogen? Oder wäre Westdeutschland unregierbar geworden?

Wie dem auch sei, die SPD blieb in der Bundesrepublik für lange Zeit in der Opposition. Sie gab nach und nach die Hoffnung auf Wiedervereinigung auf und verabschiedete sich mit dem Godesberger Programm von 1959 vom radikalen Teil ihrer innenpolitischen Sozial- und Wirtschaftsprogrammatik. Was von ihrem besonderen Charakter vor allem erhalten blieb, war die Beschäftigung mit den deutsch-deutschen Beziehungen und von daher mit der Ost-West-Problematik.

Das westliche Deutschland der fünfziger Jahre zeichnete sich durch eine orthodoxe Politik der freien Marktwirtschaft und einen besonders heftigen Antikommunismus aus. Viele ehemalige Nazis gelangten in der Industrie, im Militärsektor und sogar in der CDU selbst erneut auf Machtpositionen. Adenauers engster Vertrauter und Staatssekretär im Kanzleramt war Hans Globke, mitverantwortlich für die Formulierung der berüchtigten Nürnberger Rassengesetze. Politische Verbote richteten sich sogar gegen nicht-politische Organisationen wie etwa die VVN (Vereinigung der Verfolgten des Naziregimes), in der allerdings Kommunisten eine Schlüsselposition einnahmen. William Graf ist der Auffassung, daß der westdeutsche Antikommunismus zum einen aus der deutschen Tradition herrührte – im Wilhelminischen Reich wurde die Sozialdemokratie durch Zensurmaßnahmen und Verbote verfolgt und unterdrückt, waren ihre Anhänger dem »Berufsverbot« ausgesetzt, durften mithin keine Beamte werden –, und daß er andererseits eine Folge des Antikommunismus der Nazis war. Zugleich bot er eine Möglichkeit, der Nazi-Vergangenheit zu entgehen. »Für die Westdeutschen«, sagt Graf, »war der Antikommunismus ein Punkt der Gemeinsamkeit mit den westlichen Siegern und von daher, selbst noch zu diesem späten Zeitpunkt, eine Strategie, mit der sie es vermeiden konnten, für ihre Komplizenschaft die Rechnung präsentiert zu bekommen.«[30] Zudem konnte dadurch der neue deutsche Staat zusammengezimmert werden, dessen Parole »Alleinvertretungsanspruch« hieß, das Monopol auf die Repräsentation des deutschen »Wesens«. »Damit wird 'Deutschland' als jener Bereich definiert, in dem die traditionelle Gesellschaftsordnung mit ihren Werten, Normen und Verhaltensweisen fortbesteht, während 'die Zone' über Strohmänner durch fremde Mächte regiert wird.«[31]

Die fünfziger und sechziger Jahre werden manchmal als das »goldene Zeitalter« der kapitalistischen Akkumulation bezeichnet.[32] In Westeuropa erreichte das Wirtschaftswachstum schwindelerregende Höhen. Fordistische Methoden der Arbeitsorganisation wurden eingeführt, die Löhne stiegen und in ihrem Gefolge der Privatkonsum. Die Aufhebung der Europäischen Zahlungsunion (1950 zum Schutz der europäischen Währungen gegründet) ließ eine umfassende Dollarzone entstehen und leitete eine Periode atlantischer Interdependenz und Zusammenarbeit ein.

In den sechziger Jahren bildete sich zwischen Westeuropa und den Vereinigten Staaten ein neuer politischer Konsens heraus. In den USA bedeutete die Rückkehr der Demokraten an die Macht die ausdrückliche Wiederaufnahme keynesianischer Ideen. In Westeuropa erstarkten die Arbeiterparteien: Labour gelangte im Vereinigten Königreich an die Regierung, die SPD trat in die große Koalition ein, auch die italienischen Sozialisten saßen in einer Koalitionsregierung. Alle diese Parteien hatten sich dem Atlantizismus verschrieben, waren technokratisch geworden, vertrauten der Fähigkeit rational eingestellter Manager, den Kapitalismus für Stabilität und massenhaften Wohlstand nutzbar zu machen. Diese Periode wurde später der »Meridian des Atlantizismus« genannt.[33]

Die Reproduktion des Atlantizismus

Rekapitulieren wir den Argumentationsgang. Der Atlantizismus beerbte, so könnte man sagen, das europäische Staatensystem. Was während der Epoche des Kalten Krieges entstand, war ein Bündnis der entwickelten kapitalistischen Staaten, dessen Charakterzüge in vielem schon von prominenten amerikanischen Konservativen wie John Foster Dulles oder Herbert Hoover in den zwanziger Jahren ins Auge gefaßt worden waren.[34] Das Ziel lag in der Vermeidung eines erneuten Krieges. Indem die Streitkräfte der entwickelten kapitalistischen Länder mittels der Nato integriert und mit Japan und den ANZUS-Staaten (Australien, Neuseeland, USA) bilaterale Verträge geschlossen wurden, konnte das Risiko eines bewaffneten Konflikts zwischen diesen Ländern praktisch annulliert werden. Und wie die voraufgegangenen Bündnissysteme von Metternich und Bismarck verfolgte auch dies Bündnis vor allem das Ziel, die Ordnung in den entwickelten kapitalistischen Staaten und den von ihnen abhängigen Territorien aufrechtzuerhalten. Es war ein von den USA dominiertes globales Staatensystem, aus dem die sozialistischen Länder sich selbst ausschlossen und auch ausgeschlossen wurden.

Dies globale Bündnis wurde mittels einer Politik von Versuch und Irrtum geformt, die bereits 1914 begann. Daß sie den Erfolg hatte, der dem Isolationismus oder der Politik à la Wilson versagt blieb, lag an der Tatsache, daß sie mit der weltweiten Verbreitung eines fordistischen Musters industrieller Entwicklung nicht nur vereinbar, sondern sogar an ihrer Durchsetzung beteiligt war. Der Fordismus entwickelte sich in den Vereinigten Staaten zu Beginn des zwanzigsten Jahrhunderts und hauchte sehr bald der kapitalistischen Expansion neues Leben ein, was dann wiederum zur Legitimationsgrundlage der neuen internationalen politischen Arrangements wurde.

Das Bündnis, und insbesondere der Atlantizismus, wies gewisse Eigenschaften auf, die dieser neuen Kompatibilität oder Synthese zwischen den Grundstrukturen der industriellen Entwicklung und ihrem institutionellen Rahmen, zwischen allokativen und autoritativen Verhältnissen zum Leben verhalfen.

Erstens. Wie der Stalinismus in der Periode von 1947 bis 1953 eine neue osteuropäische Elite hervorbrachte, deren Überleben vom Verhältnis zur Sowjetunion abhing, so prägte der Kalte Krieg eine atlantizistische Elite im Westen, deren Existenz aufs engste mit den atlantischen Bündnisverhältnissen zusammenhing. In Westeuropa führte dies zur Restauration von Teilen des Vorkriegsestablishments, ferner zur Legitimierung der sozialen Demokratie, zur Marginalisierung des nationalistischen rechten Flügels, sowie dazu, daß jene gesellschaftlichen Gruppierungen, die eine zentrale Rolle im antifaschistischen Widerstand gespielt hatten, vom politischen Geschehen ausgeschlossen wurden. In den Vereinigten Staaten bedeutete der Atlantizismus den Kompromiß zwischen den Vertretern des *New Deal* und dem antikommunistischen rechten Flügel der Republikaner, zwischen denen, die globale Interessen verfolgten und denen, die sich um die Politik »vor Ort« kümmerten.

Es verdient festgehalten zu werden, daß diese neue atlantizistische Identität mit beträchtlichem Aufwand und großzügiger finanzieller Unterstützung seitens der CIA hergestellt wurde. Zeitschriften wie *Encounter, Socialist Commentary, Tempo Presente*, Konferenzen, wie sie im Hotel Bilderberg stattfanden oder vom Kongreß für kulturelle Freiheit *(Congress for Cultural Freedom)* veranstaltet wurden, schließlich Stipendien für ein Studium in den Vereinigten Staaten schufen ein atlantizistisches Netzwerk, das, wenn auch loser geknüpft und nicht so streng diszipliniert, den interparteilichen Netzwerken des Ostens durchaus an die Seite gestellt werden konnte.

Die Atlantizisten waren durch gemeinsame politische Ansichten verbunden. Im Prozeß der Formung und Institutionalisierung des atlantischen Bündnisses wurde die politische Kluft, die 1945 Amerika und Europa trennte, überwunden. Die conditio sine qua non des Atlantizismus bildete die Anerkenntnis der Idee vom imaginären Krieg, das gemeinsame Interesse, die sowjetische Bedrohung zu bekämpfen, was insbesondere im Glauben an den US-amerikanischen »Atomschild« (ein wundervoller Euphemismus) seinen Ausdruck fand. In der Folge schlugen sich Meinungsverschiedenheiten innerhalb des atlantizistischen Konsensschemas in Diskussionen über nukleare Strategien nieder (s. dazu Kapitel 11).

Zu den gemeinsamen Ansichten gehörten ferner die Wertschätzung des Parlamentarismus und eine Form des Manager-Kapitalismus, in der sich eine liberalen Prinzipien folgende internationale Wirtschaft mit einem jeweils nationalen Staatsinterventionismus verband. Die Atlantizisten waren sich darin einig, daß auf ein privatwirtschaftliches System, welches den international ungehemmten Fluß von Gütern und Kapital (nicht jedoch Arbeitskraft) garantiert, ein demokratisch gewählter Staat Einfluß nehmen kann, um das Wachstum zu fördern, die Vollbeschäftigung zu sichern und die Inflation unter Kontrolle zu halten.

Zweitens untermauerte der Atlantizismus internationale wirtschaftliche Vereinbarungen, die nach dem Krieg getroffen wurden.[35] Entgegen den Hoffnungen von Keynes und Harry Dexter White (später von McCarthy verfolgt), die auf eine supranationale Autorität für die Ausgabe einer wahrhaft internationalen Währung setzten, wie es auf der Konferenz von Bretton Woods 1944 vorgeschlagen worden war, wurde letztlich ein auf der Dollarwährung basierendes System errichtet. Die Vereinigten Staaten konnten die internationale Wirtschaft schmieren, indem sie militärischen und ökonomischen Beistand leisteten und Truppen in Übersee stationierten; damit waren sie zugleich in der Lage, auf dem Abbau von Handelsbarrieren und Hindernissen für den Kapitaltransfer zu bestehen und Probleme zu meistern, die sich aus der schnellen weltweiten Expansion ergaben.

De facto verdanken die Produkte des Fordismus ihre weltweite Verbreitung dem internationalen Wirtschaftsliberalismus, an dessen Durchsetzung US-gestützte Institutionen wie GATT, IWF, die Weltbank oder die OECD (vormals OEEC) maßgeblich beteiligt waren. Die fortgeschrittenen kapitalistischen Länder setzten ihre protektionistische Politik gegen landwirtschaftliche Produkte, tropische Lebensmittel und Mineralien ebenso fort, wie sie (außerhalb des Zolls) Handelsbarrieren gegen Halbfertigfabrikate, das hauptsächliche Exportprodukt von Drittweltländern, errichteten. Zudem lagen die protektionistischen Maßnahmen für ältere Industriezweige – Eisen und Stahl, Kleidung und Textilien – über der Norm.

Während der fünfziger Jahre hielt Westeuropa gegenüber US-Produkten ein bestimmtes Maß an Protektionismus aufrecht, obwohl durch Institutionen wie die Europäische Zahlungsunion, die Montanunion und, 1958, die Europäische Wirtschaftsgemeinschaft nationale Handelsschranken eingerissen worden waren. Der ökonomische Wiederaufbau Westeuropas vollzog sich über den Binnenmarkt, die Nachfrage dort sollte die Investitionen anheizen. Das Anwachsen des europäischen Binnenmarktes und ein fortdauernder Protektionismus führten während dieser Zeit zur Ausweitung US-amerikanischer Kapitalinvestitionen: eine wichtige Methode, um amerikanische Produkte und Herstellungsverfahren nach Europa einzuführen.[36]

Drittens beeinflußte der Atlantizismus die binnenpolitischen, gesellschaftlichen und technologischen Institutionen, die für den industriellen Wiederaufbau vonnöten waren. In der Nachkriegsepoche setzten sowohl amerikanische als auch westeuropäische Regierungen auf einen zunehmenden Staatsinterventionismus, der sich allerdings in verschiedenen Formen bekundete. Die Vereinigten Staaten legten das Schwergewicht auf Militärausgaben als Wirtschaftsregulatoren, die Europäer dagegen bevorzugten sozialstaatliche Maßnahmen, Nationalisierung und Planung. Beide Interventionsformen hielten die Nachfrage stabil und ermutigten den Privatverbrauch – eine wesentliche Vorbedingung für die Ausbreitung des Fordismus.[37]

Diese Differenzen hielten während der ganzen Nachkriegsepoche an und nahmen in den siebziger Jahren sogar noch zu. Allerdings ist zu berücksichtigen, daß die Formierung der Nato entscheidend dazu beitrug, die vorrangigen Zielsetzungen der amerikanischen und der europäischen Regierungen einander anzunähern. Nicht nur wurden dabei die Militärausgaben über den Sozialhaushalt gesetzt. (Ein dramatischer Moment war die Entscheidung einer britischen Labour-Regierung 1952, Rezeptgebühren zur Finanzierung der Wiederaufrüstung einzuführen. Desgleichen übte die Integration der Streitkräfte und die gemeinsame Entscheidung über Sicherheitsausrüstungen innerhalb der Nato Einfluß auf die Wahl von Technologien aus: Öl und Atomenergie erhielten den Vorzug vor der Kohle, Straßen und Flugplätze wurden gebaut, nicht aber neue Eisenbahnverbindungen. De facto wurden – zumindest in Europa – Sicherheitsfragen dem nationalen politischen Diskurs entzogen, so daß nun große Bereiche der Politik, die den nationalen Haushalt, Arbeitskräfte, Technologien etc. unmittelbar berührten, nicht mehr der öffentlichen Kontrolle unterworfen waren (sofern dies überhaupt jemals der Fall gewesen sein sollte). Vielmehr wurde darüber kollektiv durch eine kleine Gruppe von Politikern in Brüssel und Washington entschieden, nicht durch die Gesetzgeber in den nationalen Hauptstädten.

In gesellschaftlicher Hinsicht war der Atlantizismus mit der Entpolitisierung der Arbeiter und Konsumenten verbunden. Von den Vereinigten Staaten strahlte die neue Kultur des Privatkonsums nach Westeuropa aus. Zudem wurde 1949 die internationale Gewerkschaftsbewegung gespalten, was auf das Konto amerikanischer Gewerkschaften geht, die von der CIA finanziert wurden (hier ist besonders die *American Federation of Labour* zu nennen). Danach breitete sich die amerikanische Variante des Trade-Unionismus nach Europa aus. Die europäischen Gewerkschaften zeigten ein zunehmend ökonomistisches

Verhalten, d.h. sie beschränkten ihre Forderungen auf die Verbesserung von Löhnen und Arbeitsbedingungen.[38] (Das war jedoch nicht durchweg so; in der Bundesrepublik führte die traditionelle Forderung nach einer Kontrolle durch die Arbeiter sowie die Nachkriegserfahrung von Arbeiterräten zu wichtigen Vereinbarungen über die »Mitbestimmung«.)

Und schließlich umfaßte der Atlantizismus auch eine Art Einflußsphären-Politik innerhalb der westlichen Industrienationen. Anfänglich hofften diverse europäische Staaten, den Verlust ihrer Kolonien vermeiden zu können. Zwar befürworteten die Vereinigten Staaten die Entkolonialisierung, übernahmen aber viele der wirtschaftlichen und militärischen Abhängigkeitsstrukturen, die früher von den Kolonialmächten bedient worden waren. In Fernost traten die USA an die Stelle von Japan, Holland und Frankreich, im Nahen Osten übernahmen sie die Position von Frankreich und Großbritannien. Die europäische Hegemonie in Afrika wurde geduldet und zugleich die eigene Einflußsphäre in Lateinamerika ausgebaut. Damals waren die sowjetischen Möglichkeiten für wirtschaftliche und militärische Unterstützung sehr begrenzt, so daß diese Einflußsphären-Politik den Ländern der Dritten Welt kaum Raum ließ, sich den internationalen Machtkämpfen zu entziehen. Ich stimme mit Chomsky und anderen[39] darin überein, daß der Kalte Krieg sich gegen radikale Kräfte in der Dritten Welt richtete, die die Bedingungen, unter denen sie am globalen Staatensystem teilnahmen, einzig durch ihre Hinwendung zur Sowjetunion verbessern konnten.

Diese vier Charakterzüge des Atlantizismus erklären, warum der Kalte Krieg erfolgreich war, nicht aber, warum er begann. Sie erklären, wie die Politik des Kalten Krieges die allgemeine Zustimmung zu ihrer Fortsetzung in Verbindung mit den entsprechenden institutionellen Interessen hervorbrachte. Natürlich gab es andere Möglichkeiten politischen Handelns, die vielleicht ebenso wo nicht auf bessere Weise erfolgreich gewesen wären. Daß der Kalte Krieg sich durchsetzen konnte, muß im Hinblick darauf erklärt werden, daß tiefsitzende politische Differenzen innerhalb der Vereinigten Staaten selbst wie auch zwischen ihnen und Westeuropa zum Ausgleich zu bringen waren.

In den sechziger Jahren schien die richtige Formel endlich gefunden worden zu sein, schien es möglich zu werden, die Periode der Konfrontation und der Politik des äußersten Risikos der Entspannung weichen zu lassen. Doch gerade als der Optimismus hinsichtlich der atlantizistischen Formel am größten schien, wurde der Konsens durch den

Vietnamkrieg und die Studentenrevolte jäh ins Wanken gebracht. Was 1968/69 zumindest in Europa und hier vor allem in Frankreich, Italien und der Bundesrepublik vor sich ging, war ebenso eine Wiederkehr der Vergangenheit wie eine Andeutung der Zukunft. Die 68er-Studenten waren die erste Nachkriegsgeneration, die Kinder derjenigen, die kollaboriert oder Widerstand geleistet hatten. Zum Teil protestierten sie gegen die Wiedereinsetzung der Personen, die in Naziverbrechen verwickelt waren. In der Bundesrepublik bildete der Entrüstungssturm gegen die Beteiligung der Sozialdemokraten an einer vom Ex-Nazi Kiesinger geführten Regierungskoalition ein Element des Protestes. Die Studenten verknüpften das Versagen vor der Nazivergangenheit mit dem Schweigen über die US-Kriegsführung in Vietnam. Zum Teil protestierten sie auch im Namen derer, die vom Nachkriegskonsens vergessen worden waren. »Wer ist Dany Cohn-Bendit?« riefen die französischen Studenten. »Er ist Deutscher, Jude, Marxist.«

Aber 1968 war auch eine Reaktion auf die Konsumgesellschaft, auf den Ökonomismus der Sozialdemokratie und die Gewerkschaftsbewegung der Nachkriegszeit – sollte der Fortschritt des Sozialismus an der Lohnskala gemessen werden und jeder vor seiner politischen Türe kehren? Und es war eine Reaktion auf die Umwandlung der Intellektuellen in Technokraten, die das nichtendenwollende Wirtschaftswachstum verwalteten. Damit aber nahmen die Studenten und Arbeiter der 68er Generation die sozialen Bewegungen der siebziger und achtziger Jahre vorweg.

Anmerkungen

1 Vgl. W.W. Rostow, *The World Economy: History and Prospect* (University of Texas Press, 1978), Kap. 15.

2 Vgl. Charles Kindleberger, *The World in Depression* (Allen Lane, 1978). Kindlebergers Argumentation ist von einer ganzen Reihe von Autoren aufgegriffen worden, die sich mit dem Niedergang des amerikanischen Empires und der Bedeutung hegemonialer Stabilität beschäftigen. Vgl. vor allem: Robert Gilpin, *War and Change in World Politics* (Cambridge University Press, 1982); Robert Keohane, *After Hegemony: Cooperation and Discord in the World Political Economy* (Princeton University Press, 1984); Paul Kennedy, *The Rise and Fall of the Great Powers: Economic Change and Military Conflict 1500 to 2000* (Unwin Hyman, 1988; dt. Ausg.: *Aufstieg und Fall der großen Mächte. Ökonomischer Wandel und militärischer Konflikt 1500–2000.* Fischer, Frankfurt/M., 1989).

3 John Lewis Gaddis, »The emerging post-revisionist synthesis on the origins of the cold war«, *Diplomatic History,* 8, Sommer 1983, S. 173.

4 Ein 1946 erschienener Bericht des Marine-Geheimdienstes erklärte, daß »die Stationierung umfangreicher Besatzungsstreitkräfte in Osteuropa bis zu einem

gewissen Ausmaß von der Notwendigkeit diktiert wird, Millionen von Menschen 'in Pflege zu geben', für die in der UdSSR keine Lebens- und Unterkunftsmöglichkeiten zur Verfügung stehen.« Zit. nach Joyce und Gabriel Kolko, *The Limits of Power* (Harper and Row, 1972), S. 33.

5 Vgl. etwa Vojtech Mastny, *Russia's Road to the Cold War* (Columbia University Press, 1979). William Taubman, *Stalin's American Policy: From Entente to Détente to Cold War* (W.W. Norton, 1982), behauptet, der Marshallplan sei der entscheidende Wendepunkt für Stalins Haltung gewesen. Davor habe Stalin auf den Entspannungskurs gesetzt.

6 Zit. nach Kees van der Pijl, *The Making of an Atlantic Ruling Class* (Verso, 1984, S. 182.

7 Vgl. Alan Wolfe, »American domestic politics and the alliance«, in Mary Kaldor und Richard Falk (Hg.), *Dealignment* (UNU/Basil Blackwell, 1987), desgl. Alan Wolfe, »The irony of anti-communism: ideology and interest in postwar American foreign policy«, in *Socialist Register 1984* (Merlin Press, 1984).

8 Wolfe, »American domestic politics«, S. 69.

9 Ebd.

10 Vgl. Mary Kaldor, *The Baroque Arsenal* (André Deutsch, 1982; dt. Ausg.: *Rüstungsbarock*. Rotbuch, Berlin, 1986).

11 Wolfe, »American domestic politics«, S. 69.

12 Zur Zeit der Truman-Doktrin war dies, wie Clark Clifford beschreibt »das Eröffnungsgefecht eines Feldzugs, um die Leute zur Erkenntnis zu bringen, daß der Krieg in keiner Weise bereits beendet ist«. Und ein US-amerikanischer Presseoffizier, der die Doktrin darstellen sollte, sagte: »Wir können der Öffentlichkeit unsere neue Politik nur dadurch verkaufen, daß wir klarmachen, wie wichtig es ist, bei der Stange zu bleiben.« Zit. nach John Lewis Gaddis, *The United States and the Origins of the Cold War 1941-47* (Columbia University Press, 1972), S. 351.

13 Ein Treffen zwischen Senator Vandenberg und Maurice Thorez, dem Vorsitzenden der FKP, verdeutlicht die Naivität des amerikanischen Antikommunismus. Bei einem Essen in Paris (im Mai 1946) konnte, wie der französische Protokollchef berichtet, »Senator Vandenberg, der neben mir saß, seinen Blick von Maurice Thorez' strahlendem Gesicht gar nicht abwenden. 'Wie kann ein so gesunder Mensch nur Kommunist sein?' wiederholte er eins ums andere Mal.« Zit.n. Alfred Grosser, *The Western Alliance: European-American Relations since 1945* (Macmillan, 1980), S. 56.

14 George Kennan, *Memoirs 1950-63* (Little, Brown, 1972), S. 222.

15 William Graf, »Anti-communism in the Federal Republic of Germany«, in *Socialist Register 1984.*

16 Kennan, *Memoirs 1950-63*, S. 223f.

17 Robert Jay Lifton und Richard Falk, *Indefensible Weapons: The Political and Psychological Case against Nuclearism* (Basic Books, 1982), S. 27.

18 Kennan, *Memoirs 1950-63,* S. 228.

19 Im Mai 1947 stellte General Marshall in einer vom US-Botschafter übermittelten Note klar, daß die Hilfe für Italien nur dann gewährleistet sei, wenn die Sozialisten und Kommunisten die Regierung verlassen würden. Der Premierminister De Gasperi benötigte nur einige Tage, um die Regierung aufzulösen und eine Mitte-Rechts-Regierung zu bilden. Vgl. Alan A. Platt und Robert Leonardi, »American foreign policy and the postwar Italian left«, *Political Science Quarterly*, Sommer 1978. Danach trugen Propagandabemühungen der CIA bei den Wahlen von 1948 zur Niederlage der Kommunisten bei. Eine

Beschreibung findet sich bei Richard Barnet, *The Alliance* (Simon and Schuster, 1982), S. 140. Kennan schlug vor, die KPI zu verbieten und den Bürgerkrieg zu provozieren, »wodurch wir gute Gründe hätten, den Flugplatz von Foggia oder andere Einrichtungen erneut zu besetzen«. Dadurch würde es zwar »ziemlich viel Gewalt« geben, aber »das wäre, so denke ich, besser, als ein blutleerer Wahlsieg, [...] der den Kommunisten die ganze Halbinsel in den Schoß fallen lassen würde«. Zit.n. Barnet, *The Alliance*, S. 139.

20 Der Labour-Premier Clement Attlee faßt diese Haltung prägnant zusammen. »Die britische Arbeiterbewegung hat ihrem Wesen nach niemals aus Theoretikern oder Revolutionären bestanden, die so in ihre utopischen Träume versunken gewesen wären, daß sie darüber die Fähigkeit zur Auseinandersetzung mit der Alltagsrealität verloren hätten. Die britischen Sozialisten haben vielmehr von Anfang an jede sich bietende Gelegenheit ergriffen, Regierungsverantwortung zu übernehmen. Dabei hat sich das britische System der kommunalen Regierungen als ausgezeichnetes Übungsfeld erwiesen. Schon lange bevor es mehr als nur eine Handvoll Labour-Abgeordnete im Parlament gab, saßen Sozialisten in Stadt- und Gemeinderäten und nahmen Einfluß auf die Verwaltung. Indem sie zeigten, was im kleinen getan werden konnte, waren sie in der Lage, viele skeptische Arbeiter auf ihre Seite zu ziehen, die nur an das glaubten, was sie mit eigenen Augen sahen.« (Zit.n. John Saville, »Ernest Bevin and the cold war, 1945-50«, in *Socialist Register 1984*, S. 71).

21 Zit.n. Saville, »Ernest Bevin«, S. 74.

22 Bevin kam erst spät zum Treffen des Kabinettskomitees, das über die Atombombe zu entscheiden hatte. Das Komitee bestand aus Stafford Cripps, Hugh Dalton und Attlee. Cripps und Dalton sprachen sich aus Kostengründen gegen die Anschaffung der Bombe aus. Bevin sagte: »Wir müssen das Ding haben. [...] Mir persönlich ist es egal, aber ich möchte nicht, daß auf irgend einen anderen Außenminister dieses Landes von einem Minister der Vereinigten Staaten so eingeredet wird, wie mir dies gerade mit Mr Byrnes passiert ist. Wir müssen das Ding hier bei uns haben, koste es, was es wolle. [...] Wir müssen den verdammten Union Jack oben flattern lassen.« (Ebd., S. 89). Attlee stimmte ihm zu.

23 Nachdem die Russen sich geweigert hatten, ihre gegen Deutschland erhobene Forderung nach 10 Milliarden Dollar an Reparationsleistungen zurückzuschrauben, sagte Bevin im November 1947 zu Molotow: »Sie können mich nicht als einen Feind Rußlands betrachten. Wer hat denn verhindert, daß unsere Regierung eure Revolution niedertreten konnte? Das war ich, Ernest Bevin. Ich habe die Transportarbeiter zum Streik aufgerufen, und sie weigerten sich, die Schiffe zu beladen. Ich wollte, daß ihr eure Revolution selbst macht, ohne Eingriffe von außen. Im Augenblick spreche ich als Freund. Ihr spielt ein sehr gefährliches Spiel. Und ich weiß nicht, warum. Ihr könnt nicht im Ernst glauben, daß die Amerikaner mit euch einen Krieg anfangen wollen – jedenfalls keiner, der verantwortlich denkt und handelt. [...] Wenn es im Osten zwischen euch und Amerika zum Krieg kommt, besteht die Möglichkeit, daß wir uns neutral verhalten. Wenn es aber im Westen Krieg gibt, wird man uns an der Seite von Amerika finden. Merkt euch das. Es wäre das Ende von Rußland und das Ende der Revolution.« Zit. n. Daniel Yergin, *Shattered Peace* (Houghton Mifflin, 1978), S. 331f.

24 Alan Bullock, *Ernest Bevin: Foreign Secretary, 1945-51* (Heinemann, 1983).

25 Vgl. David Reynolds, »The origins of the cold war: the European dimension«, *Historical Journal*, 28:2, 1985, S. 497-515.

26 »Die Briten drohten damit, sie seien zum gegenwärtigen Zeitpunkt noch gar nicht in der Lage, kontinuierliche Reparationsleistungen überhaupt ins Auge zu fassen. Sie vertraten die Ansicht, ein solches Arrangement wäre ungeschickt und nicht funktionstüchtig; es würde den deutschen Wiederaufbau, und damit den von Europa und Großbritannien, verzögern. Auf die Amerikaner kämen enorme finanzielle Belastungen zu. Sie würden die deutsche Kuh im Westen füttern, während sie im Osten gemolken würde. Die Probleme im befreiten Europa, so sahen es die Briten, fänden ihren Anfang und ihr Ende in Deutschland. Wenn Deutschland sich wirtschaftlich erholen könne, dann würde auch das übrige Europa dazu in der Lage sein. Wäre Deutschland aber die Geisel der Sowjetwirtschaft und ihrer Bedürfnisse, verkäme es zu einer faulenden Jauchegrube, die nur auf die Vorstellungen des Kommunismus noch anziehend wirke.« (Anne Deighton, »The 'frozen front': the Labour government, the division of Germany and the origins of the cold war, 1945-7«, *International Affairs,* 63:3, Sommer 1987, S. 460.)

27 Robin Emonds, *Setting the Mould: The United States and Britain, 1945-1950* (Clarendon Press, 1986).

28 Paul Nitze, »NSC 68 and the Soviet threat«, *International Security,* Frühling 1980.

29 Graf, »Anti-communism«; vgl. auch Barnet, *The Alliance,* Kap. 1.

30 Graf, »Anti-communism«, S. 169.

31 Ebd.

32 Angus Maddison, *Phases of Economic Growth* (Oxford University Press, 1982).

33 Van der Pijl, *Atlantic Ruling Class.* Er zitiert Umfrageergebnisse, aus denen hervorgeht, daß die Übereinstimmung zwischen den politischen Führungen in Westeuropa und den Vereinigten Staaten 1961 ihren Höhepunkt erreichte.

34 William Appleman Williams, *The Tragedy of American Diplomacy* (World Publishing, 1959), beschreibt, wie dieser Begriff nach der Niederlage Wilsons im Völkerbund entstand. Ein solcher Begriff könnte die Politik der »offenen Tür« ermöglichen und zugleich fest bleiben gegenüber der Sowjetunion und revolutionären Kräften. Das Wirtschaftswachstum wurde als »Gegengift gegen den Bolschewismus« betrachtet.

35 Diese Argumentation wird in meinem Buch *The Disintegrating West* (Allen Lane, 1978) weiterentwickelt. Vgl. auch Fred L. Block, *The Origins of International Economic Disorder* (University of California Press, 1977).

36 Tatsächlich sah der Marshallplan spezifische technologische Projekte vor, wie z.B. kontinuierlich arbeitende Walzenstraßen für die Stahlindustrie, mit deren Hilfe man die Herstellungskosten von Stahlblechen für den Automobilbau und langlebige Konsumgüter reduzieren konnte. Später zerschlug die Montanunion die Kartelle, welche der Einführung neuer Technologien zur Stahlverarbeitung im Wege standen. Hoffman, ein früherer Präsident der Automobilgesellschaft Studebaker, berichtete einer Gruppe von US-Senatoren, daß der Schuman-Plan die Ausbreitung des Fordismus begünstigt habe: »Vorher waren hier die Preise zu hoch und die Löhne zu niedrig, so daß die Menschen keine Produkte der Stahlindustrie kaufen konnten. Wir nehmen eine Tonne Stahl und verarbeiten sie zu einem Automobil, und Sie wissen, wie wenig Leute in Europa es sich leisten können, ein Automobil zu kaufen. Wenn man also damit anfängt, die Löhne zu erhöhen und die Preise zu senken, bekommt man in Europa einen gewaltig expandierenden Markt, der sich der steigenden Produktion annehmen wird. Henry Ford hat uns diesen Grundsatz vermittelt und damit eine Revolution

ausgelöst, von der wir immer noch profitieren. Ich denke, der Schuman-Plan wird in Europa ebensolche Ergebnisse zur Folge haben.« (Zit. n. van der Pijl, *Atlantic Ruling Class,* S. 150)

37 Bei David Calleo finden wir eine sehr interessante Analyse der fiskalischen Unterschiede zwischen den Vereinigten Staaten und Westeuropa. In Westeuropa machen die Ausgaben und Einnahmen der Regierung einen dauerhaft höheren Anteil am Bruttosozialprodukt aus. In den Vereinigten Staaten wiederum ist der Anteil der Verteidigungsausgaben am Regierungshaushalt sehr viel höher als in Westeuropa. Calleo führt aus, daß, anders als in den USA, in Europa die Mittelschichten die Nutznießer des Sozialstaates sind; soziale Leistungen sind in Europa nicht einfach nur ein »Almosen für die Armen«. Des weiteren ist in den Vereinigten Staaten der Anteil der direkten Steuern im Vergleich zu den indirekten sehr viel höher, so daß die hauptsächliche Steuerlast von den Mittelschichten getragen wird. Von daher ziehen die amerikanischen Mittelschichten Steuererleichterungen erhöhten staatlichen Sozialausgaben vor. Vgl. *Beyond American Hegemony: The Future of the Atlantic Alliance* (Wheatsheaf, 1987; dt. Ausg.: *Die Zukunft der westlichen Allianz. Die NATO nach dem Zeitalter der amerikanischen Hegemonie.* Bonn Aktuell, Stuttgart, 1989).

38 Dieser Prozeß wird sehr schön bei van der Pijl beschrieben: »Was die europäische Arbeiterklasse angeht, so bestanden die auffallendsten Errungenschaften der Marshall-Offensive darin, daß die reformistischen Gewerkschaften in der nordatlantischen Zone zusammengeschweißt und die kommunistischen oder klassenbewußten sozialistischen Gruppierungen isoliert wurden. [...] Mit der Säuberung und Neustrukturierung der Gewerkschaftsbewegung wurde ein wichtiger Schritt vollzogen, um die westeuropäischen Arbeitsweltverhältnisse dem amerikanischen Muster anzugleichen...« (*Atlantic Ruling Class,* S. 155f.)

39 Vgl. etwa Noam Chomsky, »The United States: from Greece to El Salvador«, in Noam Chomsky, John Gittings und Jonathan Steele, *Super Powers in Collision: The New Cold War of the 1980s*, 2. Aufl. (Penguin, 1984).

6 Gab es einen Ost-West-Konflikt?

In einer Hinsicht hat es tatsächlich einen Ost-West-Konflikt gegeben. Während der Epoche des Kalten Krieges bauten beide Seiten ihre militärischen Mittel aus, um sie gegen den jeweils anderen einsetzen zu können. Beide Seiten bedienten sich der Sprache des Konflikts, warfen sich über die Kluft, die sie voneinander trennte, wüste Beschimpfungen zu. Und in gewissen Augenblicken des Kalten Krieges, während der zwei Berlin-Krisen oder in der Kuba-Krise, wuchs die akute Furcht vor einem tatsächlichen Kriegsausbruch.

Die Historiker des Kalten Krieges, seien sie nun orthodox, revisionistisch oder post-revisionistisch eingestellt, gehen von einem fundamentalen Interessenkonflikt aus, der dem ganzen Rahmenwerk des Kalten Krieges zugrundelag. Die Revisionisten interpretieren diesen Konflikt marxistisch: für sie handelt es sich um den Gegensatz zwischen Kapitalismus und Sozialismus, um einen Klassenkonflikt zwischen den Kapitaleignern und denen, die ihre Arbeitskraft dem Kapital verkaufen. Der Kapitalismus kann den Sozialismus nicht dulden, weil er mit der Aufhebung des Privateigentums einhergeht, eine weitreichende Umverteilung von Macht und Reichtum vornimmt und die Märkte verschließt. Wie eine Gruppe linksgerichteter Autoren formulierte: »Die beiden Blöcke stellen auf der internationalen Ebene das verzerrte Bild des inneren Antagonismus zwischen den Klassen dar.«[1]

Die orthodoxen Historiker sind Idealisten. Für sie verläuft der fundamentale Konflikt zwischen Freiheit und Totalitarismus. Letzterer kann die Freiheit nicht dulden – sie würde zuviel enthüllen. Von daher ist seine Existenz, sei sie nun kommunistisch oder faschistisch, eine fortwährende Bedrohung der Demokratie. Die Postrevisionisten, die einer späteren Ära entstammen, gehen, innerhalb eines realistisch interpretierten Rahmens, von einem traditionellen Konflikt zwischen Großmächten aus.

Wie stehen diese Interpretationen des Ost-West-Konflikts da, wenn man sie im Licht einer Analyse der wesentlichen Strukturen von Atlantizismus und Stalinismus betrachtet?

Kapitalismus versus Sozialismus

Sicher gab in der frühen Nachkriegsperiode einen Konflikt zwischen Kapitalismus und Sozialismus innerhalb der westlichen Länder. Doch läßt sich nicht ohne Mühe behaupten, daß dieser interne Konflikt Reflexion oder Bestandteil eines äußeren Konflikts mit der Sowjetunion gewesen sei. Unleugbar existierten starke kommunistische Parteien in

Südeuropa, die pro-sowjetisch eingestellt waren; doch handelte es sich bei ihnen um Massen- und nicht um Avantgarde-Parteien. Und man kann davon ausgehen, daß – wie im Falle Jugoslawiens – politische Stärke und Gehorsam gegenüber Stalin miteinander unvereinbar geworden wären. Tatsächlich ist es auch so gekommen. Bereits 1947 waren die Arbeiter beunruhigt über die ziemlich gemäßigte Rolle, die die Parteiführer in den Nachkriegskoalitionen spielten. Der weitere Verlauf der Nachkriegsepoche sah den allmählichen Niedergang der französischen und den allmählichen Aufstieg der italienischen Kommunistischen Partei: eine gegenläufige Entwicklung, die einerseits mit ihrer je unterschiedlichen Haltung der Sowjetunion gegenüber, andererseits mit der jeweiligen innenpolitischen Situation zusammenhing.

Die Entwicklung des Kalten Krieges ließ im Westen einen atlantizistischen Kompromiß zwischen Kapitalismus und Sozialdemokratie (oder, genauer, zwischen Fordismus und Fabianismus) entstehen. Dieser Kompromiß fand seinen Ausdruck in einer neuen Zusammensetzung der westeuropäischen und amerikanischen Eliten, in neuen Regierungsstrukturen – »Welfare«- und »Warfare«-Staaten, eine liberale/kapitalistische internationale Wirtschaft, die Integration nationaler Streitkräfte in multinationale Strukturen und eine Politik der Einflußsphären gegenüber der Dritten Welt. Der Kalte Krieg beförderte und rechtfertigte diesen Kompromiß, während zugleich diejenigen, welche sich mit seinen Bedingungen nicht abfinden wollten, an den Rand gedrängt und in Verruf gebracht wurden.

Viele Menschen in Europa hätten lieber die Wahl zwischen Alternativen gehabt, etwa mehr nationale Unabhängigkeit oder stärker international ausgerichtete Strukturen der Zusammenarbeit. Nur eine winzige Minderheit hätte sich zum Anschluß an das sowjetisch dominierte Staatensystem entschlossen. Im Gegenteil: mit der Unterwerfung Ostmitteleuropas unter den Stalinismus breitete sich ein besonders scheußliches Modell des Sozialismus aus – ein Schlüsselerlebnis für all diejenigen, die sonst vielleicht zu Anhängern der sozialistischen Idee geworden wären. Allein die Existenz eines sowjetisch beherrschten Staatensystems verengte den politischen Raum, der für die Entfaltung eines genuin nicht-sowjetischen sozialistischen Ansatzes erforderlich gewesen wäre. Migone weist darauf hin, daß die Ereignisse in Chile und in der Tschechoslowakei dieses Problem am augenfälligsten illustrieren.[2]

Inwiefern läßt sich überhaupt sagen, daß der Stalinismus »sozialistischer« gewesen sei als der Atlantizismus? Verstehen wir unter Sozialismus lediglich Etatismus, dann ist die Sowjetunion sicherlich sozialistischer gewesen. Allerdings hat auch der Atlantizismus ein starkes etatistisches Element in die Funktionsweise der westlichen Gesellschaften hineingebracht. Wenn aber unter Sozialismus die soziale, politische und wirtschaftliche Verbesserung der Lage der Arbeiterklasse verstanden werden soll, dann erscheint der Stalinismus kaum in einem günstigen Licht. Sicher hat das sowjetische System die Arbeitslosigkeit beseitigt und die Ärmsten materiell bessergestellt (obwohl auch heute noch, wie etwa in den Baumwollfeldern von Usbekistan, Kinder zur Arbeit herangezogen werden). Andererseits hat der Atlantizismus die materielle Lage der Arbeiterschaft, vor allem in Europa, durch sozialstaatliche Maßnahmen und Gesetze erheblich verbessert und auch, zumindest im ökonomischen Bereich, für einen Machtzuwachs der Gewerkschaften gesorgt. Zwar brachte der Stalinismus mehr materielle Gleichheit und beseitigte die extreme Konzentration von Reichtum (wobei die Nomenklatura allerdings bestimmte materielle Vorteile wie Ferienhäuser und eigene Läden genoß), politisch aber war er dadurch, daß er die hochgradige Konzentration von Macht begunstigte, alles andere als egalitär.

Das sowjetische System beseitigte die Klasse der Kapitalisten (die zur Zeit der bolschewistischen Revolution sehr klein war) und die der Landeigentümer. Die Macht ging faktisch an die Partei und später an Stalin über, die nach der orthodoxen Auffassung Repräsentanten der Arbeiterklasse sind. Sicherlich gab es viele Arbeiter in der Partei; Stalin selbst kam aus sehr bescheidenen Verhältnissen. Zudem wurden in der Sowjetunion und später in Osteuropa oftmals Angehörige der Arbeiterklasse den Intellektuellen vorgezogen. Trotz alledem wird in dieser Argumentation das Problem der Reproduktion der Staatsmacht übersehen, das viel wichtiger ist als die Frage nach ihrem Ursprung. Die Macht der Partei beruhte auf physischem Zwang und auf der Polizei, und unter der Kollektivierung und der Arbeitsdisziplin hatten die Arbeiter und Bauern sehr viel mehr zu leiden als die Intellektuellen. Die Macht wurde nicht dadurch reproduziert, daß man sich der Zustimmung oder gar der Beteiligung der Arbeiterschaft zu versichern suchte.

Auch in Westeuropa gelangten Arbeiterparteien an die Macht; immerhin war Ernest Bevin ein wirklicher Vertreter der Arbeiterklasse. Das soll natürlich nicht besagen, die Arbeiterklasse habe »die Macht in Händen«. Doch hatten die Arbeiter über die Wahlen und über Institutionen wie Gewerkschaften oder sozialistische Parteien in der Frage der Reproduktion von Macht ein paar Wörtchen mehr mitzureden als früher, auch wenn dies immer noch zu wenig war.

Es ist also irreführend, den Stalinismus als sozialistisch und den Atlantizismus als kapitalistisch zu klassifizieren.

Anders stellte sich die Situation in der Dritten Welt dar, die während der ganzen Epoche des Kalten Krieges vorwiegend im westlichen Einflußbereich verblieb. Viele Drittweltländer neigten nach der Entkolonialisierung zum Etatismus, während große Teile der Bevölkerung in entsetzlichem Elend lebten. De facto waren auch China und die Sowjetunion Länder der Dritten Welt, und vielleicht ist es angemessener, das Sowjetsystem mit den verschiedenen Gesellschaftssystemen zu vergleichen, die für die Drittweltländer innerhalb des westlichen Einflußbereichs typisch waren. In den fünfziger und sechziger Jahren registrierten aufmerksame Beobachter den großen Unterschied zwischen den Arbeits- und Lebensbedingungen chinesischer und indischer Bauern. Das sowjetische und das chinesische Modell präsentierten eine Methode, mit der Armut und Rückständigkeit schnell überwunden werden konnten. Doch die Stagnation und die Rückschläge in der Landwirtschaft, die in den siebziger und achtziger Jahren erfolgten, haben im Verein mit dem Erfolg der kapitalistischen Schwellenländer in Fernost die Anziehungskraft des sowjetischen Modells für Bewegungen in der Dritten Welt herabgemindert. Aber davon abgesehen waren durchaus nicht alle nationalen Befreiungsbewegungen in der Dritten Welt prosowjetisch. Wenn sie die militärische und wirtschaftliche Unterstützung durch die Sowjetunion annahmen, so deshalb, weil sie die westliche Hilfe austarieren und eine neutrale Position bewahren wollten, oder weil sie einfach keine Alternative hatten.

Der Westen besaß die Möglichkeit, gegen radikale Regimes oder Befreiungsbewegungen in der Dritten Welt militärisch vorzugehen und hat diese Option auch genutzt: Guatemala, Iran, Libanon, Chile, die Philippinen; eine lange Liste. Es wurde so getan, als gehörten diese Auseinandersetzungen zum Ost-West-Konflikt, während es sich in Wirklichkeit um West-Süd-Konflikte handelte. Viele Gegner der USA in der Dritten Welt bezeichneten sich selbst als sozialistisch und wurden sogar von der Sowjetunion unterstützt, operierten aber innerhalb des westlich dominierten Staatensystems. Der Westen wiederum war an einer Intervention *innerhalb* des sowjetisch dominierten Staatensystems wenig interessiert. Gerade die Existenz der Sowjetunion, das Beispiel der sowjetischen Herrschaft über Ostmitteleuropa, hat es den westlichen Politikern ermöglicht, ihre Interventionen in der Dritten Welt durch den Hinweis auf einen weltweiten Kampf zwischen Gut und Böse zu rechtfertigen.

Freiheit versus Totalitarismus

So wie es *innerhalb* des Westens einen Konflikt zwischen Kapitalismus und Sozialismus gab, so existierte *innerhalb* des Ostens ein Konflikt zwischen Freiheit und Totalitarismus. In dieser Hinsicht läßt sich ein Gefälle zwischen Ost und West verzeichnen, denn die westliche Demokratie übte auf die Menschen in Osteuropa unzweifelhaft eine sehr viel größere Anziehungskraft aus als der sowjetische Sozialismus auf die im Westen lebende Bevölkerung. Das zeigt wohl am deutlichsten die Errichtung der Berliner Mauer im Jahre 1961. (Zwischen 1949 und 1956 gingen etwa zwei Millionen Menschen von Ostdeutschland in den Westen – und das bei einer ostdeutschen Gesamtbevölkerung von 18 Millionen.)

Dennoch wurde der Stalinismus während dieser Periode vor allem von alternativen Modellen des Sozialismus herausgefordert, von Revisionisten und von »hausgemachten« Kommunisten wie Gomulka, Imre Nagy, später dann Dubcek. Immerhin war es der Titoismus gewesen, der die stalinistischen Säuberungen Ende der vierziger Jahre ausgelöst hatte. In dieser Zeit besaß die Vorstellung von einem ideologischen Konflikt zwischen Kapitalismus einige Anziehungskraft, weil sozialistische Ideen noch nicht ganz und gar unpopulär geworden oder diskreditiert waren.

Wenn es einerseits irreführend ist, den Stalinismus als sozialistisch und den Atlantizismus als kapitalistisch zu klassifizieren, so ist es andererseits vielleicht zu einfach, ersteren als totalitär und letzteren als demokratisch zu bezeichnen. Totalitär war der Stalinismus in zweierlei Hinsicht: zum einen ließ er innerhalb der Gesellschaft keine unabhängigen Räume zu, zum anderen machte er, wie von Hannah Arendt beschrieben, mehr oder weniger alle zu Komplizen des Systems.[3] Der Poststalinismus verfuhr weniger streng und erlaubte hier und da sogar ein gewisses Ausmaß an Entpolitisierung – von daher Kádárs Satz, daß alle, die nicht gegen uns sind, für uns sind.

Unzweifelhaft war und ist der Atlantizismus zumindest größtenteils demokratisch. Es gab und gibt reguläre Wahlen, Meinungs- und Organisationsfreiheit. Dies gilt allerdings nicht für Portugal, Spanien, Griechenland und die Türkei während der Epoche des Kalten Krieges, und selbst heute ist die Türkei keine wirkliche Demokratie. Und in mancher Hinsicht ist Demokratie, verstanden als Beteiligung am politischen Leben, auch in der atlantischen Region selbst zurückgestutzt worden. In gewissem Maß ist dies eine Folge der Traditionen des Fabianismus (oder des *New Deal*), hängt mit dem Paternalismus staatlicher

Intervention zusammen, mit der Betonung wirtschaftlicher (anstelle von politischen) Forderungen durch die Gewerkschaften, mit dem Vorrang der materiellen Lage der Konsumenten. Darüber hinaus gestaltet sich der demokratische Prozeß in unterschiedlichen Ländern unterschiedlich, je nach der Beschaffenheit des Wahlsystems, dem Gleichgewicht zwischen nationalen und lokalen Regierungsformen, der Art und Weise der Opposition, der Rolle der Medien etc. Insbesondere hat ein wichtiger Aspekt des Atlantizismus, der imaginäre Krieg, die demokratischen Spielregeln eingeschränkt.

Erstens rechtfertigt der permanente Zustand eines vorgeblichen Kriegs formell die Einschränkung gewisser Rechte; ein Vorgang, der normalerweise nur in Kriegszeiten gerechtfertigt ist.[4] Insbesondere beruft man sich auf die »nationale Sicherheit«, um die Geheimhaltung und Abschirmung großer Bereiche öffentlichen Interesses durchzusetzen. Oftmals sind weitreichende Entscheidungen über Verteidigungsmaßnahmen ohne öffentliche Diskussion von einer Handvoll von Leuten getroffen worden; dazu gehört z.B. die Fortschreibung der britischen und französischen Atomwaffenprogramme sowie die Errichtung amerikanischer Stützpunkte und die Stationierung amerikanischer Truppen auf europäischem Boden. Weitere Beispiele für kriegsbedingte Maßnahmen, an die wir uns gewöhnt haben, sind das »Berufsverbot«, Maßnahmen zur Zivilverteidigung, Spionage, die Aufhebung gewerkschaftlicher Rechte bei exponierten militärischen Einrichtungen, die Rolle von Sicherheitskräften wie der CIA bei der inneren Überwachung.

Zweitens wurde die Ideologie des imaginären Krieges gewissermaßen selbst zu einer totalitären Ideologie im Sinne von Hannah Arendt: alle, die an der Macht beteiligt waren, wurden zu Komplizen in einer phantasierten Konfrontation zwischen Ost und West. Der Glaube an eine sowjetische Bedrohung und an die Notwendigkeit, militärisch vorbereitet zu sein, insbesondere die Vorstellung, Atomwaffen würden »Schutz« bieten, der Antikommunismus und das Bedürfnis nach westlicher Geschlossenheit – all dies wurde zum Entréebillett für die Teilhabe an Machtstrukturen oder sogar für wichtige Positionen in Wirtschaft und Verwaltung. Vor allem in den Vereinigten Staaten und Westdeutschland stellte der McCarthyismus während der fünfziger Jahre diese Bedingungen auf brutale Weise klar. Später gab es dann ein Komplizensystem (die Osteuropäer nennen es Selbstzensur), das sich selbst reproduzierte und dessen Funktion gewährleistete, daß all jene ausgeschlossen und de facto mit dem »Anderen« identifiziert wurden, die es wagten, die Existenz eines Ost-West-Konflikts in Zweifel zu ziehen. Im Nullsummenspiel des imaginären Krieges stand jeder, der sich gegen Atomwaffen aussprach, automatisch auf der Seite der Sowjets, so wie die Kritik an der westlichen Demokratie selbstverständlich blind war gegenüber den Übeln des Sowjetsystems. (Und natürlich gingen einige Kritiker des Atlantizismus in die Falle, indem sie, um den Antikommunismus zu mäßigen, die Sowjetunion in Schutz nahmen.)

Zudem gab es in vielen Ländern der Dritten Welt Diktaturen oder Militärregierungen. Sie waren nicht totalitär, weil nicht-industrialisierten Ländern die Technologie fehlt, die eine totale Überwachung ermöglicht. Doch befleißigten sich derlei Regimes oftmals brutaler physischer Unterdrückung – Hinrichtung, Folter, Mord. Natürlich waren solche Länder nicht umstandslos dem Lager des Atlantizismus zuzurechnen, aber sie gehörten zum globalen Staatensystem unter der Vorherrschaft des Westens, und sie wurden auch im allgemeinen vom Westen unterstützt. Mit anderen Worten, es gab und gibt Konflikte über die Demokratie in Ost *und* West, aber es handelt sich dabei zunächst und zumeist um *interne* Konflikte.

Konkurrenzkampf der Großmächte

Die Vorstellung von einer Konkurrenz der Großmächte, die der realistischen Version des Ost-West-Konflikts zugrundeliegt, geht davon aus, daß Großmächte expandieren, wo immer es geht, oder sich ansonsten gegen die Expansion anderer Großmächte zur Wehr setzen müssen. Die bloße Existenz militärischer Mittel und Fähigkeiten reicht hin, um mögliche aggressive Absichten zu unterstellen, die dann natürlich durch entsprechende eigene militärische Mittel ausgeglichen oder ins »Gleichgewicht gebracht« werden müssen. Diese Versicherung ist im wesentlichen ein Glaubensakt; Großmächte benehmen sich halt so.

Wenn man es auf diese Weise sieht, gibt es nicht viel dagegen zu sagen. Allerdings ist die Annahme einer den Großmächten innewohnenden expansionistischen Verhaltensweise zutiefst pessimistisch, denn ihr gelten Krieg und Eindämmung als die einzigen Mittel zur Regelung zwischenstaatlicher Beziehungen. Wenn wir aber das Verhalten der Großmächte differenzierter, im Hinblick auf bestimmte Voraussetzungen für die autoritative Reproduktion, betrachten, ließen sich vielleicht Verhaltensweisen ausfindig machen, die friedlichen und demokratischen Formen der internationalen Regulierung näher kommen.

Die historischen Wurzeln des Realismus liegen in einer früheren Epoche, in der wirtschaftliche Expansion an Landnahme gebunden war und die noch keine klare Trennung zwischen wirtschaftlichen und politischen Formen der Reproduktion kannte. Die territoriale Ausdehnung eines Feudalfürsten oder eines der großen Sklavenreiche war Voraussetzung für die autoritative Reproduktion, war Quelle der Legitimität und unabdingbar für das Überleben. Mit der Universalisierung der Warenverhältnisse (die den Kapitalismus ebenso betreffen wie – mittels der Kollektivierung der Landwirtschaft – den Sozialismus), das heißt, mit der Einführung von Tauschbeziehungen, verliert diese Argumentation ihre Gültigkeit. Folglich ist der Drang nach territorialer Ausdehnung nicht länger eine Grundannahme staatlichen Verhaltens, sondern bedarf nunmehr der Erklärung.

Man kann mit einiger Sicherheit davon ausgehen, daß weder die Sowjetunion noch die Vereinigten Staaten in der Nachkriegsperiode an einer territorialen Expansion interessiert waren. Natürlich expandierte der amerikanische Kapitalismus in andere Regionen der Erde, doch ließ sich dies durch ein flexibles globales Staatensystem sehr viel besser regeln als durch die Expansion des amerikanischen Nationalstaats. Man intervenierte in der Dritten Welt, um das globale Staatensystem zu managen, doch die Existenz eines alternativen Systems von Satellitenstaaten war selbst ein Bestandteil dieser politischen Mechanismen.

Es scheint so, als ob Stalin mit der Vorstellung, die ostmitteleuropäischen Staaten der Sowjetunion einzuverleiben, tatsächlich geliebäugelt habe. Das sowjetische System mußte Außenhandel treiben und benötigte auch externe Technologiequellen, wofür anfänglich die neu erschaffenen Satellitenstaaten des Ostens zur Verfügung standen. Wollte man aber auf die eigentliche internationale Ebene gelangen, mußte man die Existenz des kapitalistischen Systems akzeptieren. Nachdem der Aufbau des »Sozialismus in einem Land« beschlossene Sache war, kam der Ausdruck »friedliche Koexistenz« in Gebrauch und blieb sogar während der Epoche des Stalinismus ein Grundsatz der sowjetischen Außenpolitik.[5]

Die Reproduktion des Sowjetsystems beruhte auf defensiver Paranoia und auf nahezu obsessiven Sicherheitsvorstellungen. Es ist immer möglich, eine Situation zu entwerfen, in der die Furcht vor einem gegnerischen Angriff zu einer präventiven Expansion führt, jedoch deutet alles darauf hin, daß Stalin und andere entschlossen waren, den Krieg mit dem Westen zu vermeiden.

Die offiziellen Versionen des Ost-West-Konflikts waren nicht wirklich ideologisch, sie wurden nur in ideologischen Ausdrucksformen präsentiert. Offensichtlich war man auf beiden Seiten darauf bedacht, den Konflikt als Auseinandersetzung zwischen Großmächten darzustellen –

es handelte sich um einen als Marxismus oder Idealismus verkleideten Realismus. Als Shdanov 1947 auf dem ersten Kominformtreffen die Zwei-Lager-Doktrin vorstellte, vermied er es sorgfältig, den Kampf für den Sozialismus innerhalb der kapitalistischen Länder zu erwähnen. Hauptaufgabe des antiimperialistischen Lagers war der »Kampf gegen die Gefahr neuer Kriege und gegen die imperialistische Expansion, die Festigung der Demokratie [d.h. des Stalinismus, M.K.] und die Ausmerzung der Überreste des Faschismus«.[6] In der Praxis ließ es die Sowjetunion nie zu, daß die Unterstützung von Befreiungsbewegungen in der Dritten Welt ihre eigene Sicherheit in Gefahr brachte. Ähnlich sprachen auch die amerikanischen Erklärungen über die Verteidigung der Freiheit im Grunde von der Verteidigung der Vereinigten Staaten und, vielleicht in geringerem Maße, Westeuropas. In der Praxis taten sich die Vereinigten Staaten sehr schwer mit der Unterstützung von Demokratiebewegungen in Osteuropa; so reagierten sie z.B. negativ auf die Bitte um Wirtschaftshilfe, die in den Monaten vor dem tschechischen Staatsstreich von 1948 an sie herangetragen wurde, und trotz der Rhetorik des »Rollback« Anfang der fünfziger Jahre wurde nach der ungarischen Revolution von 1956 deutlich, daß die Vereinigten Staaten die von Dulles geprägte Risikopolitik nicht bis zum letzten ausreizen würden. Proamerikanische Diktaturen in der Dritten Welt oder beispielsweise der Türkei galten und gelten deshalb als »frei«, weil sie proamerikanisch sind.

So wie Bismarck und Cavour im späten neunzehnten Jahrhundert konservative Regierungen aufrechterhielten, indem sie die radikale emanzipatorische Sprache des Nationalismus aus dem frühen neunzehnten Jahrhundert benutzten, so verwendete der Westen die Sprache des Wilsonschen Idealismus – Demokratie, Selbstbestimmung, kollektive Sicherheit – und der Osten die des Marxismus, um die Errichtung neuer Macht- und Hierarchiestrukturen zu verschleiern.

Atlantizismus und Stalinismus

Natürlich gab es im Ost-West-Verhältnis Elemente des Konflikts. Unzweifelhaft stellte der Westen eine ansprechende Alternative zum Stalinismus dar, auch wenn für diesen, wie für den Post-Stalinismus, die größte Herausforderung in der Periode des Kalten Krieges von den revisionistischen Kommunisten kam. Ähnlich boten das sowjetische und das chinesische Modell den ärmsten Völkern der Dritten Welt eine Alternative und bildeten, zumindest nach 1955, eine alternative Quelle militärischer und wirtschaftlicher Hilfe. Trotz alledem waren die gegen den atlantischen Kolonialismus und Neokolonialismus gerichteten nationalistischen Bewegungen nicht durchweg stalinistisch und beabsichtigten auch nicht, mit dem sowjetischen Modell zu wetteifern. Auf beiden Seiten wurde in den fünfziger Jahren militärische Aufrüstung betrieben, und dadurch erhielten Mutmaßungen über aggressive Absichten der jeweils anderen Seite neue Nahrung.

Schwerer als diese Konfliktelemente wog jedoch das *komplementäre Verhältnis* beider Systeme zueinander – jedes benötigte das andere, um die binnen- und zwischenstaatlichen Beziehungen *innerhalb* des jeweiligen Systems zu regulieren. In Ostmitteleuropa schuf die angebliche Bedrohung durch den Westen, die Vorstellung eines fortwährenden Kampfes zwischen Imperialismus und Sozialismus, jene Art von Kriegssituation, die für die Reproduktion des Stalinismus erforderlich war. Zum Teil erklärt sich die Durchsetzung des Stalinismus aus ökonomischen Ursachen: die wirtschaftliche Lage in Ostmitteleuropa war sehr viel schlechter als die Situation in Westeuropa. So boten sich, da die westliche Hilfe ausblieb, stalinistische Methoden als die bekanntermaßen geeignetsten Mittel für einen raschen Wiederaufbau an. Die Tatsache aber, daß die Sowjetunion die an die westliche Hilfe geknüpften Bedingungen nicht akzeptieren konnte (und genau zu diesem Zweck waren sie ja auch in weiser Voraussicht formuliert worden), muß politisch erklärt werden: eine größere Autonomie für die Länder in Ostmitteleuropa würde zu unannehmbaren Enthüllungen führen. Der Kalte Krieg in Osteuropa brachte eine neue Elite von Komplizen hervor, deren loyale Haltung zur Sowjetunion durch verschiedene Vernetzungen auf Partei-, Sicherheits- und militärischer Ebene verstärkt wurde, während sie zugleich die Pseudokriegs-Wirtschaft nach dem sowjetischen Modell einführte.

Innerhalb des atlantischen Systems diente die Existenz einer sowjetischen militärischen Bedrohung und der Glaube an einen epischen Kampf zwischen den Kräften der Freiheit und denen des Kommunismus dazu, das fortgesetzte wirtschaftliche Engagement der Vereinigten Staaten im einem vom Krieg verheerten Westeuropa zu rechtfertigen. Diese Hilfeleistungen nahmen die Form eines gegen die Sowjetunion gerichteten militärischen Engagements an, weil nur so die westeuropäischen Sozialisten die Amerikaner davon überzeugen konnten, daß sie würdig genug seien, die Hilfe in Empfang zu nehmen. Und es war auch der einzige Weg, auf dem die aus Demokraten bestehende Führung in den USA einen konservativen Kongreß dazu bringen konnte, sich nicht in den Isolationismus zurückzuziehen. Im Kalten Krieg wiederholte sich die angelsächsische Allianz des Zweiten Weltkriegs und dehnte sich auf Westeuropa aus; sie schweißte eine neue atlantizistische Elite zusammen, die einer wirtschaftlich interdependenten atlantischen Gemeinschaft präsidieren konnte.

Das komplementäre Verhältnis von Atlantizismus und Stalinismus wurde während der Aufteilung von Einflußsphären, also bis 1947, und während der Entspannungsperiode, die auf den Kalten Krieg folgte, stillschweigend akzeptiert. Die Zurückhaltung der Briten und Amerikaner bei der Unterstützung von Widerstandsbewegungen im sowjetischen »Operationsgebiet« während des Zweiten Weltkriegs[7] und Stalins mangelnde Rückendeckung für die griechischen Kommunisten nahmen die Vereinbarungen über die gegenseitige Nichteinmischung ebenso vorweg wie die Sonnenfeldt-Doktrin, die für die Entspannungsperiode kennzeichnend war.

Sowohl der Kalte Krieg als auch die Entspannung waren de facto Methoden, den imaginären Krieg zu führen. Beide beruhten auf dem inneren Zusammenhalt der jeweiligen Blöcke und auf umfangreichen militärischen Vorkehrungen. Die Entspannung galt als etwas weniger gefährlich und vielleicht auch als nicht so kostspielig. Jedoch (und davon handelt der nächste Teil dieses Buches) war dieser Ansatz in sich brüchig. Ihm fehlte die psychologische Disziplin der Konfrontation. In der Epoche des Kalten Krieges bedeutete das komplementäre Verhältnis der Systeme die Existenz eines »Anderen«, einer Gefahr, einer Angst, einer widerwärtigen Alternative, mit der sich die Notwendigkeit innenpolitischer Maßnahmen begründen ließ. Anders gesagt bedeutete die Tatsache, daß die Welt durch zwei unterschiedliche Systeme charakterisiert war, gerade nicht, daß diese Systeme miteinander unvereinbar waren oder im Konflikt miteinander lagen. Sie haben sich im Gegenteil gerade durch ihre Existenz wechselseitig gefestigt.

Die Epoche des Kalten Krieges lief sozusagen auf eine Homogenisierung der Systeme hinaus. Ostmitteleuropa wurde dem Stalinismus unterworfen. Das amerikanische Modell des Kapitalismus, das fordistische Muster der industriellen Entwicklung, wurde durch politische Kompromisse, Handel, Investitionen und militärische Integration auf andere fortgeschrittene Industrienationen ausgedehnt. Dieser Prozeß der Homogenisierung verstärkte das komplementäre Verhältnis der beiden Systeme durch den Ausschluß von Alternativen.

Dergestalt kann der Ost-West-Konflikt als eine Idee oder, genauer, als eine Ideologie, als ein imaginärer Krieg, beschrieben werden. Es war eine Idee, die sich in der Herausbildung neuer Eliten und in militärischen und industriellen Strukturen während der fünfziger und sechziger Jahre institutionalisierte. Es war eine Idee, die im Westen dauerhafte Gestalt gewann, weil Stabilität und Wohlstand ihre Begleiter waren, während sie im Osten fortexistierte, weil dort zu viele Menschen in Verbrechen verwickelt waren. Es war eine Idee, die sich in starkem Maße auf die Erfahrung des Zweiten Weltkriegs bezog.[8]

Und schließlich hing der Erfolg dieser Idee mit der Entdeckung der Atombombe zusammen: mit der Fähigkeit der Menschen, ungeheure Zerstörungen anzurichten, und mit der psychologischen Schwierigkeit, mit dieser Tatsache fertigzuwerden. Das war vor allem für den Westen von großer Bedeutung, denn hier wurde die Stärke Amerikas mit dem Besitz von Atomwaffen identifiziert, und hier wurden die damit verbundenen Probleme öffentlich diskutiert. Politische Führer waren gewissermaßen zu Göttern geworden, die die Zukunft der Menschheit in ihren Händen hielten. Alles mußte geduldet, ihre Ideen mußten respektiert werden, um die noch größere Katastrophe zu vermeiden. In gewisser Hinsicht kann der Kalte Krieg vielleicht als eine gigantische Hochstapelei beschrieben werden.

Zwei Schlußbemerkungen. Wenn erstens diese Beschreibung des Kalten Krieges zu schematisch erscheint, einer komplizierten anarchischen Welt eine Ordnung aufprägt, dann ist dies selbst ein Produkt der Idee des Kalten Krieges. Sowohl der Marxismus als auch der Idealismus wurzeln im fortschrittlichen Denken, im Glauben der Aufklärung, die Menschen könnten für die gesellschaftlichen und natürlichen Probleme »Lösungen« finden. Der Kalte Krieg wurde als Konflikt zweier Lösungen für eine komplizierte Anordnung von Problemen ausgegeben: Demokratie versus Sozialismus.

Zweitens, und mit dem ersten Punkt verbunden, ist es eine Beschreibung des Kalten Krieges, die ebenfalls seltsam archaisch anmutet. Ja, es gab einen Konflikt zwischen Kapitalismus und Sozialismus im Westen, doch existierten viele unterschiedliche Formen gesellschaftlicher Organisation, die diesen Kategorien subsumiert werden konnten. Und es sind offenbar Kategorien, die zur Erklärung der gegenwärtigen Schwierigkeiten, Widersprüche, Thematiken nichts mehr beitragen können. Tatsächlich hat gerade der durch den Atlantizismus bewirkte Kompromiß neue Konflikte hervorgebracht, die in kein traditionelles Interpretationsraster mehr passen: die Problematik der Demokratie, die Frage der Geschlechterverhältnisse, die Zerstörung der Umwelt. Wichtiger ist wohl der Gedanke, daß es sowohl im Westen als auch im Osten einen Konflikt zwischen Demokratie und Totalitarismus gibt. Aber auch dann gab es bereits gegen Ende der sechziger Jahre nur noch wenige Staaten, die sich als totalitär bezeichnen ließen – Albanien oder Rumänien vielleicht. Es gab verschiedene Formen des

Autoritarismus und verschiedene Formen der Demokratie, und wenn wir der Problematik der Demokratie ernsthaft begegnen wollen, dann benötigen wir neue Methoden, mit denen wir die vielen Formen der autoritativen Reproduktion erfassen können, um nicht alle Demokratien und alle autoritären Systeme jeweils in einen Topf zu werfen.

Wenn wir aus dem geordneten Labyrinth des Kalten Krieges herausfinden wollen, müssen wir dem Durcheinander und den Verwirrungen unserer Alltagserfahrung ins Auge sehen. Aus der Geschichte abgeleitete Denkkategorien verliehen dem Kalten Krieg seine besondere Ordnung. Diese Kategorien verlieren zunehmend an Bedeutung. Ohne neue Kategorien und neue Schemata jedoch können wir unserer Erfahrung wohl zu wenig abgewinnen, um einen Leitfaden für unser gesellschaftliches und politisches Handeln zu entdecken.

Anmerkungen

1 Philip Armstrong, Andrew Glyn und John Harrison, *Capitalism since World War II* (Fontana, 1984), S. 44.
2 Giangiacomo Migone, »The decline of the bipolar system, or a second look at the history of the cold war«, in Mary Kaldor, Gerard Holden und Richard Falk (Hg.), *The New Détente* (UNU/Verso, 1989).
3 Hannah Arendt, *The Burden of our Time* (Secker and Warburg, 1951).
4 Diese Argumentation wird weiterentwickelt von Richard Falk: »Nuclear weapons and the death of democracy« und »Nuclear weapons and the renewal of democracy«, in *The Promise of World Order* (Wheatsheaf, 1989).
5 Vgl. Margot Light, *The Soviet Theory of International Relations* (Wheatsheaf, 1988).
6 Zit.n. Claudin, *Krise der kommunistischen Bewegung*, Bd. 2, S. 181.
7 Eine Beschreibung britischer und amerikanischer Verhaltensweisen in Slowenien und während des Aufstands in Warschau findet sich bei Vojtech Mastny, *Russia's Road to the Cold War* (Columbia University Press, 1979).
8 Selbst heute noch ist die Erinnerung an den Zweiten Weltkrieg der Bezugspunkt für den imaginären Krieg. Führende Politiker des Westens beziehen sich fortwährend auf die Gefahren der Appeasement-Politik und die Lehren von Pearl Harbour. Sowjetische Politiker erinnern an die Opfer des Zweiten Weltkriegs und daran, daß diese Erfahrung sich nie wiederholen dürfe. Typisch dafür ist eine gemeinsame Erklärung von Partei und Regierung anläßlich des vierzigsten Jahrestages des Zweiten Weltkriegs: »Der Krieg brachte der Sowjetunion den Verlust von zwanzig Millionen ihrer Söhne und Töchter. Keine Familie, die den Flammen des Krieges unverletzt entronnen wäre. Niemals wird unser Schmerz und unsere Trauer vergehen; es gibt keinen Trost für das Leid der Soldatenwitwen, der Mütter und Waisen. Die harten und einprägsamen Lektionen, die der Krieg erteilte, werden nicht vergessen. [...] Die historischen Abkommen von Jalta und Potsdam [die Teilung Europas, M.K.] ... haben vierzig Jahre lang den europäischen Sicherheitsinteressen verläßlich gedient und militaristische und revanchistische Bestrebungen abgeschreckt.« (Zit.n. Karen Dawisha, *Eastern Europe*, Cambridge University Press, 1988; S. 18.)

Teil III: Entspannung und Neuer Kalter Krieg

7 Unterschiedliche Entspannungskonzeptionen

Der Ausdruck »Entspannung« ist in den sechziger Jahren aufgekommen. Er wurde 1963 von Präsident Kennedy verwendet, De Gaulle hat ihn benutzt, als er Mitte der sechziger Jahre seine Politik der Annäherung an die Sowjetunion betrieb, und er taucht 1967 im Harmel-Bericht auf, einem Nato-Dokument, das sich für eine doppelte Politik von Entspannung und Abschreckung ausspricht. Die Entspannung ist ein Modus der Ost-West-Beziehungen und bezeichnet gleichzeitig bestimmte Phasen in der Geschichte des Ost-West-Konflikts. In gewissem Sinne waren Entspannung wie Kalter Krieg im Ost-West-Verhältnis immer vorhanden; sie werden oft als unterschiedliche Möglichkeiten aufgefaßt, um dieses Verhältnis zu regeln.

In der Analyse des Ost-West-Konflikts unterscheidet man im allgemeinen bestimmte Phasen der Entspannung und des Kalten Kriegs; die dabei ausgewählten Daten spiegeln tendenziell die verschiedenen Erklärungsansätze wider.[1] Die Periode nach dem Tod Stalins und dem Ende des Koreakriegs wird oft als eine Entspannungsperiode betrachtet. Es ist sicher richtig, daß in dieser Zeit die Ost-West-Kontakte auf höchster Ebene, mit amerikanisch-sowjetischen Gipfeltreffen in den Jahren 1955 und 1959, wieder aufgenommen wurden. In Ost und West sank gleichermaßen der Anteil der Rüstungsausgaben am Bruttoinlandsprodukt. Im Osten betonten die Sowjetführer die »friedliche Koexistenz« und begannen mit dem Neuen Kurs eine Tolerierungspolitik gegenüber Experimenten in den sozialistischen Ländern; 1955 hatte Chruschtschow sich mit Tito wieder versöhnt. (Diese Toleranz stieß allerdings 1956 in Ungarn an ihre Grenzen.) Es gab auch eine beträchtliche innenpolitische Lockerung; frühere Fehler und Verbrechen wurden eingestanden und viele Opfer des Stalinismus rehabilitiert.

Doch war es zugleich eine Periode intensiver ideologischer Konkurrenz. Der US-Außenminister Dulles benutzte Stalins Buch *Probleme des Leninismus* als Leitfaden des Kommunismus und stellte eine Analogie zu *Mein Kampf* her. Chruschtschow stellte klar, daß sich die »friedliche Koexistenz« auf die Regierungsformen und nicht auf die Ideologien bezog. Es war die Zeit, in der er seinen berühmten Ausspruch tat: »Wir wollen die Feinde der Revolution begraben.«[2] Darüber hinaus legten beide Seiten beträchtlichen Wert auf Atomwaffen. Die USA legten in den fünfziger Jahren große und vielfältige Atomwaffenarsenale an und erwogen ihren Einsatz in Korea, Indochina sowie in Quemoy und Matsu. Chruschtschow prahlte, oftmals nicht wahrheitsgemäß, mit den Fähigkeiten der sowjetischen Raketen.[3]

Dieser Teil des Buches umfaßt die Periode vom Ende der sechziger Jahre, der Zeit nach dem Prager Frühling und der Studentenrevolte, bis zur Mitte der achtziger Jahre mit dem Machtantritt von Gorbatschow. Schon nach der Kubakrise 1962 waren zunächst von Kennedy, später von De Gaulle und von Willy Brandt, als dieser westdeutscher Bundeskanzler wurde, ernsthafte Verhandlungen mit der Sowjetunion in die Wege geleitet worden. Das Atomteststop-Abkommen und die Vereinbarung über die Einrichtung eines heißen Drahts (einer ständigen Telephonverbindung zwischen dem US-Präsidenten und dem Sowjetführer) wurden 1963 erzielt, der Weltraumvertrag 1967. Unterbrochen wurde die amerikanisch-sowjetische Entspannung sowohl durch den Vietnamkrieg als auch durch die sowjetische Invasion in der Tschechoslowakei (die Michel Debré als einen »Unfall auf dem Wege zur Entspannung« beschrieb). Dennoch begannen in dieser Periode die Franzosen und nach ihnen die Westdeutschen eine unabhängige Entspannungspolitik zu verfolgen. Die Brandtsche Ostpolitik führte zur faktischen Anerkennung zweier deutscher Staaten und zur Beilegung der Grenzstreitigkeiten im Nachkriegseuropa.

Die frühen siebziger Jahre, die nach dem Ende des Vietnamkriegs eine Reihe von amerikanisch-sowjetischen Gipfeltreffen, das SALT-I-Abkommen und die Ausweitung des Ost-West-Handels brachten, werden allgemein als die Blütezeit der Entspannungspolitik betrachtet. Diese Periode fand ihren Höhepunkt 1975 mit der Schlußakte von Helsinki, die von allen europäischen Staaten sowie den USA und Kanada unterzeichnet wurde. Die Schlußakte von Helsinki bestätigte den territorialen Status quo in Europa und eröffnete zugleich die Möglichkeit, durch ihre Verpflichtung auf die sowohl individuellen wie sozio-ökonomischen Menschenrechte den sozialen und politischen Status quo in Europa zu verändern.

Seit Mitte der siebziger Jahre verschlechterte sich das amerikanisch-sowjetische Verhältnis, obwohl die Entspannung in Europa weiterging. Der sowjetische Einmarsch in Afghanistan, der dicht auf den Nato-Beschluß zur Stationierung von Pershing-Raketen und Marschflugkörpern (*cruise missiles*) in Europa folgte, wird meist als der Beginn eines Neuen Kalten Krieges betrachtet.

Es geht in diesem Teil des Buches um Aufstieg und Fall der Entspannungspolitik nach 1968. Zwei Fragen sollen dabei beantwortet werden. Erstens, warum hat man es für notwendig gehalten, eine Entspannungspolitik zu beginnen? War dies bloßer Zufall, oder geschah es deswegen, weil die Formel des Kalten Kriegs nicht mehr so gut funktionierte? Zweitens, warum ist die Entspannung gescheitert? Warum ist der Kalte Krieg wieder hochgekommen?

Der Kalte Krieg konnte sich bis Mitte der sechziger Jahre selbst reproduzieren, weil er im Westen Bedingungen für Stabilität und Konsens herstellte und weil er der Repression im Osten eine rationale Grundlage verschaffte. Hat sich daran Ende der sechziger Jahre etwas geändert? Und wenn ja, warum?

Die Debatte um Entspannungspolitik und Neuen Kalten Krieg

Eine etablierte Geschichtsschreibung der Entspannungspolitik, die sich mit der in Kapitel 3 beschriebenen akademischen Debatte über die Ursprünge des Kalten Krieges vergleichen ließe, gibt es nicht. Gleichwohl hat die Entspannungspolitik eine umfangreiche Literatur entstehen lassen, die zumeist populären oder politischen Charakter hat. Man kann dabei verschiedene Auffassungen zum Inhalt der Entspannungspolitik und zu den Gründen ihres Scheiterns unterscheiden und deutlich machen, wie sie sich auf gegensätzliche Annahmen zur Natur des Ost-West-Konflikts beziehen.

Die erste dieser Auffassungen, die sich als die entspannungsfeindliche beschreiben ließe, entspringt der orthodoxen Version des Ost-West-Konflikts als einem unversöhnlichen Zusammenstoß zwischen Freiheit und Totalitarismus. Diese Sicht hat sich in einer Reihe von Artikeln, Streitschriften und Büchern ausgedrückt, die konservative Gruppen Ende der siebziger Jahre in den USA herausbrachten. Zu diesen Gruppen gehörte beispielsweise das *Committee on the Present Danger* (benannt nach einem ähnlichen Komitee, das 1950 eingerichtet wurde) und die »Frieden durch Stärke«-Koalition (*Coalition for Peace through Strength*), in der sich 175 Senatoren und Kongreßabgeordnete mit 89 Interessengruppen wie der Vereinigung der Reserveoffiziere, der Mittelstandsvereinigung (*American Federation of Small Businesses*) oder der Israel-Lobby (*Americans for a Safe Israel*) zusammentaten.

Das grundlegende Argument war, daß Entspannung ein Zeichen der Schwäche und Ausdruck mangelnder amerikanischer Entschlossenheit sei. Der Rückgang der amerikanischen Rüstungsausgaben Anfang der siebziger Jahre habe es der Sowjetunion erlaubt, die USA militärisch einzuholen und sogar zu übertreffen. Ein CIA-Bericht aus dem Jahre 1976, der seine Einschätzung der sowjetischen Rüstungsausgaben nach oben korrigierte (obwohl sogar der CIA selbst bemüht war, deutlich zu machen, daß es sich bloß um eine Veränderung in der Berechnungsmethode statt in den tatsächlichen Rüstungsausgaben handelte) und der von Präsident Ford in Auftrag gegebene *Team B Report* schienen diese These zu belegen. Desgleichen wurde angenommen, daß der amerikanische Rückzug aus Vietnam die Sowjetunion dazu ermutigt habe, in der Dritten Welt eine aktivere Rolle zu spielen, was man mit einer Reihe von erfolgreichen Revolutionen in Verbindung brachte, die in den siebziger Jahren in der Dritten Welt stattgefunden hatten, insbesondere im Nahen Osten und in Afrika – dem »Krisenbogen« *(arc of crisis)* von Präsident Carters Sicherheitsberater Brzezinski. Die Carter-Doktrin, 1980 nach der sowjetischen Invasion in Afghanistan formuliert, wurde ausdrücklich zur Eindämmung eines sowjetischen Vorstoßes nach Süden zum Persischen Golf entworfen.[4]

Eine interessante Variante der orthodoxen Position kam während der gleichen Periode in osteuropäischen Oppositionskreisen auf und könnte die Menschenrechtsoffensive der Carter-Administration teilweise mitveranlaßt haben. Es war dies die Auffassung, der Westen würde duch die Entspannungspolitik die sowjetische Herrschaft über Osteuropa und die fortgesetzte Unterdrückung in den sozialistischen Ländern praktisch billigen. Als Kissinger und Nixon 1972 nach Moskau kamen, wurden verschiedene jüdische Aktivisten verhaftet und für die Dauer ihres Besuchs ohne Anklage festgehalten, ohne daß Nixon oder Kissinger oder irgendjemand aus ihrem Troß sich der Sache annahm. 1975 wurden einige Bemerkungen, die Helmut Sonnenfeldt bei einer Konferenz von US-Botschaftern in Osteuropa zum »organischen« Verhältnis zwischen Osteuropa und der Sowjetunion machte, allgemein als eine Art von »Einflußsphären«- oder »Kondominium«-Theorie verstanden (oder mißverstanden, wie Sonnenfeldt selbst meinte). So schrieb Milan Siemečka, ein Mitglied der tschechoslowakischen Menschenrechtsgruppe »Charta 77«:

»Ich bin sehr im Zweifel, ob die siebziger Jahre überhaupt als eine Entspannungsperiode zu betrachten sind ... Ich erinnere mich, wie all diese Abrüstungsgespräche in den siebziger Jahren – und sogar Helsinki – uns als ein sehr dubioser Handel erschienen, als eine Party auf Kosten der osteuropäischen Länder, etwas, wofür wir in Gestalt von Einsperrung, Niedergang und Stagnation bezahlten.«

Siemečka fährt fort, daß dies »natürlich nur teilweise richtig war, und, wie sich herausstellte, erwies sich das, was nicht mehr zu sein schien als ein paar papierne Vereinbarungen über Menschenrechte, erstaunlich genug, als nützlich zum Erlangen von gewissen Verbesserungen ... Immerhin hat Helsinki, indem es das Ergebnis des Zweiten Weltkriegs bestätigt hat, mit dazu beigetragen, daß die Sowjetunion ihre alte Obsession der äußeren Bedrohungen losgeworden ist, was sich in der Folgezeit positiv auf ihre Haltung zur Entspannungspolitik ausgewirkt hat.«[5]

Die Entspannungspolitik hat, mit anderen Worten, in diesem Falle Raum für innenpolitische Veränderungen in den sozialistischen Ländern geschaffen, indem sie, durch die Menschenrechtsklauseln in der Erklärung von Helsinki und als Ergebnis der Ost-West-Kontakte, dem imaginären Krieg seine Unmittelbarkeit nahm. Nach dieser Interpretation ist das sowjetische Bemühen, Osteuropa und die Sowjetunion gegen die ideologischen Gefahren der Entspannung zu isolieren, zumindest teilweise für das Scheitern der Entspannungspolitik verantwortlich zu machen.

Die Antithese zur entspannungsfeindlichen Auffassung leitet sich aus einer revisionistischen Version des Ost-West-Konflikts ab, aus der Vorstellung eines Systemkonflikts zwischen Kapitalismus und Sozialismus. Anders als die orthodoxen Analysen können sich die revisionistischen Erklärungen des Ost-West-Konflikts eine Entmilitarisierung des Konflikts vorstellen. Das ist in gewissem Sinne mit der »friedlichen Koexistenz« gemeint. Die orthodoxen Analysen des »Großen Kampfes« können das militärische Element aus dem Verhältnis nicht herauslösen, weil der Totalitarismus mit Militarismus verknüpft ist. Dagegen dreht sich der Konflikt zwischen Sozialismus und Kapitalismus um die Organisation von Gesellschaften und Ökonomien, womit denkbar ist, daß er mit nicht-militärischen Mitteln ausgetragen wird. Sowjetische Kommentatoren meinen infolgedessen, die Entspannung sei deshalb gescheitert, weil auf die politische Entspannung, auf die Beilegung der unerledigten Streitfragen in Europa und auf die wärmeren Ost-West-Beziehungen, keine »militärische Entspannung« gefolgt ist.[6] Die Obstruktionshaltung der USA gegenüber Rüstungskontrollverhandlungen wird als das eigentliche Hindernis für die militärische Entspannung betrachtet. In gleicher Weise propagieren sozialdemokratische Theoretiker wie Egon Bahr, der eine zentrale Rolle in der Entspannungsoffensive Anfang der siebziger Jahre gespielt hat, das Konzept der »gemeinsamen Sicherheit« als »militärische Komponente der Entspannungspolitik«.[7]

Es gibt eine interessante Parallele zwischen der Debatte über Entspannungspolitik und Kalten Krieg und der Debatte über die Ursprünge des Kalten Krieges. In der Debatte über den ersten Kalten Krieg konzentrierten sich die orthodoxen Historiker auf die sowjetische Haltung in den letzten Jahren des Zweiten Weltkriegs, während die Revisionisten sich für die amerikanische Haltung Ende der vierziger Jahre interessierten. In der hier laufenden Debatte konzentrieren sich die orthodoxen Streithähne auf die sowjetische Haltung in der Entspannungsperiode, während die Revisionisten sich mehr für die amerikanische Haltung am Beginn des Neuen Kalten Krieges gegen Ende der siebziger Jahre interessieren.

Ihren stringentesten Ausdruck findet die revisionistische Interpretation für den Beginn des Neuen Kalten Krieges in Fred Hallidays Buch *The Making of the Second Cold War.*[8] Halliday selbst weist die Bezeichnung »Revisionist« von sich und nennt sich selbst einen »new cold war writer«. Diese Theoretiker des »Neuen Kalten Krieges« unterscheiden sich von den Revisionisten dadurch, daß sie der Sowjetunion eine gewisse Verantwortung zuschreiben.[9] Halliday sieht im amerikanischen Interesse an der Rückgewinnung militärischer Überlegenheit gegenüber der Sowjetunion den Hauptgrund für das Scheitern der Entspannungspolitik. Dies drückte sich in einer neuen Runde der strategischen Aufrüstung und in der Entscheidung aus, in Europa Pershing-Raketen und Marschflugkörper zu stationieren und etwaige Revolutionen in der Dritten Welt niederzuschlagen. In dieser Hinsicht spiegelt sich in seiner Auffassung die entspannungsfeindliche Sicht wider.

Die internen Faktoren werden von Halliday nicht vernachlässigt. Er legt im Gegenteil beträchtlichen Wert auf den innenpolitischen Druck in den USA, auf die Rivalität zwischen den fortgeschrittenen kapitalistischen Ländern und auf das, was er als »involution« (*engl.* Komplizierung, Rückbildung, Entartung) in den sozialistischen Ländern bezeichnet – die vielleicht treffend als »postkapitalistisch« beschrieben werden. Aber diese inneren Faktoren sind dem äußeren Konflikt untergeordnet oder vermitteln ihn.[10]

Bestimmte Varianten der revisionistischen Argumentation, die in Kreisen der westlichen Friedensbewegung vorgebracht wurden, stellen diese internen Faktoren als die wichtigste Erklärung für das Scheitern der Entspannungspolitik heraus. Verschiedene amerikanische Autoren haben das Aufkommen innenpolitischer Koalitionen sowohl Ende der vierziger als auch Ende der siebziger Jahre beschrieben, in denen die »sowjetische Bedrohung« dazu benutzt wurde, liberale Politik zu vereiteln und besondere Interessen wie die diejenigen der Rüstungsindustrie zu verfolgen.[11] Die Europäer haben dagegen stärker die Rolle des Kalten Krieges bei der Wiederherstellung des Atlantischen

Blocks hervorgehoben; die Entwicklung der eurostrategischen Raketen wurde beispielsweise explizit als ein Mechanismus zur »Wiederankopplung« Westeuropas an die USA betrachtet.[12] Diese Autoren würden auch die Bedeutung von Revolutionen in der Dritten Welt hervorheben, doch werden solche Revolutionen als interne Vorgänge innerhalb des westlich dominierten Weltsystems betrachtet und nicht als Symptome eines ost-westlichen Systemkonflikts.

Von diesem Standpunkt hat das Bemühen der USA um militärische Überlegenheit mit der sowjetischen Aufrüstung nicht viel zu tun. Die Sorge über die sowjetische Aufrüstung, die oftmals übertrieben wird, ist vielmehr ein Mittel zur Rechtfertigung der Beschaffung neuer amerikanischer Waffen, sei es zum Einsatz in der Dritten Welt, zur Behauptung der amerikanischen Vorherrschaft im westlichen Bündnis oder als Ergebnis militärisch-industriellen Drucks.

In beiden Varianten der revisionistischen Beschreibung von Entspannungspolitik und Neuem Kalten Krieg wird die sowjetische Verantwortlichkeit für das Scheitern der Entspannungspolitik zwar nicht bestritten, aber tendenziell heruntergespielt. Die militärische Aufrüstung und die zunehmend aktive weltpolitische Rolle der Sowjetunion wird als in erster Linie reaktiv oder defensiv – wenn nicht sogar fehlgeleitet – betrachtet, oder aber als unbedeutend bzw. übertrieben für die Zwecke westlicher Innenpolitik. Im Rückblick ist es beschämend, daß die westliche Linke oder Friedensbewegung, ja sogar das westeuropäische Establishment es nicht vermocht hat, stärker gegen die sowjetische Invasion in Afghanistan zu protestieren. Afghanistan wurde als amerikanischer Vorwand für die Sabotierung der zweiten Runde der Gespräche über strategische Rüstungskontrolle (SALT II) betrachtet; es hätte die Entspannungspolitik in Europa nicht stören dürfen. Es passierte, so das Argument, *nach* dem westlichen Beschluß zur Stationierung von Pershing-Raketen und Marschflugkörpern, zu einem Zeitpunkt, als die amerikanisch-sowjetischen Beziehungen sich bereits verschlechtert hatten. Es handelte sich nach einer revisionistischen Untersuchung um »eine Entscheidung, die Afghanistan betraf – nicht Pakistan, nicht den Golf, nicht Westeuropa oder gar die Entspannungspolitik«.[13]

Eine dritte Interpretation von Aufstieg und Fall der Entspannungspolitik läßt sich aus der Betrachtung des Ost-West-Konflikts als eines Konflikts zwischen Großmächten herleiten. Diese Annahme liegt den sogenannten post-revisionistischen Geschichtsdarstellungen des ersten Kalten Krieges zugrunde. Eine Entspannungskonzeption dieser Art scheint Nixon und Kissinger geleitet zu haben, und sie findet sich vielfach im mainstream der amerikanischen Kommentare zur Entspannungspolitik, besonders in der enzyklopädischen Studie von Raymond Garthoff (auch wenn dieser sich selbst von Kissinger scharf distanziert).[14] Kissinger und Nixon scheinen sich bemüht zu haben, die Rolle der Diplomatie bei der Regelung der Beziehungen zwischen den USA und der Sowjetunion zu stärken. Die Strategie der Eindämmung durch bloße Drohung oder durch den tatsächlichen Einsatz von militärischer Gewalt war durch Vietnam entwertet worden. Zeitweise sprachen sie idealistisch von der Herstellung einer »Struktur des Friedens«. Dann wieder schienen sie die Entspannungspolitik als nicht-militärische Form der Eindämmung anzusehen. Man definierte die Entspannung nicht als »Freundschaft, sondern als Strategie für eine Beziehung zwischen Gegnern«.[15] Kissinger sprach in eher Pawlowschen Termini von »Anreizen für Mäßigung und Strafen für Unnachgiebigkeit«.[16] Er war stark beeinflußt von seinen früheren Studien zur Diplomatie des neunzehnten Jahrhunderts; er hatte eine Metternich-Biographie verfaßt. Sein Interesse galt der geopolitischen Stabilität, und er war bemüht, »unsere Außenpolitik von aller Sentimentalität freizuhalten«.[17]

Kissinger hat bestritten, daß er eine Politik der Einflußsphären oder ein »Supermacht-Kondominium« betrieb, doch die 1972 unterzeichneten »Grundsätze der Entspannungspolitik« und manche Aspekte des 1973 geschlossenen Abkommens über die Verhinderung von Atomkriegen klingen verdächtig nach einem Metternichschen Bündnissystem. In den »Grundsätzen« vereinbarten die USA und die Sowjetunion die Nicht-Einmischung in ihre inneren Angelegenheiten und verpflichteten sich, »alles in ihrer Macht Stehende zu tun, damit keine Konflikte oder Situationen entstehen, welche die internationalen Spannungen verschärfen«.[18] Im Abkommen zur Verhinderung von Atomkriegen vereinbarten die USA und die Sowjetunion, »so zu handeln, daß der Entwicklung von Situationen, die eine gefährliche Verschärfung ihrer Beziehungen verursachen könnten, vorgebeugt wird«.[19]

Was diese Klauseln implizierten, war ein übergeordnetes Interesse an Stabilität, das insofern wünschenswert war, als es die Kriegsgefahr verringerte. Es ließ sich aber auch dazu benutzen, politische Veränderungen zu unterdrücken.

Eine wichtige Rolle spielte dieses Stabilitätsinteresse auch in den westeuropäischen Entspannungskonzeptionen und in den Äußerungen der Sowjetführer. Die Westeuropäer waren generell nicht bereit, die Ereignisse in Polen und Afghanistan im Gefolge der Amerikaner scharf zu verurteilen, um die Entspannungspolitik nicht aufs Spiel zu setzen. Ebenso beschworen die Sowjetführer das übergeordnete Interesse an der Kriegsverhütung, trotz der in sowjetischen Führungskreisen geäußerten Besorgnis, die Revolution könne der friedlichen Koexistenz untergeordnet werden.

Diejenigen, für die Entspannungspolitik ein weniger gefährlicher Weg zur Regelung der Beziehungen zwischen den Großmächten ist, neigen dazu, ihr Scheitern mit falschen Wahrnehmungen zu erklären. Die Entspannung war eine schwierige Beziehung; der Rückfall in die Konfrontation war leicht. Es wurden ungenügende Anstrengungen zur Definition eines Verhaltenskodex unternommen. Die westliche Konzeption der Entspannung unterschied sich von der sowjetischen Konzeption der friedlichen Koexistenz, ohne daß dies angemessene Berücksichtigung fand. Die unzureichende Kommunikation, besonders in den Jahren von Präsident Carter, Entscheidungsschwäche und gegensätzliche Signale aus den verschiedenen Ministerien ließen wechselseitige Mißverständnisse aufkommen. Militärische Entwicklungen wie die der SS-20 oder der Pershing-Raketen und Marschflugkörper wurden von der einen Seite als defensive und nachholende Modernisierung definiert und von der anderen als Eskalation des Wettrüstens interpretiert. Das westliche Insistieren auf den Menschenrechten nach 1975 betrachtete man im Westen als eine »legitime Forderung an die Sowjetunion, sich zivilisiert zu verhalten«,[20] während es dort als eine unbefugte Einmischung in die inneren Angelegenheiten angesehen wurde. Desgleichen wurde die sowjetische Rolle in Angola, Äthiopien und Afghanistan in der Sowjetunion selbst als ein normales Großmachtverhalten betrachtet, das sich vom Verhalten der westlichen Länder nicht unterschied, während der Westen darin einen Bruch der Vereinbarung erblickte, die internationalen Spannungen nicht zu verschärfen. Vom sowjetischen Standpunkt schienen die Amerikaner die Entspannung in der Tat zu benutzen, um die Sowjetunion von einer Mitwirkung an den Fragen der Dritten Welt, insbesondere im Nahen Osten, auszuschließen, während sie selbst die Entspannung als ein Mittel betrachteten, ihre eigene weltpolitische Rolle zu legitimieren.

Diese Auffassung ist natürlich in gewissem Sinne richtig. Die Führer der USA und der Sowjetunion suchten nach alternativen Möglichkeiten zur Gestaltung ihrer Beziehungen. Im weiteren Verlauf der siebziger Jahre reagierten sie zunehmend negativ auf ein Verhalten, das sie zuvor vielleicht toleriert hätten. Hier lagen in der Tat die unmittelbaren Gründe für das Scheitern der Entspannungspolitik.

Aber sich mit dieser Erklärung zufriedenzugeben, setzt eine bestimmte Subjektivität und Rationalität in den internationalen Beziehungen voraus. Es setzt voraus, daß Führer, die Nationen repräsentieren, Politik machen und verhindern, und daß die Verhältnisse zu jedem gegebenen Zeitpunkt das Produkt ihrer Ideen und Philosophien und zugleich ihrer Stimmungen sind. Die Frage, die man stellen muß, ist, wie diese falschen Wahrnehmungen aufgekommen sind. Warum war es möglich, einen Entspannungsprozeß einzuleiten und ihn dann abzubrechen? Warum haben die Politiker ihre Ansichten geändert?

Die Antworten finden sich in den Argumentationen, die sowohl in östlichen Oppositionskreisen als auch in der westlichen Friedensbewegung vorgebracht wurden. Diese Antworten haben mit den inneren Bedingungen sowohl im Osten wie im Westen zu tun. Es existieren also Herausforderungen für den Kapitalismus oder, genauer, für das gegenwärtige Gesellschaftssystem im Westen, doch lassen sich diese Herausforderungen nicht einfach mit der Sowjetunion identifizieren. Und es gibt einen Freiheitskampf im Osten, der aber nicht das gleiche ist wie die US-amerikanische Menschenrechts-Meisterschaft. Es gibt zwar eine Verbindung zwischen dem, was in Ost und West geschieht, sie besteht aber keineswegs darin, daß Amerika mit der Freiheit oder die Sowjetunion mit der Revolution identifiziert wird, wie die amerikanischen und sowjetischen Hardliner annehmen. Es ist vielmehr so, daß die Handlungen einer jeden Regierung der anderen die Vorwände liefern, die sie benötigt, um mit den innenpolitischen Herausforderungen fertig zu werden.

Afghanistan, schreibt Dimitri Simes, wurde

> … als ein Geschenk des Himmels betrachtet … Nach längerer Leidenszeit war der Patient namens Entspannung endlich verschieden, und es bestand nicht mehr das Bedürfnis, sein Leben künstlich zu verlängern. In den USA war eine einflußreiche Denkschule sich darüber im klaren, daß man die 'brüderliche' Aggression der Sowjetunion, wäre sie nicht passiert, hätte erfinden müssen, um das Maß voll zu machen und der Entspannungspolitik endgültig das Rückgrat zu brechen. Und manches spricht dafür, daß man auch in den sowjetischen Führungskreisen eine gewisse Freude verspürte. Die Welt wurde wieder herrlich einfach – Wir gegen Sie, die Guten gegen die Bösen.[21]

In den nächsten zwei Abschnitten will ich diese zugrundeliegenden Systemfaktoren untersuchen, die zu den wechselnden Phasen von Entspannung und Neuem Kalten Krieg beigetragen haben.

Anmerkungen

1 Zwei Beispiele: Alan Wolfe (*The Rise and Fall of the Soviet Threat: Domestic Sources of the Cold War*, Institute for Policy Studies, Washington DC, 1979) teilt die Nachkriegszeit in drei Höhepunkte (1948-52, 1957-63, 1977-80) und zwei Talsohlen (1952-57 und 1968-73) ein. Die Höhepunkte werden durch Horrormeldungen über die Art der sowjetischen Bedrohung (NSC-68, den *Gaither Report* von 1957 und den *Team B Report* von 1967), durch neue Militärstrategien (massive Vergeltung, angemessene Reaktion, selektive Nuklearoptionen) und durch die Zunahme der Rüstungsausgaben charakterisiert. Wolfe geht es darum, das Aufkommen innenpolitischer Koalitionen zur Durchsetzung von höheren Rüstungsausgaben zu beschreiben. W.W.Rostow (»On ending the cold war«, *Foreign Affairs*, Frühjahr 1987) unterscheidet drei verschiedene Phasen des Kalten Kriegs (1945-55, 1953-73 und 1973-87). Nach seiner Auffassung beginnt jede Phase mit einer Periode der einseitigen Abrüstung durch die Vereinigten Staaten, die dann von der Sowjetunion ausgenutzt wird und eine verspätete amerikanische Reaktion nach sich zieht.

2 *Chruschtschow erinnert sich*, hg.v. Strobe Talbott (Rowohlt, 1971), S.512. Es heißt dort: »Wir Kommunisten, wir Marxisten-Leninisten, glauben daran, daß wir auf der Seite des Fortschritts stehen und daß der Sieg zwangsläufig unser sein wird. Doch die Kapitalisten weichen keinen Zoll zurück und schwören, daß sie bis zum bitteren Ende kämpfen werden. Wie kann da von friedlicher Koexistenz mit der kapitalistischen Ideologie die Rede sein? Friedliche Koexistenz ist möglich zwischen unterschiedlichen Regierungsformen, nicht aber zwischen verschiedenen Ideologien. ... (Ich habe) immer ausgeführt, daß es im ideologischen Bereich keine friedliche Koexistenz geben kann. Ich habe immer betont, daß wir bis zum Ende kämpfen würden und sicher seien, die Oberhand zu behalten.«

3 Chruschtschow über eine Unterhaltung mit der Frau des britischen Premierministers bei seinem London-Besuch 1956: »Während des Essen fragte Mrs. Eden: 'Was für Raketen besitzen sie eigentlich? Fliegen sie sehr weit?' 'Ja', erwiderte ich, 'sie haben eine sehr große Reichweite. Sie könnten leicht Ihre Insel erreichen und noch ein gutes Stück weiter fliegen.' Darauf schwieg sie. Meine Antwort war wohl ein wenig unhöflich. (...) Wir wollten lediglich andere Staaten daran erinnern, daß wir mächtig waren und Achtung verdienten« (ebd., 408).

4 Vgl. als einen intelligenten und relativ moderaten Ausdruck dieser Auffassung Robert Tucker, »The purposes of American Power«, *Foreign Affairs*, Winter 1980/81.

5 Milan Siemečka, »From class obsessions to dialogue: détente and the changing political culture of Eastern Europe«, in Mary Kaldor, Gerard Holden, Richard Falk (Hrsg.): *The New Détente* (UNU/Verso, 1989).

6 Pavel Podlesny, »Some lessons of the Soviet-American détente and bilateral cooperation of the 1970s«, in Kaldor, Holden, Falk (Hg.), *New Détente*.

7 Egon Bahr, »Observations on the principle of common security«, in Stockholm International Peace Research Institute (SIPRI), *Policies for Common Security* (Taylor and Francis, 1985).

8 Fred Halliday, *The Making of the Second Cold War* (Verso, 1983).

9 Der Ausdruck »Revisionist« wird zur Bezeichnung von »new cold war writers« in dem Sinne verwendet, daß sie von einem Systemgegensatz zwischen Kapitalismus und Sozialismus ausgehen. Vgl. Fred Halliday, »Vigilantism in

international relations: Kubalka, Cruickshank and Marxist theory«, *Review of International Studies,* 13, 1987.

10 »Die innenpolitischen Veränderungen in den USA haben eine *treibende* Rolle für die Entwicklung des 2.Kalten Krieges gespielt. Diejenigen in der UdSSR und China haben eine *ermöglichende* Rolle gespielt. Diejenigen in den anderen kapitalistischen Staaten haben eine *unterstützende* Rolle gespielt, indem sie die Tendenzen beim herrschenden Mitglied der kapitalistischen Welt verstärkten.« (Halliday, *Making of the Second Cold War*, S.133, Hervorh. im Original).

11 Vgl. Wolfe, *Rise and Fall*; Jerry W.Sanders, *Peddlars of Crisis: The Committee on the Present Danger and the Politics of Containment* (Pluto 1983); Charles E.Nathanson, »The social construction of the Soviet threat: a study in the politics of representation«, *Alternatives*, 13:4, Oktober 1988.

12 Vgl. Noam Chomsky, »The United States: From Greece to El Salvador«, in Noam Chomsky, John Gittings und Jonathan Steele, *Super Powers in Collision*, 2.Aufl. (Penguin, 1984); Dan Smith und Ron Smith, »The new cold war«, *Capital and Class*, 12, Winter 1980-1; Mary Kaldor, »The role of nuclear weapons in Western relations«, in Mary Kaldor, Dan Smith (Hrsg.), *Disarming Europe* (Merlin, 1982); Hanne-Margaret Birchenback u.a., »Transatlantic crisis – a framework for an alternative West European peace policy?«, in Mary Kaldor und Richard Falk (Hrsg.), *Dealignment* (UNU/Basil Blackwell, 1987).

13 Dan Smith, »The cold war«, in Dan Smith, E.P.Thompson (Hrsg.), *Prospectus for a Habitable Planet* (Penguin, 1987). Auch schon vor Afghanistan hatten die Amerikaner, folgt man dem sowjetischen Kommentar, nach einem Vorwand für die Nichteinhaltung der Rüstungskontrollvereinbarungen gesucht. Einer dieser Vorwände war die im Sommer 1979 entdeckte sowjetische Brigade auf Kuba. Der bekannte sowjetische Kommentator Valentin Schorin sagte 1981 über Radio Moskau: »Und wenn es keine Vorwände gab, wurden sie einfach fabriziert. Ein Beispiel dafür ist die Aufregung über die sogenannte Brigade auf Kuba. Heute wird in Washington nicht einmal mehr davon gesprochen. Aber sobald Polen und Afghanistan nicht mehr als Vorwand herhalten können, wird man wieder mit der sowjetischen Brigade auf Kuba kommen oder irgend etwas in der Art erfinden.« (Zit.n. Raymond L.Garthoff, *Détente and Confrontation: American-Soviet Relations from Nixon to Reagan*, Brookings Institution, Washington DC, 1985, S.840)

14 Garthoff, *Détente and Confrontation*.

15 Ebd., 393.

16 Ebd., 31.

17 Zit.n. John Lewis Gaddis, *Strategies of Containment* (Oxford University Press, 1982), 343.

18 »Text of the Basic Principles, May 29th«, *Department of State Bulletin*, vol.66, June 1972.

19 Zit.n. Garthoff, *Détente and Confrontation*, 334.

20 Dimitri Simes, »The death of détente«, *International Security,* 5:1, 1980.

21 Ebd., 3.

8 Reform und »Normalisierung« in den post-stalinistischen Gesellschaften

Die Geschichte der Sowjetunion und Osteuropas nach dem Tode Stalins läßt sich als der Versuch beschreiben, dem Vermächtnis des stalinistischen Systems zu entrinnen – einer straff zentralisierten Kriegswirtschaft, die durch Paranoia und Angst regiert wurde. Der fortdauernde äußere Konflikt, die sowjetische Herrschaft über Osteuropa und die innenpolitische Repression in den sogenannten sozialistischen Ländern waren die sich gegenseitig stützenden Säulen des stalinistischen Systems. Man könnte es als ein System beschreiben, das permanent in der Krise war. Jede Aufweichung in einer der drei Säulen mündete in eine Periode der Destabilisierung, auf die neue Repression folgte. Das Problem war und ist, einen Weg zu Stabilität und Konsens zu finden.

Die Phasen der Entspannung und des Kalten Krieges lassen sich deshalb nicht trennen von den Phasen der Auflockerung und Verhärtung im sozialistischen Block (generell symbolisiert durch die sowjetisch-jugoslawischen Beziehungen) oder von den Reform- und »Normalisierungs«-Phasen in den einzelnen Ländern. Diese drei unterschiedlichen Zyklen hingen nicht immer miteinander zusammen, doch jeder einzelne hat die anderen grundlegend beeinflußt.

Das post-stalinistische Wirtschaftssystem

Die Dauerkrise des post-stalinistischen Systems ist mit dem Problem entstanden, eine Kriegswirtschaft ohne Krieg aufrechtzuerhalten. Fehlt der Krieg, so wird die militärische Auseinandersetzung in ihrer Regulierungsfunktion durch die Bürokratie ersetzt. Die Ökonomien Osteuropas waren für eine eindeutig festgelegte Zielsetzung zentralisiert worden, nämlich für den Sieg im Kriege. Der Sieg im imaginären Krieg unterscheidet sich aber sehr vom Sieg im tatsächlichen Krieg. Was den Sieg im imaginären Krieg ausmacht und wie er zu erringen wäre, muß von den Planern selbst definiert werden. Anders gesagt, sobald die zentralen Planziele nicht mehr extern durch die tatsächliche Kriegserfahrung bestimmt sind, müssen sie subjektiv oder intern festgelegt werden. In dieser Situation lassen sich die zentral geplanten Systeme streng genommen nicht mehr als zentralisiert bezeichnen, weil die Planer und die politischen Führer stets den verschiedensten Einflüssen auf unterer Ebene ausgesetzt sind. Ungarische Reformökonomen sprechen deshalb lieber von einem System des »Plan-Aushandelns« oder der »bürokratischen Regulation«.[1] Es ist ein vertikales System, das durch vertikale Direktiven von den höheren zu den unteren Ebenen des Staatsapparats verwaltet wird, im Gegensatz zu einem System der Marktregulation, wo horizontale Beziehungen zwischen Käufer und Verkäufer vorherrschen. Doch sind diese vertikalen Direktiven das Ergebnis eines Aushandelns auf unterer Ebene. Tamás Bauer spricht deshalb vom »Aufstellen« und »Aufschlüsseln« des Plans.[2]

Die Widersprüche des post-stalinistischen Systems sind den Problemen geschuldet, diese vertikalen Beziehungen zu regeln. Der Krieg stattet die politische Führung mit einer gewissen Legitimität aus; er begründet Disziplin und Härte. Die Legitimität, die der imaginäre Krieg verleiht, ist dagegen nicht so leicht aufrechtzuerhalten. Der Sozialismus hat sich im Wettbewerb mit dem Kapitalismus zu bewähren; er muß zeigen, daß Disziplin und Härte notwendig sind, um »den Kapitalismus einholen und überholen« zu können. Das Wirtschaftswachstum wird ein wichtiges Legitimationselement. Selbst dann entsteht aus der Verheißung einer Zukunft, die sich entzieht und in immer weitere Ferne rückt, letztlich die Große Lüge, jene Philosophie des »Als-Ob«, in der die Ideologie sich von der tatsächlichen Erfahrung mehr und mehr entfernt. Um die zentrale Kontrolle zu behaupten, muß die Führung auf Repression und Säuberung zurückgreifen, was um so schwieriger zu rechtfertigen ist, wenn der Krieg fehlt.

In den Nachwehen des Zweiten Weltkrieges und unter den kriegsähnlichen Bedingungen der späten vierziger Jahre konnten die osteuropäischen Länder rapide Wachstumsraten besonders in der Industrieproduktion erzielen, welche die im Westen erreichten Wachstumsraten weit übertrafen. Gleichzeitig war das System durch gewisse eingebaute Irrationalitäten charakterisiert, die auf die Schwierigkeiten deuteten, die Wachstumsraten zu halten oder in materielle Vorteile für die Bevölkerung umzusetzen. So waren diese Länder mit ständig wiederkehrenden und zunehmend ernsten wirtschaftlichen Problemen konfrontiert, die ich an dieser Stelle nur kurz zusammenfassen kann.

Zunächst einmal bringen bürokratisch geregelte Systeme chronische Knappheiten hervor – Arbeitsknappheit, Rohstoffknappheit, Konsumgüterknappheit usw. Es handelt sich nicht um absolute Knappheiten (das heißt, daß es möglicherweise durchaus Arbeits- und Rohstoffreserven geben mag). Sie werden vielmehr durch die Art des Planungssystems selbst erzeugt. Planwirtschaften sind, so Kornai, anders als Marktwirtschaften, die nachfrageabhängig sind, ressourcenabhängig. Ressourcenabhängige Ökonomien neigen zur Verknappung, während nachfrageabhängige Ökonomien zu Überkapazität (Arbeitslosigkeit) tendieren.[3] Die Planer beziehen die Planziele auf die verfügbaren Ressourcen, unterschätzen aber beständig die Investitionserfordernisse, selbst wenn sie diese Unterschätzung ausdrücklich mit einkalkulieren. Daraus resultieren Knappheiten. Die tatsächlichen Investitionskosten überschreiten tendenziell immer die geplanten Kosten. Der Hauptgrund der Verknappung ist für Kornai die von ihm so genannte »weiche Bugetabhängigkeit«. Gemeint ist, daß die Betriebe, weil sie nie pleite gehen können und in der Tat über eine gewisse Zahlungsfähigkeit verfügen, stets zuviele Ausgaben tätigen können. So unterschätzen sie etwa die Kosten eines Investitionsvorhabens, um »im Plan zu bleiben«, oder sie steigern den Input, um mit unerwarteten technischen Problemen fertigzuwerden. (Es gibt hier eine bemerkenswerte Parallele zum Problem der weglaufenden Kosten in den westlichen Rüstungsfirmen.)

Die logische Folge der Verknappung ist natürlich die Vergeudung. Aufgrund der Knappheit gibt es viele unvollendete Investitionsvorhaben. Die Engpässe führen zur Unterkonsumtion anderer Ressourcen: Maschinen und Arbeiter stehen nutzlos herum, weil ein bestimmter Rohstoff fehlt.

Eng verbunden mit der Knappheit ist ein zweites ständig wiederkehrendes Problem – die Ineffizienz und der mangelnde technische Fortschritt. Es gibt nur eine Möglichkeit, mit der Knappheit fertigzuwerden, nämlich die Rohstoffe effizienter zu verwenden und ressourcensparende Maßnahmen einzuführen. Von daher das Interesse der osteuropäischen Planer an einem Übergang vom extensiven Wachstum (der Input-Steigerung) zu einem intensiven Wachstum (der effizienteren Verwendung des Inputs).

Die Ineffizienz ist die unmittelbare Konsequenz eines Systems bürokratischer Regulierung, in dem die Ressourcenallokation der politischen Aushandlungsmacht und nicht den Kriterien der wirtschaftlichen Leistungsfähigkeit gehorcht. Selbst wenn es ganz lautere, intelligente und unbestechliche Planer gäbe, die in der Lage wären, Pläne für die Erweiterung des Wohls der Menschen ohne Rücksicht auf Besitzstände oder Spezialinteressen zu entwerfen und auszufuhren, so könnten sie doch nie von vornherein genug wissen, um festlegen zu konnen, was tatsächlich effizient ist. Der Vorteil von Regulationsformen wie Markt oder Krieg liegt eben darin, daß sie einen harte Testfall – Gewinn oder Verlust resp. Sieg oder Niederlage – zur Entscheidung der Frage liefern, wieviele Ressourcen zu welchen Zwecken benötigt werden.

Es gibt zahlreiche Beispiele dafür, wie Output-Ziele am tatsächlichen Bedarf der Benutzer vorbeigehen und so zu Vergeudung und

Ineffizienz führen oder die Bedürfnisse nicht befriedigen.[4] Das Ergebnis eines in Tonnagen spezifizierten Stahl-Output kann übermäßig schwerer Stahl sein, ein in Metern spezifizierter Textil-Output kann in dünnen Textilien resultieren; wenn die Konsumgüter in Rubeln oder Zloty spezifiziert werden, können sehr teure Einzelprodukte das Ergebnis sein.

In der Praxis gibt es natürlich nicht nur die Ineffizienz, die mangelndem Wissen entspricht, sondern auch die eingebaute Ineffizienz im Prozeß des Aushandelns, insbesondere die »weiche Budgetabhängigkeit«. Zusätzliche Inputs sind immer einfacher als Einsparungen, insbesondere dann, wenn es keine Anreize zur Einsparung von Inputs gibt, sondern statt dessen Sanktionen für die Nichterfüllung der Planziele. Es kann sein, daß die Einführung von ressourcensparenden Maßnahmen die Erfüllung der Planziele zeitweise unterbricht.

Ineffizienz bedeutet auch, daß Wachstumsraten, die sich auf dem Papier eindrucksvoll ausnehmen, sich möglicherweise gar nicht in einer zunehmenden Befriedigung der Bedürfnisse von Produzenten oder Konsumenten widerspiegeln. Es kann vielmehr sein, daß sie die Zunahme von ungeeigneten Outputs und die exzessive Verwendung von Inputs ausdrücken. (Faktisch können statistische Wachstumsraten auch dadurch inflationiert sein, daß kleine Handwerksbetriebe, die vorher nicht mitzählten, in den sozialisierten Sektor absorbiert wurden.)

Ein drittes ständig widerkehrendes Problem ist deshalb die Tendenz zu einem dauernden Ungleichgewicht zwischen Investitions- und Konsumgütern oder, in marxistischen Termini, ein Mißverhältnis von Abteilung I und II. Dieses entspringt der unterschiedlichen Aushandlungsmacht von Produzenten und Konsumenten. Während die Betriebe am Prozeß der Aushandlung des Plans mitwirken, sind die Konsumenten atomisiert und machtlos (und kommen nur bei dramatischen Manifestationen der Unzufriedenheit zu sich – 1953 in Berlin, 1956 in Ungarn, 1956, 1978, und 1980 in Polen, 1968 in der Tschechoslowakei).[5] Die unterschiedliche Aushandlungsmacht wird von Kornai ökonomisch ausgedrückt; die Betriebe unterliegen einer weichen Budgetabhängigkeit, während die Haushalte einer harten Budgetabhängigkeit unterliegen, das heißt den Löhnen. Jedem Wettbewerb um Ressourcen wohnt die Tenzenz inne, die Betriebe zu bevorzugen. Man nehme zum Beispiel an, daß der Preis eines bestimmten Produkts, das von Betrieben wie von Konsumenten gleichermaßen benötigt wird, angehoben wird. Dies wird den Kauf durch die Konsumenten reduzieren, weil es eine Grenze dafür gibt, wieviel der Konsument bezahlen kann.

Es kann jedoch die Menge, die von den Betrieben gekauft wird, faktisch ansteigen lassen, weil nun dieses spezielle Produkt aufgrund des Rückgangs der häuslichen Nachfrage leichter verfügbar ist. Alternativ dazu kann ein Rückgang des Verkaufs an Konsumenten Produktionskapazität freisetzen und dadurch die Überwindung von Engpässen, mit denen die Betriebe konfrontiert sind, möglich machen.

Aufgrund der inhärenten Tendenz zur Unterschätzung der geplanten Kosten führt jede Investitionserweiterung dazu, daß die Konsumtion geschmälert wird. Werden die Pläne nicht erfüllt, so ist die einzige Alternative die Steigerung der Importe. Die Rüstungsausgaben können nicht beschnitten werden, weil der militärische Sektor am Aushandlungsprozeß beteiligt ist. Und da der Konsument der Rüstungsgüter der Staat selbst ist, unterliegen, oder unterlagen jedenfalls, auch die Streitkräfte der weichen Budgetabhängigkeit (nicht anders als im Westen).

Man kann dies auch folgendermaßen ausdrücken. Die Kriegswirtschaft oder die Ökonomie des Pseudo-Krieges ist eine Ökonomie mit zentraler Ressourcenallokation, in der die Investitionen und die Militärausgaben Priorität erhalten. In Kriegszeiten geschieht dies, um den Rüstungsausstoß zu vergrößern und die industrielle Basis zu verbessern, von welcher der Rüstungsausstoß abhängig ist. Die Konsumtion hat den Zweck, Soldaten und Arbeiter zu reproduzieren. Im Kontext des imaginären Krieges rührt die Priorität, die den Investitionen und den Militärausgaben eingeräumt wird, von der Struktur der Machtverhältnisse her. Die Industriebetriebe und die Streitkräfte bilden einen Teil des Staatsapparats und müssen daher reproduziert werden. Dieses System verursacht eine permanente Beschneidung der Konsumtion und gleichzeitig eine Tendenz zur Stagnation, die der Schwierigkeit geschuldet ist, die Machtverhältnisse zu organisieren. Darüber hinaus handelt es sich aber nicht bloß um eine Folge der innenpolitischen Machtverhältnisse. Aufgrund der Bedeutung des RGW-internen Handels, besonders der bilateral vereinbarten Handelsbeziehungen mit der Sowjetunion, ist die Industriestruktur eines jeden ostmitteleuropäischen Landes mit derjenigen der anderen RGW-Länder verknüpft. Die ostmitteleuropäischen Länder verkaufen Fertigwaren, insbesondere Maschinen, im Austausch gegen Rohstoffe und Energie an die Sowjetunion; die sowjetische Nachfrage blockiert darüber hinaus die Möglichkeiten, die aus der stalinististischen Periode überkommene Industriestruktur zu überwinden.[6] Die ständig wiederkehrenden wirtschaftlichen Probleme sind dabei immer auch politische Probleme, sowohl deshalb, weil sie selbst Konsequenz der Machtverhältnisse sind, als auch deshalb, weil sie die Legitimität dieser Verhältnisse immer wieder in Frage stellen.

Um mit diesen ständig wiederkehrenden Problemen fertigzuwerden, wurden periodische Anstrengungen zur Reformierung des Systems unternommen. Die Reformen variierten von Land zu Land beträchtlich, stellten aber mehr oder weniger allesamt so etwas wie einen Versuch dar, die vertikalen Beziehungen durch horizontale zu ersetzen und von der Kriegswirtschaft wegzukommen.[7] Die Reformen schlossen tendenziell folgendes ein:

- eine Dezentralisierung der Entscheidungsprozesse, die dem Marktmechanismus eine größere Rolle einräumt. Die verwaltungsmäßigen Direktiven wurden reduziert und/oder ersetzt durch finanzielle Anreize; die Betriebe durften einen größeren Teil ihrer Gewinne einbehalten; private Kleinbetriebe wurden zugelassen, usw.;
- eine Aufwertung von Landwirtschaft und Konsum und eine Abwertung von Investitionen und Militärausgaben;
- einen gewisse geistig-kulturelle Liberalisierung, insbesondere in den Bereichen von Wissenschaft, Technologie und Ökonomie (die Reformen mußten nämlich diskutiert werden).

Nichtsdestoweniger ist der Reformprozeß in sich widersprüchlich, weil er von denjenigen durchgeführt werden muß, die durch die Reform sowohl wirtschaftlich wie politisch am meisten zu verlieren haben. Aus eben diesem Grund tendierten die Reformen bis zum Auftauchen von Gorbatschow und den darauffolgenden Entwicklungen im übrigen Osteuropa dazu, fragmentarisch und Stückwerk zu sein, und sie sind fast jedesmal schnell erlahmt.[8] Sie bauten auf den bestehenden Machtverhältnissen auf. Obwohl manche Länder, vor allem Ungarn, im praktischen Reformieren erfolgreicher als andere waren, stießen die Versuche, die Reformen über die bestehenden Machtverhältnisse hinauszutreiben, entweder auf innenpoliitischen Widerstand oder, in letzter Instanz, auf den der anderen sozialistischen Länder, wie 1956 in Ungarn oder 1968 in der Tschechoslowakei auf tragische Weise deutlich wurde.

Das post-stalinistische System unterschied sich daher sehr vom bucharinistischen System, das in Kapitel 4 beschrieben wurde. Es wurden gewisse Anstrengungen zur Einführung von marktförmiger Regulierung, insbesondere in der Landwirtschaft, unternommen, wobei sich die ideologische Legitimität aus dem wirtschaftlichen Wachstum und zugleich aus der imaginären Auseinandersetzung mit dem Westen herleitete. Es gab einen höheren Grad von geistigem und kulturellem Pluralismus und gewisse Bemühungen, zu kollektiven Entscheidungsprozessen in den regierenden Parteien zurückzukehren. Aber all dies fand in einem streng begrenzten politischen und ökonomischen Rahmen statt, der die Erblast der stalinististischen Periode darstellte.

Entspannung oder Reform?

Die ersten Entspannungsimpulse kamen, in der Ära nach Chruschtschow, aus dem Westen – zuerst von De Gaulle, dann von Johnson, der einen Weg suchte, um aus dem Vietnamkrieg herauszukommen, und schließlich von Willy Brandt. Es gab gute Gründe, auf diese Initiativen zu reagieren, allein schon wegen der langfristigen Sicherheitsinteressen in Europa. Sogar auf dem Höhepunkt der stalinistischen Periode hatte die Sowjetführung die »friedliche Koexistenz« bevorzugt, die so etwas wie eine wechselseitige Anerkennung des territorialen Status quo in Europa bedeutete. Gleichzeitig scheint es aber, als sei die Sowjetführung unschlüssig gewesen. Es war eine Periode der »Normalisierung« im Gefolge der Breschnew-Doktrin, mit der die Intervention in der Tschechoslowakei legitimiert wurde. Die Mitte der sechziger Jahre eingeleiteten Reformen waren allesamt steckengeblieben. Das Politbüro unter Breschnew war ideologisch konservativ. Nach dem Sturz Chruschtschows hat es offenbar einen Kompromiß mit dem Militär gegeben, der eine stetige Zunahme der Rüstungsausgaben in allen militärischen Bereichen zuließ. Breschnew betrachtete sich selbst als Kriegshelden; er verlieh sich militärische Orden und beförderte sich selbst zum Armeegeneral und schließlich zum Marschall der Sowjetunion. Zweifel wurden auch von den Verbündeten geäußert, insbesondere von der DDR. (In der Tat mußte erst Ulbricht aus dem Weg geräumt und durch Honecker ersetzt werden, damit eine Vereinbarung über den Status der zwei deutschen Staaten erzielt werden konnte.)

Zwei Faktoren waren offenbar ausschlaggebend für eine positive Reaktion. Der eine war China. Im März 1969 hatte es am Ussuri bewaffnete Zusammenstöße zwischen China und der Sowjetunion gegeben. Breschnew war augenscheinlich in Sorge über eine mögliche Annäherung zwischen China und den USA.[9] Der andere, für die osteuropäischen Führer ebenfalls wichtige Faktor war die von Breschnew so genannte »Außenreserve«. Durch die Steigerung der Importe war es möglich, einen zentralisierten Investitionsschub nach alter Art einzuleiten, ohne die Konsumtion einzuschränken und die Rüstungsausgaben zu reduzieren. Die sowjetischen Kommentatoren betonten mit einigem Nachdruck die »organische Wechselbeziehung« zwischen Breschnews Friedensprogramm, das 1971 beim 24. Parteitag der KPdSU formuliert wurde, und dem neunten Fünfjahresplan, der erstmals den

Tab. 8.1: Durchschnittliche jährliche Wachstumsraten (%) der osteuropäischen Volkswirtschaften 1950-85

	1951-55	1956-60		1961-65		1966-70		1971-75		1976-80		1981-85	
	Netto-produkt pro Kopf	Netto-produkt	Durch-schnittl. Reallöhne	Netto-produkt	Durch-schnittl. Reallöhne	Volks-ein-kommen	Durch-schnittl. Reallöhne	Netto-produkt	Durch-schnittl. Reallöhne	Netto-produkt	Durch-schnittl. Reallöhne	Netto-produkt	Durch-schnittl. Reallöhne
Albanien		7.0	*	*	*	9.2	3.2[b]	6.6[c]	2.1-2.7[b]	*	*	*	*
Bulgarien	8.1	9.6	6.1	6.1	1.9	8.7	5.4	7.8	3.2	6.1	0.4	3.7	0.9
CSSR	6.9	7.0	4.6	4.6	1.2	6.9	3.5	5.7	3.5	3.7	0.7	1.8	0.4
DDR	13.0	7.1	7.4	7.4	2.5	5.2	3.7	5.4	3.7	4.1	2.7	4.5	2.0
Polen	6.6	6,5	5.1	5.1	1.5	6.0	1.9	9.8	9.3	2.2	2.2	–0.5	–3.4
Rumänien	12.6	6.6	8.2	8.2	4.1	7.6	3.5	11.3	3.9	7.3	5.6	4.4	0.1
UdSSR	11.2	9.2	*	6.6[c]	*	7.7	5.9[b]	5.7	4.6	4.3	2.4	3.6	1.4
Ungarn	4.6	6.0	8.0	8.0	1.7	6.8	3.5	6.2	3.3	2.9	3.0	1.9	0.5

[a] Offizielle Schätzungen
[b] Pro-Kopf-Volkseinkommen
[c] Volkseinkommen
* Nicht verfügbar

Quellen: W.Brus, Kap. 1-4, in M.Kaser (Hg.), *The Economic History of Eastern Europe, 1919-75*, Bd.III (Clarendon Press, 1986) für 1950-1970; *Economic Survey of Europe*, Economic Commission for Europe (United Nations, Oktober 1988) für 1971-85; Ernest Mandel, *Das Gorbatschow-Experiment* (Athenäum, 1989) für sowjetische Zahlen 1951-1970.

Anteil der konsumorientierten Investitionen erhöhte. Die sowjetischen Kommentatoren hoben gleichfalls die Bedeutung militärischer Macht als einer Grundlage für die Entspannung hervor und gaben damit der westlichen Betonung der Verbindung von Entspannung und Abschreckung Resonanz.[10] Mit anderen Worten, westlicher Kredit sollte einen Ersatz für die Reform liefern.

Peter Volten hat eine interessante These, wie diese Interessen mit dem innenpolitischen Prozeß in der Sowjetunion zusammenhängen mochten. Nach dem Sturz von Chruschtschow ging das Sowjetsystem wieder zur kollektiven Führung über, und im Laufe der sechziger Jahre wurde ein »offenbar erfolgreicher Versuch« unternommen, »dem Aufstieg eines Alleinherrschers vorzubeugen und einen Entscheidungsprozeß einzuführen, der auf wirklichem Konsens beruht«.[11] Doch war dies eine weitere Abkehr von der zentralisierten Kontrolle, was es extrem schwierig machte, eine neue Politik zu realisieren oder Wirtschaft und Gesellschaft in neue Bahnen zu lenken. Es kam zu Spaltungen in der Partei; konservative Kräfte im ZK vermochten die Initiativen zu lähmen und zu ersticken. Breschnews Friedensprogramm kann daher auch als eine Strategie interpretiert werden, den Karren aus dem Dreck zu ziehen und den Immobilismus der kollektiven Führung zu überwinden.

Anfang der siebziger Jahre wurden in allen osteuropäischen Ländern hohe Wachstumsraten erzielt (vgl. Tab. 8.1). Auch die Reallöhne stiegen rapide an, insbesondere in Polen. Diese Zuwächse waren, wie die Fachleute sagen, importgesteuert. Weil die sozialistischen Länder nicht genügend Exporte hervorzubringen vermochten, um die Importe zu bezahlen, mußte die höhere Einfuhr mit westlichen Krediten finanziert werden. Kredite wurden in den siebziger Jahren leicht verfügbar, was sowohl an der Akkumulation von Petrodollars lag als auch, und wichtiger, an der »Entpolitisierung« der Kredite im Zuge der Entspannungspolitik. Der Handel mit Westeuropa wuchs sehr viel schneller als der mit den Vereinigten Staaten, weil der US-Kongreß der Gesetzgebung über Handelserleichterungen alle möglichen Restriktionen auferlegte – so die als »Jackson-Vanik-Amendment« bekannte Zusatzklausel zum *Trade Reform Act*, die eine Liberalisierung des Handels mit der Frage der Auswanderung sowjetischer Juden verknüpfte.

Man hoffte, daß die Investitionszuwächse ansteigende Exporte zur Folge haben würden. Doch die Exportkapazität war begrenzt, was zum Teil an den festliegenden Verpflichtungen auf dem heimischen Markt oder gegenüber den anderen RGW-Ländern lag. Weil in manchen Fällen die Importe in der Konsumtion verschwanden (so in

Polen), für fragwürdige Investitionsvorhaben vergeudet wurden oder lediglich zur Überwindung von Engpässen dienten, erwies sich die weitere Ausdehnung der Exportkapazität als schwierig. Auch hatten die osteuropäischen Ökonomien große Problem mit der Einführung westlicher Technologie.[12] Die Einfuhr westlicher Maschinerie ließ tendenziell eine ganze Kette von zusätzlicher Nachfrage nach Ersatzteilen oder geeigneten Inputs entstehen – was die Importe weiter nach oben trieb, ohne daß die Exporte dadurch gesteigert wurden.

Verschärft wurde die Situation durch die Ölkrise von 1973. Die Terms of Trade verschlechterten sich für alle osteuropäischen Ökonomien mit Ausnahme von Polen und der Sowjetunion (als Exporteuren von Kohle und Öl). Die von den westlichen Regierungen gegen die Krise ergriffenen Maßnahmen führten zu einer Rezession, die den westlichen Markt für Exporte aus Osteuropa weiter einschränkte. Die osteuropäischen Regierungen ergriffen keine Gegenmaßnahmen und zogen es vor, die Krise »durchzustehen«. Der zweite Ölschock im Jahre 1979 hatte einen ähnlichen Effekt, obwohl damals bereits Gegenmaßnahmen ergriffen wurden. Während die westlichen Länder, insbesondere Westeuropa und Japan, nach 1973 damit begonnen haben, energiesparende Methoden einzuführen, wurden die osteuropäischen Länder noch sehr viel energieabhängiger. Es war sehr viel schwieriger, den Bedarf großangelegter, relativ unflexibler und langfristiger Investitionsvorhaben auf die neue Situation einzustellen. Das Volumen der Öllieferungen hat sich in den siebziger Jahren nahezu verdoppelt, und die Erdgaslieferungen nahmen um das Zehnfache zu. Die Sowjetunion war der Hauptlieferant von Energie, und der Energieanteil an den osteuropäischen Importen aus der Sowjetunion stieg zwischen 1970 und 1980 von 15 auf 40 Prozent. Darüber hinaus hat sich der Preis für sowjetisches Erdöl und Erdgas zwischen 1975 und 1980 verdreifacht.[13] In einer Art Teufelskreis waren die osteuropäischen Länder dazu gezwungen, das Volumen ihrer Exporte in die Sowjetunion zu steigern, um die gestiegenen Kosten für sowjetisches Erdöl und Erdgas aufzubringen. Und diese Exporte bestanden in Industrieprodukten aus denjenigen wirtschaftlichen Bereichen, die am meisten Energie verbrauchten.[14]

Ein zusätzlicher Faktor war der zunehmende Wettbewerb mit den Schwellenländern in Asien und Lateinamerika (Mexiko, Argentinien, Brasilien, Singapur, Südkorea, Taiwan, Hongkong). Diese Länder konkurrierten mit den osteuropäischen Ökonomien um dasselbe Stück vom OECD-Markt, die billigen Fertigprodukte. Während der Anteil der Schwellenländer am Markt der OECD-Länder zwischen 1970 und

1983 von 4,5 auf 8,1 Prozent angestiegen ist, sank der Anteil der osteuropäischen Länder von 1,5 auf 1,1 Prozent.[15]

Die osteuropäischen Länder waren ebenso vom »neuen Protektionismus« betroffen, insbesondere nach 1974. In Westeuropa griff man vermehrt auf nichttarifäre Handelshemmnisse wie Exportbeschränkungen und andere damit zusammenhängende Maßnahmen zurück, die allesamt auf die osteuropäischen Länder angewandt wurden. Allerdings wird geltend gemacht, daß die RGW-Länder den »organisierten« Handel eher besser als andere Regionen zu nutzen verstanden, weil staatliche Handelsorganisationen größere Erfahrung im Aushandeln von günstigen Bedingungen haben.[16]

Das westliche Kreditsystem brach 1982 zusammen. Der Neue Kalte Krieg war dabei zweifellos ein Faktor. Der Hauptgrund war jedoch die hohe Verschuldungsrate. Die geschätzte Nettoverschuldung der RGW-Länder stieg 1982 auf 77 Milliarden Dollar. Davon entfielen 19,9 Milliarden auf die Sowjetunion und die RGW-Banken und 25,2 Milliarden auf Polen.[17] Doch hatten die osteuropäischen Länder schon vor dem Zusammenbruch des westlichen Kreditsystems und der Erneuerung des Kalten Krieges damit begonnen, die Westimporte einzuschränken. (Tatsächlich hat der Neue Kalte Krieg, sieht man vom US-Getreideembargo gegen die Sowjetunion ab, zu keiner großen Zunahme der Handelsbeschränkungen geführt. Die Westeuropäer waren nicht bereit, den Handel zurückzuschrauben, und die USA hatten in dem Maße, wie die Liberalisierung des Handels in den siebziger Jahren gescheitert war, auch weniger einzuschränken. Nach der Einführung des Kriegsrechts in Polen haben die USA erfolglos versucht, europäische Unterstützung für eine weiterreichende Sanktionspolitik zu gewinnen; am bekanntesten wurde der Streit um die Erdgas-Pipeline.)[18]

Die Sowjetunion ging 1974 zu Importbeschränkungen über, obwohl die Einfuhren von 1975 bis 1979 erneut anstiegen. Die Entscheidung, den Importanstieg zu drosseln, scheint nicht bloß eine Reaktion auf die zunehmende äußere Instabilität gewesen zu sein, denn die letztere war, was die sowjetische Wirtschaft insgesamt anging, durchaus zu bewältigen.[19] Man vermutet vielmehr, daß es eher mit der Ideologie zu tun hatte – einem konservativen Gegenschlag innerhalb des politischen Apparats. Eine Woche, nachdem das US-Außenhandelsgesetz am 3. Januar 1975 von Präsident Ford unterzeichnet worden war, wurde es von der Sowjetunion abgelehnt. Zusätzlich zum Jackson-Vanik-Amendment hatte ein Änderungsantrag zum Export-Import-Bankgesetz (»Stevenson-Amendment«) die Gesamtsumme der Staatsbankkredite, die der Sowjetunion während der nächsten fünf Jahre ohne weitere

Zustimmung durch den Kongreß bewilligt werden konnten, auf 300 Millionen Dollar eingeschränkt und dabei ausgeschlossen, daß diese Gelder zum Ausbau der Energieproduktion verwendet werden. Breschnew hatte privat seine Bereitschaft erkennen lassen, die jüdische Auswanderung vermehrt zuzulassen; doch hatte die Frage der Nicht-Einmischung in die inneren Angelegenheiten im Politbüro und im ZK an Bedeutung gewonnen. Es scheint eine Abwägung zwischen den ökonomischen Vorteilen der Entspannungspolitik und ihren politischen Kosten stattgefunden zu haben. Wie Volten es formuliert, erwies sich die Jackson-Vanik-Klausel »als das effektivste Mittel, um die Opposition in Moskau zu stärken und Breschnew zum Rückzug zu zwingen«.[20]

Von 1975 an gab es eine Rückkehr zur kollektiven Führung in der Außenpolitik, eine zunehmende Rhetorik des sozialistischen Internationalismus, eine partielle Rückkehr zur wirtschaftlichen Autarkie und eine zunehmende Betonung des militärischen Elements in der Außenpolitik. Es scheint Einschränkungen in der Konsumtion und einen verstärkten Druck auf die osteuropäischen Ökonomien durch die gestiegenen Öl- und Erdgaspreise gegeben zu haben. 1979 hatte die Sowjetunion ihre Handelsbilanz wieder ausgeglichen.

Die Zunahme der Rüstungsausgaben scheint sich ebenfalls verlangsamt zu haben, und zwar nach Schätzungen des CIA von jährlich 4,5 Prozent in den Jahren 1965 bis 1975 auf jährlich 2 Prozent nach 1976. (Die geschah just zu dem Zeitpunkt, als im Westen, insbesondere in den USA, die Aufregung über die sowjetische Aufrüstung lauter wurde.) Die Kürzungen betrafen hauptsächlich die strategischen Waffensysteme. Nach wie vor legte man Wert auf die Gefechtsfeldwaffen und die konventionellen Streitkräfte – mit der Entwicklung der SS-20-Raketen – und auf die wachsende, im Vergleich zur Nato freilich bescheidene Rolle der Hochseeflotte.[21]

Besondere Bedeutung erhielt gegen Ende der siebziger Jahre das zunehmende sowjetische Engagement in der Dritten Welt, insbesondere in Angola, Äthiopien und Afghanistan. Es war dies eine Reaktion auf eine Welle von Revolutionen, die aus spezifischen Bedingungen der Dritten Welt entsprangen und bis zu einem gewissen Grade dadurch ermöglicht wurden, daß die amerikanische Wirtschafts- und Militärhilfe ebenso wie der US-Interventionismus nach Vietnam zurückging. Das sowjetische Engagement befand sich aber auch in Übereinstimmung mit der zunehmenden Ideologisierung gegen Ende der siebziger Jahre, als die Entspannungspolitik auf der Kippe war. Es gehörte dies zur Ideologie des imaginären Krieges, die mit der Rückkehr zur Autarkie einherging, zur Vorstellung einer Kriegsatmosphäre, mit der die Sparpolitik gerechtfertigt wurde. Mit Angola, Mosambik, Äthiopien, Afghanistan, Syrien und der Volksrepublik Jemen wurden Kooperations- und Freundschaftsverträge unterzeichnet. Die Zahl sowjetischer Experten und Militärberater nahm in diesen Ländern zu. (Nach Angola und Äthiopien wurden auch kubanische Truppen entsandt.)[22]

Diese Entwicklungen wurden als Bestandteil einer Verschiebung in den »Kräfteverhältnissen« zugunsten der Sowjetunion dargestellt. Bestimmte Sowjetführer wurden von den Konservativen im Politbüro und in der Partei kritisiert, weil sie die Ziele der friedlichen Koexistenz vor die des proletarischen Internationalismus stellten. Die Unterstützung der revolutionären Bewegungen in der Dritten Welt diente dazu, die Ernsthaftigkeit der Verpflichtung auf den Kampf gegen den US-Imperialismus unter Beweis zu stellen. Wichtig war dies insbesondere nach der Demütigung durch die ägyptische Aufkündigung des Freundschaftsvertrages mit der Sowjetunion, die als Rückschlag für den Sozialismus in Ägypten aufgefaßt wurde.

Die Intervention in Afghanistan fand im Kontext eines sich verschlechternden Ost-West-Verhältnisses statt; die Gefahren einer Niederlage für »den Sozialismus«, insbesondere aus der Sicht der herrschenden Elite, schienen dabei in jedem Stadium größer zu sein als die Kosten eines gesteigerten Engagements. Die Intervention stellte den Höhepunkt einer erneuerten Ideologie des Kalten Krieges dar, die gegenüber der Dritten Welt zum Ausdruck gebracht wurde. Marschall Gretschko sprach mit Stolz von der sowjetischen »Armee der Internationalisten«. Indessen hat die Sowjetunion durchaus nicht alle revolutionären Bewegungen in der Dritten Welt unterstützt, und die sowjetische Propaganda war bemüht, den »begrenzten« Charakter der Intervention herauszustellen.[23]

Unterschiedliche Antworten auf das Scheitern der Entspannungspolitik

Die osteuropäischen Länder schränkten ihre Einfuhren Ende der siebziger Jahre ein und mußten zu einer Sparpolitik übergehen. Sie waren deshalb Ende der siebziger, Anfang der achtziger Jahre mit geringen Wachstumsraten, Stagnation und, wie in Polen, sogar mit sinkenden Reallöhnen und Ausgabenkürzungen im militärischen Bereich konfrontiert (Tab. 8.1). Die landwirtschaftliche Produktion war durch die verminderte Einfuhr von Kunstdünger, Futtermitteln usw. besonders schwer getroffen. Die politische Antwort auf diese Situation sah jedoch von Land zu Land unterschiedlich aus. Die osteuropäischen

Länder wandten sich von der Entspannungspolitik nicht ab; vielmehr variierte ihre Einstellung zur Entspannungspolitik je nach den politischen Traditionen.

Die Geschichte mit Polen ist bekannt. Die Einschränkung der Importe hatte einen Rückgang der Industrieproduktion und eine katastrophale Situation in der Landwirtschaft zur Folge. Das Aufkommen einer neuen Arbeiterbewegung, der Gewerkschaft *Solidarność*, zog eine 16 Monate dauernde Krise nach sich, in der das Kommandosystem mehr oder weniger zusammenbrach. Die Einführung des Kriegsrechts im Dezember 1981 brachte trotz einer faktischen Militarisierung des Kohlebergbaus (mit Zwangsverpflichtung von Arbeitern, militärischer Disziplin usw.) zur Steigerung des Exports keine Lösung für die wirtschaftliche Situation. Die polnische Regierung lavierte zwischen Reform und »Normalisierung«. Der Repression zum Trotz gab es nach wie vor eine blühende Opposition (*Solidarność*, Friedens- und Ökologiegruppen, die Kirche).

In Ungarn bestand die Antwort in erneuerten Reformbestrebungen und einer intensivierten Entspannungspolitik. Ungarn beantragte die Mitgliedschaft im IWF und in der Weltbank, und der für Internationales zuständige Sekretär der Ungarischen Sozialistischen Arbeiterpartei, Mátyas Szúrös, propagierte die Theorie, daß den kleinen und mittleren Mächten in Europa eine spezielle Rolle bei der Förderung der Entspannung zufallen würde und daß die sozialistischen Länder ihre nationalen Interessen nicht zwangsläufig denen der sozialistischen Staatengemeinschaft unterordnen sollten.[24] Politisch wie ökonomisch hat man in der Liberalisierung offenbar eine Möglichkeit gesehen, um für die Sparpolitik Konsens zu beschaffen – die Aufhebung des »impliziten Sozialvertrags« der siebziger Jahre.

Die DDR blieb gleichfalls offen gegenüber der Entspannungspolitik, wenn auch aus ganz anderen Gründen als Ungarn. Die DDR war in der Lage, durch eine Vergrößerung ihrer Einfuhren aus Westdeutschland die Einschränkung ihrer Importe aus anderen westlichen Ländern auszugleichen. Sie hat außerdem ihre Exporte nach Westdeutschland zu *steigern* vermocht. Der innerdeutsche Handel verzeichnete so zu Beginn der achtziger Jahre dramatische Zuwächse. Möglich war dies aufgrund der besonderen Bedingungen, denen der Ost-West-Handel hier unterlag:

- weil die DDR nicht als Ausland betrachtet wurde, unterlagen die Exporte nach Westdeutschland nicht den normalen Zolltarifen, Besteuerungen, Abgaben auf landwirtschaftliche Erzeugnisse usw.;

- die DDR verfügte über einen praktisch zinslosen Kredit, den sogenannten »Swing«, der ursprünglich 1949 eingerichtet worden war, um zeitweiligen Ungleichgewichten im innerdeutschen Handel zu begegnen;
- die BRD tätigte einen beträchtliche Devisentransfer in die DDR, der sich auf etwa 3 Milliarden DM jährlich belief. Dazu zählten Überweisungen aus öffentlichen Mitteln (hauptsächlich für die Zugangswege nach West-Berlin und für verschiedene Dienstleistungen wie Abwasser- und Müllbeseitigung, den Postdienst usw.), private Gelder (Visagebühren, Zwangsumtausch für Westbesucher, Einnahmen aus deviseneinnehmenden Verkaufsstellen, Geschenke) und eine Reihe von Gutschriften, die als Gegenleistung für die Freilassung von politischen Gefangenen gewährt wurden.[25]

In der DDR war also die Formel der Entspannung, gewissermaßen als ein Reformersatz, aufgrund der besonderen Beziehungen zu Westdeutschland bis Ende der achtziger Jahre erfolgreich. (Tatsächlich hat die DDR die Kombinats-Reform, die eine neue Form der industriellen Verflechtung herstellte, nicht eingeführt, ohne daß dies allerdings eine signifikante Abkehr vom System der bürokratischen Regulierung bedeutet hätte.) Honecker suchte die Kommunikationskanäle auch nach der Stationierung von Pershing-Raketen und Marschflugkörpern weiter offenzuhalten, und er hat festgestellt, daß die Stationierung der sowjetischen SS-12 und SS-20 in der DDR »kein Grund zum Feiern« ist.

Die Tschechoslowakei und Bulgarien folgten der sowjetischen Linie, obwohl beide Länder zu Beginn der achtziger Jahre einige innenpolitische Reformen einführten. (Die Tschechoslowakei hatte in den siebziger Jahren stark übertrieben in die Atomenergie investiert.) In der *Prawda* und in der tschechoslowakischen Parteizeitung *Rude Pravo* erschienen Artikel, die sowohl die Kleine-Staaten-Theorie als auch den beabsichtigten Besuch Honeckers 1984 in Westdeutschland kritisierten.) Rumänien gelang es durch die besonders brutale Rückkehr zu einem nationalistischen Totalitarismus, der mit scharfer Diskriminierung von nationalen und kulturellen Minderheiten einherging, seine Devisenschulden zu tilgen.

Diese nationalen Unterschiede im Verhalten der ostmitteleuropäischen Regime traten erstmals im »Tauwetter« der fünfziger Jahre zutage. Es liegt nahe, sie ökonomisch zu erklären. Die DDR und die Tschechoslowakei waren demnach die höchstindustrialisierten Länder, weshalb hier das unmittelbare Bedürfnis nach einer Steigerung von Wachstum und Lebensstandard möglicherweise geringer war. Albanien und Rumänien sind äußerst arme Agrarländer. Ungarn und Polen liegen irgendwo dazwischen und sind teilindustrialisiert. Jugoslawien war eine Kombination aus dem polnisch-ungarischen Modell und den sozialistischen Ländern Südeuropas. So tendierte Slowenien am weitesten zur ökonomischen und politischen Liberalisierung, während in Serbien zunehmend nationalistische Tendenzen zum Zuge kamen. Auch blieb in Polen und Jugoslawien die Landwirtschaft vorwiegend in privater Hand, während in Ungarn der landwirtschaftliche Sektor ein gewisses Maß an Autonomie genoß. (Die ungarischen Reformen hatten ihren größten Erfolg in der Landwirtschaft, wo im großen und ganzen ein System marktförmiger Regulierung mit einem relativ harmonischen Verhältnis zwischen privaten Kleinbetrieben und Genossenschaften eingeführt wurde.) Es gab in diesen Ländern außerdem große informelle Bereiche der Privatwirtschaft, die mehr oder minder geduldet oder legalisiert waren. (Am größten dürfte diese sogenannte Zweite Ökonomie in Ungarn gewesen sein, wo nach Schätzungen 33 Prozent der gesamten aktiven Arbeitszeit und 20 Prozent des Bruttosozialprodukts auf sie entfielen.)[26]

Man muß diese Art der ökonomischen Erklärung aber durch ein Verständnis der innenpolitischen Vorgänge relativieren. Mihály Vajda stellt fest, daß solche strukturellen Erklärungen nie wirklich »das Wesen« dieser nationalen Unterschiede zu erfassen vermögen. Sie »lassen jene Unterschiede außer acht, die in der Geschichte liegen und die zuallererst die Einstellungen und Verhaltensweisen im Verhältnis der Menschen zu den Strukturen erklären«.[27] Ausgehend von den Unterschieden zwischen den drei historischen Regionen in Europa (Ost-, West-, und Ostmitteleuropa) meint Vajda, daß diese Differenzen etwas mit den Unterschieden in den historischen Widerstandstraditionen zu tun haben. Weil Osteuropa im Gegensatz zu Ostmitteleuropa nicht über die Tradition autonomer sozialer Bewegungen verfügt, konnte das östliche System entstehen (wie Vajda das sowjetische Modell nennt). Dagegen geriet dieses System in Ostmitteleuropa, wo es derartige Traditionen gab, »unausweichlich« in einen »chronischen Konflikt mit den traditionellen Gewohnheiten der Menschen, wie sie sich in ihren Einstellungen und Verhaltensweisen ausdrücken«.[28] Die Tschechoslowakei verfügt zum Beispiel über die fortschrittlichsten demokratischen Traditionen in der Region, hat aber eines der konservativsten und repressivsten Regimes erlebt. Vajda meint, daß gerade wegen dieser tschechoslowakischen, oder vielmehr vor allem böhmischen Tradition die Zerstörung eines autonomen kulturell-geistigen Lebens hier am vollständigsten vollzogen wurde. »Jeder, der demokratischer Gedanken und Einstellungen verdächtig war, mußte deshalb aus dem Weg geräumt werden.«[29] Die Stärke von Vajdas Überlegungen liegt darin, daß sie die Eigenständigkeit von Geschichte und Kultur im Gegensatz zu ökonomistisch aufgefaßten Mechanismen betonen. Tatsächlich können die ökonomischen Unterschiede historisch erklärt werden – mit der Tatsache, daß die südöstlichen Länder 500 Jahre türkischer Herrschaft erlebten, mit dem westlichen Einfluß auf Böhmen und die deutschen Staaten (aus denen die DDR hervorging) und mit dem östlichen Einfluß auf Polen und Ungarn.[30] Die Schwäche derartiger historischer Analysen liegt jedoch in der Annahme, daß nichts geschieht, was nicht schon geschehen ist – was etwa den Völkern Osteuropas (im Gegensatz zu Mitteleuropa) keinerlei Hoffnung läßt und keine Möglichkeit für Widerstand und Pluralismus in der Sowjetunion zugestehen will.

Desgleichen gibt es das vielleicht noch wichtigere Element der politischen Entscheidung. Der veränderte Charakter der Opposition in Osteuropa, sowohl dem mittleren wie dem östlichen, ist zum Verständnis der Vorgänge nach 1980 sehr wichtig. Bis 1968 war die Hauptform von Opposition der Revisionismus. Der Revisionismus entstand im Staatsapparat und unter den Intellektuellen, die der kommunistischen Partei nahestanden. Er ging von einer Reform von oben aus. Er entsprang, wie Adam Michnik sagt, der Zweideutigkeit des Ausdrucks Sozialismus, der ebenso für die sowjetische Politik stand wie für die »universelle Idee der Brüderlichkeit der Arbeiterklasse«.[31] Der Revisionismus war es, der den polnischen Oktober und Dubčeks »Sozialismus mit menschlichem Antlitz« inspiriert hat. Die ungarische Revolution ging dagegen, auch wenn Nagy und seine Gefährten Revisionisten gewesen sind, in ihren Forderungen nach einem Mehrparteiensystem und nach einem Rückzug aus dem Warschauer Pakt über den Revisionismus hinaus. Der Revisionismus starb, wie Michnik feststellt, im März 1968 in Polen, als die verbliebenen Revisionisten aus dem Parteiapparat entfernt wurden, und im August 1968 in der Tschechoslowakei.[32] Zuvor hatte er im Juni 1958 in Ungarn seinen Geist aufgegeben, als Nagy hingerichtet wurde. – In der Tat war überall in Osteuropa und der Sowjetunion die Intervention in der Tschechoslowakei ein Wendepunkt im Denken der Intellektuellen. Kagarlitzki sagt in seinem Buch über die sowjetischen Intellektuellen:

> »Am Morgen des 21. August 1968 ging die gesamte Ideologie des sowjetischen Liberalismus in wenigen Minuten zu Bruch, und alle Hoffnungen, die der 20. Parteitag geweckt hatte, fielen in sich zusammen. Hatten sich die liberalen Intellektuellen bislang mit dem Gedanken getröstet, daß unsere Gesellschaft ihren sozialistischen Charakter im großen und ganzen nicht verloren hatte, daß – wie Jewtuschenko in seiner Autobiographie schrieb – die Revolution krank, aber nicht tot war, so machten die Ereignisse von 1968 diese Illusionen zunichte. Es waren nicht die 'Stalinschen Exzesse', es war das System selbst.«[33]

Ähnlich beschrieb die ostdeutsche Schriftstellerin Christa Wolf die Intervention 1968 in der Tschechoslowakei als »existenziellen Schock«.[34]

Die Dissidentenbewegung entwickelte sich in den siebziger Jahren besonders in Polen, Ungarn, der Tschechoslowakei und der Sowjetunion. Es war die Zeit, in der die Samisdat-Publikationen zunahmen. Die Dissidenten sahen ihre Rolle darin, eine moralische Alternative anzubieten – eine eigene, bewußte Entscheidung, basierend auf der persönlichen Integrität, als einen »Versuch, in der Wahrheit zu leben«, wie Havel es formuliert hat.[35] Die Schlußakte von Helsinki gab den Dissidenten 1975 einen wichtigen Hebel an die Hand, um ihre Regierungen unter Druck zu setzen. Die Verbindung von nachlassender äußerer Bedrohung und westlicher Anteilnahme am Schicksal einzelner Dissidenten hat möglicherweise für etwas mehr Sicherheit gesorgt.

Der Raum, der von den Dissidenten geöffnet wurde, hat den Weg für wirksamere Formen der Opposition bereitet. Die Entwicklung von *Solidarność* markierte die Wiedergeburt des Begriffs der »Zivilgesellschaft«. Die »Solidarität« hat die Opposition in Osteuropa in ihrem Wesen verändert. Sie war eine Massenbewegung, keine Gruppe von (isolierten) Intellektuellen, auch wenn sie – natürlich – von Intellektuellen unterstützt wurde. Und sie war die Arbeiterbewegung in einem System, in dem die herrschende Elite die Arbeiterklasse zu repräsentieren beansprucht. Man hatte die Vorstellung, daß die Gesellschaft durch die Schaffung oder Stärkung autonomer Institutionen wie der katholischen Kirche oder unabhängiger Gewerkschaften auf die Regierungen Druck ausüben könnte. In seinem bahnbrechenden Vortrag »Der neue Evolutionismus« (1976)[36] meinte Michnik, der Wandel könne durch eine friedliche, graduelle Evolution zustandekommen, die auf einer Reihe von Kompromissen zwischen den autonomen gesellschaftlichen Institutionen und dem Staat beruhen, und zwar innerhalb der Grenzen, die durch die äußeren Verhältnisse gesetzt waren.

Natürlich war die Zivilgesellschaft im hier verwendeten Sinne in Osteuropa kein völlig neues Phänomen. Sie existierte bereits in Form der katholischen Kirche in Polen oder der intellektuellen Opposition in Ungarn, und die unterschiedlich verlaufende Entwicklung der osteuropäischen Länder war bereits von ihr beeinflußt. Die Tatsache aber, daß sie konzeptualisiert und zur Inspirationsquelle der *Solidarität* und der folgenden, Anfang der achtziger Jahre in Ostmitteleuropa aufkommenden Bewegungen wurde, hat einiges mit der Entspannung zu tun. Michnik schloß die Möglichkeit der sowjetischen Intervention nicht aus. Er betonte sogar, die Opposition solle »sich bewußtmachen, daß die Veränderungen in Polen, zumindest in ihrem ersten Stadium, in Übereinstimmung mit der 'Breschnew-Doktrin' zu erfolgen haben«. Er glaubte jedoch, daß sich die Sowjetunion aufgrund des internationalen Echos nur ungern zu einer Intervention entschließen würde. Durch den zu erwartenden Widerstand hätte die Intervention in Polen »einen Krieg« bedeutet, der für Polen zwar ein »nationales Massaker, aber für die Sowjetunion eine große politische Niederlage« gewesen wäre.[37] Die Entspannung schuf also mehr Raum, wenngleich keinen unbegrenzten Raum, für die friedliche Evolution. Die Einführung des Kriegsrechts am 13.Dezember 1981 fand wiederum im Kontext eines Neuen Kalten Krieges statt. Es handelte sich um eine indirekte Intervention in dem Sinne, daß sie von den polnischen Streitkräften selbst durchgeführt wurde, nachdem monatelang indirekter Druck durch Militärmanöver des Warschauer Pakts an den polnischen Grenzen ausgeübt worden war.

Die Entspannung bot mit anderen Worten zumindest nach 1975 eine Gelegenheit für innenpolitische Veränderungen. Ob sie zu einem solchen Wandel führen würde oder nicht, hing von den inneren Bedingungen in jedem einzelnen Land ab. Es hing insbesondere davon ab, in welchem Maße autonome Gruppen und Bewegungen die Freiräume erobern konnten, die die Entspannung mit sich brachte. In Ungarn wurde beispielsweise zwischen 1982 und 1983 eine autonome Friedensgruppe namens »Dialog« sechs Monate lang zugelassen.[38] Und in der DDR breitete sich die Friedensbewegung »Schwerter zu Pflugscharen« anläßlich der Stationierung von Pershing- und Cruise-Raketen im Oktober 1983 unter dem Dach der protestantischen Kirche aus.[39]

Der Neue Kalte Krieg erschwerte die Möglichkeit innenpolitischer Veränderungen. Zu Beginn der achtziger Jahre wurden die unterschiedlichen Ansätze der osteuropäischen Länder zu Entspannung und inneren Reformen durch die Sowjetunion eingeschränkt. Den Reformen in Polen und Ungarn wurden durch die fehlenden Reformen in der Sowjetunion Grenzen gesetzt, und der ungarischen und ostdeutschen Entspannungspolitik wurde durch die fehlende Entspannung in der Sowjetunion Grenzen gesetzt. Die Sowjetunion intervenierte beispielsweise 1984, um den angekündigten Besuch Honeckers in Westdeutschland zu stoppen, und sie scheint auf einem Widerruf von Szűrös bestanden zu haben; die Friedensaktivitäten in beiden Ländern wurden unterdrückt. Die Entspannungspolitik der siebziger Jahre war gescheitert, weil sie nicht mit inneren Reformen einhergegangen war. Die wirtschaftliche Zusammenarbeit zwischen Ost und West hätte nur gelingen können, wenn sie zur Überwindung der Probleme der Knappheit, der Ineffizienz und der Sparpolitik mit einer grundlegenden Veränderung der osteuropäischen Systeme verknüpft gewesen wäre. Zu Beginn der achtziger Jahre scheiterten einzelne nationale Bemühungen um Reformen oder um die Entspannung zwischen Ost und West an den Zwängen, die dem sozialistischen Block im Kontext einer erneuerten amerikanisch-sowjetischen Konfrontation auferlegt wurden.

Der Neue Kalte Krieg zu Beginn der achtziger Jahre, die Rückkehr zur Konfrontation, hat keines der Probleme gelöst, aus denen die Entspannungspolitik erwachsen war. Das Wirtschaftswachstum ging in den frühen achtziger Jahren weiter zurück – die Ära Breschnew sollte als »Stagnationsperiode« bekanntwerden. Es war nicht mehr möglich, die politische Legitimität durch Konsum zu ersetzen. Am Vorabend des Machtantritts von Gorbatschow hatte der Zyklus von Reform und »Normalisierung«, von Entspannung und Kaltem Krieg sich erschöpft. »Zurück dürfen wir nicht«, sagte Gorbatschow, als er Perestrojka und Glasnost in Angriff nahm.

Anmerkungen

1 Vgl. János Kornai, »The Hungarian reform process: visions, hopes, and reality«, *Journal of Economic Literature*, 24, Dez. 1986, S.1687-1737.

2 Tamoás Bauer, »Investment cycles in planned economies«, *Acta Oeconomica*, 21:3, 1978, S.243-60.

3 János Kornai, *Contradictions and Dilemmas* (Corvina, New York, 1985).

4 Alec Nove gibt zahlreiche Beispiele dafür, wie Output-Zielsetzungen an den Bedürfnissen der Benutzer vorbeigehen: »Die Stahlplatte wurde zu schwer gemacht, weil der Plan in Tonnen vorgegeben war und weil es die Planerfüllung beeinträchtigt hätte, wäre man Bestellungen der Kunden nachgekommen, die dünnen Stahl haben wollten. Lastwagen unternahmen nutzlose Reisen, um die Pläne in Tonnen-Kilometern zu erfüllen. Chruschtschow selbst zitierte das Beispiel der überschweren Kronleuchter (Pläne in Tonnen) und der übergroßen Sofas, die von der Möbelindustrie hergestellt wurden (der einfachste Weg, um Pläne in Rubeln zu erfüllen).« (*An Economic History of the USSR*, 3.Aufl., Penguin 1984, S.357)

5 Vgl. als faszinierende Darstellung des Doppelcharakters der sozialistischen Ökonomien, in denen die zentral verwaltete Produktion mit atomisierter Konsumtion einhergeht: Ferenc Fehér, Agnes Heller, Györgyi Markus, *Dictatorship over Needs* (Blackwell, 1983), dt.: *Der sowjetische Weg. Bedürfnisdiktatur und entfremdeter Alltag* (VSA, 1983).

6 Vgl. Andras Köves, »Problems and prospects of East-West cooperation: an East European view«, in Mary Kaldor, Gerard Holden, Richard Falk (Hg.): *The New Détente* (UNU/Verso, 1989).

7 Als umfassende Beschreibung der ersten und zweiten Reformwelle in den fünfziger Jahren vgl. W.Brus, Kap.1-4, in M.Kaser (Hg.): *The Economic History of Eastern Europe, 1919-1975*, Bd.3: *Institutional Change within a Planned*

Economy (Clarendon, 1986). Zu den Erfahrungen der sowjetischen Reformen vgl. Kap.2 in Abel Aganbegjan, *Ökonomie und Perestrojka.* Gorbatschows Wirtschaftsstrategien (Hoffmann und Campe, 1989).

8 In einem mit mir geführten Interview verglich Imre Poszgay, der damals führende ungarische Reformer, den bisherigen Reformprozeß mit der Entscheidung, vom Links- zum Rechtsverkehr überzuwechseln – »erst die Busfahrer, dann die Taxifahrer, dann alle anderen«. Vgl. »Poszgay – Hungary's man of the hour«, *New Statesman*, 27, May 1988.

9 Beim Gipfeltreffen des Warschauer Pakts 1969 in Budapest berichtete ein Teilnehmer dem Korrespondenten der *Washington Post*: »Breschnew war rot im Gesicht und sah nicht gut aus. Er war nervös, ungeduldig, aufbrausend und haute auf den Tisch. Er hatte nur eins im Kopf, und das war China.« Zit.n. Peter M.E.Volten, *Brezhnev's Peace Program: A Study of Soviet Domestic Political Process and Power* (Westview, 1982), S.53.

10 In seiner Rede auf dem 24.Parteitag sagte Breschnew: »Was erlaubt uns eigentlich, die Sache so zu sehen? Zuerst das veränderte Machtgleichgewicht in der Welt, sowohl in sozio-politischer wie in militärischer Hinsicht. Noch vor ein paar Jahren haben die Imperialisten, und allen voran die amerikanischen Imperialisten, ernsthaft gehofft, sie könnten das Wettrüsten benutzen, um ihre Positionen weltweit zu stärken und gleichzeitig die Wirtschaft der UdSSR und der anderen sozialistischen Länder zu schwächen, unsere Pläne für einen friedlichen Aufbau zum Scheitern zu bringen. Inzwischen ist klar, daß unsere Feinde sich verrechnet haben. Jeder kann mittlerweile sehen, daß der Sozialismus stark genug ist, um sowohl eine verläßliche Verteidigung als auch die Entwicklung seiner Wirtschaft sicherzustellen.« (Zit.n. Volten, *Brezhnev's Peace Program*, S.64)

11 Ebd., S.78.

12 Von westlichen Vertragspartnern wurden dafür die folgenden Gründe genannt: »Mangel an geeigneten Arbeitern für die Konstruktion der Anlagen, unzureichende Qualifikation und Motivation bei den verfügbaren Arbeitern, ungeeignete Transportmöglichkeiten, Mangel an Ergänzungslieferungen aus der sowjetischen Industrie (z.B. an hochwertigem Stahl oder elektronischen Bauteilen) und fehlendes Know-how.« Morris Bernstein, »West-East technology transfer: the Soviet Union«, *OECD Observer*, Sept.1985.

13 James L.Ellis, »Eastern Europe: changing trade patterns and perspectives«, in *East European Economies: Slow Growth in the 1980s*, Bd.2: *Foreign Trade and International Finance*, Joint Economic Committee, 90th Congress, 1st Session, 28.3.1986.

14 Andras Köves, »Some questions of energy policy in East European countries«, in R.Dietz, K.Mack (Hg.), *Energie, Umwelt und Zusammenarbeit in Europa* (Springer Verlag, 1987).

15 Kazimierz Poznanski, »Competition between Eastern Europe and developing countries in the Western market for manufactured goods«, in *East European Economies*, vgl. Fn.13.

16 George Yannopoulos, »EC external policies and East-West trade«, *Journal of Common Market Studies*, XXIV:1, Sept.1985.

17 *Economic Bulletin for Europe*, Bd.37, United Nations, Genf, Nov. 1985.

18 Zur Analyse dieser Handelsbeschränkungen vgl. Herbert Wulf, »East-West trade as a source of tension«, *Journal of Peace Research*, 19:4, 1982.

19 Vgl. George Sokolov, *The Economy of Détente: The Soviet Union and Western Capital* (Berg, 1987). Sokolov meint, daß Investitionen und Ost-West-Kooperation mit Rüstungsausgaben und Autarkiebestrebungen konkurrieren.

20 Volten, *Brezhnev's Peace Program*, S.115.

21 Richard Kaufman, »Causes of the slowdown in Soviet Defense«, *Survival*, 27:4, July/August 1985.

22 Vgl. Fred Halliday, *Cold war, Third World: An Essay on Soviet-American Relations* (Hutchinson/Radius, 1989).

23 So sagte Marschall Gretschko im Jahre 1980: »Getreu ihren internationalen Verpflichtungen kamen sowjetische Soldaten zusammen mit Soldaten aus anderen sozialistischen Ländern im Jahre 1968 der brüderlichen Tschechoslowakei zu Hilfe. Auf Ersuchen der revolutionären Regierung Afghanistans erfüllt nun ein begrenztes Kontingent sowjetischer Truppen seine internationale Pflicht auf dem Territorium der Demokratischen Republik Afghanistan.« Zit.n. Harry German, *The Brezhnev Politburo and the Decline of Détente* (Cornell University Press, 1984), S.47.

24 Mátyas Szúrös, »Interaction of the national and international in Hungarian policy«, *New Hungarian Quarterly*, 25:93, Frühjahr 1984.

25 Nach der Zeitung *Die Welt* lag 1983 der übliche Preis für einen politischen Gefangenen bei 50 000 DM. Jährlich wurden auf diese Weise zwischen 1 000 und 1 500 Gefangene freigekauft. John Garland, »FRG-GDR economic relations«, in *East European Economics: Slow Growth in the 1980s*, vol.3: *Country Studies on Eastern Europe and Yougoslavia*, Joint Economic Committee, 90th Congress, 1st Session, Washington DC, 1986.

26 Kornai, »The Hungarian reform process«.

27 Mihály Vajda, »East-Central European perspectives«, in John Keane (Hg.), *Civil Society and the State* (Verso, 1987), S.339.

28 Ebd.

29 Ebd., 355.

30 Vgl. Ivan Berend, György Ranki,*The European Periphery and Industrialization, 1780-1914* (Cambridge University Press, 1982) und ebenfalls Ivan Berend, »The historical evolution of Eastern Europe as a region«, *International Organisation*, 40:2, Frühjahr 1986.

31 Adam Michnik, »The Prague Spring ten years later«, in *Letters from Prison and Other Essays* (University of California Press, 1985), S.158.

32 Ebd.

33 Boris Kagarlitsky, *The Thinking Reed: Soviet Intellectuals from 1917 to the Present* (Verso, 1988), S.200

34 »Schreiben im Zeitbezug«, Gespräch mit Aafke Steenhuis (11.12.1989), in: dies., *Im Dialog. Aktuelle Texte* (Luchterhand, 1990), S.135.

35 Vaclav Havel, *Versuch, in der Wahrheit zu leben. Die Macht der Ohnmächtigen* (Rowohlt, 1980). Diese moralische Entscheidung hat sogar in einem Drama Ausdruck gefunden, das während der Breschnew-Ära tatsächlich aufgeführt wurde. So sagt eine der Personen in Gelmans Stück *Wir, die Unterzeichneten*: »Wenn einer vernünftig ist, servieren sie ihn sowieso ab. Gut und anständig sein ist, mit Verlaub, ein Luxus für empfindsame Seelen. Oder etwa nicht? Genau so. Und wenn man ein anständiger Mensch ist und gleichzeitig Vorgesetzter ist, dann ist das eben zuviel des Guten. Das Leben ist gerecht. Dem einen gibt es ein Gewissen – und er ist glücklich damit. Dem anderen gibt es eine Stellung – und er ist glücklich damit. Jedem das Seine!« (zit.n. Kagarlitsky, *The Thinking Reed*, S.270).

36 Dt. in Michnik, *Polnischer Frieden. Aufsätze zur Konzeption des Widerstands* (Rotbuch, 1985).

37 Ebd., S.50.

38 Vgl. Ferenc Köszegi und E.P.Thompson, *The New Hungarian Peace Movement* (Merlin/European Nuclear Disarmament, 1983).

39 Vgl. John Sandford, *The Sword and the Ploughshare: Autonomous Peace Initiatives in East Germany* (Merlin/European Nuclear Disarmament, 1983).

9 Die Erosion des Atlantizismus

Über den relativen Niedergang der amerikanischen Hegemonie ist in den letzten Jahren vieles geschrieben worden – so zu den wachsenden Finanzierungsproblemen der weltpolitischen Rolle der USA, zur Impotenz ihrer militärischen Vormachtstellung oder zum Verlust ihrer ideologischen Legitimation.[1] Was sich tatsächlich im Niedergang befindet, ist allerdings weniger die Macht Amerikas oder der amerikanische Staat als vielmehr das amerikanische Modell industrieller Entwicklung, das dem Aufstieg der USA zur politischen Vormacht zugrundelag. Weil die amerikanischen Institutionen das amerikanische Entwicklungsmodell geformt haben bzw. davon geformt wurden und wegen der Größe und Unflexibilität des militärisch-industriellen Komplexes fiel es den USA schwerer als etwa Japan oder manchen westeuropäischen Ländern, andere industrielle Entwicklungsmodelle einzuführen oder zu übernehmen.

In diesem Zusammenhang hat man die Entspannung und den Neuen Kalten Krieg im Westen zu begreifen. Die Entspannung hat insbesondere in Westeuropa Raum für gesellschaftspolitische Experimente geschaffen. Der Neue Kalte Krieg stellte eine Restauration des Atlantizismus dar; er hat die Möglichkeiten des Experiments eingeschränkt und erneut einen fordistischen Rahmen durchgesetzt.

Der unmittelbare Grund der Entspannungspolitik lag zumindest vom Standpunkt Amerikas im Vietnamkrieg. Die ersten Vorstöße in diese Richtung wurden schon früher, gegen Ende der sechziger Jahre, von westeuropäischen Regierungen unternommen. Der Vietnamkrieg wurde nicht als der imperialistische Krieg, der er schließlich war, sondern als ein Teil der weiterhin andauernden Ost-West-Auseinandersetzung dargestellt. Man kann ihn als den Versuch auffassen, die amerikanische Theorie des Kalten Krieges zu erhärten – die Vorstellung nämlich, daß die innerhalb der amerikanischen Einflußsphäre lebenden Menschen zum Schutz vor der sowjetischen Bedrohung auf die USA mit ihrer überlegenen fordistischen Technologie angewiesen sind. Als die Erinnerung des Zweiten Weltkriegs verblaßte und das Bewußtsein der Destruktivität, mithin der Nutzlosigkeit von Atomwaffen zunahm, suchten die amerikanischen Führer nach Möglichkeiten, die »Glaubwürdigkeit« militärischer Macht zu steigern, um so die politische Macht weiter zu festigen. Daraus resultierte die Theorie des begrenzten Krieges, die mit unerbittlicher Logik zu Vietnam geführt hat.

Vietnam war jedoch nicht geeignet, die amerikanische Version des imaginären Krieges glaubwürdiger zu machen. Statt dessen ließ der

Krieg die veränderte politische und wirtschaftliche Situation der USA zutagetreten. All jenen, die daran teilnahmen oder ihn am Bildschirm verfolgten, untergrub er den Glauben an einen Kampf zwischen Gut und Böse. Anders als der Zweite Weltkrieg und sogar der Koreakrieg hat Vietnam nicht Konsens, sondern Dissens erzeugt, nicht die Einheit, sondern die Spaltung der Nation bewirkt. Ökonomisch hat der Vietnamkrieg die keynesianische Prämisse in Frage gestellt, daß der Krieg, wie im Falle des Zweiten Weltkriegs, ein Anreiz zur Verbesserung der Produktivität und des Produktionsaufkommens ist. Aufgrund des relativen Niedergangs der amerikanischen Wirtschaft hat er zur Inflation geführt und den Druck auf den Dollar vergrößert, statt die Außenhandelsüberschüsse zu steigern und die Wirtschaft im Lande expandieren zu lassen. Und schließlich ist das Schauspiel einer, wie man es nennen könnte, fordistischen Kriegsmaschinerie, ein wesentliches Element des imaginären Krieges, von Guerillas mit leichten Waffen und Raketen schwer in Mitleidenschaft gezogen worden. Vietnam hat eine Kluft zutagetreten lassen, die Kluft zwischen der hochfliegenden Rhetorik des imaginären Krieges, die sich aus der Erfahrung des Zweiten Weltkriegs speiste, und der Realität der abnehmenden Rolle Amerikas.

Der Niedergang des Fordismus

Der Niedergang von Amerikas industriellem Entwicklungsmodell läßt sich in verschiedenen Dimensionen beobachten. Zunächst einmal wurde es zunehmend schwieriger, im Paradigma der Massenproduktion die Produktivität aufrechtzuerhalten. Seit den sechziger Jahren hinkte die Wachstumsrate der Produktivität derjenigen anderer fortgeschrittener Industrieländer hinterher. Zum Teil lag dies einfach daran, daß die USA das führende Land waren. Die Ausbreitung des Fordismus hieß eben, daß andere Länder dem amerikanischen Beispiel folgten; und aufholen ist bedeutend leichter als nachmachen. Seit Mitte der sechziger Jahre aber ist die Produktivitätsrate der USA faktisch gesunken, was mit der Ausbreitungslogik fordistischer Produktionsmethoden zu tun hat. Alle Technologien gelangen früher oder später an einen Punkt abnehmender Erträge, wo es schwerer wird, noch Steigerungen zu erzielen. Im Falle des fordistischen Produktionsprozesses ist ein optimaler Rahmen erreicht, so daß er sich bei einer weiteren Ausdehnung als unflexibel erweist. Die Arbeiter sind nicht bereit, noch intensiver zu arbeiten, und die Unzufriedenheit mit der Monotonie der immergleichen Handgriffe wächst; es wächst auch die Besorgnis über die Konsequenzen für die Umwelt.[2]

Zum zweiten war der entscheidende Produktionsfaktor, das Erdöl, nicht mehr im Überfluß vorhanden. Die beiden Ölschocks von 1973 und 1979 ließen den Ölpreis dramatisch ansteigen. Wichtiger noch ist, daß die USA in den sechziger und siebziger Jahren zum Netto- Importeur von Mineralöl geworden sind.

Drittens war der Markt für Gebrauchsgüter mehr und mehr gesättigt. In den USA »kam 1979 ein Auto auf zwei Einwohner, während Anfang der fünfziger Jahre eins auf vier Einwohner kam. Fernsehgeräte gab es 1970 in 99 Prozent aller amerikanischen Haushalte, verglichen mit 47 Prozent im Jahre 1953. Desgleichen verfügten mehr als 99 Prozent der Haushalte über Kühlschränke, Radios und Bügeleisen, und mehr als 90 Prozent hatten Waschmaschinen, Toaster und Staubsauger«.[3]

Nach 1960, als die Firmen ausländische Märkte suchten, begann der Handel viel schneller zuzunehmen als das Produktionsaufkommen. Was die USA betrifft, so war es oft leichter, die Auslandsmärkte durch überseeische Investitionen als durch Exporte zu erobern, was sich darin widerspiegelte, daß der Außenhandel ein zunehmender Bestandteil der internationalen Transaktionen in den Großunternehmen wurde.

Der Niedergang des amerikanischen Modells der industriellen Entwicklung spiegelte sich auch in der Rolle wider, die die USA im Handel mit Fertigprodukten spielten. 1965 erfreuten sie sich eines komfortablen Überschusses in der allgemeinen Handelsbilanz; 1971 erlebten die USA ihr erstes Handelsbilanzdefizit seit 1936. Mit Ausnahme der Jahre 1973 und 1975 erfuhren die USA nach 1971 ein beständiges und von Jahr zu Jahr ansteigendes Defizit in der Handelsbilanz. Wie Tabelle 9.1 zu entnehmen ist, war die zunehmende Abhängigkeit von den Ölimporten eine der Erklärungen für dieses Defizit, obwohl dies teilweise durch einen Wertzuwachs im Export landwirtschaftlicher Produkte und anderer Rohstoffe (mit Ausnahme von Öl) wettgemacht wurde. Gleichermaßen von Bedeutung ist aber das wachsende Defizit im Handel mit Fertigprodukten, das sich als Indikator für die Rolle der US-amerikanischen Fertigungsindustrie nehmen läßt. 1965 lag das Verhältnis der US-Exporte zu den Importen bei den Fertigprodukten bei 1:6; 1981 war es bei 0:6 angelangt.

Während dieser Periode erzielte Japan einen gewaltigen Handelsüberschuß – der Export von Fertigprodukten betrug etwa das Vierfache des Imports. Auch den westeuropäischen Ländern gelang es mit Ausnahme Großbritanniens, beachtliche Handelsüberschüsse zu erzielen.

Beteiligt an dieser Geschichte war auch ein Anschwellen der Importe zu Beginn der achtziger Jahre, und zwar aufgrund der Tatsache, daß

Tab. 9.1 US-Außenhandel (in Millionen US-Dollar)

Jahr	Total			SITC 0+1+2+4 (Nahrungsmittel, Getränke, Tabak, Rohstoffe außer Erdöl)			SITC 3 (Erdöl)			SITC 5-9 (Maschinen, Verkehrsmittel und sonstige Fertigprodukte)		
	Ausfuhr	Einfuhr	A/E	Ausfuhr	Einfuhr	A/E	Ausfuhr	Einfuhr	A/E	Ausfuhr	Einfuhr	A/E
1967	31,147	26,816	1.16	8,306	7,787	1.07	1,104	2,250	0.49	21,737	16,778	1.30
1968	33,982	33,114	1.03	8,330	8,818	0.94	1,056	2,529	0.42	24,596	21,768	1.12
1969	37,444	36,052	1.04	8,300	8,904	0.93	1,131	2,794	0.40	28,013	24,354	1.15
1970	42,590	39,951	1.07	10,156	9.696	1.05	1,595	3,075	0.52	30,840	27,181	1.13
1971	43,492	45,563	0.95	10,020	9,957	1.01	1,497	3,715	0.40	31,975	31,891	1.00
1972	48,979	55,563	0.98	12,107	11,418	1,06	1,552	4,799	0.32	35,319	39,347	0.90
1973	70,246	69,477	1.01	22,002	14,506	1.52	1,671	8,175	0.20	46,573	46,796	1.00
1974	97,143	100,972	0.96	27,589	17,159	1.61	3,442	25,350	0.14	66,113	58,643	1.13
1975	106,157	96,941	1.10	27,525	15,905	1.73	4,465	26,404	0.17	74,168	54,633	1.36
1976	113,323	121,793	0.93	29,102	19,173	1.52	4,226	33,929	0.12	79,995	68,692	1.16
1977	117,963	147,848	0.80	30,106	22,350	1.35	4,179	44,198	0.09	83,678	81,300	1.03
1978	140,003	182,196	0.77	37,363	26,951	1.39	3,878	44,685	0.09	98,762	110,557	0.89
1979	173,649	217,462	0.80	46,781	30,711	1,52	5,624	63,735	0.09	121,244	123,016	0.99
1980	212,887	250,280	0.85	55,428	30,987	1.79	7,953	82,204	0.10	149,506	137,089	1.09
1981	225,777	271,213	0.83	55,306	23,737	2.33	10,245	84,261	0.12	160,226	155,214	1.03
1982	206,045	253,033	0.81	47.232	28,413	1.67	12,720	67,424	0.19	146,093	157,195	0.93
1983	194,620	267,971	0.73	76.569	30,489	2.51	9,557	59,999	0.16	138,495	177,483	0.78
1984	212,034	325,726	0.65	49,483	33,404	1.48	9,311	60,980	0.15	153,241	231,342	0.66
1985	206,926	345,276	0.60	40,600	33,440	1.21	9,971	59,917	0.17	156,354	257,918	0.61
1986	205,728	366,064	0.56	38,561	35,616	1.10	8,114	37,310	0.22	159,691	297,036	0.54

die Reagan-Administration den privaten Konsum ermunterte. Die Verminderung des US-Anteils an den Exportmärkten war jedoch ebenso dramatisch. Zwischen 1965 und 1985 sank der US- Anteil am Weltmarkt für Fertigprodukte von 21 auf 17 Prozent. Der japanische Anteil stieg von 9 auf 18 Prozent, während der westdeutsche Anteil mit 18 Prozent in etwa konstant blieb. Hatten die USA vor zwanzig Jahren nach wie vor die führende Rolle auf dem Weltmarkt innegehabt, so liegen sie heute in ihrer Bedeutung *hinter* Japan oder der EG (deren gesamte Ausfuhren ungefähr das dreieinhalbfache der gesamten US-Exporte ausmachen).[4]

Der Erfolg Japans, und in geringerem Maße derjenige Westeuropas, spiegelt bis zu einem gewissen Grad das Aufkommen eines neuen industriellen Entwicklungsmodells wider, das verschiedentlich als »Postfordismus«, als »flexible Spezialisierung« oder als »Toyotismus« beschrieben worden ist. Die charakteristischen Merkmale dieses neuartigen Entwicklungsmodells sind an anderer Stelle ausführlich dargestellt und diskutiert worden.[5] Ich will die wichtigsten kurz aufzählen.

- Zuerst das Wachstum der sogenannten Informationstechnologie. Dabei handelt es sich um die Verbindung der extensiven Datenverarbeitung, die durch Verwendung der Mikroelektronik möglich wird, mit Verbesserungen in der Telekommunikation, die sich gleichermaßen der Verwendung mikroelektronischer Schaltelemente wie neuen Übertragungsformen, etwa durch Glasfaser oder über Satellit, verdanken. Carlotta Perez-Perez sieht im Mikrochip den neuen Schlüsselfaktor der Produktion.[6] Computer und Telekommunikation sind mittlerweile die am schnellsten wachsenden Bereiche innerhalb der OECD. Nach einem kürzlich veröffentlichten OECD-Bericht entfallen auf den Bereich der Informationstechnologie 25 Prozent der Gesamtproduktion der OECD-Länder. Zwischen 30 und 45 Prozent der aktiven Arbeitskräfte innerhalb der OECD üben mittlerweile informationsverarbeitende Tätigkeiten aus; in den USA sind mehr Menschen in der Informationstechnologie beschäftigt als in der Automobilindustrie.[7]

- Zweitens eine Veränderung in den Verhältnissen von Produzenten und Benutzern, die – über die Informationstechnik – eine bessere Integration von Produktion und Distribution einerseits und von Konstruktion und Produktion andererseits schafft, was eine ungleich größere Flexibilität in einem automatisierten Produktionsprozeß ermöglicht. Die Verbindung von computergesteuerten Produktionsanlagen, die sich durch eine veränderte Design-Software modifizieren lassen, mit einer computergesteuerten Distribution, die die Kenntnis des Marktes erheblich verbessert, erlaubt es dem Hersteller, auf veränderte Vorlieben und vielfältige Geschmacksrichtungen schnell zu reagieren. Es wird profitabel, eine »Marktlücken«-Politik zu betreiben, d.h. spezielle Produkte in kleiner Serie zu produzieren, um eine ganz bestimmte Nachfrage zu treffen. Piore und Sabel stellen den Fordismus, den sie als die Verwendung von herkömmlich konstruierten Investitionsgütern zur Massenproduktion von Konsumgütern begreifen, der flexiblen Spezialisierung gegenüber, bei der Investitionsgüter aus Massenproduktion zur Fertigung von speziellen Produkten verwendet werden. Die Benetton-Ladenkette wird oft als ein Beispiel für den Einsatz von Computern angeführt, um die Nachfrage in kleinen City-Boutiquen auf die Produktion kleiner Betriebseinheiten in Italien abzustimmen.[8] Faktisch ist diese Technik auf eine ganze Reihe von Industrien anwendbar, und zwar sowohl auf typisch fordistische wie die Automobilindustrie (Toyota dient als Paradebeispiel) als auch auf prä-fordistische »Sunset Industries« wie z.B. die Möbel-, Textil-, Schuh- oder Keramik-Industrie (was in Italien eine große Rolle gespielt hat).

- Drittens eine Veränderung im Produktionsprozeß, die mit einer Verkleinerung der Produktionseinheiten einhergeht. Das kann etwa einen Zusammenschluß von kleinen Unternehmen bedeuten, die an einem bestimmten Ort gemeinsame Forschungslaboratorien, Konstruktionsbüros, Beratungs- oder Schulungszentren unterhalten, eventuell gefördert durch die Lokal- oder Regionalbehörden, wie dies in Italien, in Deutschland oder in Cambridge, England der Fall ist. Ein Alternativmodell sind Facharbeiter-Teams wie bei Toyota oder Volvo, deren Kenntnisse und Fähigkeiten sich, anders als im Falle der genormten Fließband-Aufgaben des fordistischen Paradigmas, auf den gesamten Produktionsprozeß beziehen. Getrübt werden muß dieses einigermaßen rosige Bild der Arbeit im Zeitalter nach Ford durch die Feststellung einer zunehmenden Dualisierung des Arbeitsmarktes, insbesondere in Japan, wo den privilegierten festangestellten Arbeitern in den Schlüsselindustrien ein Heer von schlechtbezahlten Arbeitern gegenübersteht, die mit kurzfristigen Verträgen in den Zulieferbetrieben beschäftigt sind – meist die große Masse der Älteren oder Frauen aus minoritären Gruppen (Koreaner oder Burakumin). Auch bleibt die Massenproduktion wichtig bei der Herstellung elektronischer Bauteile und in den Schwellenländern, wo es noch große Arbeitskraftreserven gibt und die niedrigen Lohnkosten ausgenutzt werden können.
- Viertens eine verminderte Vergeudung mit der Einführung von »Just-in-time«-Systemen auf der Basis von größerer Information. Das erlaubt eine verminderte Lagerhaltung und den Einsatz von kleineren Verkaufsstellen an mehr Orten gleichzeitig. Eine verbesserte Informationstechnik in bezug auf Produktion und Gestaltung macht es möglich, die Planung zu verbessern und die Energie-, Rohstoff- und Platzverschwendung einzuschränken. Das neue industrielle Entwicklungsmodell tendiert also zur Einsparung von Kapital und Ressourcen statt zur bloßen Einsparung von Arbeit (die den Fordismus charakterisiert hat).
- Schließlich verändert das neue industrielle Entwicklungsmodell auch den Dienstleistungssektor. Dazu gehört die Entwicklung von neuen Produkten wie den Heim-Unterhaltungsgeräten, die an die Stelle von Dienstleistungen wie Theater und Kino treten; weiter der technische Wandel in Dienst-

leistungen, die bis dato kaum von der Technologie erfaßt wurden, wie Behörden, Banken und Läden; sowie die Möglichkeit der Ausweitung von bereits bestehenden oder der Schaffung ganz neuer Dienstleistungen, etwa in den Bereichen von Umweltverschmutzung (Kontrollmessungen), Gesundheit (mit neuen diagnostischen Hilfsmitteln) oder Erziehung.

Dieses neue industrielle Entwicklungsmodell ist, wie sich zeigen läßt, aus sehr sozial- und institutionsspezifischen Bedingungen hervorgegangen, die der technischen Revolution auf dem Sektor der Mikroelektronik vorausgingen. In Japan entsprang es einer Verbindung von bestimmten Erfordernissen und Traditionen: dem Mangel an billigen einheimischen Rohstoffen, dem Fehlen großer Lagerflächen, einem kleinen Binnenmarkt, dem die Massenproduktion nicht recht entsprach, traditionellen Arbeiterkolonnen anstelle der im Westen eher typischen Qualifikationshierarchie, sowie langen Beschäftigungsgarantien.[9] Darüber hinaus hat die japanische Regierung, besonders das Handels- und Industrieministerium, eine entscheidende Rolle gespielt, indem es den Unternehmen half, ursprünglich amerikanische und später einheimische Technologie den japanischen Bedingungen anzupassen. Erreicht wurde dies mit Hilfe dessen, was man gelegentlich als horizontale und dezentrale Beziehungen zwischen »Familienbetrieben« beschrieben hat, d.h. durch die Gruppierung von Betrieben um ein bestimmtes Kernunternehmen.[10] Japan lag bei der Produktion von Informationstechnologien an vorderster Front, hat die USA im letzten Jahrzehnt bei der Herstellung von elektronischen Bauteilen, Telekommunikation und Büromaschinen/Datenverarbeitung übertrumpft und diese neuen, auf Elektronik basierenden Produktionstechniken auf ein breites Spektrum von Industrien angewendet. Der japanische Elektronik-Erfolg dürfte sich der Tatsache verdanken, daß Japan in der Unterhaltungselektronik (bei Fernseh- und Radiogeräten) bereits zu einem Zeitpunkt führend war, als die US-amerikanische Elektronikproduktion noch wesentlich mit dem militärischen Sektor verkoppelt war.

Obwohl die westeuropäischen Länder in der Fertigung elektronischer Produkte abgesehen von der Telekommunikation nicht allzu erfolgreich waren, haben einige von ihnen innovative Produktionsmethoden auf ihre traditionellen Spezialitäten angewandt: Westdeutschland (Werkzeugmaschinen und Elektrogeräte), Schweden (Industrieroboter, Konstruktionstechnik und Autos), die Schweiz (Uhren), Italien (Möbel, Textilien, Keramik usw.). Diese neuen Methoden wurden angesichts der japanischen Konkurrenz übernommen, waren aber wiederum das Resultat von günstigen einheimischen Bedingungen: sie verdanken sich dem Druck in Richtung auf Arbeiter-Mitbestimmung in Schweden und Westdeutschland, staatlichen Ausbildungshilfen, der staatlichen Förderung und Unterstützung von Forschung, Entwicklung und Marktforschung usw. Besonders wichtig war nach Piore/Sabel in Italien die Dezentralisierung der Industrie nach den Streikwellen Ende der sechziger Jahre und die Familientradition handwerklicher und kaufmännischer Tätigkeiten in Verbindung mit der Umsetzung von aktiven Entwicklungsstrategien durch linke Lokalbehörden.[11]

Die USA haben ihre führende Position in der Informationstechnologie eingebüßt. Ihr Anteil am gesamten Elektronikmarkt fiel zwischen 1965 und 1985 von 23 auf 19 Prozent. (Der Anteil Japans nahm von 13 auf 42 Prozent zu.) Die USA erlebten Mitte der achtziger Jahre ein Handelsdefizit bei allen Arten von Elektronik mit Ausnahme (dank der Überlegenheit von IBM) der Computer. Sogar bei der Büro/Datentechnik (die hauptsächlich aus Computern besteht) sank die Export/Import-Quote von 4,27 im Jahre 1975 auf 1,15 im Jahre 1985. Wichtiger noch ist, daß die USA, nicht anders als Großbritannien, offenbar große Schwierigkeiten hatten, die Produktionsmethoden in anderen Sektoren auf die neuen Bedingungen einzustellen. Man kann dies damit erklären, daß der institutionelle Rahmen und die Kultur fordistisch geprägt blieben. Das betrifft die gewerkschaftlichen Strukturen, die Qualifikationsprofile, das Verkehrsnetz und die Transportwege, die Energieverschwendung und das besonders hohe Niveau der Rüstungsausgaben.

Es wäre vielleicht falsch, wollte man sagen, daß es ein neues industrielles Entwicklungsmodell bereits gibt. Die Welt befindet sich vielmehr im Prozeß der Herausbildung eines neuen industriellen Entwicklungsmodells – welche Richtung es nimmt und welche Konsequenzen es zeitigen wird, hängt nach wie vor von politischen Entscheidungen ab, die noch nicht gefallen sind. Richtiger wäre es, zu sagen, daß in Japan und einigen westlichen Ländern ein neues Spektrum von Produktionsprozessen aufgekommen ist, die bestimmte Merkmale gemeinsam haben. Damit ist auch der Konsumtionsprozeß in bestimmter Hinsicht verändert worden; es hat beispielsweise zu einer stärkeren Diversifizierung des Konsums geführt und bestimmte Dienstleistungen wie das Bankwesen und den Einzelhandel revolutioniert – im großen und ganzen aber innerhalb des bestehenden Rahmens der häuslichen und staatlichen Nachfrage.

Tatsächlich gegeben hat es aber einen rapiden Produktionszuwachs in bestimmten Bereichen und manchen Ländern, der mit einem Rückgang der Produktivitätssteigerung in anderen Sektoren und Regionen einherging. Dies spiegelt sich in einem strukturellen Ungleichgewicht im Handel zwischen den USA auf der einen und Westeuropa und Japan auf der anderen Seite wider. Und hier liegt die Haupterklärung für die erneute Massenarbeitslosigkeit in den entwickelten Industrieländern, d.h. für das Wiederauftauchen von Überkapazitäten und für die Verlangsamung der durchschnittlichen Wachstumsraten im Vergleich zu den fünfziger und sechziger Jahren.

Das Problem liegt nicht einfach darin, wie sich die Nachfrage steigern läßt, sondern wie sich die geographische und soziale Zusammensetzung der Nachfrage umorientieren läßt. Und dabei handelt es sich eher um ein politisches Problem als um ein wirtschaftliches. Die gegenwärtige Zusammensetzung der Nachfrage ist international von der politischen Führungsrolle bestimmt, die die USA unter den entwickelten kapitalistischen Ländern ausüben. Innenpolitisch ist sie durch die politischen Prioritäten und die fiskalischen Strukturen der atlantizistischen Ära bestimmt, insbesondere durch die Dominanz des privaten Konsums und der Rüstungsausgaben.

Anders gesagt, genau wie in den dreißiger Jahren lassen sich auch die derzeitigen ökonomischen Probleme als ein Mißverhältnis von Produktion und Konsumtion oder von Angebot und Nachfrage beschreiben. Und dieses Mißverhältnis ist gleichzeitig eines zwischen dem industriellen Entwicklungsmodell und dem institutionellen Rahmen. Es ist demzufolge ein politisches Problem; es hat mit den Reproduktionsverhältnissen von staatlicher Autorität zu tun. Wenn wir die Krise der poststalinistischen Ökonomien als eine des Mangels beschreiben, als eine Krise der unangemessenen Produktion, die im Kern eine Krise der politischen Verhältnisse ist, so kann man die gegenwärtigen ökonomischen Probleme der kapitalistischen Länder einer unangemessenen Konsumtion zuschreiben, die gleichfalls ein Problem der politischen Verhältnisse ist. Diese Schlußfolgerung ist insofern paradox, als es die osteuropäischen Länder sind, in denen die Bedürfnisse unbefriedigt bleiben, während es die entwickelten kapitalistischen Länder sind, in denen die Menschen keine Arbeit haben.

Diese strukturelle Erklärung für die Stagnation und das Wiederauftauchen der Arbeitslosigkeit in den entwickelten kapitalistischen Ländern unterscheidet sich von einer anderen, die man die Schocktheorie der weltweiten Rezession nennen könnte. Demnach wären die Wirtschaftsprobleme des Westens durch eine Serie exogener Schocks verursacht: die Lohnkostenexplosion nach 1968, die beiden Ölschocks, den Zusammenbruch des Systems von Bretton Woods (d.h. des am Dollar orientierten Systems der festen Wechselkurse, das bis 1971

Bestand hatte), den Verfall der US-Lebensmittelreserven, die hohen Zinsen usw. Diese »Schocks« waren entweder Symptome der zugrundeliegenden Strukturprobleme, oder es hat sich um sonstige exogene Ereignisse gehandelt, die in anders gelagerten Situationen vielleicht nicht derartige Störungen verursacht hätten.

Der Zusammenbruch des atlantischen Kompromisses

Mit dem Niedergang des amerikanischen Modells industrieller Entwicklung verbindet sich die Erosion des Atlantizismus. Im 5.Kapitel habe ich gezeigt, daß der Atlantizismus eine Art Konzertierung der entwickelten kapitalistischen Länder war, ein Weg, auf dem sich Übereinstimmung und Kompromiß erzielen ließ und der in vierfacher Hinsicht einen institutionellen Rahmen für die Ausbreitung des Fordismus liefern konnte: Er stellte einen politischen Kompromiß zwischen den USA und Westeuropa her – eine Möglichkeit, den Eliten eine gemeinsame politische Perspektive zu geben, in der die Zustimmung zum Kalten Krieg mit der Bindung an den organisierten Kapitalismus verknüpft war; er lieferte das Fundament für das ökonomische Weltsystem – das System des freien, oder mehr oder weniger freien Handels; er begünstigte durch die integrierte Kommandostruktur und durch die gemeinsam formulierte Verteidigungsstrategie wie auch durch kulturelle Einflüsse den Aufbau einer fordistischen Infrastruktur und eines fordistischen Prioritätenkatalogs für die Regierungen der einzelnen Länder; und er stellte schließlich eine implizite Verständigung der entwickelten Industrieländer über ihre jeweiligen Einflußsphären dar. Der Niedergang des Fordismus war mit wachsenden Spannungen verbunden, die jeden dieser vier Aspekte des Atlantizismus betrafen.

US-Politik und europäische Politik

Als erstes ist der politische Kompromiß aufgeweicht. Die Studentenrevolten und die Welle der Arbeiterunruhen, die 1968 einsetzten, stellten eine Herausforderung von links dar. Auf der einen Seite hatten zwanzig Jahre des wirtschaftlichen Wachstums und Wohlstands die materiellen Erwartungen gesteigert. Auf der anderen Seite bedeutete die Selbstbeschränkung der Gewerkschaften auf materielle Ansprüche, daß Lohnforderungen in der Nachkriegszeit oftmals ein Weg waren, um eine tieferliegende, nie richtig artikulierte Unzufriedenheit mit der modernen Gesellschaft zum Ausdruck zu bringen. Wie Arbeiter ihre Ängste in Lohnforderungen hüllten, so kleideten die Studenten die ihren in die Sprache jener linken Gruppen, die aus dem Nachkriegskonsens ausgeschlossen blieben. Bewegungen, die einen Gefühlsausbruch darstellen, sind nicht unbedingt imstande, ihre Forderungen auf politisch relevante Weise zu formulieren – sie wenden sich auf der Suche nach eigenen Ausdrucksweisen oftmals zurück auf die Vergangenheit, wobei die Emotion durch die Tradition kanalisiert wird. Das heißt nicht etwa, daß es 1968 keine relevanten Forderungen gab; die Forderungen, die den Vietnamkrieg, die Art der Erziehung und andere Belange ansprachen, waren nicht nur wichtig, sie haben auch die Ideen einer ganzen Generation geformt. Es waren jedoch die siebziger Jahre mit dem Aufkommen der neuen, um ein einzelnes Thema gruppierten sozialen Bewegungen, in denen die Fragen der Frauen, der Umwelt, der Rolle des Staates, der Demokratie, des Konsums, des Militarismus so zusammengekommen sind, daß sie den Nährboden einer grundsätzlichen Kritik des Atlantizismus abgeben konnten.

Die Stabilisierung der Löhne machte jedoch Ende der sechziger, Anfang der siebziger Jahre die Forderungen der Arbeiter hinfällig. Mit dem Anstieg der Lebensmittel- und Ölpreise mündete dies wiederum in Preissteigerungen, und die Inflation wurde zur Grundlage für einen von rechts vorgetragenen Angriff auf den atlantischen Kompromiß, der Mitte der siebziger Jahre einsetzte. Der Versuch der Regierungen, mit den Auswirkungen des Ölschocks von 1973 fertigzuwerden, die Abwertung des Dollar und der weltweite Anstieg der Nahrungsmittelpreise hatte zur »Stagflation« geführt – einer Verbindung von Inflation mit Arbeitslosigkeit. Dies bot der Rechten Gelegenheit, unter Ausnutzung der Inflation und gewisser Kritiken von links an der überdimensionierten Staatstätigkeit ein neoliberales Programm zu präsentieren, das auf dem Monetarismus – in den USA als angebotsorientierte Wirtschaftspolitik bekannt –, der Deregulierung und einem starken Verteidigungssektor basierte. Es war ein Programm, das sich zur Rückgewinnung der Macht verwenden ließ, was vor allem im nordwestlichen Europa von Bedeutung war, wo die sozialdemokratischen und Labour-Parteien seit den sechziger Jahren mit nur kleineren Unterbrechungen an der Macht gewesen sind. Das Programm ließ sich auch verwenden, um die gewerkschaftliche Organisation zu unterminieren und zum Angriff auf die Neue Linke zu blasen – auf die »Marxisten in der Labour-Party«, wie Frau Thatcher zu sagen pflegte –, d.h. auf Soziologen und Universitätsphilosophen.

Tatsächlich war es die alte atlantische Linke, die britische Labour Party, die deutsche Sozialdemokratie und die Carter-Administration in den USA, die diesem Druck von rechts erlag und zuerst mit monetaristischen Zielsetzungen und, nach vielleicht einem Jahrzehnt mehr oder minder konstanter Verteidigungsetats, mit einer Steigerung der Rüstungsausgaben aufwartete.

Dies lief insofern dem ursprünglichen atlantischen Kompromiß zuwider, als es mit der Abkehr vom organisierten Kapitalismus, vom Staatsinterventionismus und vom Sozialstaat einherging. Was man von diesem Kompromiß aufrechterhielt, war das Element des Kalten Krieges: Die Politik der zu Beginn der achtziger Jahre an die Macht gelangten Rechtsregierungen hat sich deshalb in Westeuropa und in den USA unterschiedlich ausgewirkt. Die USA, schon immer mehr an »Warfare« als an »Welfare« orientiert, hatten die Verstaatlichungs- und Planungspolitik nie übernommen und konnten die Wirtschaft durch Rüstungsausgaben ankurbeln. Sie praktizierten faktisch einen Militärkeynesianismus, der die Gelder zur Finanzierung des Booms durch die hohen Zinsen anzog, die aus der Einführung monetaristischer Ziele resultierten. In Westeuropa waren dagegen die Programme der rechtsgerichteten Regierungen sehr viel stärker deflationistisch. Zugleich aber kamen die westeuropäischen Regierungen, besonders in Westdeutschland und in Italien (wo die staatlichen Strukturen stärker dezentralisiert waren) und in den kleineren Ländern, den Forderungen der neuen sozialen Bewegungen in Sachen Umwelt, Geschlechterverhältnisse, Arbeitermitbestimmung stärker entgegen.

Die Liberaldemokraten in den USA und die Sozialdemokratie im nordwestlichen Europa wurden aus diesen Gründen zu Beginn der achtziger Jahre von links und rechts gleichermaßen in die Zange genommen. Wie der erste Kalte Krieg zu einem Rechtsruck führte, so hat auch der Neue Kalte Krieg vergleichbare Folgen gezeitigt. Darüber hinaus hat der Niedergang des fordistischen Modells der industriellen Entwicklung zusammen mit der deflationistischen Politik die soziale Basis dieser Parteien – die traditionelle Facharbeiterschaft – ausgehöhlt, während der Angriff auf die Gewerkschaften zugleich ihre institutionelle Basis untergrub.

Die Erosion der Sozialdemokratie war vom Aufstieg der neuen sozialen Bewegungen, insbesondere der Friedensbewegung begleitet. Die soziale Basis dieser Bewegungen bildete vor allem die größer werdende Schicht der Angestellten, die teils mit dem anwachsenden Sozialstaat (Ärzte, Krankenschwestern, Lehrer, Dozenten, Sozialarbeiter), teils mit der Zunahme informationsverarbeitender Tätigkeiten entstanden war. Sie kritisierten den ursprünglichen atlantischen Kompromiß nicht wegen der Bindung an den organisierten Kapitalismus, wohl aber wegen der Politik des Kalten Krieges. In der Kampagne gegen die atomaren Mittelstreckenraketen, die gewissermaßen als ein Katalysator für alle möglichen in den siebziger Jahren aufgekommenen »single-issue groups« fungierte, ging es um das atlantische Verhältnis und um das Selbstbestimmungsrecht Europas.

Den wichtigsten Zugang zur Politik bildeten für diese Bewegungen die sozialdemokratischen oder Labour-Parteien, in den USA die »Demokraten«. (In einigen Ländern, besonders in Westdeutschland, entstanden Grüne Parteien.) Damit war der Kollaps des atlantischen Politik-Kompromisses auch eine Krise der Linken. Gingen diese Parteien zu einer Politik gegen den Kalten Krieg über, so taten sie dies eher halbherzig und ohne Überzeugungskraft, womit sie ihre Glaubwürdigkeit beim Wähler verspielten. Gelang es ihnen nicht, den Kalten Krieg politisch zu bekämpfen, so verloren sie den inneren Rückhalt bei ihren Anhängern und Aktiven.

Etwas anders lagen die Dinge, wie schon in den vierziger Jahren, im südlichen Europa. Hier war es die Basis der Kommunistischen Parteien, die erodierte. Zu Beginn der achtziger Jahre gelangten sozialistische Parteien, oftmals stark beeinflußt von den neuen sozialen Bewegungen, in allen südeuropäischen Ländern (natürlich nicht in der Türkei) an die Macht. Die französischen Sozialisten waren von der Neuen Linken stark inspiriert. Die spanischen und griechischen Sozialisten waren stark durch die Friedensbewegung beeinflußt und kamen mit Wahlplattformen an die Macht, die den Ausstieg aus der Nato und atomwaffenfreie Zonen auf dem Balkan und der iberischen Halbinsel in Aussicht stellten. Vielleicht lag es daran, daß die Südeuropäer stets mehr passive als aktive Subjekte des atlantischen Kompromisses gewesen sind, daß diese Parteien, einmal an der Macht, über kurz oder lang fast immer auf die Linie des Neuen Kalten Krieges eingeschwenkt sind, indem sie sich der Stationierung der eurostrategischen Raketen nicht widersetzten und sich mit neoliberalen Innenpolitiken arrangiert haben.[12]

Die aufkommenden Differenzen in der Betrachtungsweise zwischen den amerikanischen und westeuropäischen Eliten und innerhalb Westeuropas fanden ihren Ausdruck in Diskussionen über die Frage der Nuklearbewaffnung. Die westeuropäischen Regierungen beharrten ebenso wie die US-Administrationen darauf, daß der atomare Schutzschirm der USA einen Ausdruck des atlantischen Zusammenhalts darstellt. Sie machten jedoch geltend, daß die »angemessene Reaktion« eine Strategie der Abschreckung ist – Atomwaffen seien nicht einsetzbar, ohne die Gefahr der Ausweitung zu einem umfassenden Atomkrieg in Kauf zu nehmen. Dies würde die USA und Westeuropa gewissermaßen zu gleichberechtigten Partnern machen. Indem die USA wiederum sich zunehmend auf Strategien zur Führung eines Atomkrieges verlegten, in der Annahme, ihn auf Europa begrenzen zu können, pochten sie auf die amerikanische Vorherrschaft (dazu Kapitel 11).

Das Ende von Bretton Woods

Der Atlantizismus hat zweitens deshalb zur Verbreitung des Fordismus beigetragen, weil die Weltwirtschaftsordnung auf ihm basierte. In den siebziger und achtziger Jahren begann sowohl der Zerfall des Systems von Bretton Woods wie das Ende der Handelsfreiheit.

Die unmittelbare Ursache für den Zusammenbruch der Währungsordnung von Bretton Woods lieferten die Kosten des Vietnamkriegs und der *Great Society* von Präsident Johnson. Das System von Bretton Woods war jedoch immer mit dem Widerspruch behaftet gewesen, daß die Herstellung internationaler Liquidität (das Ausgeben von Dollars in Übersee) die Rolle des Dollar als internationale Leitwährung beeinträchtigen mußte.[13] Solange die USA sich einer überschüssigen Handelsbilanz erfreuten, blieb das Vertrauen in den Dollar erhalten. Es herrschte die Auffassung, die USA könnten sich das Netz überseeischer Militärstützpunkte, hohe Ausgaben für Militär- und Wirtschaftshilfen sowie Auslandsinvestitionen in großem Stil erlauben, weil die abfließenden Dollars durch den Kauf von amerikanischen Gütern wieder zurückfließen. Als die Wettbewerbsfähigkeit amerikanischer Hersteller zurückging, wurden die Dollars indes mehr und mehr für Güter aus Japan und Westeuropa ausgegeben. Im Jahre 1950 beliefen die Gold- und Devisenreserven der USA sich auf 24,3 Milliarden Dollar, die von Deutschland, Italien und Japan betrugen zusammengenommen 1,4 Milliarden Dollar. 1970 waren die US-Reserven auf 14,5 Milliarden zurückgegangen, während die Rücklagen von Deutschland, Italien und Japan auf 23,8 Milliarden Dollar angestiegen waren.

Die Leitfunktion des Dollar beruhte wesentlich darauf, daß die westeuropäischen und japanischen Regierungen bereit waren, die amerikanischen Zahlungsdefizite zu tolerieren und Dollarreserven anzulegen. De Gaulle sprach vom »ungeheuren Privileg« der Amerikaner, daß sie durch das System große Zahlungsbilanzdefizite unterhalten konnten, während der Rest der Welt feste Wechselkurse zu akzeptieren hatte. Er unternahm deshalb Mitte der 60er Jahre einen Vorstoß zugunsten der Rückkehr zum Goldstandard. Westeuropäer und Japaner haben dadurch, daß sie sich zum Bereithalten von Dollarreserven verpflichteten, faktisch den Vietnamkrieg finanziert. Am Ende ist es dann die Weigerung der westdeutschen Regierung gewesen,

Milliarden von spekulativ nach Westdeutschland einströmenden Dollars aufzukaufen, die Nixon am 15. August 1971 dazu veranlaßte, die Konvertibilität des Dollar aufzuheben. 1973 waren alle bedeutenden Währungen von festen Wechselkursen abgegangen. Bei einer 1973 in Kingston/Jamaika abgehaltenen Zusammenkunft der führenden Mitgliedsländer des IWF wurde vereinbart, den freien Wechselkurs zu legalisieren, die Funktion des Goldes einzuschränken und die IWF-Quoten anzuheben.

Allerdings ist auch das neue System der frei flottierenden Wechselkurse nicht vor dem US-Mißbrauch gefeit. Mit der Einschränkung der Goldfunktion hat die Bedeutung des Dollar als internationale Währung sogar noch zugenommen, obwohl die Bildung des Europäischen Währungssystems den westeuropäischen Währungen, insbesondere der D-Mark, eine größere Rolle zu spielen ermöglicht, und obwohl auch der Yen wichtiger geworden ist. In den siebziger Jahren ist die Liquidität weltweit enorm gestiegen. Der Markt für Eurodollars hat sich aus der Verbindung von US-Defiziten und OECD-Überschüssen gebildet und ist durch die Zunahme des multinationalen Bankensystems, die Deregulierung und aufgrund der neuen Bank-Technologien, die die Anzahl der Transaktionen in die Höhe schnellen ließen, rasch expandiert.[14] Der Liquiditätsanstieg bedeutete eine Zunahme der Spekulationstätigkeit, so daß die Kapitalflüsse die Handelsströme weit überstiegen. Dies trug zur Instabilität der Wechselkurse bei und ließ den weltweiten Schuldenberg anwachsen, insbesondere den Anteil der Länder in der Dritten Welt und Osteuropa.

Im System der freien Wechselkurse genossen die USA nach wie vor ihr »ungeheures Privileg«. Die Zahlungsbilanz verbesserte sich unter Nixon dank des Anstiegs der Nahrungsmittelpreise (verursacht durch den Rückgang der Lagerbestände, teils wegen der sowjetischen Getreidekäufe, und weil die Nahrungsmittelhilfe für die Dritte Welt durch Lebensmittelverkäufe ersetzt wurde), des Anstiegs der Ölpreise (die Westeuropa und Japan aufgrund ihrer größeren Abhängigkeit stärker trafen als die USA), der Zunahme der Rüstungsverkäufe (ein Ergebnis sowohl der Nixon-Doktrin, die regionale Stellvertreter wie den Iran aufbaute, als auch des Rückgangs der Militärhilfe) und der Dollar-Abwertung. Die Kosten für die Verbesserung der amerikanischen Zahlungsbilanz wurden also von Westeuropa, Japan und der Dritten Welt getragen.

Die Carter-Regierung stand sehr unter dem Einfluß der sogenannten Trilaterale, die von David Rockefeller ins Leben gerufen wurde, damit sich die Eliten aus Westeuropa, Japan und den Vereinigten Staaten über

Außenpolitik verständigen und dem westlichen Bündnis neue Impulse geben. Es wurden deshalb gewisse Anstrengungen unternommen, um den Dollar zu stabilisieren und die Entwicklungshilfe zu steigern, doch war dies innenpolitisch nicht von einem Rückgang der Inflation begleitet. Die Carter-Administration war die kurze Rückkehr zur Zuversicht des liberalen Atlantizismus zu einem Zeitpunkt, als dessen Bedingungen – die beherrschende Rolle des amerikanischen Modells der industriellen Entwicklung – nicht mehr gegeben waren. Während die Europäer und Japaner Zurückhaltung demonstrierten, propagierte die Carter-Regierung die »Lokomotiven-Theorie« einer globalen Genesung mit der Vorstellung, daß die US-Expansion die Welt aus der Rezession ziehen würde.

Das Ergebnis bestand in neuerlichen Defiziten, in Inflation, steigenden Zinsen und Goldpreisen sowie, nach dem Fall des Iran, dem zweiten Ölschock. (In den siebziger Jahren hielt die US-Regierung, möglicherweise aufgrund fordistischer Prädispositionen, die Ölpreise auf dem Binnenmarkt niedrig. Während Westeuropa und Japan zu ausgedehnten Energiesparmaßnahmen übergingen und damit die Voraussagen über den weltweiten Energiebedarf über den Haufen warfen, wurden die USA vom Öl sehr viel abhängiger.)

Die von der Reagan-Administration eingeführte Politik der hohen Verteidigungsausgaben, der Steuersenkungen und währungspolitischen Maßnahmen führte zu hohen Haushaltsdefiziten und beständig wachsenden Defiziten in der Zahlungsbilanz. Das Defizit in der Handelsbilanz schnellte von 8,4 Milliarden Dollar im Jahr 1979 auf 141,9 Milliarden im Jahr 1987. Die amerikanische Aufrüstung und der Boom im privaten Verbrauch wurden infolgedessen mit Darlehen aus Westeuropa und Japan und mit den zurückgezahlten Schulden der übrigen Welt finanziert. Die USA waren das einzige Land, das den Forderungen nach »struktureller Anpassung« seitens des IWF und der internationalen Bankenwelt nicht unterlag – niemand klopfte den Amerikanern auf die Finger und fragte, ob sie sich die MX-Raketen, den B-1-Bomber, das SDI-Programm oder das Yuppie-Geschäftsgebaren tatsächlich leisten konnten. Tatsächlich präsidierte die Reagan-Administration einer politischen Umverteilung des gesamten Weltprodukts zugunsten der Vereinigten Staaten.

In Reagans zweiter Amtszeit wurden vor allem nach dem Wall-Street-Krach von 1987 einige Anstrengungen von der damaligen G 5, d.h. der Gruppe der fünf wichtigsten Industrieländer (jetzt G 7) unternommen, um die Wechselkurse zu stabilisieren. Doch niemand konnte sich zu einer Reform des System entschließen. Die USA, die die

Folgen einer Deflationspolitik fürchteten, wollten die Last der Anpassung den Überschuß-Ländern aufdrücken. Die Westeuropäer und Japaner wollten die USA zu Gegenmaßnahmen drängen, doch die Amerikaner entgegneten mit Recht, daß dies eine weltweite Rezession zur Folge hätte.

Die Geschichte, die der freie Welthandel erlebte, sieht nicht viel anders aus. Die GATT-Verhandlungen wurden in den siebziger Jahren mit der Tokio-Runde fortgesetzt und in den achtziger Jahren mit der Uruguay-Runde in der Tat zum Abschluß gebracht. Der Tokio-Runde gelang es, weitere Zollsenkungen zu erreichen, doch wurde dieser Gewinn (wenn denn Freihandel ein Gewinn ist) zuerst durch das Anwachsen nichttarifärer Handelshemmnisse kassiert, von denen in erster Linie fordistische und präfordistische Produkte betroffen waren, und als nächstes dann durch die Zunahme von postfordistischen Dienstleistungen – hauptsächlich im Geldwesen und der Telekommunikation –, die den GATT-Vereinbarungen nicht unterlagen und die nach Schätzungen mittlerweile ein Viertel des Welthandels ausmachen. Zu den nichttarifären Handelshemmnissen gehörten freiwillige Ausfuhrbeschränkungen bei Textilien, Stahl, im Schiffs- und Automobilbau und bei elektronischen Konsumgütern; Maßnahmen gegen Preisbrecher; Ausgleichsabgaben; dazu vielfältige Sonderregelungen in den einzelnen Ländern. Der durch zwischenstaatliche Abkommen organisierte Handel nahm zwischen 1974 und 1982 von 13 auf 30 Prozent zu. Die Reagan-Administration ging, wie es gelegentlich heißt, zum »aggressiven Unilateralismus« über,[15] indem sie von anderen Regierungen Konzessionen forderte, etwa freiwillige Ausfuhrbeschränkungen oder die Revision der EG-Agrarpolitik. Das Beharren der USA auf der Einschränkung von Hochtechnologie-Exporten in die Sowjetunion und nach Osteuropa ging mehr zu Lasten Westeuropas, das im Ost-West-Handel stärker engagiert war als die USA selbst.

Innenpolitische Bedingungen

Ein drittes Merkmal des Atlantizismus lag in den Einflüssen, die der Kalte Krieg auf die innenpolitischen Prioritäten, die gesellschaftlichen Institutionen und die materielle Infrastruktur ausgeübt hat. Man kann feststellen, daß die innenpolitischen Prioritäten der Vereinigten Staaten und diejenigen Westeuropas in den siebziger Jahren zunehmend divergierten (vgl. Tab. 9.2). In den sechziger Jahren war der Anteil, den der private Verbrauch und die Rüstungsausgaben am gesamten Nationaleinkommen haben, ungefähr gleich gewesen. In den siebziger und achtziger Jahren ist der Anteil des privaten Verbrauchs am

Tab.9.2 Struktur der Endnachfrage USA und EG (% vom Bruttoinlandsprodukt)

	Privater Endverbrauch		Endverbrauch des Staates (mit Verteidigung)		Sozialleistungen		Laufende Staatsausgaben		Bruttoinvestitionen		Verteidigungsanteil in % am Bruttosozialprodukt	
	USA	EG	USA	EG	USA	EG	USA	EG	USA	EG	USA	Europ. Nato-Länder
1960-67	62.6	61.5	17.8	14.7	5.5	11.4	26.3	30.4	18.0	22.0	5.7*	4.5*
1968-73	62.3	59.4	18.7	15.6	7.8	13.4	29.7	34.0	18.3	22.6	5.0	3.3
1974-79	63.3	59.6	18.3	17.8	10.6	16.8	32.1	41.1	18.3	21.1	5.4	3.7
1980-83	64.6	60.5	18.8	19.2	11.7	18.8	35.3	45.9	17.4	19.8	6.1	3.8
1984-87	64.7	61.1	19.3	18.4	**	**	36.7	49.4	18.6	21.0	6.5	3.5

* 1965-67 ** nicht verfügbar

Quellen: *OECD Economic Outlook, Historical Statistics 1960-83* (Paris, 1985); *OECD Economic Outlook* 44, Dezember 1988 (Paris, 1988).
Für die Verteidigungsausgaben: US Arms Control and Disarmament Agency, *World Military Expenditures and Arms Transfers 1965-74* (Washington DC, 1975) und *World Military Expenditure and Arms Trade 1988* (Washington DC, 1988).

Bruttoinlandsprodukt in Westeuropa gesunken, während er in den USA bedeutend stieg. In Westeuropa ist dagegen der Anteil der Staatsausgaben für Erziehung und Bildung, Wissenschaft und Technologie, Gesundheit, Umwelt usw. am Bruttoinlandsprodukt beträchtlich angestiegen, während er in den USA ungefähr konstant blieb. Sowohl in den Vereinigten Staaten wie in Westeuropa ist der Anteil der Rüstungsausgaben am Bruttosozialprodukt (in Tab. 9.2 in den Zahlen für den Staatsverbrauch enthalten) Anfang der siebziger Jahre zurückgegangen, in den USA allerdings sehr viel weniger als in Westeuropa.

Die Politik, die mit dem Neuen Kalten Krieg Anfang der achtziger Jahre verbunden war, führte in den USA wie in Westeuropa zu einem höheren Anteil der Rüstungsausgaben und des privaten Verbrauchs am Bruttoinlandsprodukt und ließ die Sozialausgaben stagnieren oder sogar zurückgehen. Das Ethos des Neuen Kalten Krieges – gegen Staatsausgaben, für höhere Verteidigungsanstrengungen – spiegelte sich darin wider. Mit anderen Worten, die Schere zwischen »Warfare« und »Welfare« hat sich in den siebziger Jahren hier wie dort weiter geöffnet. In den achtziger Jahren hat die Politik des Neuen Kalten Krieges diesen Trend zeitweise umgekehrt, doch hat er sich insgesamt fortgesetzt, wobei nicht alle europäischen Länder in gleichem Maße diesen Divergenzen unterlagen. So sind Großbritannien und Frankreich in ihren innenpolitischen Prioritäten näher bei den Vereinigten Staaten geblieben, während Westdeutschland, Italien, die Benelux- und die skandinavischen Länder sich weiter davon entfernten.

Ähnliche Divergenzen lassen sich in der Energiepolitik feststellen (die westeuropäischen Länder legten auf den sparsamen Verbrauch mehr Wert als die USA), in der gewerkschaftlichen Organisation und in der Technologiepolitik. Während es mit den traditionellen Arbeiter-Organisationen in Westeuropa wie in den USA bergab ging, gab es in einigen westeuropäischen Ländern wie zum Beispiel der BRD und Italien insgesamt eine Zunahme der gewerkschaftlichen Organisation, weil die Angestelltengewerkschaften gewachsen sind. In Westdeutschland liegt der gewerkschaftliche Organisationsgrad bei 46 Prozent.[16] Desgleichen waren die Gewerkschaften weniger ökonomistisch orientiert und erweiterten ihre Forderungen auf solche Fragen wie die Mitbestimmung am Arbeitsplatz, Rüstungskonversion, Frauenarbeit, Umweltverträglichkeit usw. Auch hier dürfte der mit dem Neuen Kalten Krieg verbundene Rechtsruck diese Entwicklungen eingeschränkt haben.

In der Technologiepolitik gibt es gleichfalls große Unterschiede. Mit Ausnahme von Frankreich und Großbritannien erhöhten die westeuropäischen Länder den Ausgabenanteil für nicht-militärische Forschung und Entwicklung am Bruttosozialprodukt und konzentrierten sich darüber hinaus stärker auf die allgemeine Technologieförderung als auf militärische oder quasi-militärische Großprojekte.[17] Demgegenüber läßt sich die Tatsache, daß die Amerikaner sich zu Beginn der achtziger Jahre erneut der Militärtechnik zuwandten, ebenfalls als eine Art von Industriepolitik interpretieren. Aktionen wie die Strategische Verteidigungsinitiative SDI (»Krieg der Sterne«) können als Anstrengungen begriffen werden, die neuen Informationstechnologien im fordistischen Rahmen zu halten (dazu näheres in Kapitel 12).[18]

Die Aufteilung der Einflußsphären

Schließlich geriet in den siebziger und achtziger Jahren die Übereinkunft zur Respektierung der jeweiligen Interessensphären in eine Belastungsprobe. Ende der sechziger Jahre haben die sozialdemokratischen und Labour-Regierungen die Kriegsanstrengungen in Vietnam widerwillig unterstützt. Mit dem Aufkommen der Bewegung gegen den Vietnamkrieg wurde aber in einzelnen westeuropäischen Regierungen auch Kritik an den Vereinigten Staaten laut.

Der Nahostkrieg von 1973 machte den ersten ernsthaften Riß in den atlantischen Beziehungen zur Dritten Welt seit der Suezkrise 1956 sichtbar. Westdeutschland untersagte den Transport amerikanischer Militärausrüstung von deutschen US-Stützpunkten nach Israel – ein Schritt, der möglicherweise nicht ganz rechtens war und den US-Außenminister Schlesinger dazu brachte, eine Überprüfung der militärischen und diplomatischen Bündnispflichten gegenüber Westdeutschland anzudrohen. Außer Portugal verweigerten alle europäischen Nato-Mitglieder amerikanischen Flugzeugen mit Waffen für Israel die Landeerlaubnis. Der von Nixon angekündigte Atom-Alarm wurde als ein dreister Versuch betrachtet, Westeuropäer und andere an ihre existentielle Abhängigkeit von den Vereinigten Staaten zu erinnern; er stellte die konsensuelle Grundlage der atlantischen Beziehungen in Frage.[19]

Die Reaktion auf den Nahostkrieg ist teilweise vielleicht deshalb so stark gewesen, weil die europäischen Führer hier ausdrücken konnten, was sie in den Jahren des Vietnamkriegs nicht auszudrücken vermochten. Generell sind die siebziger Jahre eine Zeit des amerikanischen Rückzugs von der Dritten Welt gewesen. Es war die Zeit, die durch das »Vietnam-Syndrom« charakterisiert war, bestehend aus einer anti-interventionistisch gesinnten US-Öffentlichkeit und einer Reihe von Einschränkungen, die der Kongreß amerikanischen Militärinterventionen auferlegte.

Die Revolutionen, die in den siebziger Jahren nach dem US-Rückzug aus Indochina in der Dritten Welt stattfanden, die portugiesische Revolution, der Sturz des Kaisers Haile Selassie und des Schahs von Persien lieferten der amerikanischen Rechten die Basis, um die Entspannungspolitik einer Kritik zu unterziehen. Sprachrohr dieser Kritik war in der US-Administration Brzezinski mit seiner Sorge um den sogenannten »Krisenbogen«. Die sowjetische Intervention in Afghanistan war ein Wendepunkt. Am 23.Januar 1980 gab Präsident Carter mit Formulierungen, die an die Truman-Doktrin von 1947 erinnerten, seinen Entschluß zur Verteidigung des Persischen Golfs bekannt.

Die Reagan-Administration schlug der Dritten Welt gegenüber eine sehr viel aggressivere Politik an. Die militärische Unterstützung nahm ungleich schneller zu als die wirtschaftliche. Den »Freiheitskämpfern« in Nicaragua, Kambodscha, Angola und Afghanistan ließ man offene oder verdeckte Unterstützung zukommen, desgleichen solchen Regimen, die – wie in El Salvador und Guatemala – mit Aufständen konfrontiert waren. Die militärischen Interventionsmöglichkeiten wurden mit dem Ausbau der von Präsident Carter geschaffenen Schnellen Eingreiftruppe, einer verbesserten Stützpunkt-Infrastruktur am Golf und in Mittelamerika und durch vermehrte Manöver und Militärübungen an den Grenzen von Dritte-Welt-Staaten erheblich ausgeweitet. Die neue taktische Heeresdoktrin *AirLand Battle* und die neue Seegefechtsstrategie der Marine integrierten konventionelle, atomare und chemische Gefechtsmethoden und betonten verstärkt die Offensive; sie wurden ausdrücklich sowohl für das Eingreifen in der Dritten Welt wie für die Schauplätze in Europa und im Pazifik konzipiert. Die Theorie des *Low Intensity Conflict* (Konflikt niedriger Intensität) lieferte schließlich eine Strategie für den Umgang mit Revolutionen in der Dritten Welt, die man aus dem Studium der amerikanischen Mißerfolge in Vietnam entwickelt hatte.

Präsident Reagan verkündete wacker, das Vietnam-Syndrom sei eine »zeitweilige Verirrung« gewesen.[20] Gleichzeitig blieben aber die tatsächlichen Interventionen begrenzt und beschränkten sich meist auf das Bombardement aus der Luft oder von See. Daß die Intervention 1987 in Grenada, die eine linksgerichtete Regierung beseitigte, und die Luftangriffe auf Libyen, vorgeblich zur Bestrafung des staatlich finanzierten Terrorismus, innenpolitisch populär gewesen sind, lag daran, daß es sich um schnelle Operationen handelte, die offensichtlich erfolgreich waren. Sie blieben auf der Ebene des psychologischen Spektakels und sollten die Fähigkeit demonstrieren, militärische Macht auszüben. »Klar ist«, sagte US-Außenminister Schultz nach dem Luftangriff auf Libyen, »daß die USA unter bestimmten Umständen zu militärischen Aktionen greifen werden. Das haben wir gezeigt, und das ist sehr wichtig.«[21]

Die Theorie des »Konflikts niedriger Intensität« sollte in Vietnam-ähnlichen Situationen eine effektivere Kampfmethode erlauben als die direkte Intervention.[22] Doch ist dies möglicherweise nur eine Rationalisierung für indirekte Formen der Intervention, d.h. faktisch für Strafaktionen, in der Dritten Welt gewesen. Die Verbindung des *low intensity conflict* mit der Reaganschen Wirtschaftspolitik, speziell der Hochzinspolitik, ist einer der Hauptgründe für den tragischen Kreislauf von Armut, Verschuldung, Hunger und Gewalt gewesen, der die Dritte Welt in den achtziger Jahren charakterisierte.

Westeuropäische Regierungen hielten zum amerikanischen »Unilateralismus« gegenüber der Dritten Welt Distanz, hätten sich allerdings durchaus noch weiter distanzieren können. Frankreich und Großbritannien schlossen sich den USA darin an, daß sie den Out-of-area-Einsatz ihrer Streitkräfte befürworteten, was im Falkland/Malvinas-Krieg und in der französischen Intervention im Tschad kulminierte, zwei Aktionen, die mit dem impliziten Rückhalt der Vereinigten Staaten durchgeführt wurden. Darüber hinaus waren alle westeuropäischen Regierungen, insbesondere die britische und französische, wichtige Waffenexporteure.

Trotzdem gaben die westeuropäischen Länder mehr Wirtschaftshilfe, gemessen an ihrem Bruttosozialprodukt, und waren auch zu einer Kritik der US-Politik in Mittelamerika bereit. Sie standen mit Ausnahme Großbritanniens der Intervention in Grenada kritisch gegenüber und verweigerten die Lande- und Überflugrechte für die Überfälle auf Libyen; diese öffentlich bezogenen Haltungen erhielten auch breite öffentliche Unterstützung. Zu eigenständigen Initiativen, um die Schuldenlast der Dritten Welt zu verringern, waren sie aber nicht in der Lage.

Entspannung und Neuer Kalter Krieg

Entspannungspolitik und Neuer Kalter Krieg lassen sich als unterschiedliche Methoden im Gerangel um die besten Ausgangspositionen in einem post-atlantizistischen Weltsystem betrachten. Die Entspannungspolitik bildete eine in höherem Maße gleichberechtigte Partnerschaft zwischen Westeuropa und den USA aus; der Neue Kalte Krieg war eine Möglichkeit zur Wiederherstellung der amerikanischen

Führungsrolle. (Das heißt natürlich nicht, daß diese jeweilige Politik oder Haltung von denen, die sie betrieben, tatsächlich so aufgefaßt wurde; es handelt sich vielmehr um eine nachträgliche Interpretation, was diese Politik jeweils praktisch bedeutet hat.)

Die Entspannungspolitik war eine in erster Linie europäische Initiative. Sie wurde von denjenigen politischen Kräften ergriffen, die am ursprünglichen atlantischen Handel nicht beteiligt worden waren – dem Gaullismus und der deutschen Sozialdemokratie. De Gaulles Annäherungsversuche an Moskau waren Teil seiner Bemühungen, die französische Souveränität neu zu bekräftigen. Aus demselben Grund zog sich de Gaulle auch aus der integrierten Kommandostruktur der Nato zurück; Kissinger und Nixon erklärte er bei ihrem ersten Europabesuch, Frankreich würde ein verläßlicherer Partner sein, wenn es selbst für seine Verteidigung verantwortlich wäre und damit nach zwei Niederlagen seine Ehre zurückgewinnen könne.[23] Die deutschen Sozialdemokraten hatten sich 1959 zum Atlantizismus bekannt, was die Voraussetzung für ihren Eintritt in eine Koalitionsregierung im Jahre 1966 war. Nichtsdestoweniger blieb die deutsche Frage ein zentrales Thema, besonders für alle, die aus Berlin kamen oder dort lebten. In einem leidenschaftlichen Artikel, der zwanzig Jahre nach dem Bau der Berliner Mauer verfaßt wurde,[24] beschreibt Egon Bahr, wie die Sozialdemokraten den Raum, den die zwei Supermächte durch ihre Unbeweglichkeit ließen, zu nutzen versuchten, um »die Mauer durchlässiger zu machen«, wie sie eine neue Sprache für die Beziehungen zwischen den zwei deutschen Staaten entwickelt haben, die das Etikett »Zonenregime« durch den neutraleren Ausdruck »die andere Seite« ersetzte, und wie »die Verantwortung eine Zwillingsschwester erhalten hat: die Selbstbestimmung«.[25] Bis zur Ostpolitik von Willy Brandt stand die deutsche Außenpolitik mehr oder minder unter amerikanischer Kontrolle; man ergriff keine eigene Initiative ohne Zustimmung der USA.[26] Das Gewaltverzichtsabkommen mit der Sowjetunion im Jahre 1970, der im selben Jahr unterzeichnete Warschauer Vertrag, mit dem die Oder-Neiße-Grenze anerkannt wurde, das Viermächteabkommen über Berlin 1971 und schließlich die Brandtsche Formel von den zwei Staaten einer gemeinsamen deutschen Nation, die faktisch auf die wechselseitige Anerkennung hinauslief und im Grundlagenvertrag von 1972 ihren Ausdruck fand, haben die unerledigten europäischen Fragen, die der Zweite Weltkrieg hinterließ, mehr oder weniger geregelt und waren ein schöpferischer Durchbruch in der Sackgasse des Kalten Krieges. Diese Abkommen bereiteten den Weg zur amerikanisch-sowjetischen Entspannung und zur Schlußakte von Helsinki.

Die Entspannungspolitik war damit für Politiker wie Brandt und de Gaulle auch eine Art Rehabilitierung Europas.[27] Auch die britische Regierung und die kleineren europäischen Regierungen haben sich für die Entspannung begeistert. Sie standen unter der Wirkung der ersten Nachkriegs-Protestwelle gegen die Atombewaffnung Ende der fünfziger, Anfang der sechziger Jahre, die in Großbritannien und Skandinavien besonders stark gewesen ist. Tatsächlich hat die Entspannungspolitik den westeuropäischen Regierungen die Möglichkeit gegeben, auf innenpolitischen Druck zu reagieren. Es war nicht nur so, daß der Zwang der militärischen Verpflichtungen nachließ. Es war auch so, daß die Lockerung in der äußeren Konfrontation eine größere Toleranz gegenüber sozialkritischen Bewegungen erlaubt hat. Der Marxismus wurde salonfähig; es war die Zeit der Neuen Linken, die Zeit der Frauenbewegung und der beginnenden Ökologiebewegung. Und das Aufkommen dieser Bewegungen erklärt zusammen mit einer veränderten Rolle der Gewerkschaften zumindest teilweise die Verschiebung der innenpolitischen Prioritäten – hin zum Sozialstaat, zu Umwelt und Bildung etc. –, wie sie sich in den Staatsausgaben ausdrückt.

Aus demselben Grund ist die leidenschaftliche Hinwendung zur Politik des Kalten Krieg seitens der westeuropäischen Rechten eine Reaktion auf die Zunahme linker, sozialkritischer Ideen gewesen. Solche Vorstellungen wurden nach wie vor mit Sozialismus, staatlicher Gängelei und der Sowjetunion auf einen Haufen geworfen. Mit Einschnitten in den Staatsausgaben und einer Neuauflage der Ideologie des Kalten Krieges blies man zum Angriff auf die neuen sozialen Bewegungen wie auf die traditionelle Linke.

Die Entspannungspolitik hat für Europa sehr viel mehr bedeutet als für die Vereinigten Staaten. Auch wenn der Ost-West-Handel wirtschaftlich wohl keine große Bedeutung hatte (außer vielleicht für Westdeutschland), so war Entspannung doch gleichbedeutend mit zunehmender Verständigung – mit Familienzusammenführung, mehr Tourismus, einem größeren Wissenschafts- und Kulturaustausch –, und sie bedeutete, daß ein neuer Sinn für europäische Identität aufkam. All dies war für die zwei deutschen Staaten von besonderer Bedeutung. Wenn die Helsinki-Schlußakte die Bildung von Menschenrechtsgruppen in Osteuropa ermutigt hat und diesen eine gewisse Hoffnung vermittelte, so ist andererseits auch die westeuropäische Friedensbewegung, die im Kontext des erneuerten Kalten Krieges aufkam, das Kind von Helsinki gewesen – eine Entscheidung für das Festhalten an den Errungenschaften der Entspannungsperiode. Beide

Bewegungen ließen sich auf ihre je unterschiedliche Weise als Bewegungen für mehr Selbstbestimmung auffassen.

Die westeuropäischen Regierungen haben am Neuen Kalten Krieg teilgenommen, auch wenn sie es mit der wichtigen Ausnahme von Frau Thatcher weniger hingebungsvoll als die USA taten. Der Entspannung zum Trotz blieben sie dem Bündnis verpflichtet und hielten wie Brandt und Bahr an der Überzeugung fest, daß die Entspannungspolitik vom militärischen Gleichgewicht abhängt. Die Entscheidung zur Stationierung von Pershing- und Cruise-Raketen wurde deshalb beiderseits des Atlantik als Wiederherstellung der Einheit des Bündnisses nach den Meinungsverschiedenheiten der siebziger Jahre betrachtet, obwohl die Auffassungen über die Wege zu diesem Ziel sehr auseinandergingen. Die westeuropäischen Regierungen wurden daher gleichermaßen durch ihre Verpflichtung auf den Atlantizismus mitgezogen wie durch den Ende der siebziger Jahre einsetzenden innenpolitischen Druck von rechts. Der Austausch zwischen Ost und West wurde jäh unterbrochen. (Es gab auch einen gewissen Rückgang im Reiseverkehr zwischen den beiden deutschen Staaten, weil die DDR den Zwangsumtausch für Touristen heraufsetzte.)

Die Entspannung zwischen den USA und der Sowjetunion blieb eine viel kürzere Affäre, die sich im wesentlichen auf die frühen siebziger Jahre beschränkt hat. Nixon und Kissinger haben den Weg der Entspannung und einer neuen Politik des »wirtschaftlichen Unilateralismus« hauptsächlich deshalb beschritten, um aus Vietnam herauszukommen und die ökonomischen Folgeprobleme von Vietnam zu lösen. Mag sein, daß sie tatsächlich geglaubt haben, die Sowjetunion könne die Revolution in der Dritten Welt zügeln und den USA auf diese Weise einen »ehrenhaften Rückzug« aus Vietnam ermöglichen.

Die Nixon-Kissinger-Formel lautete: Entspannung plus wirtschaftlicher Unilateralismus (weniger Wirtschaftshilfe und höhere Preise für amerikanische Waffen und Lebensmittel) plus fortgesetzte Aggression in der Dritten Welt, wie die Invasion in Kambodscha, der Staatsstreich in Chile, das Muskelspiel 1971 in der Bangla-Desh-Krise und der Nahostkonflikt 1973 gezeigt haben. Man kann dies als eine Politik der politischen Kooperation und der wirtschaftlichen Konfrontation beschreiben, der Kooperation mit der Sowjetunion und der Konfrontation oder Gewalt innerhalb der amerikanischen Einflußsphäre. Die USA haben sich damit zwar innenpolitisch erholt, doch nahmen die Spaltungen im atlantischen Bündnis zu, und die Unfähigkeit, mit den Entwicklungen in der Dritten Welt fertigzuwerden, wuchs (zusammen mit dem Verlust politischer Glaubwürdigkeit und dem Rückgang der Wirtschafts- und Militärhilfe).

Präsident Carter trat sein Amt mit dem Bekenntnis zur Entspannungspolitik und zu einer Rückkehr zum wirtschaftlichen Multilateralismus, d.h. zur sowohl politischen wie wirtschaftlichen Zusammenarbeit an. Er erreichte weder das eine noch das andere, teils weil der wirtschaftliche Multilateralismus der amerikanischen Wirtschaft nicht mehr zugute kam und teils wegen innenpolitischer Einflüsse. Wie die revisionistischen Geschichtsschreibungen der späten siebziger Jahre deutlich machen, hat der Kalte Krieg das Drehbuch geliefert, nach dem ein rechtes, durch Vietnam und Watergate diskreditiertes Establishment wieder an die Macht gelangt ist.[28] Die amerikanische Rechte konnte in ihren Kampagnen zur Wiederwahl den Geist des Anti-Kommunismus und das »Reich des Bösen« heraufbeschwören.

.Die Reagansche Formel hieß: Kalter Krieg plus wirtschaftlicher Unilateralismus und Aggression gegenüber der Dritten Welt, das heißt politische *und* wirtschaftliche Konfrontation. Es war die Durchsetzung der atlantischen Einheit auf dem Wege des Zwangs statt durch Konsens. Das Festhalten an den Doktrinen des nuklearen Krieges und an einer nuklearstrategischen Deutung der Funktion der *Euro missiles* diente dazu, den Nutzen militärischer Macht, und sei es psychologisch, erneut unter Beweis zu stellen. Die Reagan-Doktrin war eine Rollback-Politik gegenüber den Revolutionen in der Dritten Welt und ein vergebliches, aber tragisches Pochen auf militärische Gewalt. Die Strategie zur Führung eines Atomkriegs und die Reagan-Doktrin haben gleichermaßen der atmosphärischen Auffrischung des imaginären Krieges gedient.

Die Hochzinspolitik, der neue Protektionismus, das Festhalten an höheren Rüstungsausgaben in Verbindung mit einer Einsparungspolitik, dazu technologische Husarenstücke wie »Krieg der Sterne«, all das hat zu einer Umverteilung des Weltprodukts zugunsten der Vereinigten Staaten beigetragen. Es hat zugleich mögliche »post-fordistische« Alternativen der sozialen und industriellen Entwicklung, die in Westeuropa aufgekommen sind, in ihren Möglichkeiten eingeschränkt.

Innenpolitisch betrachtet, ist die »exklusivistische« Reagan-Formel wirtschaftlich und politisch sehr erfolgreich gewesen (wenn auch nicht für die Armen, die Schwarzen und andere benachteiligte Gruppen); der übrigen Welt hat sie dagegen geschadet. Sie führte in Westeuropa zu einer Polarisierung zwischen den Regierungen, die dem Atlantizismus verpflichtet waren, und der Friedensbewegung, die der Entspannung verpflichtet war. Sie hat zu der kulturellen, ökonomischen und ökologischen Katastrophe beigetragen, die mittlerweile die Dritte Welt heimsucht. Sie war in gewissem Sinne ein neuer Isolationismus, und zwar ein aggressiver Isolationismus.

Nach 1985 haben die neuen Entspannungsinitiativen, die von Gorbatschow ergriffen wurden, die zunehmenden Risse im westlichen Bündnis sichtbar gemacht. Insbesondere der im Dezember 1987 unterzeichnete INF-Vertrag hat die bis dahin als gültig betrachtete Nato-Einheitssymbolik beseite geräumt und eine neue Reflexion sowohl über die Nato-Strategie wie über die Zukunft des Bündnisses selbst in Gang gesetzt. Daß Gorbatschow in Westeuropa so populär wurde und daß seine Politik so enthusiastische Zustimmung fand, lag nicht nur daran, daß man sich über die Zukunft der Sowjetunion ernsthaft Gedanken machte; es lag auch daran, daß die Beseitigung der Raketen, das tatsächliche Ende der sowjetischen Bedrohung, die westeuropäischen Regierungen in die Lage versetzt hat, ein Programm für Frieden und Selbstbestimmung in Europa umzusetzen und den innenpolitischen Konsens wiederherzustellen.

Anmerkungen

1 Vgl. insbes. Paul Kennedy, *The Rise and Fall of the Great Powers* (Unwin Hyman, 1988) und David Calleo, *Beyond American Hegemony* (Wheatsheaf, 1987).

2 Zu diesen Faktoren vgl. Samuel Bowles, David M.Gordon, Thomas E.Weisskopf, *Beyond the Wasteland: A Democratic Alternative to Economic Decline* (Verso, 1986).

3 Michael Piore und Charles M.Sabel, *The Second Industrial Divide: Possibilities for Prosperity* (Basic Books, 1984), S.184 (dt.: *Das Ende der Massenproduktion*. Studie über die Requalifizierung der Arbeit und die Rückkehr der Ökonomie in die Gesellschaft. Wagenbach, 1985).

4 Alle diese Zahlen stammen aus diversen OECD-Publikationen.

5 Vgl. Piore/Sabel, *Second Industrial Divide;* National Economic Development Council (NEDVC), *IT Futures* (London, 1986); Manuel Castells, »High technology, world development and structural transformation«, in Saul H.Mendlovitz und R.B.J. Walker (Hg.), *Towards a Just World Order* (Butterworth, 1987); Robin Murray, »Life after Henry (Ford)«, *Marxism Today*, Oktober 1988.

6 Carlotta Perez-Perez, »Structural change and assimilation of new technologies«, *Futures*, Oktober 1983.

7 Dieter Kimbel, »Information Technology. increasingly the engine of growth«, *OECD Observer*, 147, August/September 1987.

8 Robin Murray, »Benetton Britain: the new economic order«, *Marxism Today*, November 1985.

9 Andrew Sayer, »New developments in manufacturing: the just-in-time system«, *Capital and Class*, 30, Winter 1986; Martin Kennedy, Richard Florida, »Beyond mass-production: production and labour process in Japan«, *Politics and Society*, 16:1, März 1988.

10 Zur Beschreibung der Rolle des Industrieministeriums vgl. Erik Arnold und Ken Guy, *Parallel Convergence: National Strategies in Information Technology* (Frances Pinter, 1986); Henry Ergas, »Technology policy and industrial structure in seven OECD countries«, Vortrag in der National Academy of Engineering of the United States, Februar 1986.

11 Piore/Sabel, *Second Industrial Divide;* zu den nationalen Erfahrungen vgl. Scott Lash, John Urry, *The End of Organized Capitalism* (Polity Press, 1987).
12 Frankreichs Präsident Mitterand ging so weit, die Raketenaufstellung zur Überraschung und Befremdung seiner sozialdemokratischen Kollegen sogar vor dem westdeutschen Bundestag zu verteidigen. Griechenland stimmte dem Stationierungsbeschluß nicht zu.
13 Das war die These von Robert Triffin gewesen: *Gold and the Dollar Crisis: The Future of Convertibility* (Yale University Press, 1960).
14 Als anschauliche Darstellung dieses Prozesses vgl. Susan Strange, *Casino Capitalism* (Blackwell, 1986).
15 Vgl. Joan Edelman Spero, *The Politics of International Economic Relations*, 3.Aufl. (Allen and Unwin, 1985).
16 Vgl. Lash, Urry, *End of Organized Capitalism*.
17 Vgl. Ergas, *Technology Policy*.
18 Zu SDI als Technologiepolitik und als Versuch, den technologischen Vorsprung der USA zu erweitern, vgl. Mario Piantia, *New Technologies across the Atlantic* (Wheatsheaf, 1988).
19 Der französische Außenminister Michel Jobert sprach von einer »angemaßten Schiedsrichterrolle« der USA. Ein Sprecher des US-Außenministeriums sagte dazu: »Wir befanden uns in einer sehr kritischen Phase, einer Phase, die uns alle vielfach berührt hat – uns selbst und unsere westeuropäischen Verbündeten, und wir wurden von einer Reihe unserer Verbündeten vor den Kopf gestoßen, die sich bis zu einem gewissen Grade öffentlich von uns distanzierten. Damit hat sich die Frage gestellt, wie dieses Vorgehen zu der Unteilbarkeit der Sicherheitsinteressen paßt, auf die sich die Europäer so oft berufen haben.« Zit.n. Mary Kaldor, *The Disintegrating West* (Allen Lane, 1978), S.151f.
20 Zit.n. Michael T.Klare, »Marching to a different drummer: US and Soviet interventionism in the Third World«, in Daniel Nelson, Roger B.Anderson (Hg.), *Soviet-American Relations: Understanding Differences, Avoiding Conflicts* (SR Books, Wilmington, 1988), S.161.
21 Zit.n. E.P.Thompson, Mary Kaldor u.a., *Mad Dogs* (Pluto, 1986), S.3.
22 Fred Halliday beschreibt, wie die Formulierung dieser Ideen mit einer Neubewertung der Strategie in Vietnam aus rechter Sicht zusammenhängt. Vgl. *Cold War, Third World* (Hutchinson/Radius, 1989). Es ist offenkundig, daß die amerikanischen Führer unter dem Eindruck standen, Vietnam habe die imaginäre Kriegs-Geschichte beschädigt. Die Kissinger-Kommission sprach 1984 die Befürchtung aus, die »weltweite Wahrnehmung, daß die USA ein Land sind, das Einfluß auf das hat, was außerhalb seiner Grenzen geschieht«, könne unter bestimmten Ereignissen in Mittelamerika leiden (S. 63). Und Außenminister Schultz sprach von der notwendigen »Festigkeit und Härte« in den »schwieriger werdenden Situationen ... Leider ist nach Vietnam unsere Festigkeit gegenüber jedweder Herausforderung in Frage gestellt worden« (S. 71ff).
23 Henry Kissinger, *The White House Years* (Weidenfeld, 1979).
24 Egon Bahr, »In Verantwortung für Deutschland. Zwanzig Jahre Mauer – zehn Jahre Vier-Mächte-Abkommen«, in AK Atomwaffenfreies Europa (Hg.), *Alternativen europäischer Friedenspolitik* (Berlin 1981).
25 Ebd.
26 Vgl. Angela Stent, *From Embargo to Ostpolitik* (Cambridge Univ. Press, 1981).
27 Kenneth Dyson, »European Détente in historical perspective«, in ders. (Hg.), *European Détente: Case Studies in the Politics of East-West Relations* (Frances Pinter, 1986), S.22.
28 Vgl. Jerry Sanders, *Peddlars of Crisis* (Pluto, 1973), und Charles E.Nathanson, »The social construction of the Soviet threat: a study in the politics of representation«, *Alternatives*, 13:4, Oktober 1984.

10 Warum ist die Entspannungspolitik gescheitert?

Die Entspannungspolitik ist Anfang der siebziger Jahre von zwei sehr konservativen Regierungen betrieben worden – der Nixon-Administration in den Vereinigten Staaten und dem Breschnew-Regime in der Sowjetunion. Vielleicht sind nur konservative Regierungen zu dem politischen Kalkül fähig gewesen, das die Entspannungspolitik notwendig machte. Dies wiederum hatte die Beschränktheit und Einfallslosigkeit ihrer Entspannungskonzeption zur Folge, in der von Anfang an der Wurm saß. Sie wollten ihr jeweiliges System intakt halten, sie wollten das Wettrüsten fortsetzen und an der Macht bleiben; die Entspannungspolitik war für sie eine Strategie der Bestandssicherung.

Margot Light hat gezeigt, daß der sowjetische Term »friedliche Koexistenz« als Bezeichnung für die Entspannung mit dem westlichen Begriff der »Eindämmung«, wie Kennan ihn Ende der vierziger Jahre formuliert hatte, durchaus vergleichbar ist.

Die Ursprünge imperialistischen Verhaltens, die er voraussetzt, sind denen, die Kennan im sowjetischen Verhalten identifiziert hatte, ganz ähnlich. (...) Genau wie bei der Eindämmung wird nicht angenommen, daß das eigene System über die eigenen Grenzen exportiert wird. Nichtsdestoweniger liegt dem, wiederum genau wie bei der Eindämmung, die Hoffnung und Erwartung zugrunde, daß eine Veränderung eintreten wird. Im Falle der Eindämmung sollte dies eine Demokratisierung sein, während mit der friedlichen Koexistenz eine Veränderung im fortschrittlichen Sinne eintreten sollte (die von den sowjetischen Theoretikern gleichfalls demokratisch genannt wurde). Beidemale wird anstelle der offenen Gewaltanwendung der feste Wille und die Gesprächsbereitschaft betont.[1]

Die Entspannung, zumindest die im Verhältnis zwischen den USA und der Sowjetunion, kann mit anderen Worten als eine Eindämmung betrachtet werden, als ein Weg zur Sicherung des jeweiligen Gesellschaftssystems ohne Bedrohung des anderen. Ganz wie in den späten vierziger Jahren war Eindämmung ohne Konfrontation ein Widerspruch in sich. Ohne die äußere Konfrontation war die Höhe der Rüstungsausgaben, die zu einem wesentlichen Merkmal beider Gesellschaftssysteme geworden war, nicht zu halten. Ohne einen »Feind« war es schwierig, den politischen und gesellschaftlichen Status quo aufrechtzuerhalten.

Die revisionistische Deutung der Entspannungspolitik – von sowjetischen Denkern, aber auch von den Oppositionellen in Westeuropa, insbesondere den westdeutschen Sozialdemokraten vorgebracht – sieht die Entspannung daran gescheitert, daß sie das Wettrüsten nicht in den Griff bekam: die politische Entspannung im Sinne eines geringeren

Bedrohungsverhaltens und einer Beilegung der Grenzstreitigkeiten in Europa hatte keine militärische Entspannung zur Folge gehabt. Und ein Hauptgrund, warum die Entspannungspolitik das Wettrüsten nicht in den Griff bekam, war der innenpolitische Druck in den Vereinigten Staaten.

Diese Auffassung ist zum Teil richtig. Eine wiedererstarkte neoliberale Rechte hat an SALT II kritisiert, daß die Gespräche eine sowjetische Aufrüstung erlauben (dies selbst dann, als die sowjetische Aufrüstung aus wirtschaftlichen Gründen zurückging), und sie hat an der amerikanischen Abkehr von der militärischen Interventionspolitik (dem Vietnam-Syndrom) kritisiert, daß damit der Revolution in der Dritten Welt und einer weltpolitischen Großmachtrolle der Sowjetunion Tür und Tor geöffnet wird. Auf diesen Argumenten basierte die Politik der Reagan-Administration.

Aber auch die Sowjetunion trug Verantwortung dafür, daß es nicht gelungen ist, das Wettrüsten zu kontrollieren. Die sowjetischen Führer haben stets betont, daß die Entspannung vom militärischen Gleichgewicht abhängig ist, und daß die Parität nach Anzahl und Art der Waffen erhalten bleiben muß. Die Entspannung wurde als eine Art gegenseitiger Anerkennung betrachtet: die Vereinigten Staaten hatten die Sowjetunion letztlich als Supermacht akzeptiert, auch wenn sowjetische Kommentatoren wohl gezögert hätten, diesen Begriff zu benutzen.

Das Problem liegt darin, daß die meßbare Parität verschieden interpretierbar ist, denn das Wettrüsten weist keine vollständige Symmetrie auf. Was die eine Seite als »Gleichziehen« oder als Wiederherstellung des Gleichgewichts rechtfertigt, kann von der anderen Seite als unlautere Vorteilsnahme oder als Herstellung von Überlegenheit aufgefaßt werden. So ist gerade der Begriff der Parität ein Mittel zum Wettrüsten. Erst wenn man akzeptiert, daß Parität, so gesehen, keinen Sinn hat (außer einem psychologischen für die jeweilige Seite selbst), und daß es im Atomzeitalter nicht auf Zahlen ankommt, was Gorbatschow offenbar erkannt hat, gibt es eine reale Möglichkeit für Rüstungskontrolle und Abrüstung.

Hätte die Sowjetunion wirkliches Interesse an einer militärischen Entspannung gehabt, dann hätten die sowjetischen Führer die Vorschläge von Carter, die einschneidende Reduzierungen vorsahen, nicht so schroff abgetan. Linke Kritiker dieser Vorschläge machen geltend, daß die Sowjetunion darauf nicht eingehen konnte, weil sie zu unausgewogen waren, d.h. weil sie die Sowjetunion zu sehr viel rigideren Kürzungen gezwungen hätten als die USA. Aber das stimmt nur unter der Voraussetzung, daß es auf Parität tatsächlich ankommt. Es war das einzige Angebot, zu dem Carter politisch in der Lage war. Vielleicht wäre es klüger gewesen, SALT II auf der Basis der Vereinbarung von Wladiwostok, d.h. mit den von Kissinger 1974 ausgehandelten Eckdaten zu beginnen und dann zu wirklichen Einschnitten zu gelangen. Aber wäre die Sowjetunion bereit gewesen, auf Carters Vorschlag einzugehen (und letztlich unterschied er sich nicht allzusehr vom US-Vorschlag in den START-Gesprächen zur Reduzierung der strategischen Rüstung Ende der achtziger Jahre, den Gorbatschow positiv aufnahm), dann hätte dies einen Durchbruch in den Abrüstungsgesprächen bringen können, und die Entspannungspolitik wäre ebenfalls gerettet gewesen.

Ähnliche Überlegungen lassen sich zur Stationierung der SS-20 und zur Rolle der sowjetischen Hochseeflotte anstellen. Die Sowjetunion hat die Stationierung der SS-20 zweifellos als die Antwort darauf betrachtet, daß die *Forward Based Systems*, die »vorgeschobenen Waffensysteme« der USA (Poseidon-U-Boote unter Nato-Oberbefehl, F-III-Bomber in Großbritannien, atomwaffenfähige Flugzeugträger), nicht als strategische Waffen in die in Wladiwostok ausgehandelten Begrenzungen einbezogen wurden. Darüber hinaus wurden sie als eine Modernisierung der schon existierenden SS-4 und SS-5 betrachtet. (Intern scheint auch das Konstruktionsbüro Nadiradse Druck ausgeübt zu haben, nachdem aus der SS-16, dem technischen Vorläufermodell der SS-20, nichts geworden war.)[2] Gleichzeitig lieferte die Stationierung der SS-20 den idealen Vorwand für die Stationierung von Pershing-Raketen und Marschflugkörpern. Um dieses Ergebnis zu verhindern, haben sich führende westdeutsche Sozialdemokraten energisch für Verhandlungen über konventionelle Waffensysteme eingesetzt; dies war die Stoßrichtung der berühmten Londoner Rede Helmut Schmidts vom Oktober 1977, von der es später hieß, es sei der Moment gewesen, als die Europäer die Raketen »verlangt haben«. Tatsächlich hatte die Stationierung der Cruise- und Pershing-Raketen mit den SS-20 überhaupt nichts zu tun; es ging um die Wiederankopplung von Europa an die USA. Aber die Stationierung der SS-20 hat eine öffentliche Rechtfertigung dafür geliefert, die vielleicht entscheidend gewesen ist.

Die Schlagkraft der in den siebziger Jahren aufgebauten sowjetischen Hochseeflotte war im Vergleich zur Schlagkraft westlicher Marineverbände winzig. Sie wurde von der Sowjetunion wohl nur als standesgemäßes Attribut einer Großmacht betrachtet. Aber auch sie lieferte wiederum den Beweis für den Vorwurf der Rechten, daß der amerikanische Rückzug aus der Dritten Welt der Sowjetunion Vorteile verschafft.

Daß die Entspannungspolitik das Wettrüsten nicht unter Kontrolle bekam, ist allerdings nur ein Teil der Geschichte. Tatsächlich läßt diese sich nicht losgelöst von dem Problem betrachten, die Pseudo-Kriegswirtschaft im Osten bzw. den institutionellen Rahmen eines fordistischen industriellen Entwicklungsmodells im Westen zu überwinden.

In den osteuropäischen Oppositionellenkreisen hat überwiegend die Auffassung geherrscht, die Entspannungspolitik sei deshalb gescheitert, weil die Sowjetunion eine Reform in Osteuropa nicht zulassen konnte. Auch das ist teilweise zutreffend. Das Wachstum mußte durch westliche Kredite erzielt werden. Gegen Ende der siebziger Jahre waren alle osteuropäischen Länder hochverschuldet. Darüber hinaus hatte die Entspannung der äußeren Konfrontation einen politischen Raum für neue Bewegungen, insbesondere die *Solidarność*, geöffnet. Die militärische Aufrüstung auf dem europäischen Schauplatz, die zunehmend interventionistische Rolle gegenüber der Dritten Welt (zum Teil eine bloße Reaktion auf die Revolution in der Dritten Welt) und die neuerliche Emphase des ideologischen Kampfes, all das gehörte zur Wiederherstellung einer Kriegsstimmung, die mit der Rückwendung zu Autarkie und Austerity verbunden war.

Aber die Entspannungspolitik ist wiederum nicht nur im Osten daran gescheitert, daß die Führung einen grundlegenden Wandel innerhalb des Blocks nicht zuließ. Der Neue Kalte Krieg war eine Methode, mit der die Vereinigten Staaten ihre Wirtschaft unter den veränderten Bedingungen der siebziger und achtziger Jahre absichern konnten. Diese Bedingungen ergaben sich aus der Erschöpfung des Fordismus, des amerikanischen Musters der industriellen Entwicklung, und aus dem neuen industriellen Entwicklungsmodell, das in Japan und einigen westeuropäischen Ländern aufkam.

Das soll nicht heißen, daß die Politiker bewußt aus wirtschaftlichen Motiven die Politik des Neuen Kalten Krieges eingeschlagen haben. Es gab im Gegenteil auch gute politische Gründe. Die Verbindung der ökonomischen Ideen des Neoliberalismus mit den wachsenden Pressionen zur Erhöhung der Rüstungsausgaben und einer Neuauflage antikommunistischer Ideologie lieferten die Grundlage, auf der die Rechte sowohl in Großbritannien wie in den Vereinigten Staaten wieder an die Macht gelangen und sowohl den Gewerkschaften, die in den Jahren der Entspannung gewachsen waren, wie den neuen sozialkritischen Bewegungen entgegentreten konnte. Wegen der Rolle des Dollar und weil sich die Rüstungsausgaben wie auch der private Verbrauch als fordistische Formen von Nachfrage begreifen lassen, ist diese Politik den

USA wirtschaftlich zugute gekommen. Der Neue Kalte Krieg hat es den USA vor allem ermöglicht, ihre politische und militärische Macht einzusetzen, um sich innenpolitisch durch eine globale Umverteilung zu ihren Gunsten kurzfristig Luft zu machen.

Anders als der erste Kalte Krieg brachte der neue weder Konsens noch Wohlstand. Die Arbeitslosigkeit ist in Westeuropa in den achtziger Jahren dramatisch gestiegen. Die Politik des Kalten Krieges führte zu einer zunehmenden Polarisierung innerhalb der westlichen Gesellschaften. Ebensowenig hat der Neue Kalte Krieg die osteuropäischen Ökonomien wieder auf die Beine gebracht; er ist vielmehr die »Stagnationsperiode« gewesen. Darüber hinaus ist es mit dem Wiederauftauchen der Zivilgesellschaft in Form der neuen sozialen Bewegungen schwieriger geworden, den Zwangsapparat neu zu installieren. In Ost und West entsprach der Kalte-Kriegs-Roman nicht mehr den neuen Oppositionsformen, die sich den traditionellen Schemata entzogen – sie ließen sich nicht mehr so einfach als Werkzeuge des Kreml oder als Agenten des westlichen Imperialismus bezeichnen.

Bei alledem ist die Hinterlassenschaft des Kalten Krieges nicht zu unterschätzen. Der Wandel von Annahmen und Vorstellungen ist, wenn er nicht im Kontext explosiver Veränderungen wie Krieg oder Revolution stattfindet, ein schwieriger und langwieriger Prozeß. Die Ideologie hat nicht nur die Ansichten der Politiker geprägt, sie fand auch Resonanz beim Volk. Ein Vergleich der Memoiren von George Kennan und Henry Kissinger kann dies illustrieren. Kennan lebte in einem der ideologisch bewegten Momente der Geschichte; seine Ansichten wurden durch die unmittelbare Bekanntschaft mit Europa und der Sowjetunion geprägt. Kissinger bezog seine Konzepte aus einer politikwissenschaftlichen Denkschule des Kalten Krieges; sein Pawlowscher Entspannungsbegriff verdankte sich der Theorie, nicht der Erfahrung, dem Bild eines imaginären statt eines wirklichen Feindes. (Vielleicht erklärt dies, warum Kissinger so schnell von der Entspannungspolitik abging und sich Ende der siebziger Jahre dem *Committee on the Present Danger* angeschlossen hat.) Die dauerhafteste Konsequenz der Entspannung in Europa war die Fähigkeit, die Scheuklappen des Kalten Krieges abzustreifen und die politische Erfahrung des anderen kennenzulernen – was diejenigen, die in Europa Opposition waren, sehr viel gründlicher verändert hat als die, die an der Macht waren.

Die Verbindung, die sich zu Beginn der achtziger Jahre zwischen Teilen der westeuropäischen Friedensbewegung und autonomen Friedens-, Ökologie- und Menschenrechtsgruppen herstellte, hat dafür gesorgt, daß die Kalte-Kriegs-Politik als Instrument zur Unterdrückung von Opposition zunehmend untauglich geworden ist. Die westeuropäischen Friedensbewegungen haben ihre Integrität und Unabhängigkeit definitiv unter Beweis stellen können. Darüber hinaus könnte das Argument, daß die Existenz unabhängiger Gruppen im Osten der Kampagne gegen die Raketenstationierung zugute kam, für mehr innenpolitische Freiräume in den osteuropäischen Ländern gesorgt haben.

Die Entspannungspolitik der siebziger Jahre ist gescheitert, weil es ihr nicht gelang, die Ursachen des Wettrüstens in den Griff zu bekommen, *und* weil sie keine Systementwicklung in Ost *und* West zugelassen hat. Weiter hat die Entspannungspolitik deutlich gemacht, daß der Anstoß zur Entmilitarisierung und zur Systemveränderung nicht von oben kommen kann, insbesondere nicht in den USA. Auch dann, wenn Politiker, wie möglicherweise Gorbatschow, weitsichtig und zu einer Analyse der langfristig auftretenden Weltprobleme in der Lage sind, bleiben sie die Gefangenen ihrer jeweiligen politischen Situation, haben sie sich dem kurzfristigen politischen Vorteil zu fügen. Doch führte die Entspannung insbesondere in Westeuropa und Ostmitteleuropa zu kulturellen Veränderungen, die das Fundament für einen Druck von unten legten, der in den achtziger Jahren anwuchs. Es war dieser Druck von unten, der 1989 explosiv zum Ausbruch kam.

Anmerkungen

1 Margot Light, *The Soviet Theory of International Relations* (Harvester Wheatsheaf, 1988), S.68

2 Ich habe über diese Geschichte spekuliert in »Europe after cruise and Pershing II«, *Millenium Journal of International Studies*, 13:1, Frühjahr 1984.

Teil IV: Die militärische Konfrontation

11 Die imaginierten Strategien

In der Periode von 1945 bis 1985 waren die Rüstungsausgaben der Großmächte sowohl absolut wie gemessen am Nationaleinkommen höher als in jeder der vorherigen Friedensperioden, über die wir Aufzeichnungen besitzen. Die militärische Konfrontation wurde ein wichtiger Bestandteil der für Ost und West charakteristischen Gesellschaftssysteme. Man kann sie als eine Form der Regulation beschreiben – und zwar der politischen Regulation, womit eine Form gesellschaftlicher Disziplin oder psychologischen Zwangs gemeint ist, und der wirtschaftlichen Regulation, worunter sowohl eine Abstimmung von Konsumtion und Produktion als auch eine Form von Technologiepolitik zu verstehen ist. Man kann sagen, daß hohe Rüstungsausgaben, um die Sprache der französischen Regulations-Schule zu benutzen, ein Bestandteil der charakteristischen Regulationsweise im fordistischen Akkumulationsregime geworden sind. Daß die Rüstungsausgaben diese Rolle übernommen haben, zeigt, wie primitiv unsere Methoden der sozialen Regulation im Vergleich zu unserem ausgefeilten technologischen Wissen sind.

In diesem Kapitel geht es darum, welche Rolle die militärische Konfrontation als eine Form der politischen Regulation spielt. In der Nachkriegszeit hat man die Diskussion komplexer politischer Verhältnisse oft auf die Diskussion der militärischen, und besonders der atomaren, Strategie reduziert. Die Strategien repräsentierten die jeweilige Politik. Dies hat im Westen größere Bedeutung als im Osten, weil psychologische oder ideologische Formen im Osten weniger wichtig waren als administrative und physische Formen des Zwangs, d.h. die Kontrolle der Partei, die militärische Intervention, die innere Sicherheit, usw. Die Osteuropäer wundern sich manchmal, daß man sich im Westen so sehr mit der Strategie und besonders mit der Frage der Atomwaffen beschäftigt. Sie finden es schwer verständlich, warum zum Beispiel Bürgerinitiativen derart auf (langweiligen) technischen Problemen herumreiten müssen. Soll die Politik derartige Obsessionen überwinden, dann müssen wir begreifen, welche Bedeutung die Strategie in einem imaginären Krieg hat.

Was ist »Strategie«?

In Ost und West wird gelegentlich die Frage aufgeworfen, ob der Begriff »Strategie« im Atomzeitalter noch irgendeine Bedeutung hat.[1] Nach der Definition des klassischen Militärtheoretikers Clausewitz ist die Strategie der Einsatz militärischer Kräfte zum Erreichen politischer Ziele. Es war Clausewitz sehr daran gelegen, diese Strategie-Definition auch in Anbetracht der Tendenz zum »absoluten Krieg« beizubehalten, der Tendenz also, daß der Krieg ungeachtet der politischen Ziele, für die er geführt wird, seine eigene Dynamik und innere Logik bekommt. Es heißt deshalb, die Strategie des Atomkrieges sei ein Widerspruch in sich. Atomwaffen könnten nicht eingesetzt werden, oder besser, ihr Einsatz wäre der letzte Ausdruck des absoluten Krieges.

Trotzdem ist die Quadratur dieses Kreises möglich, wenn wir nämlich die Strategie im Atomzeitalter als die Art und Weise re-definieren, wie die militärischen Kräfte in einer imaginären Konfrontation zu politischen Zwecken eingesetzt würden. Unsere Erwartung, wie sich ein künftiger Krieg abspielt, und unsere Pläne, wie wir ihn führen werden, haben tiefgreifende politisch-psychologische Konsequenzen für die Art, wie wir die Welt betrachten und uns infolgedessen tatsächlich verhalten. Ich nehme nicht an, daß Szenaristen, Planspieler und dergleichen diese Strategiedefinition akzeptieren würden. Die Strategie hat sich in der Nachkriegszeit im Gegenteil eher zufällig aus den Traditionen des Krieges, aus technischer Faszination, aus innenpolitischen und internationalen Erwägungen entwickelt. Doch über die Jahre hinweg haben unterschiedliche Strategien unterschiedliche politische Positionen reflektiert; sie wurden zum Bestandteil eines esoterischen Diskurses, der reale politische Differenzen überdeckte.

Festzuhalten wäre, daß die Entwicklung von Strategien nicht allzuviel mit den tatsächlichen militärischen Möglichkeiten zu tun haben muß. Die Zunahme der tatsächlichen militärischen Kapazitäten wurde möglicherweise mehr durch institutionelle Faktoren beeinflußt, wie innerdienstliche Rivalitäten, technische Neuerungen oder industrielle Einflußnahmen. Die Strategie liefert für diese technischen Möglichkeiten eine rationale Grundlage, die jeweils der aktuellen Politik entspricht. Die Strategie für einen imaginären Krieg war das Bindeglied zwischen der tatsächlichen Disposition der militärischen Konfrontation und der Politik des sich entwickelnden Ost-West-Konflikts.

Es hat in der Nachkriegszeit in der Dritten Welt und in Osteuropa wirkliche Kriege gegeben, und diese Kriege haben zur Strategie-

Entwicklung mit beigetragen. Nichtsdestoweniger hat sich die Strategie größtenteils nicht auf diese sogenannten »begrenzten« Kriege bezogen, sondern auf die Antizipation eines umfassenden Konflikts zwischen der Nato und dem Warschauer Pakt, der sich wahrscheinlich auf Europa konzentriert hätte.

Die Atomwaffen haben insbesondere im Westen zweifellos die militärische Phantasie beflügelt. Die ganze Zeit hindurch gab es eine außerordentliche Diskrepanz zwischen der Art, wie der Atomkrieg diskutiert und über die Anhäufung und den Einsatz von Atomwaffen nachgedacht wurde, und unserem Wissen über die Auswirkungen von zwei recht kleinen Atombomben in Hiroshima und Nagasaki. In bezug auf die Frühzeit des Kalten Krieges kann man nur zu dem Schluß kommen, daß die Folgen eines Atomwaffeneinsatzes den Wissenschaftlern und Militärstrategen zwar objektiv bekannt waren, daß ihnen aber irgendwie nicht bewußt geworden war, wie fürchterlich diese Waffen tatsächlich sind.[2] Präsident Eisenhower und Gordon Dean, der Vorsitzende der Atomenergie-Kommission, sprachen wie andere auch von der Beschaffung bestimmter Mengen und Arten von Kernwaffen, als würden sie sich von konventionellen Waffen überhaupt nicht unterscheiden. Der Physiker Samuel Cohen, der später die als Neutronen-Bombe bekanntgewordene Waffe »mit erhöhter Strahlung« erfinden sollte, beschreibt, wie er nach Korea geschickt wurde, um zu erkunden, ob und wie Atomwaffen dort eingesetzt werden könnten. Er sah eine Brücke, über die die Nordkoreaner in Seoul einmarschieren konnten, und dachte: »Der ideale Platz für eine Atombombe (...) Was mir damals gar nicht in den Sinn kam, waren die Folgen, die es für die Stadt Seoul gehabt hätte, wenn wir die Brücke mit einer für die damalige Zeit typischen Atombombe gesprengt hätten, nämlich einer Atombombe desselben Typs, den wir für die Zerstörung von Nagasaki verwendet hatten.«[3] Die Schriften von Theoretikern wie Herman Kahn oder Albert Wohlstetter wiesen in den fünfziger Jahren die gleiche schockierende Gleichgültigkeit gegenüber der Wirklichkeit atomarer Waffen auf.

Später scheint gerade die Irrealität der Strategiediskussionen zum imaginären Charakter der Ost-West-Konfrontation beigetragen zu haben, indem diese zu einer tiefen, zunehmenden und nicht einzugestehenden Angst werden konnte. Miroslav Kusý beschreibt in seinem Essay über den »realen Sozialismus« die Ideologie des »Als-ob«, die die sozialistischen Gesellschaften charakterisierte. Die Ideologen des »realen Sozialismus« sprechen und handeln, »als ob« das tatsächlich Erfahrene einer idealisierten Konzeption des Sozialismus entspricht, als ob es Demokratie, materiellen Wohlstand, Gleichheit, Freiheit usw. tatsächlich geben würde: »Wichtig ist nicht, daß man ein fanatischer Anhänger der Ideologie ist, sondern daß man das »Als-ob«-Spiel mitspielt: und dieses Spiel erfordert stets eine angemessene Distanz.«[4]

Der Glaube an den imaginären Krieg wäre analog zu fassen. Die Teilnehmer an den Diskussionen, die sich auf höherer Ebene mit den internationalen Beziehungen beschäftigen, verhalten sich, »als ob« ein künftiger Krieg vorstellbar ist, der den von Planspielen, Übungen usw. antizipierten Verlauf nimmt. Seinen perfekten Ausdruck erhielt diese »Als-Ob«-Behandlung des Krieges in Reagans »Astrodom«-Theorie von SDI: Amerikanische Schulkinder malten Bilder ihrer Häuser unter dem Schutz eines Bogens, von dem bunte Sowjetraketen abprallen.

Wer die Szenarien ablehnt und an der tatsächlichen Erfahrung von Hiroshima und Nagasaki festhält, wird im Westen zumindest nicht eingesperrt und bestraft, wie dies mit den Kritikern des »realen Sozialismus« geschah. Aber man kritisiert den Mangel an »nüchterner Einschätzung«, das Naive oder Emotionale einer solchen Haltung.

Natürlich kann man sagen, daß ja gerade die Diskrepanz zwischen dem imaginären Krieg und dem, was bei einem wirklichen Krieg geschehen würde, das Wesen der »Abschreckung« ausmacht – wie es die von den Befürwortern der Abschreckung stolz verkündete Paradoxie will. Die Abschreckung soll einen Krieg verhindern. Man nimmt an, daß es einen grundlegenden Konflikt zwischen Ost und West gibt, der von der Drohung eines grauenhaften und zerstörerischen Krieges am Ausbruch gehindert wurde. Das Paradox besteht darin, daß wir zum Beweis, daß der Krieg tatsächlich grauenhaft und zerstörerisch sein würde, gezwungen sind, uns nüchtern und distanziert zu verhalten, so, als sei uns gar nicht völlig klar, wie grauenhaft und zerstörerisch der Krieg sein wird – andernfalls ist die Drohung des grauenhaft-zerstörerischen Krieges nicht überzeugend. Jeder, der aufzeigt, daß der Kaiser gar keine Kleider anhat und der Krieg ja *wirklich* grauenhaft und zerstörerisch ist, hat sozusagen geplaudert und die Abschreckungswirkung dadurch gemindert.

Aber angenommen, es gab gar keine fundamentale Kollision zwischen Ost und West. Angenommen, die beiden Gesellschaftssysteme der Nachkriegszeit haben einander ergänzt, und keine der beiden Seiten hat je vorgehabt, die andere zu erobern. Dann erweist sich die Abschreckung nicht als *kriegsverhindernd*, sondern als eine Möglichkeit, die Idee des Krieges und die Idee des Konflikts wachzuhalten, und dies entweder, um die Zunahme der Streitkräfte zu legitimieren, oder aus innenpolitischen oder blockinternen Motiven.

Diese These läßt sich ausführen, wenn wir einen Blick auf die Strategie-Entwicklung in der Nato und im Warschauer Pakt werfen. Es scheint, als seien die Verschiebungen in der Wahrnehmung und in der verlautbarten Doktrin weniger durch einen interaktiven Prozeß zustande gekommen, als daß sie das Resultat von Veränderungen in der Regierung und in den Beziehungen innerhalb des Bündnisses gewesen sind. Ich will nicht etwa behaupten, daß die militärischen Planer selbst an einen Ost-West-Konflikt nicht geglaubt haben, oder daß sie gar keine Bedrohung wahrgenommen haben, auf die sie reagierten. Ich möchte vielmehr behaupten, daß diese Wahrnehmungen besonders in den fünfziger und sechziger Jahren, als auf jeder der beiden Seiten wirkliche Ignoranz bezüglich der jeweils anderen herrschte und ein Katalog von Glaubenssätzen hinsichtlich der Natur des Ost-West-Konflikts institutionalisiert wurde, durch innenpolitische und blockinterne Faktoren geprägt worden sind. Der imaginäre Krieg läßt sich, um es anders zu formulieren, als ein bloßer Katalog konkurrierender Wahrnehmungen in einem festgefügten Begriffsrahmen behandeln. Der Glaube an einen epischen Kampf wie den zwischen Freiheit und Totalitarismus färbt zwangsläufig darauf ab, wie wir Verhaltensweisen interpretieren.[5]

Ein gutes Beispiel ist die Wahrnehmung der sowjetischen Streitkräfte durch den US-Generalstab. 1946 erwartete man, daß die Sowjetunion 3,2 Millionen Mann an Bodentruppen behalten würde, und hielt dies »den Besatzungs- und Sicherheitsbedürfnissen in etwa für angemessen«. Man behauptete, die Sowjetunion würde in Osteuropa 66 Divisionen für Besatzungszwecke benötigen. 1948 wurde geschätzt, daß die Sowjetunion faktisch nur 2,5 Millionen Mann an Bodentruppen und 31 Divisionen in Osteuropa stehen hatte. Trotzdem nahm man an, daß 25 Divisionen für einen Angriff auf Westeuropa verfügbar sein würden.[6] Verändert hat sich mit anderen Worten nicht der Umfang oder die Art der sowjetischen Streitkräfte, sondern deren Einschätzung durch den US-Generalstab. Im folgenden möchte ich kurz diese sich verändernden Einschätzungen im Denken der Sowjets und der Nato skizzieren.

Die sowjetische Strategie-Entwicklung

In der sowjetischen Strategie-Entwicklung lassen sich drei unterschiedliche Perioden ausmachen:

- Die Frühzeit des Kalten Krieges 1949-53 mit der raschen Aufstellung von Bodentruppen in Europa, einer straffen sowjetischen Kontrolle über die osteuropäischen Streitkräfte, der Einrichtung der *PVO-Strany* – der Luftverteidigung – und der Entwicklung von Bombern, die Atomwaffen tragen konnten und deren Ziele die vorgeschobenen US-Luftstützpunkte waren;

- die Ära Chruschtschow, die große Einschränkungen in Heer und Marine brachte und die Atomwaffen in den Vordergrund rückte, u.a. mit der Einrichtung der Strategischen Raketenverbände;
- die Zeit von 1962 bis 1985 mit einem stetigen militärischen Ausbau in allen Abteilungen (obwohl die strategischen Systeme, d.h. Atomwaffen, die die USA treffen konnten, gegen Ende dieser Periode zugunsten der konventionellen Waffen, der Marine und der atomaren Gefechtsfeldwaffen in den Hintergrund rückten) und der Integration der Warschauer-Pakt-Truppen in die sowjetische Strategie und das sowjetische Kommandosystem – durch eine Vielzahl militärischer wie politischer Institutionen und durch die seit 1961 stattfindenden gemeinsamen Militärübungen.

Diese Perioden korrespondieren bestimmten innenpolitischen Veränderungen und verlaufen nicht genau parallel zur Strategie-Entwicklung im Westen.

Natürlich ist es möglich, die sowjetischen Entwicklungen im Militärischen als eine Reaktion auf das US-Verhalten zu erklären, was Michael MccGwire in der Tat recht überzeugend getan hat.[7] Gewiß war die Bildung der Luftabwehrstreitkräfte im Jahre 1948 und die Entwicklung der Atombomber anfänglich eine Antwort auf die amerikanische Entwicklung einer atomaren Luftstreitmacht. Es stimmt wahrscheinlich, daß sich die sowjetische Strategie aus mehreren Gründen eher als »Antwort« begreifen läßt als die amerikanische. Erstens stellt der Westen, wie ich in Kapitel 6 ausgeführt habe, ideologisch für den Osten eine größere Bedrohung dar als dieser für den Westen, weil er auf die Osteuropäer eine größere Anziehungskraft ausübte, als sie umgekehrt der Osten entwickelte. (Obwohl man wiederum sagen könnte, daß der Osten mit dem Umfang seiner konventionellen Streitkräfte und dem Stalinschen Verfolgungswahn militärisch die größere Bedrohung gewesen ist.) Zweitens gab es in der Sowjetunion eine stärker zentralisierte Kontrolle der militärischen Entscheidungsprozesse als im Westen. Evangelista führt aus, daß die Entscheidungen für sowjetische militärische Innovationen von oben nach unten gefällt werden, während sie in den Vereinigten Staaten von unten nach oben durchgesetzt werden – entsprechend der Unterschiedlichkeit der zwei Gesellschaften.[8] Diese Unterscheidung wäre noch genauer zu fassen. In einem bürokratisch geregelten System gibt es alle möglichen Zwänge von unten. Je mehr die sowjetische Wirtschaft einer Kriegswirtschaft ähnelt, desto mehr werden diese vertikalen Beziehungen von oben kontrolliert, und desto mehr entspringt die Entwicklung der militärischen Kapazitäten den strategischen Entscheidungen, die auf höchster Ebene gefällt werden.

Drittens war die amerikanische Gesellschaft sehr viel offener als die sowjetische – die Sowjetführer konnten den Zeitungen, den öffentlich geführten Debatten, den Anhörungen im Kongreß usw. sehr viel besser entnehmen, was die Vereinigten Staaten taten, als dies umgekehrt möglich war. Tatsächlich wußten die amerikanischen Planer bis zur Entwicklung der Satellitenaufklärung sehr wenig über das, was in der Sowjetunion vorging, oder in China[9] – von daher der Sputnik-Schock 1957 und der darauffolgende Raketenalarm, der sich als unbegründet erwies.

Aber die Feststellung, daß es ein reaktives Element in der Festlegung der sowjetischen Strategie gegeben hat, erklärt noch nicht die Form, die diese Reaktion angenommen hat: die offensive Haltung, die in Europa im konventionellen Bereich bezogen wurde, die Aufstellung von Mittel- und Langstreckenraketen, die Betonung von Zahlen usw. Nach 1985 hat Gorbatschow damit begonnen, die Möglichkeit einer Verteidigung mit sehr viel weniger Waffen und Soldaten auszuloten, und dieses Vorgehen ist jederzeit eine mögliche Alternative gewesen.

Wichtiger zur Erklärung der sowjetischen Strategie sind drei Faktoren: die Rolle als Besatzungsmacht in Osteuropa, die Hinterlassenschaft des Zweiten Weltkrieges sowie institutionelle oder ideologische Zwänge. Ich will sie wiederum sehr kurz beschreiben.

Zuallererst ist wichtig festzuhalten, daß die sowjetische Strategie im Gegensatz zur Nato-Strategie gleichermaßen real wie imaginär gewesen ist. Schließlich war die Sowjetunion in Osteuropa in wirkliche Kriege eingetreten – 1956 in Ungarn und 1968 in der Tschechoslowakei. Konventionelle Streitkräfte, mit denen sich tatsächlich etwas anfangen ließ, waren daher sehr viel wichtiger. Der sowjetische Panzer war ebenso das Bild einer sowjetischen Bedrohung Westeuropas wie das tatsächliche Werkzeug der Unterdrückung in Osteuropa. In den Jahren direkt nach dem Zweiten Weltkrieg blieb die Kontrolle der Besatzungsbehörden in militärischen Händen. Das Militär war verantwortlich für die Eintreibung von Reparationen, insbesondere in Ostdeutschland, für die politische Repression und für den Wiederaufbau: die Entschärfung von Minen, die Wiederherstellung von Brücken, Eisenbahnen, Fabriken usw. Eine ganz ähnliche Rolle spielten die sowjetischen Streitkräfte interessanterweise auch in den westlichen Militärdistrikten der Sowjetunion, wo anti-sowjetische Partisanenverbände noch bis Anfang der fünfziger Jahre aktiv gewesen sind. Beteiligt waren die sowjetischen Streitkräfte auch an der Organisation von Gefangenenlagern.[10]

In der Folgezeit verdeutlichte die Aufstellung sowjetischer Truppen in Ostdeutschland,[11] die große Vermehrung der Sowjettruppen in der

Tschechoslowakei nach 1968 und die angesichts der strategischen Bedeutung des Landes unverhältnismäßig hohe Anzahl sowjetischer Truppen in Ungarn, daß diese Truppen nach wie vor als »Garnison« fungierten. Der offensive Charakter der sowjetischen Haltung läßt sich auch mit den Notwendigkeiten der Intervention erklären; die Intervention des Warschauer Pakts in der Tschechoslowakei gilt als ein perfekt ausgeführtes Beispiel für die Art von »Überrumpelungstrategie«, die westliche Militärtheoretiker im Falle einer Invasion in Westeuropa erwartet haben. Schließlich wurde auch vorgebracht, daß mit der vollzogenen Einbeziehung der ostmitteleuropäischen Streitkräfte in den Warschauer Pakt und in die sowjetische Strategie ein offensiver Stil der Kriegführung durchaus sinnvoll war, um die Möglichkeit gering zu halten, daß nationale Streitkräfte in der Lage sind, sich gegen eine Intervention der Sowjetunion oder des Warschauer Pakts zu verteidigen.[12]

Zweitens ist es die Erfahrung des Zweiten Weltkriegs gewesen, die die sowjetische Strategie beeinflußt hat. Auch heute noch sind die sowjetischen Strategen sehr mit den Lehren des Zweiten Weltkriegs beschäftigt. Und wie allgemein auch in der Politik nimmt die Strategiedebatte oft die Form einer Debatte über die Interpretation bestimmter Schlachten im letzten Kriege an.[13]

Vor allem in zwei Hinsichten läßt sich der Einfluß des Zweiten Weltkriegs beobachten. Erstens bestärkte der Krieg erneut die traditionelle russische Vorliebe für weiträumige mobile Vorstöße, die historisch aus dem Kampf gegen fremde Invasionen auf einem flachen und offenen Territorium hervorgegangen ist. Weiterhin führte das Interesse, das Schlachtfeld möglichst weit nach Westen zu verlagern, zu einer Strategie, in der die Rolle Ostmitteleuropas als Pufferzone betont wurde, und zur Antizipation schneller Einfälle in fremdes Territorium, wozu auch die Vorstellung gehörte, Westeuropa im Falle eines Weltkriegs als Geisel zu nehmen.[14] In der sowjetischen Terminologie war die politische Doktrin, d.h. das politische Ziel, zwar defensiv, aber die militärtechnische Doktrin hat die Bedeutung der Offensive hervorgehoben.

Der Zweite Weltkrieg hat auch das Denken über Atomwaffen beeinflußt. Die Sowjetunion hatte mit dem strategischen Bombardement keinerlei Erfahrung; tatsächlich sehen sowjetische Autoren im strategischen Bombardement sogar ein barbarisches Erbstück des Faschismus.[15] Die Luftwaffe wurde in erster Linie zur Unterstützung von Bodenoperationen benutzt. Besondere Bedeutung wurde der Rolle der Artillerie beigemessen. Als man Raketen entwickelte, wurden sie deshalb nicht, wie im Westen, als unbemannte Flugzeuge, sondern als weitreichende Artillerie betrachtet. Dies erklärt auch, warum man auf Kurz- und Mittelstreckenraketen ebensoviel Wert legte wie auf Langstreckenraketen. Der erste Oberkommandierende der Strategischen Raketenverbände war der frühere Oberbefehlshaber der Artillerie, Marschall Nedelin, und die Artillerie-Militärakademie Felix Dscherschinski wurde mit einem Lehrplan zum Studium der Reketensysteme in die technische Militärakademie Felix Dscherschinski umgewandelt.[16] Als Ende der fünfziger Jahre taktische Bomber eingeführt wurden, die mit Atomwaffen ausgerüstet werden konnten, soll dies ein Ersatz für eine atomare Artillerie gewesen sein, deren technische Entwicklung sich als sehr schwierig erwiesen hatte.[17]

Die Betonung der Artillerie erklärt auch, warum die Atomwaffen im sowjetischen Strategiedenken nie eine eigenständige Komponente darstellten. Der Einsatz von Atomwaffen war stets als Unterstützung von konventionellen Bodenoperationen gegen miltärische Ziele gedacht. Tatsächlich haben die sowjetischen Militärstrategen gar keinen eigenen Ausdruck für »Abschreckung«. Sie übersetzen Abschreckung mit *ustraschenie*, was soviel wie »Einschüchterung« bedeutet und ausschließlich zur Beschreibung der westlichen Politik Verwendung findet. Die sowjetische Politik wird mit dem Ausdruck *sderschivanie* umschrieben, der »Zurückhalten« oder »Hindern« bedeutet.[18] Im Westen wird Chruschtschows Herausstellung der Atomwaffen Ende der fünfziger Jahre oft als eine Art Abschreckung im kleinen interpretiert, doch hat Chruschtschow tatsächlich ebensoviel Wert auf die taktischen wie auf die strategischen Raketen gelegt; er sah in den Atomwaffen eher eine Möglichkeit, das Kosten-Nutzen-Verhältnis der sowjetischen Streitkräfte zu verbessern.[19]

Der Einfluß des Zweiten Weltkriegs muß sowohl unter dem Gesichtspunkt der institutionellen Präferenz als auch politisch-psychologisch verstanden werden. Weil man die Erfahrung des Krieges mit den Amerikanern gemeinsam hatte, trug sie zu einer wechselseitig anerkennbaren Konzeption des imaginären Krieges bei. Sie hielt die Erinnerung an sowjetische und amerikanische Siege wach und nährte die Furcht vor einem neuen Krieg.

Der dritte Faktor, der die sowjetische Strategie geprägt hat, war ein institutioneller und ideologischer. Chruschtschows Politik einer Reduzierung der konventionellen Streitkräfte wurde gegen innenpolitischen Widerstand durchgesetzt, und tatsächlich mag dies ein wichtiger Grund für seinen Sturz im Jahre 1964 gewesen sein. Nach der Kubakrise 1962 wurde ein Kompromiß erreicht, der offenbar einen stetigen Zuwachs in allen Teilen des Rüstungsbudgets erlaubt hat – der Input-

Output-Konservatismus, der den Plan durch konstante Additionen zu den Input-Output-Zielen des letzten Plans, speziell im militärischen Bereich, fortschreibt, war für die Jahre unter Breschnew charakteristisch. Der Input-Output-Konservatismus ist nicht bloß eine Folge der mathematischen Bequemlichkeit; er ist auch Ausdruck der statischen Zusammensetzung der bürokratischen Interessen. Die Verhandlungsmacht ist in der Praxis proportional zum vorherigen Budgetanteil. Die ideologischen Zwänge lassen sich von den institutionellen schwer trennen. Die wachsende Bedeutung, die Marine und konventionelle Streitkräfte Ende der siebziger Jahre erhielten, sind vielleicht auch mit dem Bedürfnis erklärbar, die revolutionären Ziele der Sowjetunion im Kontext eines erneuerten Kalten Krieges wiederaufleben zu lassen.

Die westliche Strategie-Entwickung

Über die wichtigsten Phasen in der westlichen Strategie-Entwicklung wissen wir sehr viel mehr. Die westliche Strategie eines imaginären Krieges umfaßt die amerikanische Atomstrategie, d.h. die Strategie der amerikanisch-sowjetischen Konfrontation, und die Nato-Strategie, d.h. die Strategie zur Verteidigung Westeuropas. Es gab auch amerikanische Strategien für wirkliche Kriege in der Dritten Welt, z.B. die konventionelle Strategie des Koreakriegs in den fünfziger Jahren, *Counter Insurgency* (COIN) in den Sechzigern und *Low Intensity Conflict* (LIC) in den Achtzigern.

Die Phasen der amerikanischen Strategie-Entwicklung können zusammengefaßt werden als: die Phase der »massiven Vergeltung« (*massive retaliation*) unter Eisenhower; die Phase der gegenseitigen Abschreckung, die Robert McNamara 1964 als Verteidigungsminister verkündete und die in etwa der Entspannungsperiode entsprach; schließlich die zunehmende Tendenz zu nuklearen Kriegführungsoptionen, die 1974 mit der Schlesinger-Doktrin einsetzte und in drei wichtigen neuen Initiativen in den frühen siebziger Jahren ihre Höhepunkte hatte – SDI (»Krieg der Sterne«), *AirLand Battle* und der Seekriegsstrategie. Dazwischen gab es hin und wieder ein kurzes Kokettieren mit verschiedenen Ansätzen.

Direkt nach dem Krieg wurde die strategische Luftflotte in den Vordergrund gerückt. Dann kam mit dem Koreakrieg gleichfalls eine Ausweitung der konventionellen Streitkräfte. Eisenhowers Politik des *New Look* nach dem Ende des Koreakriegs galt als ein Weg, um sich auf die Atomwaffen zu konzentrieren und weniger Geld für konventionelle Waffen auszugeben. Die Doktrin der massiven Vergeltung beruhte auf dem Vertrauen auf die nukleare Überlegenheit Amerikas – der Idee, daß jeder sowjetische oder von sowjetischer Seite veranlaßte Angriff auf amerikanischer Seite eine Vergeltung mit Atomwaffen zur Folge haben würde. In der Ära Eisenhower gab es eine massive Aufstellung von Atomwaffen: das atomare Arsenal nahm zwischen 1953 und 1961 von 1200 auf mehr als 30000 Waffen zu – dann gingen die Zahlen etwas zurück. Auch wurde in dieser Periode bei einer Reihe von Anlässen mit dem tatsächlichen Einsatz von Atomwaffen gedroht.[20]

Als Ende der fünfziger Jahre die »Raketenlücke« Furore machte, wuchs die Besorgnis über ein zu großes Vertrauen auf die massive Vergeltung, und es war mehr und mehr von einem »begrenzten Krieg« mit oder ohne Atomwaffen die Rede. Diese Debatte fand ihr Echo in der Kennedy-Wahlkampagne. In den Anfangsjahren der Kennedy-Administration verkündete McNamara seine Strategie einer Verschonung der Städte, die auch »Schadensbegrenzung« einschloß. Die Angriffe sollten sich auf die militärischen Ziele in der Sowjetunion konzentrieren; dies würde zugleich den »Schaden« begrenzen, den die Sowjetunion in den USA anrichten konnte. Nach der Kubakrise, die vielleicht dazu beigetragen hat, die tatsächlichen Implikationen von Atomwaffen vor Augen zu führen, ging man von diesem Ansatz ab.

Die Strategie der gegenseitigen Abschreckung (*Mutual Assured Destruction* – MAD) bedeutete, daß jede Seite die andere vernichten konnte. Die Widersprüche dieser Strategie entsprachen denen der Abschreckung. In der Tat verlangte sie, daß die Sowjetunion zum Mitmachen bereit war; beide Seiten hatten einander die Möglichkeit einzuräumen, die jeweils andere Seite zu vernichten, ohne gegen deren Atomwaffen Verteidigungsmaßnahmen zu entwickeln; deshalb 1972 der ABM-Vertrag. MAD war mit anderen Worten ein gegenseitiges Abkommen zur Unterhaltung eines imaginären Krieges. Was man zur beiderseits gewährleisteten Vernichtung für ausreichend hielt, entsprach sinnigerweise genau dem Umfang des US-Atomwaffenarsenals.

Begleitet war die MAD-Strategie von der zunehmenden Befürwortung »begrenzter« konventioneller Kriege in der Dritten Welt. Die Schlagkraft der Marine wurde vergrößert, ebenso verbesserte man unter der Bezeichnung *Counter Insurgency* (COIN) die Möglichkeiten zur Niederschlagung von Revolutionen. Der Nutzen militärischer Macht sollte durch »begrenzte« und »angemessene« Antworten unter Beweis gestellt werden.

Daß man in Vietnam nicht gewinnen konnte, steigerte den Unmut darüber, daß die Atomwaffenarsenale politisch nicht eingesetzt werden konnten. Die MAD-Strategie implizierte ein Patt – eine wenig überzeugende und widerspruchsvolle Art des imaginären Krieges, in dem beide Seiten einander auf die Regeln der Kriegführung verpflichten. In den siebziger Jahren wurden daher zunehmend begrenzte Nuklearoptionen befürwortet, mit der Vorstellung von tatsächlich einsetzbaren Atomwaffen. Dies fand zu Beginn der achtziger Jahre Eingang in die *AirLand Battle*-Doktrin und in die Seekriegsstrategie, Doktrinen, die auf die Integration von nuklearer und konventioneller (sowie chemischer) Kampfführung abstellten und mobile Offensivoperationen in Heer bzw. Marine in den Vordergrund rückten. SDI schützte, zumindest in der Einbildung, die Vereinigten Staaten, so daß diese eher bereit waren, in anderen Teilen der Welt Atomwaffen einzusetzen.

Wie im Falle der Sowjetunion hat die Erfahrung des Zweiten Weltkriegs einen wichtigen Einfluß auf die Entwicklung des amerikanischen Strategiedenkens ausgeübt. Am wichtigsten war die Vorstellung des strategischen Bombardements – die Idee, eine feindliche Bevölkerung mit Terror zur Aufgabe zu bringen. (Ob das strategische Bombardement im Zweiten Weltkrieg tatsächlich so wirksam war, ist allerdings weithin in Frage gestellt worden;[21] man erwartete jedoch von der Atombombe und der Raketenentwicklung, daß sie manche Grenzen der damaligen Strategie überwinden.)

Die Erfahrung des Zweiten Weltkriegs prägte auch das Identitätsgefühl der Amerikaner in der Welt. Die nachfolgenden Strategien müssen als einen Suche nach Identität verstanden werden – als ein subjektiver, politisch-psychologischer Prozeß, in dem die US-Administrationen sich sukzessive der Vorstellung vergewissert haben, die die anderen ihrer Überzeugung nach von Amerika haben sollten.

Mit dem strategischen Bombardement und später mit der Doktrin der massiven Vergeltung wurde die technologische Überlegenheit Amerikas demonstriert.[22] MAD erschien demgegenüber als ein Akzeptieren der Gleichwertigkeit. Die nuklearen Kriegführungs-Optionen Ende der siebziger und Anfang der achtziger Jahre restituierten das amerikanische Selbstbewußtsein, indem sie das nach Vietnam erlebte Gefühl der Impotenz überwanden, und sei es auch durch einen gigantischen Mythos. Selbst die schärfsten Verfechter von begrenzten Nuklearoptionen behaupten nicht, an einen wirklichen Atomkrieg zu glauben, wenn sie sich nicht gerade so verplaudern wie Präsident Reagan, was allerdings leicht passieren kann. Sie sprechen von »Glaubwürdigkeit« und davon, daß die Idee des begrenzten Atomkrieges die Sowjetunion und andere beeindrucken soll, falls sie versucht sein sollten, die Macht Amerikas herauszufordern. Das Problem von Glaube und Wahrnehmung hat aber mit dem eigenen Verhalten der USA nicht minder zu tun als mit der Sowjetunion. Worum es geht, hat Richard Perle, der die atomaren Kriegführungspläne der Reagan-Administration entscheidend beeinflußte, so ausgedrückt:

Was in einem tatsächlichen atomaren Schlagabtausch geschehen würde, hat mich nie in dem Maße beschäftigt wie die Wirkung, die das atomare Gleichgewicht auf unsere Bereitschaft hat, in lokalen Situationen etwas zu riskieren. Ich mache mir nicht etwa Sorgen, daß die Sowjets die Vereinigten Staaten mit Atomwaffen angreifen, weil sie überzeugt sind, diesen Atomkrieg zu gewinnen. Ich bin vielmehr besorgt, daß ein amerikanischer Präsident vielleicht das Gefühl hätte, er könne in einer Krise deshalb nichts unternehmen, weil die sowjetischen Atomstreitkräfte besser als wir dastehen, um die Stufenleiter der Eskalation zu beschreiten.«[23]

Weil die Sowjetunion, mit anderen Worten, in einem imaginären Krieg besser aussehen würde – definiert mit Heath-Robinson- Begriffen wie dem der *escalation ladder* –, könnte der US-Präsident möglicherweise davor zurückschrecken, das Militär einzusetzen, in Libyen oder Grenada beispielsweise. Das heißt, weil der Präsident selbst dem so gestrickten Mythos erlegen ist.[24]

Auch die Nato-Strategie läßt sich grob in drei Phasen einteilen, die den Veränderungen in der amerikanischen Atomwaffen-Einsatzstrategie parallel laufen: die mit der massiven Vergeltung verbundene »Stolperdraht«-Strategie (*tripwire strategy*); die 1967 eingeführte »angemessene Reaktion« (*flexible response*); und schließlich die zunehmende Befürwortung von nuklearen wie konventionellen Kriegführungsoptionen, die zunächst mit der Stationierung der atomaren Mittelstreckenraketen und später mit den Konzeptionen des »Angriffs in die Tiefe« (*deep strike*) verbunden war. All diese Strategien gehen von einer Prämisse aus, in der die Erfahrung des Zweiten Weltkriegs sich spiegelt, der Annahme nämlich, daß Westeuropa zu seiner Verteidigung gegen einen sowjetischen Blitzangriff, der über die norddeutsche Tiefebene vorgetragen wird, auf die technologische Überlegenheit der Vereinigten Staaten angewiesen ist.

Michel Howard hat hervorgehoben, daß die »Rückversicherung« für die Europäer eine nicht geringere Bedeutung hat als die »Abschreckung«, wenn man die Nato-Strategie begreifen will. Er führt aus, daß die amerikanischen Atomwaffen für eine Form der »Rückversicherung« in Anbetracht der »weitverbreiteten Furcht nicht etwa vor einem sowjetischen Angriff auf Europa, sondern vor dem Zerfall der politischen und wirtschaftlichen Gesamtstruktur« gesorgt haben.[25] »Rückversicherung« ist vielleicht nicht ganz der richtige Ausdruck.

Richtig ist zweifellos, daß es den westeuropäischen Regierungen darum zu tun war, Garantien für die von Amerika eingegangenen politischen und wirtschaftlichen Verpflichtungen gegenüber Europa zu bekommen. Sie waren aber anfangs eher beunruhigt über die Stationierung von taktischen Atomwaffen in Europa.[26] Die »Stolperdraht«-Theorie besagte, daß jeder konventionell vorgetragene sowjetische Angriff unmittelbar eine atomare Reaktion auslösen würde. Die Stationierung amerikanischer Atomwaffen hatte die konventionelle Unterlegenheit der Nato zu kompensieren. Die Planspiele und Übungen demonstrierten jedoch die ungeheuren Verluste, die der Einsatz von taktischen Atomwaffen zur Folge hätte. Lord Mountbatten, bis 1965 Chef des Britischen Verteidigungsstabs, und Solly Zuckermann, zur selben Zeit dessen wissenschaftlicher Chefberater, haben sich der Stationierung taktischer Atomwaffen in Europa konsequent widersetzt.[27] Vielleicht wäre es besser zu sagen, daß die Atomwaffen der Preis gewesen sind, den die Europäer für die »Rückversicherung« zu zahlen hatten.[28] Die Europäer haben die Verfügungsgewalt über ihr Leben einem amerikanischen Präsidenten buchstäblich ausgehändigt. Der imaginäre Krieg, der auf dem europäischen »Schauplatz« ausgetragen wurde, erinnerte sie tagtäglich an ihre Abhängigkeit. Damit wurden die amerikanischen Atomwaffen in der Tat zum Symbol für die amerikanische Nukleargarantie gegenüber Europa.

Die »angemessene Reaktion« war das Ergebnis einer Debatte über die atomare Verfügungsgewalt in Europa. Die gegenseitige Abschreckung (MAD) hatte das Problem der »Glaubwürdigkeit« ins Spiel gebracht und die »Stolperdraht«-Strategie in Frage gestellt. Würde Amerika, nachdem die Sowjetunion im Besitz von Atomwaffen war, in Europa auch Atomwaffen einsetzen? Würde ein amerikanischer Präsident amerikanisches Leben aufs Spiel setzen, um Europa zu verteidigen? Hinter dieser Frage stand die weitere Frage, wie das künftige Verhältnis zwischen den Vereinigten Staaten und Europa aussehen würde, nachdem Westeuropa wieder zu Kräften gekommen war. De Gaulle hatte geltend gemacht, daß Amerika nicht Chicago für Paris aufs Spiel setzen würde. Frankreich zog sich aus der integrierten Kommandostruktur der Nato zurück, und der Aufbau einer unabhängigen Atomstreitmacht stellte die Verfügungsgewalt des französischen Präsidenten über das Leben der Franzosen her. Diskutiert wurde in dieser Zeit auch die Möglichkeit einer multilateralen Atomstreitmacht (die Westdeutschland eine partielle Verfügung über Atomwaffen einräumte) und der Status der britischen Atomwaffen, die irgendwie der Nato angegliedert werden sollten.

Die angemessene Reaktion, auch als MC-1431 bekannt, wurde als eine »Stufenleiter von Eskalationsmöglichkeiten ... von konventionellen zu strategischen Kräften« charakterisiert, erfolgend »über die auf dem europäischen Schauplatz stationierten nuklearen Streitkräfte, sowohl über die zum taktischen Einsatz vorgesehen als auch über die SACEUR [dem Alliierten Oberbefehlshaber Europa] unterstellten Systeme längerer Reichweite«.[29] Es war immer eine zweideutige Doktrin gewesen, die in Europa und in den Vereinigten Staaten unterschiedlich interpretiert wurde. Die Amerikaner neigen zu der Auffassung, daß konventionelle und nukleare taktische Optionen die Glaubwürdigkeit der amerikanischen Sicherheitsgarantie für Europa erhöhen – der imaginäre Krieg könnte in Europa ausgefochten werden, ohne sich auf die Vereinigten Staaten auszuweiten. Wenn die Amerikaner, so wurde argumentiert, in Europa Atomwaffen kürzerer Reichweite einsetzen, würden die Russen dies nicht zwangsläufig mit dem Einsatz von Atomwaffen längerer Reichweite gegen amerikanisches Territorium vergelten. Weil die Amerikaner nicht das eigene Territorium aufs Spiel setzen, seien sie zum Einsatz von Atomwaffen eher bereit. Weil dies den Russen bekannt sei, würden sie von einer Invasion Westeuropas abgeschreckt. Die Gefahr, daß ein US-Präsident zum Einsatz von Atomwaffen bereit sein könnte, unterstrich die ungleiche Beziehung zwischen den USA und Westeuropa.

Die Europäer gingen davon aus, daß die Optionen »auf unterer Ebene« die europäische Verteidigung in das strategische Arsenal mit einbinden; taktische Atomwaffen könnten *nicht* eingesetzt werden, ohne das Risiko eines Vergeltungsschlags gegen die Vereinigten Staaten einzugehen. Die Europäer nahmen, anders gesagt, genau das Gegenteil an. *Jeder* Einsatz von Atomwaffen würde sofort den Atomkrieg voll eskalieren lassen. Das Vorhandensein von Atomwaffen kürzerer Reichweite würde sicherstellen, daß die Amerikaner jeden Angriff auf Westeuropa als einen Angriff auf die Vereinigten Staaten betrachten. Mit einer solchen Interpretation ließ sich mehr Gleichheit im atlantischen Verhältnis herstellen; das Leben der Europäer konnte nicht ohne das der Amerikaner aufs Spiel gesetzt werden – der imaginäre Krieg würde sich automatisch auf die Vereinigten Staaten ausweiten.

Besonders logisch war die europäische Position nicht, zumindest nicht nach den Regeln des imaginären Planspiels. Wenn nämlich die europäische Interpretation richtig war, gab es keinen Grund zu der Annahme, daß die Amerikaner sich auf Optionen der unteren Ebene einlassen würden; es bestand also kein Grund anzunehmen, daß die Vereinigten Staaten jemals Atomwaffen kürzerer Reichweite einsetzen würden, womit die Verteidigung Westeuropas ihre »Glaubwürdigkeit« einbüßte.

Die amerikanische Interpretation wurde während der Entscheidung zur Stationierung von Pershing und Marschflugkörpern deutlich. Diese Entscheidung wurde als Mittel angesehen, um den Zusammenhalt von Europa und den Vereinigten Staaten wiederherzustellen. Die Raketen hatten landgestützt zu sein, um ihre »öffentliche Präsenz« zu erhöhen, und sie hatten so zahlreich zu sein, daß verschiedene Länder in das Stationierungsprogramm einbezogen werden konnten. Die amerikanische Argumentation war die, daß ein US-Präsident bereit sein würde, diese Raketen einzusetzen, weil sie tief in das Gebiet des Warschauer Pakts treffen und weil er annehmen könne, sei sei den Russen bekannt, daß sie von Europa aus abgefeuert wurden, so daß sie keinen Vergeltungsschlag gegen die Vereinigten Staaten führen. Sie würden als »Warnschuß« eingesetzt, um Zeit für Verhandlungen zu gewinnen. Es hieß, daß diese Mittelstreckenraketen sehr viel besser als jede andere Option ihren Zweck erfüllen. Atomare Kurzstreckenraketen würden auf westeuropäischem Gebiet eingesetzt und seien daher »selbst-abschreckend«. Flugzeuge seien zu verwundbar. U-Boot-gestützte Raketen könnten mit der strategischen US-Streitmacht verwechselt werden und einen Vergeltungsschlag gegen die Vereinigten Staaten herausfordern. Der Wirkung nach war die Stationierung von Cruise- und Pershing-2-Raketen auf Stützpunkten, die durch Stacheldraht und Fallschirmjäger gegen Demonstranten gesichert werden mußten, ein Mittel, um den imaginären Krieg neu anzufachen und die Europäer an ihre psychologische Hörigkeit zu erinnern.

Die nachfolgenden Konzeptionen des »Angriffs in die Tiefe« *(deep strike)* und des unmittelbar nachfolgenden Schlags *(follow-on force attack)* legten mehr Wert auf die konventionelle Kriegführung. Sie beinhalteten den Einsatz von Raketen, die mit konventioneller oder chemischer Munition zur weiträumigen Zerstörung ausgerüstet sind (in der sofortigen tödlichen Wirkung angeblich der atomaren Munition gleichwertig), um die rückwärtigen Befehlszentren einer angreifenden sowjetischen Streitmacht zu treffen. Die Aktion *Deep strike* sollte eine rückversichernde Wirkung haben, weil sie die atomare Schwelle heraufsetzte, d.h. man stellte sich vor, daß die Anzahl der Tage, in denen die Nato einen sowjetischen Angriff mit rein konventionellen Mitteln zurückhalten kann, dadurch erhöht wird. Aus dem selben Grund machte sie aber den Krieg eher vorstellbar.

Die psychologische Kompliziertheit der amerikanischen und der Nato-Strategie hängt mit dem Bedürfnis nach einer Erklärung, Rationalisierung oder Rechtfertigung für das tatsächliche Anwachsen der militärischen Kapazitäten zusammen, das in Wahrheit mit institutionellen Pressionen in der Innenpolitik zu erklären ist. Daß das strategische Bombardement solche Bedeutung bekam, war nicht nur der Erfahrung des Zweiten Weltkriegs oder dem Bedürfnis geschuldet, den Gegner einzuschüchtern. Es lag auch daran, daß die *Air Force* nach ihrer eigenen Identität suchte, und am Problem der Überkapazitäten in der Flugzeugindustrie. Anders als in anderen Bereichen der Rüstungsindustrie gab es unmittelbar nach dem Krieg nicht genügend aufgestaute Nachfrage nach Zivilflugzeugen. Ende der vierziger Jahre machten die amerikanischen Flugzeugfirmen geltend, daß die miltärische Beschaffung entscheidend ist, um im Falle eines neuen Krieges die nationale Kapazität in der Flugzeugproduktion weiter sicherstellen zu können.[30] Eine Vielzahl von Erwägungen und Bestrebungen, darunter der Enthusiasmus der Techniker, die keynesianischen Überzeugungen der Ökonomen, die Rivalität militärischer Truppenteile, die Einflußnahmen seitens der Industrie – die allesamt im US-Kongreß und in der US-Regierung ihren Ausdruck fanden – haben über die Jahre hinweg zu einer militärischen Aufrüstung beigetragen, die vom strategischen Denken ziemlich unabhängig war. Wie war es möglich, daß die USA in den fünfziger Jahren 30000 Atomwaffen anhäuften? Für jede Waffe mußten Ziele gefunden werden, und für die Ziele war eine gewisse Ratio zu entwickeln. Wie schwer es ist, in die unerbittliche Logik von »Ausbau« und »Modernisierung« nuklearer und konventioneller Streitkräfte hineinzufunken, wurde Anfang der sechziger Jahre in der Zeit McNamaras ebenso illustriert wie in den Carter-Jahren 1977-1981. Die Strategie hatte einen politischen Nutzen für das zu finden, was tatsächlich existierte.

Die Antizipation des Konflikts

Die Prädispositionen von Ost und West, die aus der gemeinsamen Erfahrung des Zweiten Weltkriegs, aus den innenpolitischen und blockinternen Interessen wie aus den institutionellen Anlagen herrühren, haben sich wechselseitig verstärkt. Die sowjetische Betonung des konventionellen Vorstoßes, die sowohl der Tradition entspringt wie den Erfordernissen der Okkupation in Osteuropa, hat westliche Warnungen vor einer drohenden sowjetischen Invasion in Westeuropa bestärkt. Die westliche Betonung des Einsatzes von Atomwaffen als Antwort auf einen konventionellen sowjetischen Angriff, die der amerikanischen Identifikation mit technischen Daten und dem europäischen Bedürfnis nach psychologischen Garantien entspringt, bestärkten die sowjetischen Einschätzungen in bezug auf die barbarische, unmenschliche Natur des westlichen »Imperialismus«. Darüber hinaus haben die Kritiker in Ost und West die gleiche Art von Argumenten benutzt; sie neigten dazu, das imaginäre Planspiel nach den gleichen Regeln mitzuspielen. So pflegten westliche Kritiker des Wettrüstens zu sagen, daß die Sowjetunion über keine konventionelle Überlegenheit verfügt und in den Westen nicht einfallen kann, und daß der Westen sich eine Erstschlags-Kapazität zulegt, um die sowjetischen Vergeltungskapazitäten auszuschalten. Sie haben sich im Westen diskreditiert, weil sie die konventionelle Überlegenheit der Sowjetunion leugneten, auch wenn es stimmt, daß die sowjetische Überlegenheit im konventionellen Bereich stark übertrieben worden ist (in den Einschätzungen des militärischen Gleichgewichts wurden im allgemeinen die Größe der sowjetischen Divisionen, ihre mangelnde Einsatzbereitschaft, der unzureichende Nachschub, die Probleme mit der Kampfmoral, die Qualität der Ausrüstung usw. außer acht gelassen). Gleichzeitig hat das Erstschlag-Argument, das ein imaginäres Kriegsszenario voraussetzt, die sowjetische Wahrnehmung des Westens zu rechtfertigen geholfen. Auf der anderen Seite sagten die Gegner des »realen Sozialismus«, der Westen müsse stark genug sein, um sowjetische Panzer zu stoppen. Dieses Argument legitimierte die Beschaffung von Atomwaffen im Westen und konnte im Osten dazu benutzt werden, solche Leute als Agenten des »Feindes« hinzustellen. Das Problem lag darin, daß die westlichen Atomwaffen die sowjetischen Panzer in Osteuropa überhaupt nicht stoppen konnten und wollten; sie lieferten im Gegenteil eine rationale Erklärung, einen Vorwand, für den Aufmarsch der Panzer.

Regierungen und Opposition haben zusammen zu einer Antizipation des Konflikts beigetragen, in der eine Erinnerung an den Zweiten Weltkrieg aufrechterhalten wurde, die auf den Erfahrungen der Sieger basierte. Die Stationierung atomarer Mittelstreckenraketen scheint interessanterweise andere Erinnerungen wiederbelebt zu haben – das Gedächtnis der Opfer. Ich erinnere mich, wie ich 1982 vor einer Gruppe Hamburger Frauen gesprochen habe. »Wie können wir uns mit diesen Raketen abfinden«, fragten sie, »wenn wir uns an die Bombardierung von Hamburg erinnern?« (die mehr unmittelbare Opfer als Hiroshima gefordert hat). Ob es nun die Zeit ist, die verstrichen ist und die es weniger schmerzlich macht, lange verschüttete Erfahrungen wieder ins Gedächtnis zu rufen, oder ob es vielmehr direkte politische Gründe gibt, die mit der Wiederentdeckung einer europäischen Identität und mit der Praxis der Entspannungspolitik zu tun haben – diese alternativen Gedächtnisse haben vielleicht mit dazu beigetragen, daß die Realität wieder auflebt und die Macht der eingebildeten Strategien durchbrochen wird.

Anmerkungen

1 Vgl. Lawrence Freedman, *The Evolution of Nuclear Strategy* (Macmillan, 1982).

2 Ein erhellendes Beispiel für diese Bewußtwerdung liefert Herbert York in seinen Erinnerungen *Making Weapons: Talking Peace. A Physicist's Odyssey from Hiroshima to Geneva* (Basic Books, 1987). York beschreibt, wie stolz er darauf war, einen kleinen Beitrag zum Manhattan-Projekt und zur Kapitulation Japans geleistet zu haben. Er hält es auch für wichtig, daß die Bomben auf Hiroshima und Nagasaki tatsächlich abgeworfen wurden, weil dies die Macht dieser Waffen vor Augen führte. Nach dem Krieg hatte er die Absicht, seine Karriere als Universitätsprofessor zu beenden. Er wurde aber mit Beginn des Kalten Krieges an das Livermore-Institut zurückgerufen, um an Atomwaffen zu arbeiten – eine intellektuell sehr reizvolle Aufgabe. 1953 wurde er gebeten, ein zweite Versuchsanstalt zu organisieren. Er erinnert sich: »Die Philosophie unserer Arbeit ... verlangte, immer an die Grenzen des technisch Möglichen zu gehen. Wir haben nicht darauf gewartet, daß uns die Regierung oder die militärische Führung ihre Wünsche mitteilt, und dann nur versucht, sie zu erfüllen. Wir haben uns statt dessen von Anfang an bemüht, atomare Explosionsvorrichtungen mit dem kleinsten Durchmesser, dem niedrigsten Gewicht, dem geringsten Aufwand von seltenen Stoffen oder dem optimalen Verhältnis von Gewicht und Ertrag zu bauen oder auf andere Weise versucht, den Stand der Technik über die bisher erforschten Grenzen hinauszuverlagern. Wir vertrauten völlig darauf, daß das Militär für unser Produkt eine Verwendung finden würde, nachdem wir es erprobt hatten, und das erwies sich im allgemeinen als richtig. (...) Ich hatte, indem ich diese Philosophie propagierte, einen doppelten Nutzen im Auge. Erstens schien sie mir der beste Weg, die amerikanische Überlegenheit in der atomaren Waffentechnik weiterhin sicherzustellen. Zweitens sorgte sie für die Art von intellektuellen Anstößen und Herausforderungen, die junge Wissenschaftler normalerweise nur in der Grundlagenforschung finden.« (S.75f) Erst gegen Ende der Eisenhower-Ära, als die US-Atomwaffenarsenale auf etwa 30000 Bomben angewachsen waren, erwachte in ihm der Zweifel an wissenschaftlich-technischen Lösungen und das Bewußtsein der »fruchbaren Dilemmata und Paradoxien, die daraus entspringen« (S.196).

3 Zit.n. Matthew Evangelista, *Innovation and the Arms Race: How the United States and the Soviet Union Develop New Military Technologies* (Cornell University Press, 1988), S.119. General Gavin hat zu ähnlichen Zwecken Europa bereist. Er kam zu dem Ergebnis: »Die norditalienische Region eignete sich besonders für den taktischen Gebrauch von Atomwaffen, weil die Berge einen möglichen Angreifer kanalisierten. (...) Admiral Carney hatte bei einer Reihe von Gelegenheiten den statischen Einsatz von Atomwaffen in den Alpenpässen empfohlen, wofür sie sich offenbar bestens eigneten. Die griechischen und türkischen Regionen boten mit Ausnahme der Ebenen unmittelbar nördlich der Dardanellen gleichfalls hervorragende Möglichkeiten für den defensiven Einsatz von taktischen Atomwaffen.« (Zit.n.ebd., 126)

4 Miroslav Kusý, »Chartism and 'real socialism'«, in Vaclav Havel u.a., *The Power of the Powerlessness* (Hutchinson, 1985), S.165.

5 Robert Jervis hat dieses Verhältnis von Abschreckung und Wahrnehmung erforscht. Zu den »bedeutendsten und mächtigsten« Wahrnehmungsbarrieren gehört nach seiner Auffassung »die Neigung, neue Informationen den bestehenden Überzeugungen anzupassen, also das zu sehen, was man erwartet. Zweideutige oder selbst widersprechende Informationen werden ignoriert, falsch aufgefaßt oder so re-interpretiert, daß das bereits Geglaubte am wenigsten beeinträchtigt wird. (...) Diese Neigung ist nicht immer irrational und setzt die Genauigkeit der Wahrnehmung auch nicht unbedingt herab. Unsere Umwelt konfrontiert uns mit so vielen widersprüchlichen und zweideutigen Reizen, daß wir keine zusammenhängende Anschauung aufrechterhalten könnten, würden wir nicht unsere Begriffe und Überzeugungen dazu benutzen, um sie in eine bestimmte Ordnung zu bringen.« (»Deterrence and perception«, *International Security,* 7:3, Winter 1982/83)

6 Matthew Evangelista, »Stalin's post-war army reappraised«, *International Security*, 7:3, Winter 1982/83.

7 Vgl. Michael MccGwire, *Military Objectives in Soviet Foreign Policy* (Brookings Institution, Washington DC, 1987) und »Soviet military objectives«, *World Policy Journal*, 3:4, Herbst 1986.

8 Evangelista, »Stalin's post-war army«.

9 Herb York beschreibt z.B. die Ende der fünfziger Jahre vorherrschende Wahrnehmung Chinas: »Historisch war China nicht expansionistisch gewesen, aber seine lebhafte Liaison mit Rußland und sein Verhalten in Korea ließ sich leicht als eine Veränderung interpretieren. Wir lagen damit falsch, aber wir hatten gute Gründe, dies zu tun. Einer davon war die von uns selbst begangene Dummheit, daß wir in einem politischen Wutanfall anläßlich der Frage »Wer hat China verspielt?« alle »alten China-Experten« davongejagt hatten, deren wir habhaft werden konnten. Ebenso wichtig war die Politik der höchsten Geheimhaltung. Sowohl Rußland als auch China pflegten alles, was sie taten, zu verheimlichen. Wir lagen, alles in allem, hauptsächlich wegen unserer Unkenntnis falsch, obwohl sicher auch ein bißchen Paranoia mitgespielt hat.« (*Making Weapons: Talking Peace*, S. 172)

10 Evangelista, »Stalin's post-war army«.

11 Vgl. John Erickson, »The ground forces in Soviet military policy«, *Strategic Review*, Winter 1978.

12 Christopher Jones, *Soviet Influence in Eastern Europe: Political autonomy and the Warsaw Pact* (Praeger, 1981).

13 Vgl. Gerard Holden, »After INF: a new Warsaw Pact military doctrine?«, *ADIU Report*, 9:6, November-Dezember 1987.

14 Gerard Holden, *The Warsaw Pact* (Basil Blackwell, 1989).

15 Alexander Jakovlew meint, der Glaube, »daß der Besitz einer mächtigen Bomberflotte die entscheidende militärische Überlegenheit über den Feind sicherstellen könnte«, habe »auf dem barbarischen faschistischen Konzept des totalen Bombardements der Zivilbevölkerung beruht«. *The Aim of a Lifetime* (Progress Publishers, Moskau, 1972), S. 142.

16 Vgl. David Holloway, *The Soviet Union and the Arms Race* (Yale University Press, 1983).

17 Evangelista, *Innovation*.

18 Holloway, *Soviet Union*.

19 »More rubble for the rouble«, wie es Evangelista ausdrückt (*Innovation*).

20 Vgl. Daniel Ellsberg, »Call to mutiny«, in E.P.Thompson und Dan Smith (Hg.), *Protest and Survive* (Monthly Review Press, 1981).

21 United States Strategic Bombing Survey, *The Effects of Strategic Bombing on the German War Economy* (Washington DC, 1946).

22 Diese Wahrnehmung beschrieb 1947 der amerikanische Kolumnist Walter Lippman. Atombomben und Raketen waren, wie er schrieb, »die perfekte Erfüllung jedes militärischen Wunschdenkens: hier ist der Krieg, der keine nationale Anstrengung, keine Einberufung, keine Ausbildung, keinerlei Disziplin verlangt, nur Geld und technisches Know-how, das wir reichlich haben. Hier ist der Stein der Weisen, der uns zur größten Macht auf Erden werden läßt, ohne dafür Zeit, Energie, Schweiß, Blut und Tränen zu investieren – und, verglichen mit den Kosten einer großen *Army, Navy* und *Air Force*, nicht einmal viel Geld.« (Zit.n. Freedman, *Evolution*, S.48)

23 Zit.n. Robert Sheer, *With Enough Shovels: Reagan, Bush and Nuclear War* (Secker and Warburg, 1983), S.13.

24 Der Schriftsteller Salman Rushdie hat diesen Mythos als ein »stalinistisches Theologisieren« charakterisiert, das sich in der Strategischen Verteidigungsinitiative (SDI) verkörpert. »Sie ist in gigantischen Ausmaßen konzipiert, denn der Staat Gottes muß Großartiges planen; sie unterstellt das auserwählte Volk (theoretisch) dem mächtigen und unbesiegbaren Schild Gottes und verlangt von ihrer Gefolgschaft einen kolossalen Sprung in den Glauben – weil so gut wie feststeht, daß sie nicht funktioniert. Auf halbem Wege zwischen der Erde und dem Unendlichen postiert, werden ihre gewaltigen und impotenten Waffen einen wenn schon nicht göttlichen, so doch engelsgleichen Status erlangen. *Star Wars* ist der Schutzengel-Mythos des Atomzeitalters.« (»Yielding to the Force«, *European Nuclear Disarmament Journal*, 25, Dezember 1986-Januar 1987)

25 Michael Howard, »Reassurance and deterrence«, *Foreign Affairs*, 61:2, Winter 1982/83, S.161.

26 Taktische Atomwaffen wurden erstmals 1952 ohne Wissen der Verbündeten stationiert. Noch 1956 schickte General Gruenther, der damalige Oberbefehlshaber der alliierten Streitkräfte, dem US- Verteidigungsminister ein Telegramm folgenden Inhalts: »Es bedarf dringend einer Erziehungskampagne in der Frage des *fall-out* [radioaktiver Niederschlag; d.Übers.], um bei den Europäern das Vertrauen wiederherzustellen, was die essentielle Bedeutung unserer atomaren Haltung und unsere Fähigkeit angeht, mit den damit verbundenen Problemen fertigzuwerden.« (Zit.n. Evangelista, *Innovation*, S.227)

27 Vgl. Louis Mountbatten, »A military commander surveys the nuclear arms race«, *International Security*, 4:3, Winter 1979/80.

28 Ich erinnere mich an einen älteren deutschen Sozialdemokraten, der mir auf dem Höhepunkt der Debatte über Pershing und Cruise Missiles erklärte: »Wir müssen die Raketen akzeptieren, weil uns die Amerikaner befreit haben und weil wir ihnen so viel zu verdanken haben.«

29 *The Modernization of Nato's Long-range Theater Nuclear Forces*, Bericht für den Unterausschuß Europa und Mittlerer Osten, Auswärtiger Ausschuß, US-Repräsentantenhaus, vorgelegt vom Congressional Research Service, 31.Dezember 1980, S.11.

30 Vgl. Mary Kaldor, *The Baroque Arsenal* (André Deutsch, 1982), Kap.3 (dt.: *Rüstungsbarock*, Rotbuch, 1981).

12 Die realen Ressourcen

Auch wenn die Strategien zum Bereich der Imagination gehören, sind die Vorbereitungen für einen imaginären Krieg einigermaßen real. Der imaginäre Krieg besteht aus wirklichen Soldaten, Waffen, Rüstungsfabrikanten und Wissenschaftlern, die so tun, als führten sie Krieg. Und weil in diesem Drama in erheblichem Umfang reale Mittel eingesetzt werden, stellt es eine Form der wirtschaftlichen Intervention dar; man kann es als einen Regulationsmechanismus auffassen.

Wie diese Form der wirtschaftlichen Intervention funktioniert, ob sie die industrielle Entwicklung stimuliert oder verzögert, hängt nicht einfach von der Quantität der Mittel ab, die in die Kriegsvorbereitungen einfließen. Es hängt auch von der Art dieser Mittel ab und davon, wie sie reproduziert werden. Als »militärisch-technologischen Stil« können wir ein bestimmtes militärisches Organisationsmodell bezeichnen, d.h. einen militärischen Arbeitsprozeß und eine spezifische Komposition von militärischen Produkten, die sowohl Waffen wie Infrastruktur umfassen – Transport, Kommunikation, Lebensmittel, Uniformen, sogar die ärztliche Versorgung.[1] Genau wie ein industrielles Entwicklungsmodell wie der Fordismus nicht nur diese oder jene Innovation beinhaltet, sondern als ein tiefgreifender Wandel in den Produktions- und Konsumtionsprinzipien zu begreifen ist, der durch eine Reihe von zusammenhängenden Innovationen technischer, sozialer, kultureller und politischer Art produziert wird, so schließt ein militärisch-technologischer Stil technologische, soziale, organisatorische und sogar geopolitische Innovationen mit ein. Der militärisch-technologische Stil ist die Art und Weise, in der ein bestimmtes Unter-Ensemble von autoritativen Ressourcen, nämlich sozial organisierte Gewaltmittel, reproduziert wird; er ließe sich auch als eine Weise der Kriegführung bezeichnen.

Ein Wechsel im militärisch-technologischen Stil wäre zum Beispiel der klassische Wechsel von offensiven zu defensiven Weisen der Kriegführung, der sich durch die Geschichte der Kriegskunst hindurch verfolgen läßt.[2] So bildeten zum Beispiel die Massenarmeen der Napoleonischen Kriege einen neuen militärisch-technologischen Offensivstil aus, der auf dem revolutionären Elan der Soldaten beruhte. Doch machte die Entwicklung von tödlichen, hochwirksamen und leicht handhabbaren Gewehren die Menschen, so tapfer sie sein mochten, äußerst verwundbar.[3] Beherzte Infanterieangriffe wurden im Ersten Weltkrieg fürchterlich niedergemäht, und der Stellungskrieg der Schützengräben steht für den Übergang zu einem militärisch-technologischen Defensivstil, in dem der Sieg nur über die Zermürbung des

Gegners möglich war. Der Panzer und das Flugzeug konnten dem Maschinengewehrfeuer standhalten, und schnelle, mobile Offensivoperationen wurden zum Stil des Zweiten Weltkriegs. Heute haben die Verbesserungen in der Elektronik und im Material die Genauigkeit und Zerstörungskraft der Munition so sehr gesteigert, daß Panzer, Flugzeuge und Überwasser-Schiffe beinahe so leicht auszuschalten sind wie im Zweiten Weltkrieg die Menschen. Der Krieg zwischen Iran und Irak war eine Reminiszenz an die Schützengräben.

Der militärisch-technologische Stil verändert sich im Verlauf von größeren und zeitlich ausgedehnten Kriegen. Technische und organisatorische Neuerungen können durch den Einfluß der zivilen Wirtschaft, der Ingenieure oder privater Hersteller eingeführt werden; sie können auch das Ergebnis von kleineren oder an der Peripherie stattfindenden Kriegen sein. Im Frieden oder in den Zeiten des imaginären Krieges haben sie aber im großen und ganzen keine grundlegenden Veränderungen im militärisch-technologischen Stil zur Folge.

Zwischen einem realen und einem imaginären Krieg gibt es einen entscheidenden Unterschied. In einem realen Krieg ist die Kriegsanstrengung zentralisiert und auf die Kriegsziele konzentriert. Der militärisch-technologische Stil ist durch die Notwendigkeit bestimmt, den Erfordernissen des Schlachtfelds gerecht zu werden. In einem imaginären Krieg gibt es Übungen, Planspiele und Szenarien, um die Kriegsanstrengung in der Imagination zu testen. Was aber als Beitrag zu Sieg oder Niederlage beurteilt, d.h. was als effizienter oder ineffizienter Einsatz der Mittel angesehen wird, ist letztlich subjektiv und hängt von den vorgefaßten Meinungen der Militärstrategen und Politiker ebenso wie vom institutionellen Umfeld ab.

Im Verlauf einer längeren Kriegführung ist der militärische Sektor oft sehr dynamisch, und die aus der Erfahrung der Kriegführung hervorgehenden Innovationen können möglicherweise im zivilen Sektor Anwendung finden; das ist der Prozeß des »spin-off«. Im Frieden oder in imaginären Kriegszeiten ist der zivile Sektor tendenziell dynamischer als der militärische. Im Zivilbereich vorangetriebene Innovationen werden den Streitkräften angedient, die sie entweder zurückweisen oder dem vorherrschenden militärisch-technologischen Stil eingliedern. Diesen Prozeß könnte man als »spin-in« bezeichnen.

Wenn ich die Ausdrücke »spin-in« und »spin-off« benutze oder sage, daß der eine Sektor dynamischer ist als der andere, nehme ich damit keine normative Beurteilung vor. Ich will damit nicht sagen, daß die technologische Dynamik, oder »spin-in« und »spin-off«, notwendigerweise etwas Wertvolles sind. Eine solche Einschätzung würde eine lineare Betrachtung des technologischen Prozesses voraussetzen, in dem alle Neuerungen und Ideen von irgendeinem Nutzen sind. Neuerungen im zivilen Sektor, die beispielsweise die Wirtschaftlichkeit erhöhen oder irgendein unbefriedigtes Bedürfnis erfüllen, oder auch ganz einfach interessante oder clevere Ideen haben nicht unbedingt einen militärischen Nutzen; solche Innovationen können im Gegenteil eine bloße Vergeudung von Ressourcen oder eine ganz extravagante Nutzung derselben zur Folge haben. Desgleichen müssen Neuerungen, die der Zwangsanstalt des Krieges entsprungen sind, nicht unbedingt für zivile Zwecke geeignet sein, wie diese auch immer bestimmt sein mögen. Tatsächlich können sie die industriellen Entwicklungsmodelle in einer Weise formen oder verformen, die den Bürgern nicht wünschenswert erschienen wäre, hätten sie mit anderen Informationen soziale Entscheidungen selbst treffen können; ein Beispiel ist die Atomkraft.

Der militärisch-technologische Stil des imaginären Krieges weicht vom militärisch-technologischen Stil des Zweiten Weltkriegs nicht signifikant ab. Er schließt Formen des Atomwaffeneinsatzes ein, die – als erweiterte Form des strategischen Bombardements auf der westlichen Seite und als erweiterte Form der Artillerie auf der östlichen – an diesen Krieg erinnern. Er schließt auch konventionelle Streitkräfte ein, die fordistische Transportformen einsetzen – Panzer und Flugzeuge für mobile Offensivoperationen, die sehr nach Art des »Blitzkriegs« ausgelegt sind.

Es gab natürlich eine gewisse Evolution im militärisch-technologischen Stil, und diese Evolution muß mit der Form der Regulation in Ost und West und mit den Unterschieden im zivilen Stil erklärt werden. Dazu gehören die unterschiedlichen Methoden, mit denen die Kriegsvorbereitung reproduziert wird, und ihr Verhältnis zu den Regulationsmethoden der zivilen Produktion. Diese Unterschiede erklären auch die differierenden Einflüsse, die der militärische Sektor auf das sowjetische System und auf den Atlantizismus ausgeübt hat.

Die sowjetischen Kriegsvorbereitungen

Im sowjetischen Fall spiegelt sich der Unterschied zwischen dem realen und dem imaginären Krieg im Unterschied zwischen einer Kriegswirtschaft und einer Pseudo-Kriegswirtschaft wider, die bürokratisch reguliert wird. Was bedeutet dies für die Regulation des militärischen Sektors?

Zunächst einmal wird die zentralisierte politische Kontrolle (Entscheidungen von oben nach unten) in einer bürokratisch regulierten Ökonomie zunehmend ausgehöhlt. Die vertikalen Beziehungen sind weiterhin vorherrschend. Administrative Vorgaben bestimmen, was und wieviel zu produzieren ist. Der militärische Sektor ist aber, wie andere Sektoren auch, durch einen Prozeß der »Aufstellung« und »Aufschlüsselung« des Plans charakterisiert, in dem die militärisch-industriellen Unternehmen, die (für die Militär-Industrien zuständigen) Verteidigungsministerien, die Konstruktionsbüros und Forschungsinstitute, die Streitkräfte und ihre Stäbe, die Militärakademien usw. jeweils an der Festlegung der administrativen Vorgaben beteiligt sind. Die Erfahrung von Gorbatschow (und zuvor von Chruschtschow) scheint nahezulegen, daß sich die politische Kontrolle aufgrund des Rahmens vertikaler Beziehungen wiederherstellen läßt – wenn auch mit beträchtlichen Schwierigkeiten.

Zweitens rührt in einem bürokratisch regulierten System die privilegierte Rolle des militärischen Sektors sowohl von seiner Rolle in der Bürokratie als auch von der politischen Bedeutung her, die dem imaginären Krieg eingeräumt wird. Es wird oft geltend gemacht, daß der militärische Sektor (d.h. die bewaffneten Streitkräfte und die militärisch-industriellen Unternehmen) in der Sowjetunion deshalb einen privilegierten Bereich bildet, weil der Staat zugleich Konsument und Produzent ist; und in der Tat spricht einiges für diese Auffassung. Das Militär und die militärisch-industriellen Unternehmen können die Bürokratie umgehen, knappe Rohstoffe requirieren und durch den Einsatz von Qualitätsprüfern, den sogenannten *woenpredy*, auf hohen Qualitätsnormen bestehen. Noch wichtiger ist vielleicht, daß der militärische Sektor der eigentliche Nutznießer der kommandoförmigen Technologie-Entwicklung gewesen ist. Das soll heißen, daß wichtige technologische Entwicklungsprogramme wie die Atombombe oder das Raketenprogramm von oben initiiert und forciert wurden.

Doch ist der militärische Sektor nicht der einzige Bereich, in dem der Staat sowohl Konsument als auch Produzent ist. Der Staat ist auch der Konsument von Investitionsgütern; warum sollten also die Streitkräfte größeren Einfluß haben als etwa die Manager der Schwerindustrie? Sowohl Rüstungsausgaben wie Investitionen erhalten da, wo die Konsumenten machtlose Privathaushalte sind, Vorrang vor den Konsumentenausgaben (dies wird oben in Kapitel 8 ausgeführt). Die besonderen Privilegien des militärischen Sektors entspringen nicht bloß der Tatsache, daß der militärische Sektor ein Teil des Staatsapparates ist; sie rühren, solange es keinen wirklichen Krieg gibt, auch von der politischen oder ideologischen Bedeutung her, die dem Pseudokrieg eingeräumt wird. In einem gewissen Maße hängt natürlich die politische Bedeutung des imaginären Krieges davon ab, wie die politischen Prioritäten gesetzt werden, und dies hängt, solange es keine Demokratie gibt, wiederum von den verschiedenen Interessengruppen innerhalb des Staatsapparats ab, der den militärischen Sektor mit einschließt.[4]

Drittens gibt es genau wie in anderen Sektoren der sowjetischen Ökonomie auch im militärischen Sektor einen Hang zu Quantität statt Qualität. Obwohl die technologische Innovation von oben nach unten läuft, werden den militärisch-industriellen Unternehmen im Grunde die gleichen Widerstände gegen Neuerungen nachgesagt, wie sie in anderen Arten von Unternehmen existieren. Die Innovation unterbricht den normalen Betrieb, die eingefahrenen Lieferwege usw., und sie setzt auch die Erfüllung der Planziffern aus. Trotz eines gewissen Wettbewerbs zwischen den Konstruktionsbüros und trotz Anstößen »von oben« werden die Tendenzen zu einer Verbesserung der Technologie eingedämmt durch den Hang zur Massenproduktion seitens der Betriebe und durch die militärischen Präferenzen, die auf massierten Offensiven nach Art des Zweiten Weltkriegs liegen. Die militärisch-technologische Innovation ist in der Sowjetunion »konservativ«, d.h. auf Zuwächse oder Weiterentwicklungen orientiert, indem bescheidene Verbesserungen an den existierenden Modellen vorgenommen werden.[5] Aber den Zahlen nach erweisen die sowjetischen Rüstungsprogramme sich zumeist als umfangreicher, als dies im Westen erwartet wird, und dies liefert dann gewisse Gründe für alarmierende Rechnungen hinsichtlich des militärischen Gleichgewichts, die nach der Erbsenzählmethode erstellt werden.[6]

Wenn diese Analyse richtig ist, lassen sich bestimmte Thesen über die generellen Auswirkungen auf die sowjetische Wirtschaft formulieren. Der Zweite Weltkrieg und die entsprechenden Kriegsvorbereitungen haben eindeutig mobilisierend in dem Sinne gewirkt, daß sie das Wirtschaftswachstum anregten. Der Stil der Kriegführung im Zweiten Weltkrieg läßt sich insofern als »fordistisch« charakterisieren, als er einen fordistischen Arbeitsprozeß (Massenproduktion) und einen fordistischen Konsum (eine »Massen-Kriegführung«) erforderlich machte – Panzer und Flugzeuge und einen intensiven Ölverbrauch. Für die Frühzeit des Kalten Krieges läßt sich sagen, daß dieser die Wirtschaft insgesamt, in Osteuropa wie in der Sowjetunion, in ein militärisch ausgerichtetes Muster der industriellen Entwicklung hineinzog – mit dem Massenkonsum von Rüstungsgütern, der Entwicklung der Schwerindustrie sowie dem intensiven Verbrauch von Öl und später dann Atomenergie. Vielleicht ist das gemeint, wenn von einem extensiven Akkumulationsmodell die Rede ist. Niemand, offenbar nicht einmal die sowjetische Regierung, kennt den wirklichen Umfang der Rüstungsausgaben in der Sowjetunion; die Schätzungen schwanken zwischen 12 und 25 Prozent vom Nettoinlandsprodukt.

Schon in den fünfziger Jahren war von einer Erschöpfung der extensiven Akkumulation die Rede. Doch bildete gerade das Vorhandensein eines umfangreichen militärischen Sektors vom oben beschriebenen Typ ein erdrückendes Hindernis für einen Strukturwandel. Sichtbar war dies bereits in der Zeit von Chruschtschow, der mit seinen Reformplänen zum Teil am Widerstand des Militärs und der Schwerindustrie gescheitert ist.[7] Natürlich wird zuweilen geltend gemacht – und Breschnew selbst hat so argumentiert –, daß der militärische Sektor gerade deshalb, weil er aufgrund seiner privilegierten Stellung technologisch führend ist, durch »spin-off« den Übergang zu einer »intensiveren« Produktionsweise in Gang setzen kann. Dieses Argument ist kürzlich neu aufgekommen, indem es hieß, die Sowjetunion solle ihr eigenes SDI-Programm entwickeln, um die Informationstechnologie in ihre Wirtschaft einzuführen.[8] Wenn es aber stimmt, daß der Stil der Kriegführung von dem des Zweiten Weltkriegs nicht signifikant abgewichen ist, dann ist das Ausmaß, in dem der militärische Sektor die neuen Technologien assimilieren kann, und zwar so, daß dies auch auf eine Restrukturierung der zivilen Wirtschaft Anwendung finden könnte, ganz offensichtlich begrenzt. Jeder »spin off« wird das vorhandene industrielle Entwicklungsmodell eher konservieren, als daß er eine Veränderung anregen würde.

Hier liegt das grundlegende Dilemma der sowjetischen Wirtschaft. Historisch wurde der wirtschaftliche Wandel durch den Krieg gefördert. Der militärisch-technologische Stil wird im Kriege bestimmt, und dies übt einen starken Einfluß auf die industrielle Entwicklung aus. Wenn der Krieg jedoch fehlt, dann tendiert die bürokratische Regulation dazu, alles, was es in der Vergangenheit einmal gab, zu reproduzieren. Gorbatschow hat die Einführung neuer Verteidigungsstrategien vorgeschlagen, die einen Wechsel im militärisch-technologischen Stil herbeiführen könnten. Aber wie sollen sich diese Strategien bewähren können? Werden die Streitkräfte sie ohne Erprobung akzeptieren? Wie läßt die Bürokratie sich aufrütteln, ohne daß es Krieg gibt? Kann eine Demokratisierung die Rolle des Militärs verändern?

In Ostmitteleuropa sind die Rüstungsausgaben und der Umfang der militärischen Produktion, gemessen am Nettoinlandsprodukt, viel niedriger als in der Sowjetunion, auch wenn sich nicht abschätzen läßt, welcher Anteil der für den Export in die Sowjetunion bestimmten Produktion in die sowjetische Rüstungsproduktion mit einfließt. Einige Länder, vor allem die Tschechoslowakei, sind wichtige Waffenexporteure. Da die ostmitteleuropäischen Armeen fest in den Warschauer Pakt eingebunden sind, ist der militärisch-technologische Stil sowjetisch. Es gibt nur wenige einheimische Rüstungsgüter – leichte Waffen aus Polen, Leichtflugzeuge und Panzerwagen aus der Tschechoslowakei. Wenn der militärische Sektor auch kleiner ist als in der Sowjetunion, so tragen doch alle ostmitteleuropäischen Länder die Narben der stalinistischen Kriegswirtschaft, die durch die Trägheit der Bürokratie reproduziert wird. Einiges spricht dafür, daß Länder mit relativ niedrigen Rüstungsausgaben, zum Beispiel Ungarn und Ostdeutschland, in der Wirtschaft vergleichsweise mehr Erfolg hatten. Die Möglichkeiten einer Restrukturierung werden jedoch, selbst wenn man von der bürokratischen Regulation abgeht, auch nach den politischen Veränderungen in diesen Ländern durch die militärisch-industriellen Verbindungen zur Sowjetunion stark eingeschränkt.

Die westlichen Kriegsvorbereitungen

Der militärische Sektor ist in den USA eine Verbindung von bürokratischen und marktförmigen Regulationsformen. Es gibt hier gewisse Parallelen zum Ausbau der britischen Kriegsmarine Ende des neunzehnten Jahrhunderts. Der Aufstieg großer quasi-staatlicher Rüstungsfirmen, die auf das Verteidigungsbudget angewiesen sind, hat zusammen mit dem Enthusiasmus der Technologen und dem dezentralen Charakter des politischen Lebens in den USA beträchtliche innovatorische Triebkräfte freigesetzt. Die Atomreaktoren für U-Boote, die integrierten Schaltkreise, die Supercomputer oder die Laserstrahlen sind nur einige der technologischen Ideen, zu denen der militärische Sektor die Anregung gab. Doch haben diese Innovationen nur dann Eingang in die militärische Theorie und Praxis finden können, wenn sie dem vorherrschenden militärischen Stil entsprechen oder ihm angepaßt werden konnten.

In einer wichtigen Hinsicht weicht der amerikanische militärisch-technologische Stil vom typischen Stil des Zweiten Weltkriegs tatsächlich ab: Qualität ist wichtiger als Quantität. Die Massenproduktion ist für den amerikanischen (und sowjetischen) Erfolg im Zweiten Weltkrieg entscheidend gewesen, obwohl zwischen Qualität und Quantität immer eine gewisse Spannung existiert hat. Die Auslegung für eine Massenproduktion, wie sie Ford in den *Willow Run*-Werken einführte, hat kontinuierliche Verbesserungen, wie sie die Erfahrungen an der

Front erforderlich machten, in ihren Möglichkeiten stark eingeschränkt.

In der Nachkriegszeit wurde auf die kontinuierliche Verbesserung der Erzeugnisse mehr Wert gelegt als auf die Massenproduktion oder auf die Effektivierung des Herstellungsprozesses. Der Zwang zur Verbesserung entspringt nicht der Erfahrung des Fronteinsatzes, sondern in erster Linie oder sogar ausschließlich der Konkurrenz der Rüstungsindustriellen untereinander. Was die »Planerfüllung« in der östlichen, ist die Produktverbesserung in der westlichen Rüstungsindustrie. Die technischen Verbesserungen sind ständig teurer als erwartet und setzen damit den Verteidigungsetat einer permanenten Belastung aus. In anderer Hinsicht gleicht der amerikanische militärisch-technologische Stil nach wie vor dem »fordistischen« Stil der Kriegführung: in seiner Konzentration auf Waffen-Trägersysteme (Panzer, Flugzeuge, U-Boote, Schiffe, Großraketen), dem intensiven Ölverbrauch und der unveränderten Betonung der Offensive. Der technische Wandel bestand deshalb in der kontinuierlichen Verbesserung, die an Erzeugnissen fordistischen Typs oder innerhalb eines fordistischen Stils des Kriegs-Stils vorgenommen wurden. Ich habe an anderer Stelle den Ausdruck »Barock« verwendet, um diesen besonderen Stil des technischen Wandels zu kennzeichnen.

Der militärische Sektor ist seit dem Zweiten Weltkrieg immer ein wichtiger Elektronik-Konsument gewesen. Radar und Computer gehörten zum »spin-off« des Zweiten Weltkriegs. In den fünfziger und sechziger Jahren hat die US-Air Force wichtige neue Technologien eingeführt, darunter numerisch gesteuerte Werkzeuge (d.h. über Computerprogramme gesteuerte maschinelle Werkzeuge) sowie computergestützte Konstruktions- und Fertigungsverfahren (obwohl das Ziel die Verbesserung der Produktqualität, nicht die Kostensenkung war, und die entwickelte Ausrüstung für den zivilen Gebrauch insgesamt zu komplex war).[9] Die Minuteman- und Apollo-Programme haben einen ersten Markt für integrierte Schaltkreise geschaffen.

Anfang der siebziger Jahre wurde während der Kriege in Vietnam und im Nahen Osten viel darüber diskutiert, welche strategische Bedeutung den neuen elektronischen Technologien zukommt. Es war vor allem die Verbindung neuer Formen der Kommunikation oder des Aufspürens (durch Laser, Mikrowellen, Sonargeräte, Geländeanpassung usw.) mit neuen Formen der Steuerung oder Datenverarbeitung auf der Grundlage von Mikroelektronik, die die Fähigkeit zum Identifizieren und Treffen von Zielen ungeheuer erhöht hat. In Vietnam und Nahost waren sehr hohe Materialverluste zu verzeichnen.

Es gab die Auffassung, diese neuen Technologien würden grundlegende Veränderungen in der Strategie, mithin einen Wechsel im militärisch-technologischen Stil mit sich bringen. Die Verwundbarkeit von Waffen-Trägersystemen hatte den Verteidiger in die bessere Position gebracht. Die Vertreter dieser Denkrichtung machten zahlreiche Vorschläge für eine aufgelockerte, dezentralisierte Strategie mit dem Ziel, eine feindliche Offensive zum Steckenbleiben zu bringen, um Zeit für Verhandlungen zu gewinnen. Derartige Strategien wurden verschiedentlich als »Schachbrett« (*checker board*) oder »Zermürbungsschwamm« (*attrition sponge*) beschrieben.[10] Sie würden eine Dezentralisierung der militärischen Organisation erforderlich machen – durch zahlreiche, relativ selbständige und aus verstreuten Verstecken operierende militärische Einheiten. Sie wären mit einer großen Anzahl Raketen ausgerüstet, die mit einem geringen Kostenaufwand in Massenproduktion hergestellt und von einer einzelnen Person oder einem kleinen (ebenfalls billigen) Fahrzeug abgeschossen werden könnten; Person oder Fahrzeug wären leicht zu verbergen. Eine Marine-Ausführung dieser Strategie würde auf kleinen U-Booten und raketenbestückten Patrouillenbooten basieren.

Nach Auffassung anderer hatten die neuen Technologien ganz andere Implikationen. Aufgrund ihrer erhöhten Verwundbarkeit müssen die Waffensysteme größer und teurer werden, um durch den Einbau von komplexen elektronischen Abwehr- und Schutzvorrichtungen ihre Überlebensfähigkeit zu steigern. Mit einem verstärkten Einsatz von Munition zur Flächenzerstörung (die auch in Vietnam und Nahost eingesetzt wurde), wie Streumunition, Brandbomben oder chemischen Waffen, sollte die Verteidigung aufgeweicht werden.[11] Zum Teil wird dieser Munition die gleiche Zerstörungskraft und dieselbe weitreichende Wirkung wie Atomwaffen zugeschrieben. Zusätzlich würden Scheinziele, gering bemannte Fahrzeuge und Störgeräte weiterhin dafür sorgen, daß das Heil in der Offensive liegt.

In der Praxis war die zweite Argumentation vorherrschend, obwohl sie keineswegs das Ergebnis einer rationalen Auseinandersetzung oder Erprobung gewesen ist. Sie hat sich aufgrund ihrer Übereinstimmung mit politischen und institutionellen Prädispositionen durchsetzen können. Sie befindet sich in Einklang mit den politischen Zielen des imaginären Krieges und mit der institutionellen Voreingenommenheit der militärischen Planer. Anfang der achtziger Jahre wurden SDI, *AirLand Battle* und die Seekriegsstrategie allesamt als grundlegend neue strategische Konzeptionen begrüßt, die aus den Neuen Technologien hervorgingen. Sowohl die Seekriegsstrategie wie *AirLand Battle* legten besonderen Wert auf die Bedeutung von Offensive und Manövrierfähigkeit, und beide machen komplexe und kostspielige Waffen-Trägersysteme notwendig, um bestehende Einsatzarten zu verbessern: schwer gesicherte Flugzeugträger und Schiffe, die mit Marschflugkörpern bestückt werden können, für die Marine-Strategie, und landgestützte, konventionell und chemisch bewaffnete Mittelstreckenraketen und Flugzeuge für den durch *AirLand Battle* zu führenden »deep strike«.[12] Die SDI-Initiative scheint ein grundsätzlicherer Wandel zu sein, weil sie die Sprache der Verteidigung benutzt. Weil aber SDI nicht hundertprozentig funktioniert und funktionieren kann, ist die Hauptkonsequenz der »Strategischen Verteidigungsinitiative« gerade die verstärkte Offensive. Es müssen *mehr* Angriffsraketen gebaut werden, um SDI zu durchdringen. Weiter zielt SDI auf den Einsatz solcher Waffen-Trägersysteme wie anti-ballistischer Langstreckenraketen, Hochgeschwindigkeits-Weltraumkanonen, Satelliten mit Laserkanonen und sogar von Leuchtkristallen. Keine dieser neuen strategischen Konzeptionen verändert, mit anderen Worten, die militärisch-technologischen Stilmerkmale, die für die Nachkriegszeit charakteristisch sind. Die Betonung von Mobilität und Offensive, das Vertrauen in Waffen-Trägersysteme und der nach wie vor intensive Energieverbrauch werden von den neuen Technologien durchweg vergrößert und verstärkt.

In Westeuropa hat allein die britische Rüstungsindustrie den Krieg überstanden. In anderen Ländern waren die Streitkräfte in der unmittelbaren Nachkriegszeit von US-Importen abhängig, und die Rüstungsindustrien wurden vor allem mit amerikanischer Hilfe nach und nach wiederaufgebaut. Die europäische Waffenproduktion basierte zu einem Großteil auf verschiedenen Formen des Tranfers amerikanischer Technologie, insbesondere in Lizenzproduktion. Auch wenn wie in Großbritannien und Frankreich und bis zu einem gewissen Grad auch in Westdeutschland und Italien eigene Konstruktionskapazitäten bereitstanden, mußten sich diese einheimischen Anstrengungen gleichwohl an einem militärischen Nutzen orientieren, über den die Nato bestimmte. Weil die strategischen Theorien und die militärischen Einsätze im Nato-Hauptquartier gemeinsam festgelegt werden, weil die Nato über eine gemeinsame Infrastruktur (Flugplätze, Kommunikations- und Radarsysteme, Pipelines etc.) verfügt, und weil die Nato-Länder sich an gemeinsamen Manövern und Übungen beteiligen, waren und sind die Möglichkeiten einer alternativen Entwicklung des militärisch-technologischen Stils äußerst begrenzt.

Diese Schlußfolgerung läßt sich in zweifacher Hinsicht modifizieren. Zunächst einmal sind die westeuropäischen Rüstungsfabrikanten sehr viel exportabhängiger als die USA, weil die nationalen Märkte für militärische Ausrüstung in Westeuropa viel kleiner sind. Die westeuropäischen Länder exportieren in der Regel 20 bis 30 Prozent ihrer Produktion, und dieser Anteil ist bei manchen Firmen noch höher – bei Dassault-Breguet gehen mehr als 75 Prozent der Produktion in den Export. Wegen der Abhängigkeit von Ausfuhren in Länder der Dritten Welt ist der militärisch-technologische Stil nicht nur von imaginären Konzeptionen des Krieges in Europa, sondern von wirklichen Kriegen in der Dritten Welt beeinflußt worden. Großbritannien hat beispielsweise mit Erfolg kleine Patrouillenboote entwickelt, die Raketen abschießen können. Frankreich hat sich auf eine unkomplizierte und kostengünstige Flugtechnik verlegt.

Zweitens sind einige westeuropäische Länder von den Ideen einer alternativen Verteidigung beeinflußt, die mit der Entwicklung der Informationstechnologie verbunden sind. Besondere Bedeutung hat dies in Schweden, das kein Nato-Mitglied ist und in der Verteidigung sein 'eigenes Profil' herausstellt. Ideen dieser Art haben aber auch auf manche Militär- und Industriellenkreise in Westdeutschland gewirkt. Es verdient festgehalten zu werden, daß es sich bei den Herstellern von militärischer Ausrüstung in diesen Fällen normalerweise um große und erfolgreiche Zivilunternehmen handelt, deren Rüstungsverkäufe nur einen kleinen Anteil an der Gesamtproduktion ausmachen, so z.B. Saab und L.M.Ericsson in Schweden oder einige große Elektronikfirmen in Westdeutschland. Diese Firmen haben ein Interesse daran, den vorherrschenden militärisch-technologischen Stil in Frage zu stellen.

In den fünfziger und sechziger Jahren hat die Übernahme des amerikanischen militärisch-technologischen Stils durch dessen Einfluß auf den Aufbau der Infrastruktur, durch die Präferenz für Erdöl und Atomkraft, durch bestimmte Qualifikationstypen usw. die Ausbreitung eines fordistischen Musters der industriellen Entwicklung in Westeuropa gefördert. Die Beiträge zur gemeinsamen Infrastruktur der Nato wurden als «Mitgliedsbeiträge« für die Nato angesehen.

In den siebziger und achtziger Jahren wurde jedoch die Schere zwischen dem militärisch-technologischen Stil und den industriellen Entwicklungsmodellen immer größer.[13] Die fortgesetzte Entwicklung von Rüstungsprodukten fordistischen Typs war durch stark zurückgehende Erträge gekennzeichnet (exponentieller Kostenanstieg für jede verbesserte Ausführung). Die Rüstungsprodukte wurden immer teurer, komplexer und störanfälliger und verbrauchten immer mehr Energie. Dies steht völlig im Gegensatz zur zivilen Innovation, die statt dessen auf

Preisgünstigkeit, Einfachheit, Zuverlässigkeit und auf einen sparsamen Rohstoff- und Energieverbrauch abzielt.

Besonders signifikant war dieser Gegensatz in der Entwicklung des Elektronik-Sektors. Das Militär ist immer ein wichtiger Elektronik-Konsument gewesen. Aber erst in den letzten zwanzig Jahren hat die Entwicklung der Elektronik, insbesondere der elektronischen Bauteile, einen tiefgreifenden Einfluß auf alle Industriezweige ausgeübt. Die Rüstungsausgaben haben die Qualifikationen und Energien in der Elektronikindustrie in eine bestimmte Richtung gelenkt; es fehlen überall Elektronik-Ingenieure. Noch wichtiger ist, daß der Gegensatz zwischen dem militärisch-technologischen Stil und den Zielen der zivilen Innovation die Entwicklung der Elektronikindustrie in den Ländern, in denen die militärische Nachfrage am höchsten ist, entsprechend verzerrt hat. Ein besonders wichtige Rolle spielt dies in der Fabrikation von Chips, dem neuen Schlüsselfaktor der postfordistischen Produktion, und bei den elektronischen Investitionsgütern. So stellt z.B. das Pentagon-Programm für superschnelle integrierte Schaltkreise auf solche Besonderheiten wie die Strahlungsresistenz oder die Schnelligkeit (im Gegensatz zum Umfang) der Rechenoperationen ab, die völlig im Widerspruch zu den zivilen Erfordernissen stehen.[14]

Das Auseinandertreten von militärisch-technologischem Stil und ziviler Innovation ist eine der Haupterklärungen dafür, daß der Handel mit Fertigprodukten in den letzten zwanzig Jahren ein neues Gesicht bekommen hat. Die Wettbewerbsfähigkeit der Vereinigten Staaten und Großbritanniens hat sich speziell in der Elektronik dramatisch verschlechtert. (In Großbritannien ist der Anteil der Rüstungsindustrie an der Gesamtindustrie etwa derselbe wie in den USA.) Frankreich und Schweden haben weniger schlecht abgeschnitten, als dies in Anbetracht der Größe ihrer Rüstungsindustrie zu erwarten war, was sich dadurch erklären läßt, daß beide ihren militärisch-technologischen Stil verändert haben – im einen Fall als eine Reaktion auf Kriege in der Dritten Welt und im anderen als das Ergebnis eines geopolitischen Interesses, die Normen des imaginären Krieges in Frage zu stellen.[15]

Rüstungsausgaben als wirtschaftliches Regulativ

Im sowjetischen System sind die Kriegsvorbereitungen ein Ziel der wirtschaftlichen Entwicklung gewesen. Da die Ökonomien vom sowjetischen Typ ressourcenabhängig sind, gehen die Kriegsvorbereitungen von dem ab, was für andere Zwecke – wie höheren Lebensstandard oder Wirtschaftswachstum – zur Verfügung steht. Zugleich hatten die Rüstungsausgaben eine Mobilisierungsfunktion zur Vermehrung der gesamten Ressourcen. Der Krieg war in der Vergangenheit ein technologischer Anreiz für Innovationen und Produktivitätssteigerungen, wie sie in den Ökonomien sowjetischen Typs in dieser Form ansonsten nicht möglich sind. Besonders wichtig war dies im Zweiten Weltkrieg und in der Zeit des Kalten Krieges, als der Wettbewerb mit dem Westen die Ausbreitung der Massenproduktion und die Einführung neuer Technologien gefördert hat. Dennoch läßt die bürokratische Trägheit des Pseudo-Krieges den militärisch-technologischen Stil in der Erinnerung an den Zweiten Weltkrieg erstarren; in dem Maße, wie sich das Innovationspotential dieser Zeit erschöpft hat, wird der militärische Sektor aus einem Stimulus zum Hemmschuh für den zivilen industriellen Wandel. Die Sowjetunion hat deshalb nach dem Afghanistankrieg ihren militärisch-technologischen Stil nicht umgestellt; obwohl Afghanistan, wie zwanzig Jahre zuvor Vietnam, möglicherweise insofern wichtig war, als damit die Rolle des Militärs zum Thema wurde.

Die kapitalistischen Ökonomien tendieren andererseits zur Nachfrage-Abhängigkeit. Solange es überschüssige Kapazitäten gibt, wird jede Zunahme der Staatsausgaben das wirtschaftliche Wachstum kurzfristig stimulieren. Im Zweiten Weltkrieg und zur Zeit des Kalten Krieges haben die Rüstungsausgaben die Ausbreitung einer industriellen Infrastruktur fordistischen Typs in der Tat gefördert; sie sorgten gleichzeitig für einen Markt für neue Produkte wie Computer und integrierte Schaltkreise, der sich anders vielleicht nicht entwickelt hätte. In dem Maße jedoch, wie das industrielle Entwicklungsmodell sich verändert hat, wie der Postfordismus an die Stelle des Fordismus tritt und der Mikrochip an die des Erdöls, verhindert der Fortbestand eines militärisch-technologischen Stils, den man fordistisch nennen könnte, die Herausbildung neuer industrieller Kapazitätstypen. Oder anders formuliert, die Rüstungsausgaben halten traditionelle (fordistische und amerikanische) Typen der Industriekapazität aufrecht und blockieren oder verformen die Evolution eines alternativen Entwicklungsmodells. Es ist ein Weg, der den Niedergang vermeidet, aber zugleich die Gesundung zurückstellt.

Hier liegt einer der Gründe, weshalb die politischen Entscheidungen, die jetzt in Europa – sowohl in West- wie in Osteuropa – getroffen werden, die künftigen industriellen Entwicklungsmodelle von Grund auf beeinflussen werden. Wie weit die europäischen Länder die Rüstungsausgaben reduzieren und welchen militärisch-technologischen Stil sie übernehmen werden, wird das Ergebnis politischer Entscheidungen sein, die die Zukunft Europas und die Art und Weise betreffen, wie die politischen Beziehungen in Europa, im östlichen wie im westlichen, künftig geregelt werden sollen. Diese politischen Entscheidungen werden freilich auch über die ökonomischen Regulationsformen entscheiden.

Anmerkungen

1 Die Verbreitung des Impfens ist eine wichtige militärische Innovation des zwanzigsten Jahrhunderts gewesen. Die berufsmäßige Krankenpflege war ein Nebenprodukt des Krimkrieges.

2 Vgl. z.B. William H.McNeill, *The Pursuit of Power: Technology, Armed Force and Society since AD 1000* (University of Chicago Press, 1982) und Michael Howard, *War in European History* (Oxford University Press, 1976).

3 Maschinengewehre wurden mit großer Wirkung in der Jagd nach Kolonien eingesetzt. Derwische, Zulus oder Matabele sind vom Maschinengewehrfeuer buchstäblich weggefegt worden. »Es gibt nicht genug Tränen, um alle unsere Toten zu beweinen«, sagte der Zuluhäuptling. Und im Sudan wurden in der Schlacht von Omdurman 48 Europäer und 11 000 Derwische getötet. Die ganze Tragweite des Maschinengewehrs haben die Europäer aber gar nicht erkannt, und sie schrieben ihren Erfolg eher der kulturellen und rassischen Überlegenheit zu. Die militärische Taktik wurde nicht auf die neue Technologie eingestellt, und im ersten Weltkrieg traf die Europäer das gleiche Schicksal wie zuvor die Afrikaner. John Ellis beschreibt den Ersten Weltkrieg als einen tragischen Zusammenstoß zwischen der Kriegführung des achtzehnten und der Technologie des neunzehnten Jahrhunderts. Vgl. John Ellis, *The Social History of the Machine Gun* (Pantheon, 1975).

4 Allerdings sind viele Untersuchungen offenbar der Ansicht, daß die Qualität und der technische Stand von militärischen Produkten in der Sowjetunion nicht deutlich über dem anderer Produkte liegt. Vgl. M.Evangelista, *Innovation and the Arms Race* (Cornell University Press, 1988); David Holloway, »The defence industry«, in Ronald Amann und Julian Cooper (Hg.), *Industrial Innovation in the Sowjetunion* (Yale University Press, 1982); Andrew Cockburn, *The Threat: Inside the Soviet War Machine* (Hutchinson, 1983).

5 Vgl. Mary Kaldor, *Rüstungsbarock* (Rotbuch, 1983), Kap.4.

6 Vgl. dazu z.B. den umstrittenen Artikel von Albert Wohlstetter, »Is there a stretegic arms race?«, *Foreign Policy*, 16, Herbst 1974.

7 Vgl. Edward L.Warner, *The Military in Contemporary Soviet Politics: An Institutional Analysis* (Praeger, 1977).

8 Vgl. Jerry Hough, »Gorbachev's strategy«, *Foreign Affairs*, Herbst 1985; Matthew Evangelista, »Economic reform and military technology in Soviet security policy« (unveröff.).

9 David Noble, *Forces of Production: A Social History of Industrial Automation* (Alfred A. Knopf, 1984).

10 Stephen Canby, »The Alliance and Europe. Part IV: Military doctrine and technology«, *Adelphi Papers* 109, IISS, Winter 1974/75; Horst Afheldt, *Defensive Verteidigung* (Rowohlt, 1983).

11 Julian Perry Robinson, »Qualitative trends in conventional munitions: the Vietnam war and after«, in: Mary Kaldor und A.Eide (Hg.): *The World Military Order* (Macmillan, 1978).

12 Vgl. *The Maritime Strategy*, US Naval Institute, Washington DC, Januar 1986; und für AirLand Battle: *US Army Field manual*, FM 100-5, 1982, sowie: Tradoc Pamphlet 525-5, *The AirLand Battle and Corps 86*, 25.März 1981, Fort Monroe, Virginia, US Army Training and Doctrine Command, Department of the Army, 1981.

13 Diese These wird entwickelt in: Mary Kaldor und William Walker, »Technologie militaire et dynamisme économique«, *La Recherche*, Oktober 1988.

14 Vgl. Jay Stowsky, »Competing with the Pentagon«, *World Policy Journal*, 3:4, Herbst 1986.

15 Diese Überlegung wird weiter ausgeführt in: Kaldor und Walker, »Technologie militaire«. Vgl. auch Mary Kaldor, Margaret Sharp und William Walker, »Military R & D and industrial competitiveness«, *Lloyds Bank Review*, Oktober 1986.

Teil V: Schlußfolgerungen

13 Jenseits der Entspannung?

Michail Gorbatschow ist nicht vom Himmel gefallen, und auch die Begeisterung, die man ihm im Westen entgegenbrachte, kam nicht von ungefähr. Er war der Auslöser für die in Ost und West überfälligen Veränderungen. Er war der erste bedeutende politische Führer, der den Bankrott der Ideologie des imaginären Krieges eingestanden hat, der zugab, was den Menschen, wenn auch nur privat, längst bewußt war: die Hohlheit der sozialistischen Losungen, die Anfang der achtziger Jahre neue Kraft erhielten, nachdem sie für die einfachen Bürger in Osteuropa und der Sowjetunion schon lange jede Bedeutung verloren hatten; und die Absurdität der Geheimdoktrinen der atomaren Abschreckung, wie sie Anfang der achtziger Jahre im Westen mit Euphorie entwickelt wurden, der Tatsache zum Trotz, daß jeder, der die Auswirkungen des Atomkriegs begriffen hatte, um die Unmöglichkeit wußte, an Strategie und Taktik herumzufeilen. Und ohne die Ideologie mußte der institutionelle Rahmen, der den Atlantizismus und das sowjetische System aufrechterhielt, ins Wanken geraten.

Was kommt als nächstes? Wird die Perestrojka gelingen? Ist die Demokratisierung in Osteuropa irreversibel? Wird Westeuropa zu einer eigenen politischen Einheit werden? Werden wir im Jahr 2000 ein atomwaffenfreies Europa haben? Fragen über Fragen. Das Beste, was wir tun können, ist, die Umrisse des Wandels zu beschreiben, darüber nachzudenken, welche möglichen Ergebnisse die in diesem Buch skizzierten Hauptgedanken implizieren, und einige orientierende Gesichtspunkte in einer Situation zu entwickeln, in der sich die Ereignisse über besondere politische Rezepte rasch hinwegsetzen.

Dieses Kapitel beginnt mit einigen Bemerkungen zu der wirtschaftlichen Sackgasse und der politischen Konstellation, die für Ost und West kennzeichnend ist, und resümiert dabei Ausführungen aus früheren Kapiteln. Ich ziehe dann vier mögliche Richtungen in Betracht, die die Veränderungen einschlagen könnten: die eine folgt aus der orthodoxen Interpretation des Kalten Krieges als Kampf zwischen Freiheit und Totalitarismus, die in der amerikanischen Rechten am stärksten ist; eine weitere ergibt sich aus einer post-revisionistischen oder realistischen Weltsicht, die in den offiziösen und »bürgerlichen« Kreisen in Amerika wie in Europa überwiegt; eine dritte folgt den revisionistischen

Interpretationen von Entspannung und Kaltem Krieg, die sich in der Sowjetunion und in Kreisen der westdeutschen Sozialdemokratie finden und einer Mischung von marxistischer und realistischer Weltanschauung entspringen; eine weitere ergibt sich schließlich aus dem Ansatz dieses Buches, der sich auf ein Denken stützt, das in der Opposition in Ost und West entwickelt worden ist.

Der ökonomische und politische Kontext

Die Reformen von Gorbatschow waren deshalb von Bedeutung, weil sie am Beginn der weitreichenden *politischen* Veränderungen standen, die in Europa stattgefunden haben. In Ost und West müssen die wirtschaftlichen Probleme mit der Starrheit und Schwerfälligkeit der politischen Institutionen erklärt werden. Und tatsächlich ging es in diesem Buch gerade darum, daß die dem Anschein nach ökonomische Krise de facto eine Krise der Machtverhältnisse ist, eine Krise in der Reproduktion von Autorität.

Als Gorbatschow an die Macht kam, waren alle osteuropäischen Länder mit einer Situation wirtschaftlicher Stagnation konfrontiert. Die Länder im östlichen Mitteleuropa waren in unterschiedlichem Maße gegenüber dem Westen hochverschuldet und hatten allesamt zu einer Sparpolitik übergehen müssen. In der Sowjetunion war es nach 1980 nicht mehr gelungen, den Lebensstandard zu erhöhen, und die unterdrückte Inflation hatte in immer längeren Schlangen einen nicht weniger trefflichen Ausdruck gefunden wie in offen davongaloppierenden Preisen. Den alternden Autokraten war es nicht mehr möglich, ihr letztes bißchen Legitimität mit Konsumgütern zu stützen.

Alle osteuropäischen Länder hatten in größerem oder geringerem Ausmaß Wirtschaftsreformen eingeleitet. Die sowjetischen Reformen setzten faktisch 1982 unter Andropow ein, als Gorbatschow für die Wirtschaftspolitik zuständig wurde. Er blieb auch in der kurzen Amtszeit von Tschernenko in dieser Position. Nach 1985 gingen die sowjetischen Wirtschaftsreformen noch nicht über die Reformen in Ungarn, Jugoslawien oder China hinaus, die schon Jahre zuvor eingeführt worden waren. Sie beinhalteten den Einsatz von finanziellen Indikatoren wie dem Profit anstelle von quantitativen Indikatoren, mehr Spielraum für private Unternehmen, mehr Selbständigkeit für die Staatsbetriebe, weniger Zentralismus im Festsetzen der Preise und ein Ende des vom Außenhandelsministerium gehaltenen Außenhandelsmonopols. Die Reformen zielten mit anderen Worten darauf, in den Systemen sowjetischen Typs einen Marktmechanismus einzuführen.

Das Problem lag darin, daß wie in der Vergangenheit die fehlende politische Reform der wirtschaftlichen Reform Grenzen setzte. Dies nicht einfach deshalb, weil die Wirtschaftsreform auf den Widerstand konservativer Bürokraten trifft. Sondern auch, weil der Markt als ein Mechanismus zur Verbesserung der zentralen Planung betrachtet wurde; weil er in einem durch die zentrale Planung festgelegten Rahmen entstanden ist. Die ökonomische Struktur ist durch das Erbe der stalinistischen Kriegswirtschaft geprägt – durch den Vorrang der Rüstungs- und Schwerindustrie, die riesigen Fabriken, die Vernachlässigung der Landwirtschaft. Und diese Struktur spiegelt sich in der Bürokratie und dem Planungssystem wider. Die Wucht des Krieges, die die industrielle Entwicklung vorantrieb, machte der Schwerfälligkeit eines bürokratischen Institutionengefüges Platz, das von der gleichen Erfahrung geprägt war. Die bürokratische Regulation ist, wie Hannah Arendt deutlich gemacht hat, die Herrschaft durch niemanden. Es ist ein System, das die Neigung zu Investitions- und Rüstungsausgaben reproduziert und permanente Verknappung hervorbringt, weil die geplanten Projekte ständig teurer sind als erwartet. Deshalb ist die Kontrolle der Staatsausgaben trotz zentralisierter Planung so schwierig – das sowjetische Haushaltsdefizit belief sich 1989 auf etwa 20 Prozent vom Nettoinlandsprodukt –, und deshalb werden die Konsumenten-Ausgaben andauernd beschnitten. In einem solchen Rahmen können Märkte die Knappheit erträglicher machen, sie können Lücken füllen und Fehler im Planungssystem korrigieren, aber sie können der Wirtschaft keine andere Richtung verleihen. Die Märkte sind ein Mechanismus; sie können der Entwicklung keine Ziele vorgeben. Sie sind immer vom sozialen, kulturellen und politischen Umfeld geprägt.

Die sogenannte Zweite Ökonomie repräsentierte bislang legale und illegale Formen des Marktes. Sie verhält sich parasitär zur Ersten Ökonomie, d.h. zur Planwirtschaft. Sie besteht aus privaten Parzellen im Schoße von Staatsgütern und Genossenschaften, aus Pächtern, die ihre Maschinen stundenweise ausleihen, privaten Lastwagen, die das Gemüse in die Stadt fahren, wenn das staatliche Verteilungssystem zusammenbricht, kleinen Reparaturbetrieben und Restaurants, privaten Ärzten und Bestattern sowie Schwarzmarkt-Devisenhändlern. Sie »blüht auf den Trümmern« der ersten Ökonomie, wie Istvan Rev sagt. Sie fördert Gerissenheit und krumme Touren, sie existiert in der Welt der Gesetzeslücken, der steuerlichen Tricks und der ungeschriebenen Regeln. »Es gibt von dieser Seite der Ökonomie keinen geraden Weg in die Welt des bürgerlichen Unternehmertums.«[1]

Der Markt ersetzt mit anderen Worten nicht die Planwirtschaft, und er läßt sich nicht als ein Mechanismus der ökonomischen Restrukturierung benutzen, solange der öffentliche Sektor nicht verändert wird: durch einen Wechsel der politischen Prioritäten und durch eine Transformation der institutionellen und infrastrukturellen Rahmenbedingungen. Selbst in den westlichen Ländern entwickeln sich die Märkte nur in einer gesellschaftlich bestimmten Konstellation von Nachfrage, öffentlicher Infrastruktur, Qualifikationen und Spezialisierungen.

In der Sowjetunion und den osteuropäischen Ländern verlangt die Restrukturierung bestimmte Veränderungen in der Zusammensetzung der Ausgaben, wozu eine Senkung der Rüstungsausgaben (besonders in der Sowjetunion) und eine Steigerung der Aufwendungen für den Konsum, die Umwelt und die Landwirtschaft gehören; weiterhin Veränderungen in den Planungs- und Eigentumsformen; Veränderungen in der Zusammensetzung der Qualifikationen und Haltungen usw. Und sie erfordert ebenfalls Veränderungen in den internationalen Wirtschaftsbeziehungen, um die Unflexibilität zu lockern, die aus den bilateralen Handelsabkommen der RGW-Länder herrührt, und um sich dem Westen mehr zu öffnen. – Aber wie ist dies zu erreichen? Die einzige Hoffnung liegt in der Demokratisierung. Nur die Öffnung der östlichen Gesellschaften macht es möglich, zivilbürgerliche Traditionen im westlichen Sinne zu entwickeln und sowohl die Trägheit als auch Schiebung und Korruption zu überwinden. Und nur durch einen demokratischen Entscheidungsprozeß können die gesellschaftlichen Ziele der wirtschaftlichen Umstrukturierung tatsächlich festgelegt werden.

Verlangt die Demokratisierung den Markt? Vielleicht ja, jedenfalls in den Gesellschaften vom sowjetischen Typ, in denen nahezu alles bürokratisch kontrolliert wird. Der Markt ist notwendig, um einen politischen Raum für freie Äußerungen zu schaffen, der unabhängig vom Staat ist, und um zugleich den Würgegriff der stalinistischen Ökonomie aufzubrechen. Entscheidend ist jedoch, daß der Markt als solcher weder Demokratie noch wirtschaftliche Restrukturierung zu garantieren vermag. Märkte können gleichermaßen destruktiv wie kreativ sein; je nach dem gesellschaftlichen Kontext. Der Markt ist alles andere als unvereinbar mit autoritären Herrschaftsformen und mit äußerster Armut, wie sich in der Dritten Welt zeigt. Den Vorrang hat deshalb die demokratische Transformation der Machtstrukturen.[2]

Der Westen hatte Mitte der achtziger Jahre ebenfalls mit ökonomischen Problemen zu tun – dem verlangsamten Wachstum, der hohen Arbeitslosigkeit, den internationalen Ungleichgewichten in der Wirtschaft. Anders als im Osten gab es in den siebziger und achtziger

Jahren eine bedeutsame Restrukturierung der westlichen Ökonomien. Die fordistischen Produktionsmethoden wurden zunehmend durch flexiblere, stärker dezentralisierte und ressourcensparende Produktionsmethoden ersetzt, die auf der Revolution in den sogenannten Informationstechnologien beruhen. Die wirtschaftlichen Probleme rührten von der Tatsache her, daß diese grundlegenden ökonomischen Veränderungen die politischen Institutionen nicht durchdrungen hatten. Die politischen Institutionen widerspiegelten nach wie vor die internationalen Wirtschaftsbeziehungen und die innenpolitischen Prioritäten der fordistischen Ära. Wenn zentral geplante Systeme zur Verknappung tendieren, so tendieren marktförmige Systeme zu Überschußkapazitäten, die sich in Arbeitslosigkeit darstellen. Sind die Knappheitsprobleme nur durch Märkte zu lösen, so sind die Probleme der überschüssigen Kapazitäten nur durch geeignete politische Maßnahmen der Regierungen zu lösen, die sowohl national als auch international ergriffen werden müssen.

International besteht das Problem darin, daß die politischen und wirtschaftlichen Institutionen nach wie vor die Dominanz Amerikas widerspiegeln. Ende der vierziger Jahre entfielen 40 bis 45 Prozent der Weltproduktion auf die Vereinigten Staaten, die einen gewaltigen Überschuß in der Zahlungsbilanz aufweisen konnten. Heute entfallen 20 bis 25 Prozent der Weltproduktion auf die USA, die in ihrer Handelsbilanz ein beispielloses Defizit aufzuweisen haben. Ende der vierziger Jahre hat die Nato für eine kontinuierliche Transferierung von Mitteln aus den USA nach Westeuropa gesorgt, der dem internationalen Finanzsystem zu einem Fundament verhalf. Heute trägt die Nato dazu bei, die privilegierte Stellung des Dollar aufrechtzuerhalten und die USA davon zu dispensieren, ihr Defizit auszugleichen (ganz im Gegensatz zu den verschuldeten Ländern in der Dritten Welt und Osteuropa). Das Dilemma besteht augenblicklich darin, daß die USA, würden sie z.B. durch Senkung der Rüstungsausgaben tatsächlich Schritte zum Ausgleich ihres Defizits einleiten, damit eine weltweite Rezession auslösen, sofern nicht die Überschußländer – Japan, einige westeuropäische Länder und die Schwellenländer im Fernen Osten – eine gleich hohe Summe entweder der eigenen Volkswirtschaft oder durch einen Ressourcentransfer den defizitären Ländern zugute kommen lassen, die in Osteuropa und der Dritten Welt in der Austerity-Falle sitzen. Will man dahin gelangen, so ist ein neues oder reformiertes internationales Finanzsystem nötig, das auf einem anderen Machtgefüge basiert. Es müßte die Vereinigten Staaten einschließen, dürfte aber nicht von ihnen beherrscht werden.

In den eigenen Volkswirtschaften haben die neoliberalen Regierungen der frühen achtziger Jahre die politischen Prioritäten des Kalten Krieges neu bekräftigt – ein höheres Niveau der Rüstungsausgaben und des privaten Verbrauchs, die Präferenz für Erdöl und Atomkraft als Energiequellen. Die neuen Techniken und Formen der Arbeitsorganisation, die einige westliche Ökonomien transformiert haben, wurden auf diese Weise militärischen Projekten wie SDI, *AirLand Battle* und *Low Intensity Warfare* gewidmet; darüber hinaus einer wahnwitzigen Vervielfältigung der Konsummöglichkeiten, mit der Einführung von neuen, auf der Informationstechnologie basierenden Produkten wie Videorecordern und Heimcomputern und einem weiter ausgefächerten Spektrum von Konsumgütern, von Schuhen über Küchenfliesen bis zu Automobilen.[3]

Die neuen postfordistischen Produktionskapazitäten liegen also gewissermaßen an der Kandare des atlantizistischen Institutionengefüges. Die verrottende Infrastruktur der Städte, die Zerstörung der Umwelt oder der Dritten Welt, all das wurde aus der Liste der sozialen Optionen zum größten Teil gestrichen. Diejenigen Staaten, die über mehr Spielraum verfügten, mehr Geld für Bildung, Energiesparen usw. und weniger für die Rüstung ausgaben (oder einen anderen militärisch-technologischen Stil einführten) und die auf neue soziale Forderungen und neue Beziehungsmodelle in der Arbeit reagierten, haben ökonomisch offenbar besser abgeschnitten. Zu diesen Ländern gehören in Europa Schweden, Finnland, die Schweiz, Westdeutschland und Italien. Zugleich ist aber eine noch weiterreichende Veränderung in den innenpolitischen Prioritäten und Institutionen schwierig, solange sich die politischen Grundannahmen der westlichen Regierungen nicht verändern.

Die Tat Gorbatschows ist es gewesen, aus der politisch festgefahrenen Situation auszubrechen und den Bann zu brechen, den der imaginäre Krieg den politischen Institutionen auferlegte, nachdem er seinen Zweck längst erfüllt hatte. Gorbatschow tat es, indem er einen Demokratisierungsprozeß eingeleitet hat, der die politischen Verhältnisse in der Sowjetunion wie zwischen den Warschauer-Pakt-Ländern revolutionierte, und indem er einen Abrüstungsprozeß in Gang setzte, durch den auch die politischen Beziehungen zu den Vereinigten Staaten neu gestaltet werden. Er hat dies tun können, weil es in Ost und West einen tiefgreifenden politischen Bewußtseinswandel gegeben hat und gibt.

Eine Reihe von Kommentatoren hat darauf hingewiesen, daß sich das Phänomen Gorbatschow einer sozialen und kulturellen Transformation verdankt, die in der Sowjetunion sogar schon unter Breschnew vor sich ging.[4] Zu diesen Veränderungen gehörte das Anwachsen der Intelligenz, die Ausbreitung informeller intellektueller Kommunikationsnetze und Clubs, die Zunahme linker wie rechter Samisdat-Publikationen (zwischen 1982 und 1985 weithin unterdrückt), das Anschwellen der Reformdiskussion in den offiziellen Instituten der größeren Städte, konzentriert auf die von Abel Aganbegjan und Tatjana Saslawskaja in Nowosibirsk herausgegebene Zeitschrift *Eko*, die veränderte Einstellung bei den Jugendlichen, die durch Rockgruppen wie *Kino* und *Aquarium* oder später durch die monatliche Fernsehsendung *Das zwölfte Stockwerk* und den Film *Kleine Vera* zum Ausdruck gebracht wurde. Wie zwanzig Jahre zuvor der Vietnamkrieg, so ließ nun der Krieg in Afghanistan viele der aufgestauten Widersprüche der Sowjetgesellschaft zum Vorschein kommen – die Hohlheit der Ideologie, das Joch der Rüstungsausgaben, die Impotenz der Militärmacht. Über eine Million junger Männer hat 1988 in Afghanistan gedient, und die offiziellen Verlustziffern (mehr als 13 000 Tote und mehr als 35 000 Verwundete) werden allgemein für zu niedrig gehalten.[5]

Gorbatschow hat eine kulturelle und politische Explosion freigesetzt. Die Veröffentlichung der zuvor verbotenen Bücher, Filme und Stücke, die rapide Verbreitung von Clubs und später von Massenprotesten hat erkennen lassen, daß Breschnew, genau wie Andropow und Tschernenko, auf einer veritablen Zeitbombe von unterdrückter politischer Energie und Kreativität gesessen hat. Und in dieser Explosion drückt sich eine stupende Vielfalt von Tendenzen aus – von nationalen, religiösen, populistischen und antisemitischen, aber auch von liberalen, sozialistischen, sozialdemokratischen und grünen.

Diese politische und kulturelle Transformation war nicht nur ein sowjetisches Phänomen. Tatsächlich war der Prozeß in manchen osteuropäischen Ländern schon viel weiter vorangeschritten, als Gorbatschow an die Macht kam. Der ungarische Soziologe Elemer Hankiss spricht von einer »Zweiten Gesellschaft«, um die Samisdat-Publikationen, die informellen sozialen Netze, die politischen und intellektuellen Clubs zu beschreiben, die außerhalb des Rahmens von Staat und Partei gewachsen sind.[6] Besteht die Wirtschaftsreform aus der Legalisierung der Zweiten Ökonomie, dann stellt die politische Reform die Legalisierung der Zweiten Gesellschaft dar – das Wiederauftauchen einer Zivilgesellschaft. Der Begriff der Zivilgesellschaft bedeutet in dem Sinne, wie ihn osteuropäische Intellektuelle in den achtziger Jahren entwickelt haben, die Existenz autonomer gesellschaftlicher Gruppen, Bewegungen, Institutionen usw., die in der Lage sind, Unzufriedenheit zu artikulieren und mit der Regierung zu verhandeln. Die Zivilgesellschaft läßt sich in dieser Bedeutung auch der Militärgesellschaft gegenüberstellen, denn nur in gesetzlich anerkannten, unabhängigen Ausdrucksformen sind soziale Konflikte demokratisch und gewaltlos zu regeln.

In verschiedenen osteuropäischen Ländern bedeuten die frühen achtziger Jahre den Übergang vom Aktivismus der (isolierten) Dissidenten zu den sozialen Bewegungen. Die wichtigste war die *Solidarität* in Polen, die unter Jaruzelski trotz der Verhaftung ihrer Mitglieder und trotz anderer Verfolgungen weiterlebte – sie war einfach zu groß. Von Bedeutung waren auch die Friedensbewegungen in der DDR (*Schwerter zu Pflugscharen*), in Ungarn (*Dialog*), später in Polen (*Freiheit und Frieden*) und der Tschechoslowakei (die *Unabhängige Friedens-Vereinigung*), die grüne Bewegung (vor allem in Ungarn) und auch die aufkeimenden Demokratiebewegungen (z.B. das *Demokratische Forum*, das *Netzwerk Freier Initiativen* oder die Unabhängige Jugendbewegung FIDESZ in Ungarn).

Natürlich sind die Revolutionen von 1989 ein Ausbruch der allgemeinen Stimmung in der Bevölkerung gewesen. Sie wurden von Tausenden getragen, die zuvor niemals gewagt hatten, sich politisch zu engagieren. Aber die neuen demokratischen Massenbewegungen wie das Bürgerforum in der Tschechoslowakei oder das Neue Forum in der DDR, die diesen Gefühlsausbruch artikuliert und organisiert haben, erwuchsen aus den Erfahrungen der Friedens- , Ökologie- und Menschenrechtsgruppen, die zuvor aktiv gewesen sind.

In den Nachwehen von 1989 ist freilich eine Mischung neuer Tendenzen zu beobachten – von nationalistischen oder kosmopolitischen, religiösen oder säkularen, liberal- oder sozialdemokratischen. Wo sich politische Parteien gebildet haben, wie in Ungarn, sind sie nicht mehr nach dem westlichen Links-Rechts-Schema zu definieren. Nur in der DDR sind aufgrund der Intervention Westdeutschlands politische Parteien westlichen Typs entstanden.

Der Ausdruck »Zweite Gesellschaft« ist auch auf den Westen anwendbar. Massenbewegungen für Frieden und Ökologie tauchten in den siebziger und achtziger Jahren in Westeuropa auf und füllten die politischen Lücken der »Ersten Gesellschaft«, der Welt der politischen Parteien, der Regierungen und der etablierten Institutionen, die die Aufmerksamkeit der Medien in Anspruch nehmen. Eben weil diese Institutionen dem Atlantizismus verpflichtet sind, haben sie die neuen Emanzipationsbestrebungen, die sich um die Demokratie-, Geschlechter-, Friedens- und Umweltfragen drehten, nicht aufnehmen oder ausdrücken können. Besonders die Linksparteien haben sich offenbar in der Zeitschlaufe der vierziger Jahre gefangen, als die sozialistischen Ideen am populärsten waren und die handarbeitenden Klassen die dominierende gesellschaftliche Kraft gebildet haben.

Die dramatische Aufwallung in der Friedensbewegung der frühen achtziger Jahre hatte auf ihre Weise ebensolche Bedeutung wie der Aufstieg der *Solidarität*. Fünf Millionen Menschen oder mehr haben im Herbst 1981 und dann noch einmal 1983 in den Hauptstädten Westeuropas demonstriert. Diese Erfahrung hat das öffentliche Bewußtsein von Grund auf verändert, nicht nur was die Atomwaffen angeht, sondern auch in bezug auf die europäische Identität, das Bedürfnis nach einer Beendigung der Spaltung Europas und die Beseitigung der militärischen Präsenz der Supermächte. Die Ideen, die in dieser Periode aufkamen, hatten zumindest teilweise Einfluß auf das Denken von Gorbatschow, genauso wie auf Sozialisten, Sozialdemokraten oder Grüne und selbst auf Parteien »der Mitte« in Westeuropa.

Gorbatschow wurde von der Friedensbewegung enthusiastisch begrüßt, weil er die Möglichkeit bot, ihre Forderungen zu verwirklichen, und von den westeuropäischen Regierungen, weil sie sich in einem Abrüstungsprozeß engagieren und den innenpolitischen Konsens wiederherstellen konnten, ohne daß es so aussah, als würden sie der Friedensbewegung nachgeben. Die Bedeutung des INF-Vertrags lag in der Tatsache, daß er das Kernstück der *Flexible-Response*-Strategie aus dem Weg räumte, die das imaginäre Band zwischen den USA und Westeuropa herstellte – die Pershing-Raketen und Marschflugkörper, die zum Symbol des Konflikts zwischen den Regierungen und den Friedensbewegungen geworden waren. Nichts illustriert das atlantische Verhältnis so sehr wie die Tatsache, daß vier von fünf westeuropäischen Ländern die Stationierung atomarer Mittelstreckenraketen zum Wohl der atlantischen Einheit weiterbetrieben haben, obwohl die öffentliche Meinung in *allen* fünf Ländern dagegen war. (In den Niederlanden wurde die Entscheidung zur Stationierung um zwei Jahre verschoben, so daß die Raketen nie wirklich angeliefert wurden.) Was sich hier zeigte, war die Kluft zwischen den Ersten und den Zweiten Gesellschaften, die Tatsache, daß die auf der offiziellen politischen Bühne geführten Debatten die Auseinandersetzungen in der breiten Bevölkerung nicht repräsentieren.

Die Beseitigung dieser Raketen stand daher für den Anbruch eines neuen politischen Verhältnisses zwischen den Vereinigten Staaten und Westeuropa, für eine Situation, in der die Regierungen und die politischen Parteien nicht mehr in der Lage sind, selbständig zu handeln. Sie haben in den verschiedenen Ländern verschieden reagiert. Die westdeutsche Regierung hat einiges aus der Friedens-Agenda übernommen, wobei man genauer von einer deutschen Agenda sprechen müßte. Frankreich hat wieder einmal die Notwendigkeit einer selbständigen Einheit Westeuropas bekräftigt; Großbritannien klammerte sich an sein »besonderes Verhältnis« zu den Vereinigten Staaten. Die späten achtziger Jahre erlebten einen Wiederaufstieg der grünen Parteien, der Solidaritätsbewegungen mit der Dritten Welt (Anti-Apartheid, Solidarität mit Nicaragua und mit Palästina, *BandAid* usw.) und der Bewegungen, die für die Rechte der nationalen Minderheiten eintreten (z.B. in Wales und in Schottland). Wie in Osteuropa gab es auch einen weniger erfreulichen Aufstieg des rechten, ausländerfeindlichen Nationalismus, den die Bewegung von Le Pen in Frankreich, die »Republikaner« in Deutschland und einige Elemente bei den britischen Konservativen repräsentieren. Schließlich gibt es in dem Maße, wie die Vereinigten Staaten wegdriften und das Gesetz über den einheitlichen Binnenmarkt (das 1992 in Kraft tritt und die Zollschranken innerhalb der EG beseitigt) seine Folgen zeitigt, ein erneuertes politisches und kulturelles Interesse am Begriff Europa.

Diese widersprüchlichen Zwänge haben bereits in Ost und West die politischen Institutionen zu durchdringen begonnen. Zwei grundlegende Merkmale der politischen Nachkriegsverhältnisse haben sich dabei, vielleicht unwiderruflich, verändert.

Das eine ist die Rolle, die der Warschauer Pakt und die inter-parteilichen Beziehungen bei der Regelung der politischen Beziehungen zwischen der Sowjetunion und Ostmitteleuropa gespielt haben. Es ist vorbei mit der Breschnew-Doktrin. Als der sowjetische Regierungssprecher Gennadi Gerassimow verkündete, die Beziehungen zwischen der Sowjetunion und Ostmitteleuropa folgten nun der Sinatra-Doktrin »I did it my way«, war dies das Signal für die Welle der Revolutionen, die die kommunistischen Regimes in ganz Ostmitteleuropa so dramatisch umgewälzt haben. In der Folge haben sich die kommunistischen Parteien mit neuem Namen und neuer Aufmachung verzweifelt bemüht, in den demokratischen Wahlen des Jahres 1990 eine dahinschwindende Minderheit der Stimmen zu halten. Darüber hinaus verlangten neue, nicht-kommunistische Regierungen den Rückzug der sowjetischen Truppen, so daß die militärische Präsenz der Sowjetunion in Ostmitteleuropa, Deutschland ausgenommen, schneller zurückging, als es bei den Wiener Verhandlungen über konventionelle Streitkräfte in Europa (VKSE) vereinbart werden konnte.

Am dramatischsten hat sich der rapide Prozeß der deutschen Vereinigung vollzogen, der sich der Öffnung der Berliner Mauer, der

Massenmigration von Ost nach West, der 1989er Revolution und den darauffolgenden Wahlen vom März 1990 verdankt. Es wird keine DDR mehr geben, auch wenn möglicherweise noch sowjetische Truppen auf dem ehemaligen ostdeutschen Staatsgebiet bleiben. Ob ein vereinigtes Deutschland zur Nato gehört oder ob es neutral oder Teil eines neuen europäischen Sicherheitssystems sein wird, ist derzeit in der Diskussion und wird ein wichtiger Faktor sein, will man die Zukunft von Europa insgesamt bestimmen.

Selbst in der Sowjetunion wurde die Kontrolle der Partei unterminiert. Das Auseinanderbrechen in die Teilrepubliken ist ebenso möglich wie eine erzwungende Reintegration unter militärischem Druck. Am wahrscheinlichsten ist ein längerer und qualvoller Prozeß der Desintegration.

Das zweite Merkmal der Nachkriegszeit, das sich verändert hat, ist die Vorherrschaft der Vereinigten Staaten und die Rolle, die der Nato bei der Sicherung des gesellschaftlichen und politischen Zusammenhalts des Westens zufiel. Der zwiespältige Kompromiß über die Modernisierung der atomaren Kurzstreckenraketen, der beim Nato-Gipfel im Mai 1989 erzielt wurde, war das letzte politische Röcheln des atlantizistischen Einvernehmens. Die Westeuropäer sind auf ein wirtschaftliches Engagement der USA nicht mehr angewiesen. Und das sich verändernde politische Bewußtsein, die Demokratisierung im Osten ebenso wie der INF-Vertrag, all das hat die atlantizistische Ideologie ausgehöhlt, und dies vielleicht endgültig.

Das soll nicht heißen, daß das westliche Bündnis nicht in veränderter Aufmachung überlebt: mit geringeren militärischen Kräften, einer reduzierten US-Präsenz und einer dominanteren Rolle für Deutschland; möglicherweise werden sogar die ostmitteleuropäischen Länder ihm beitreten. Doch dürfte es kaum weiter die Funktion erfüllen, ein von den USA dominiertes Weltsystem zu zementieren.

Dies sind die Umrisse, in denen die Zukunft entschieden werden muß. Es handelt sich um eine Situation, in der die europäischen Länder, ob zum Guten oder zum Schlechten, politisch über einen gewissen Spielraum verfügen. Was in West- und Ostmitteleuropa geschieht, hängt nicht mehr in erster Linie von Washington und Moskau ab. Es ist an den Regierungen, den politischen Parteien, den sozialen Bewegungen und den zivilen Institutionen in Europa, ob sie diesen Spielraum zum Aufbau neuer Institition und für neue Möglichkeiten nutzen, die politischen Beziehungen der Staaten untereinander zu regeln. Dies kann nicht mehr den Supermächten überlassen bleiben, obwohl die Supermächte weiter daran beteiligt sind.

Was sind die möglichen Entwicklungsrichtungen, die sich aus dem bunten Durcheinander der verschiedenen politischen Tendenzen, das Europa heutzutage charakterisiert, herausschälen werden?

Das Ende der Geschichte?

Die amerikanische Rechte, die im Kalten Krieg den moralischen Kampf zwischen Freiheit und Totalitarismus gesehen hat, triumphiert. Sie nimmt die Veränderungen in der Sowjetunion als Sieg für sich in Anspruch. Migone hat zwischen dem ehrlichen und dem instrumentellen Antikommunismus unterschieden (eine andere Unterscheidung als die in Kapitel 5 getroffene zwischen dem progressiven und dem regressiven Antikommunismus).[7] Reagan war ehrlicher Antikommunist und hoffte, daß das »Reich des Bösen« zusammenstürzt. Kissinger war wie viele Realisten ein instrumenteller Antikommunist, für den die sowjetische Bedrohung immer ein Argument für höhere Rüstungsausgaben gewesen ist. Er war stets mehr an der Stabilität als an der Freiheit interessiert. Das war wohl der Grund, warum ihn die Brutalität der Chinesen auf dem Platz des Himmlischen Friedens weniger aufgeregt hat als andere.

Die orthodox westliche Interpretation des Ost-West-Konflikts leitet sich gleichermaßen aus idealistischen wie aus realistischen Annahmen ab. Idealistisch ist sie insofern, als sie den Konflikt als einen Kampf zwischen Freiheit und Totalitarismus betrachtet und im Zusammenbruch des Totalitarismus die Bedingung für die Beendigung des Kalten Krieges sieht. Realistisch ist sie insofern, als die militärische Stärke des Westens für sie der entscheidende Faktor ist, um den Zusammenbruch des Totalitarismus herbeizuführen. Dagegen betrachten die oppositionellen (oder besser ehemals oppositionellen) Denker in Osteuropa, sofern sie »idealistisch« zu nennen sind, den Zusammenbruch des Totalitarismus als Folge der inneren Widersprüche und innenpolitischen Einflüsse im sowjetischen System; ob die militärische Stärke des Westens diesen Prozeß unterstützt oder behindert hat, ist kontrovers.

Den klarsten Ausdruck der orthodoxen Position lieferte Francis Fukuyama mit seinem Artikel »Das Ende der Geschichte«.[8] Er sagt, das zwanzigste Jahrhundert gehe mit »dem aufrechten Sieg des wirtschaftlichen und politischen Liberalismus« zu Ende. Dieses Phänomen »geht über die große Politik hinaus; man erkennt es in der Ausbreitung der westlichen Konsumkultur in so verschiedenen Kontexten wie den Bauernmärkten und den Farbfernsehgeräten, die man inzwischen in ganz China findet, den genossenschaftlich geführten

Restaurants und Textilgeschäften in Moskau, den Beethovenklängen in japanischen Kaufhäusern und der Rockmusik in Prag, Rangun und Teheran«. Die Geschichte ist zu Ende, weil der »universelle homogene Staat«, definiert als »die liberale Demokratie in der Politik in Verbindung mit der leichten Verfügbarkeit von Videokassettenrecordern und Stereoanlagen in der Wirtschaft« allgemein akzeptiert ist. Die vom Marxismus-Leninismus angebotene Alternative ist restlos gescheitert.

Andere westliche Autoren sprechen zwar nicht vom Ende der Geschichte, aber auch sie gehen davon aus, daß es nur eine einzige atlantizistische Zukunft gibt. »Es gibt keinen dritten Weg«, sagt Jeffrey Sachs, der amerikanische Wirtschaftsberater der polnischen Regierung, oder der britische Historiker Timothy Garton Ash. Und weil der zweite Weg, das sowjetische System, gescheitert ist, gibt es eben nur einen Weg – den westlichen. Diese Begeisterung für den westlichen Weg verwechselt vor allem »die Freiheit« mit dem atlantizistischen Gesellschaftssystem. Die Konfusion ist eine Folge der Konditionierung, die aus einem orthodoxen Kalten-Kriegs-Denken entstanden ist. Es gelingt diesem Ansatz nicht, die Differenzen in Rechnung zu stellen, die in den siebziger und achtziger Jahren im Verhältnis zwischen den Vereinigten Staaten und Westeuropa auftauchten. Auch die seit jeher bestehenden Unterschiede zwischen dem kapitalistischen Westen und dem kapitalistischen Süden bleiben außer Betracht. Solche Autoren sehen nicht, daß Freiheit gerade Verschiedenheit bedeutet – vierte, fünfte, sechste und alle möglichen Wege.

Fukuyama geht nicht darauf ein, was der Sieg des Liberalismus für die militärischen Kräfte bedeutet, obwohl doch ein hohes Niveau der Rüstungsausgaben ein wichtiges Merkmal des atlantizistischen Gesellschaftssystems gewesen ist. Generell sind die orthodoxen Analytiker der Meinung, daß der Westen seine Stärke aufrechterhalten muß, sowohl um deutlich zu machen, daß die Veränderungen irreversibel sind, als auch für den Fall, daß die Veränderungen tatsächlich rückgängig gemacht werden sollten.

Was wichtiger ist: das Ende der Geschichte besagt nicht, daß es keine Konflikte mehr geben wird. Es wird immer irgendwelche Konflikte in den noch historischen Teilen der Welt geben, genauso wie Konflikte zwischen denen, die am Ende der Geschichte sind und denen, die es noch nicht sind. Die orthodoxen Denker sorgen sich über Terroristen, Drogenschieber, Revolutionäre in der Dritten Welt, Fundamentalisten und alle möglichen Fanatiker, die versuchen könnten, an der posthistorischen Welt herumzumäkeln. (Sie sind mit anderen Worten in Sorge wegen der Armen und Ausgeschlossenen, die am

»universellen homogenen Staat« nicht teilhaben dürfen.) Und diese könnten in der Sowjetunion und in Ostmitteleuropa genausogut leben wie in der Dritten Welt. Nach Fukuyama: »Palästinenser und Iren, Sikhs und Tamilen, Katholiken und Wallonen, Armenier und Aserbeidschaner werden weiter ihre Streitigkeiten haben. Das bedeutet, daß der Terrorismus und die nationale Befreiung nach wie vor ein wichtiger Punkt auf der internationalen Tagesordnung ist.« Ein Glück für die orthodoxen Analytiker. Fukuyama fürchtet ansonsten, das Ende der Geschichte könne ziemlich langweilig werden.

Ein (west-)europäischer Block?

Die Postrevisionisten betrachten den Ost-West-Konflikt als eine Rivalität zwischen Großmächten. Diese Interpretation leitet sich aus realistischen Annahmen über die Natur der internationalen Beziehungen her. Die realistische Zukunftsbetrachtung läßt sich der Debatte über den Niedergang der Imperien entnehmen. Die USA leiden nach Paul Kennedy an »imperialer Überlastung«. Sie müssen die Last der Hegemonie teilen oder abtreten. Kennedy beschreibt Aufstieg und Fall der Großmächte als einen endlosen Kreislauf, der unabschließbar in die Zukunft reicht. Die Großmächte werden durch niedrige Rüstungsausgaben wirtschaftlich erfolgreich. Weil sie der wirtschaftliche Erfolg zu Großmächten macht, steigern sie ihre Rüstungsausgaben, was wiederum ihren Niedergang beschleunigt. Heute sind es Japan und die EG, die an der Schwelle zur Großmacht stehen, was sie mit diesem uralten Dilemma konfrontiert: »Versäumen sie es, sich eine angemessene militärische Verteidigung zuzulegen, können sie möglicherweise nicht reagieren, wenn eine rivalisierende Macht sie übervorteilt; geben sie zuviel für die Rüstung aus – oder, was der Normalfall ist, um die militärischen Verpflichtungen, die ihnen in früherer Zeit oblagen, mit steigenden Kosten aufrechtzuerhalten – werden sie sich vermutlich übernehmen, wie ein alter Mann, der sich stärker verausgabt, als seine natürlichen Kräfte es zulassen.«[9]

Weil sie sich eine Zukunft, in der militärische Macht kein entscheidender Faktor ist, schlecht vorstellen können, plädieren die Realisten in den Vereinigten Staaten vorzugsweise für eine Aufteilung der Lasten zwischen den USA und Westeuropa, für eine »Bigemonie« zwischen den Vereinigten Staaten und Japan[10] oder für eine »Devolution« weg von den USA in Richtung Japan und EG.[11]

Dieser Ansatz hat auch in Westeuropa seine Anhänger. Ein solcher Erzrealist wie Raymond Aron hat sich im Nachwort seines Buches über die USA für eine europäische Verteidigungspolitik ausgesprochen.[12]

Heute wird die Vorstellung einer westeuropäischen Verteidigungsgemeinschaft, einer westeuropäischen Säule der Nato oder einer unabhängigeren Verteidigungshaltung in etablierten Kreisen, insbesondere in Frankreich, weithin befürwortet. Die Verteidigung wird als ein Katalysator der politischen Integration betrachtet, als wesentliches Attribut eines entstehenden europäischen Staates. Jetzt, wo der deutsche Vereinigungsprozeß einmal in Gang ist, sind die Franzosen und die Briten bemüht, Deutschland in die EG zu integrieren und an den Westen zu binden, und dringen deshalb verstärkt auf eine sicherheitspolitische Funktion der Gemeinschaft. Französische Politiker reden ab und zu darüber, wie es möglich wäre, die *force de frappe* für ganz Europa, d.h. für Westeuropa in Bereitschaft zu halten.

Vorangetrieben wurde eine solche Vorstellung durch die Integration des europäischen Marktes für Rüstungsgüter. In Erwartung von 1992 sind die europäischen Rüstungsfirmen neue, transnationale Bündnisse eingegangen. 1988 verkündete die Unabhängige Europäische Programmkommission (IEPG), die sich aus den europäischen Nato-Mitgliedern (mit Ausnahme von Island) zusammensetzt, ein Aktionsprogramm zur Herstellung eines offeneren europäischen Marktes für Rüstungserzeugnisse.[13] Aber ist es möglich, einen gemeinsamen Verteidigungs-Markt zu haben ohne eine gemeinsame Beschaffungspolitik? Und ist es möglich, eine gemeinsame Beschaffungspolitik zu haben ohne eine gemeinsame Verteidigungspolitik?

Im Gespräch ist daher ein westeuropäischer Block, der ganz Deutschland mit einschließen würde, oder auch so etwas wie die Vereinigten Staaten von Europa. Ein derartiger Block würde die Priorität weiter den Rüstungsausgaben und dem Wohlstand seiner eigenen Bürger einräumen. Er würde sich in Osteuropa und der Dritten Welt mit Handel und Investitionen engagieren, doch wäre eine wirkliche Zusammenarbeit schwer erkennbar. Eine solche Zusammenarbeit würde, läßt man diejenige zwischen den beiden Deutschland außer acht, durch den Festungscharakter des Blocks ausgeschlossen.

Was im wesentlichen vorgeschlagen wird, ist ein neuer imaginärer Krieg, der den Zusammenhalt der verschiedenartigen Nationen und politischen Tendenzen in Westeuropa sichern soll. Aber gegen wen? Läßt sich angesichts der politischen Desintegration des Warschauer Pakts das Gespenst der sowjetischen Bedrohung noch einmal beschwören? Auch die Sowjetunion leidet an »imperialer Überlastung«. Vielleicht findet sich die Antwort in der orthodoxen Zukunftsprognose – der Bedrohung durch Terroristen usw., durch diejenigen also, die noch mitten in der Geschichte stecken. Schon jetzt rechtfertigen das britische Verteidigungsministerium und französische Strategie-Experten die britischen und französischen Atomwaffen mit den Gefahren der Weitergabe atomarer und chemischer Waffen und Mittelstreckenraketen an »Fanatiker« und »Fundamentalisten« in der Dritten Welt.

Dies wäre eine Zukunft, in der die Vereinigten Staaten, das nordwestliche Europa und vielleicht auch Japan sich wirtschaftlich und militärisch vor dem sie umgebenden Chaos abschließen. Schon jetzt ist die Herausbildung von konkurrierenden Währungsblöcken zu erkennen, die sich um den Yen, die D-Mark oder den ECU und den Dollar gruppieren. Damit wären die Probleme des Westens partiell und befristet zu lösen. Die Last der Militärausgaben würde sich von den Vereinigten Staaten nach Westeuropa verlagern und, je nach dem militärisch-technologischen Stil, die Wettbewerbsfähigkeit des letzteren schwächen; dies könnte dazu beitragen, die ökonomischen Ungleichgewichte zu korrigieren. Die innenpolitischen Prioritäten blieben aber dabei im Westen unverändert. Und es würde eine neue Form des militarisierten politischen Rigorismus in Westeuropa einziehen, eine neue Form von psychologischem Zwang anstelle von demokratischem Konsens, eine neue Resistenz gegenüber sozialen Belangen, die den Nährboden künftiger Krisen darstellen könnte.

Ebensowenig wären damit die Probleme des Ostens und des Südens gelöst. Zur Zeit schrecken die westlichen Länder eher davor zurück, Osteuropa und der Dritten Welt in einem nennenswerten Umfang Wirtschaftshilfe zu gewähren. Die 17 Millionen Ostdeutschen sind insofern privilegiert, als sie über ein gemeinsames Finanzsystem und über direkte Hilfen erhebliche Mittel aus Westdeutschland empfangen werden. Im Verhältnis zum übrigen Osteuropa wird die Meinung vertreten, daß die Kredite nach kommerziellen Kriterien vergeben werden sollten. Wenn die osteuropäischen Länder den Verschuldungsproblemen aus dem Weg gehen wollen, die sie Ende der siebziger Jahre erlebten und die ihnen noch heute zu schaffen machen, sind sie wie die Schuldnerländer der Dritten Welt gezwungen, zu einer »Strukturanpassung« überzugehen. Die Kredite werden von Reformen abhängig gemacht, wobei unter Reformen Marktwirtschafts- und Sparpolitik zu verstehen ist. Am 1.Januar 1990 hat sich Polen auf eine kapitalistische »Schocktherapie« eingelassen, die innerhalb von drei Monaten den Konsum drastisch reduzierte (bei einigen Grundnahrungsmitteln wie Brot und Milch um 40 Prozent) und die Arbeitslosigkeit in die Höhe schnellen ließ, obwohl es ihr durchaus gelingen könnte, die Inflation zu stoppen und die Engpässe zu beseitigen. Andere ostmitteleuropäische Länder und die Sowjetunion werden folgen, vielleicht in einem langsameren Tempo. Allerdings wird eine solche Politik in den Ländern, deren Regierungen nicht das breite Vertrauen genießen, das der polnischen *Solidarność*-Regierung entgegengebracht wird, noch viel schwieriger. Auch mit politischer Unterstützung werden die unmittelbaren Auswirkungen, insbesondere in den ärmeren Ländern, zerstörerisch sein. Selbst wenn die Einführung des Marktes die Produktion anregen sollte, wird die ökonomische Kluft zwischen Ost und West gewaltig sein, solange kein nennenswerter Transfer von Ressourcen stattfindet. Wir können mit anderen Worten eine neue ökonomische Teilung Europas entlang der Oder-Neiße-Linie erwarten.

Armut, Ungleichheit und Arbeitslosigkeit können einen Nährboden für »Fanatiker« und »Fundamentalisten«, für lange unterdrückte nationale Spannungen liefern. Die Diskriminierung ethnischer, sprachlicher oder anderer Minderheiten kann nur zu leicht dazu verwendet werden, die Aufmerkamkeit von den wirtschaftlichen Problemen abzulenken. Die Lage in Transsilvanien, wo Ungarn von Rumänen angegriffen werden, im Kosovo, wo Serben mit Albanern in Konlikt liegen, oder in Nagorny Karabach, wo Aserbeidschaner die Armenier diskriminieren, läßt schon jetzt Schlimmes befürchten.

Es gibt also eine neue Rezeptur für einen imaginären Krieg, in dem der introvertierte Charakter des westlichen Blocks die ungleiche wirtschaftliche Entwicklung begünstigt und die Bedingungen für das Aufkommen neuer »Bedrohungen« schafft, die den imaginären Krieg legitimieren – eine neue Kosmologie, in der Modernismus und Fundamentalismus, Nord und Süd, West und Ost gegeneinander stehen.[14] Wie plausibel ist dieses Szenario? Es ist schwer zu erkennen, wie sich militärische Macht gegen die Fanatiker und Fundamentalisten im Osten und Süden überhaupt einsetzen läßt. Das dürfte jedenfalls die Lehre der Nachkriegszeit sein. Britische und französische Atomwaffen sind keine Antwort auf die unkontrollierte Weitergabe von Vernichtungswaffen; sie geben eher ein Beispiel zur Nachahmung für aufstrebende Nationalisten. Gerade die Destruktivität der klassischen militärischen Macht schleust die Gewalt in die indirekten, grausamen und hinterhältigen Methoden, die für den Terrorismus typisch sind, aber eben auch für den Anti-Terrorismus. Konnte ein imaginärer Krieg gegen Fanatiker und Fundamentalisten sich auf die gleichen tiefverwurzelten Ängste vor Krieg und Unterdrückung stützen, die den epischen Kampf gegen den Totalitarismus am Leben hielten? Wofür ist militärische Macht heutzutage gut? Wie können Konkurrenten es anstellen, die EG und Japan zu übervorteilen, wie Paul Kennedy es nennt?

Jacques Delors, der Präsident der EG-Kommission, hat eine bescheidenere Hypothese vorgebracht. Er gibt dem Begriff eines europäischen Dorfs den Vorzug vor Gorbatschows Begriff eines gemeinsamen europäischen Hauses. In diesem Dorf befindet sich ein großes Haus, die Europäische Gemeinschaft, und »nur wir sind ihre Architekten; die Schlüssel gehören uns; aber wir sind durchaus bereit, die Türen aufzumachen und mit den Nachbarn zu sprechen«.[15]

Aber wer sind diese Nachbarn? Der Arzt, der Pfarrer und der Lehrer wohnen in hübschen mittelgroßen Häusern und können ohne weiteres zum Abendessen eingeladen werden – das wären etwa die neutralen Länder wie Österreich, Schweden oder die Schweiz. Die übrigen Dorfbewohner leben eingepfercht in Hütten und begehren an den Türen des großen Hauses lautstark Einlaß. In einem auf Westeuropa eingeschränkten politischen Rahmen hat die ungleiche ökonomische Entwicklung etwas von einem Fatum. Das Beispiel von Nord- und Südamerika liefert eine mögliche Parallele. Es ist möglich, daß einige osteuropäische Länder wie die Tschechoslowakei, Polen und Ungarn irgendeinen Assoziierungsstatus erhalten; sie werden als Juniorpartner, oder als Provinzen, der Europäischen Gemeinschaft zugelassen.

Das Problem liegt für die Realisten darin, daß ein Staat, der nicht letztlich auf militärischer Macht basiert, für sie schwer vorstellbar ist. Ihre Welt besteht aus Weberschen Staaten, die das Monopol legitimer Gewaltausübung beanspruchen. Ihre Geschichte ist die Geschichte der Kriege. Das soll nicht heißen, daß die Realisten sich keine Mechanismen eines friedlichen Wandels vorstellen können. Autoren wie E.H.Carr und Robert Gilpin sind von einer solchen Möglichkeit durchaus überzeugt. Eine Welt von konkurrierenden Blöcken, die sich, wie die Konzeption von Delors impliziert, nicht so sehr auf militärische Macht stützen, mag ein realistisches Modell darstellen, in dem die Großmächte nach wie vor wichtig sind, während militärische Macht nicht so wichtig ist. Damit einher geht jedoch Irritation oder Skepsis angesichts der Vorstellung von Großmächten, die nicht auf militärische Macht bauen.

Und doch es ist möglich, neue Staatsformen ins Auge zu fassen, die sich nicht auf militärische Macht verlassen und nicht zwangsläufig Blöcke bilden. Implizit gibt es dies bereits in den bestehenden Institutionen auf europäischer Ebene. Der Europarat verfügt über keine militärische Macht, und trotzdem wird der Europäische Gerichtshof für Menschenrechte von seinen Mitgliedern als eine höhere Autorität anerkannt. Die Europäische Gemeinschaft verfügt nach dem Gesetz über den einheitlichen Binnenmarkt auch bei bestimmten Fragen über ein Element von Souveränität (bestehend aus den Mehrheitsbeschlüssen anstelle der bisherigen Einstimmigkeit im Ministerrat und den in gewissen Hinsichten erweiterten Rechten des Europäischen Parlaments).[16] Sollen solche Institutionen effektiv sein, muß es möglich sein, sie demokratisch zur Rechenschaft zu ziehen, damit sie für ihre Politik Konsens herstellen können. Aber dies ist nicht mehr zwangsläufig eine Utopie – es nicht weniger praktikabel, als sich weiterhin auf militärische Macht zu verlassen. E.H.Carr beschrieb die politische Übergangsperiode zwischen den zwei Weltkriegen als die Krise des Utopismus. Vielleicht ist die jetzige Übergangsperiode die Krise des Realismus.

Unser gemeinsames europäisches Haus?

Gorbatschows Konzeption eines »Gemeinsamen Europäischen Hauses« und die von den deutschen Sozialdemokraten entwickelte Konzeption einer »Europäischen Friedensordnung« sind einander sehr ähnlich. Ihre Ähnlichkeit wurde in dem Gemeinsamen Kommuniqué nach Gorbatschows Deutschlandbesuch im Juni 1989 auch ausdrücklich anerkannt. Beide Konzeptionen räumen der Sicherheit einen zentralen Stellenwert ein. Sie plädieren gleichermaßen für verstärkte Zusammenarbeit zwischen Ost und West. Sie lassen sich als eine Ausweitung der Konzeption der friedlichen Koexistenz bzw. der in Westdeutschland favorisierten Entspannungskonzeptionen betrachten. Ihr Ziel ist ein neues gesamteuropäisches Sicherheitssystem auf Grundlage der KSZE (der Konferenz für Sicherheit und Zusammenarbeit in Europa), die als die eigentliche Krönung der Entspannungspolitik in den siebziger Jahren gilt. Wie die Entspannung und die friedliche Koexistenz, so gehen auch diese Konzeptionen davon aus, daß unterschiedliche Gesellschaftssysteme sich schützen können, ohne einander zu bedrohen, und dabei auf staatlicher Ebene gute Beziehungen unterhalten können. Wie Entspannung und friedliche Koexistenz entspringen auch sie einer marxistischen Auffassung des Konflikts verschiedener Gesellschaftssysteme, der, weil er sich um die Art der gesellschaftlichen Organisation dreht, im Prinzip entmilitarisiert werden kann. Es sind aber auch realistische Konzepte insofern, als sie mit zwischenstaatlichen Beziehungen operieren und den Staat in der Weltpolitik als handelndes Subjekt auffassen.

Daß die Entspannungspolitik in den siebziger Jahren gescheitert ist, wird darauf zurückgeführt, daß es nicht gelungen ist, den Rüstungswettlauf unter Kontrolle zu bringen. Dazu Horst Ehmke, einer der prominentesten außenpolitischen Sprecher der SPD:

»Alles in allem ist die erste Phase der Entspannungspolitik daran gescheitert, daß wir es nicht geschafft haben, den Rüstungswettlauf zu stoppen oder zu verhindern, daß die militärische Konkurrenz in der Dritten Welt in die Ost-West-Beziehungen in Europa einfließt. Sahen wir die Verbesserung der politischen Beziehungen bisher als notwendig für die Abrüstung an, so wissen wir nun, daß die Abrüstung auch für eine fundierte Verbesserung der Ost-West-Beziehungen notwendig ist.[17]

Gleichermaßen zentral für die Vorstellungen eines Gemeinsamen Europäischen Hauses und einer Europäischen Friedensordnung sind die Ideen einer alternativen Verteidigung – bekannt als »hinreichende Verteidigungsfähigkeit« (Sowjetunion), als »strukturelle Nichtangriffsfähigkeit« (SPD) oder als nicht-provokative Verteidigung (britische Labour-Partei).[18] Bei Gorbatschow heißt es: »Die Philosophie des Gemeinsamen Europäischen Hauses schließt die Möglichkeit einer bewaffneten Konfrontation und überhaupt den Einsatz oder die Androhung von Gewalt aus – im Verhältnis von Bündnis gegen Bündnis oder wie auch immer. Sie geht von einer Doktrin der Zurückhaltung aus, die an die Stelle einer Doktrin der Abschreckung treten sollte.« Die von ihm propagierte Zurückhaltungsdoktrin ist die »hinreichende Verteidigungsfähigkeit«, die »die physische Möglichkeit eines Angriffs und breit angelegter Offensivoperationen ausschließt«.[19] Dieser Ansatz einer Auflösung der militärischen Konfrontation durch die Reorientierung der Streitkräfte auf defensive Aufgaben bestimmte die beiderseitigen Vorschläge bei den Wiener Verhandlungen über konventionelle Streitkräfte in Europa (VKSE) und für die einseitigen Truppenreduzierungen, die von der Sowjetunion und anderen Warschauer-Pakt- Staaten bislang vorgenommen wurden.

Bemerkenswert war in den frühen achtziger Jahren an den Vorschlägen zu einer alternativen Verteidigung die Art und Weise, wie sie mit militärischen Strategien operierten. Sie blieben im Diskurs des imaginären Krieges. Sie gingen von einem zugrundeliegenden Ost-West-Konflikt aus. Es handelte sich um Strategien für den Einsatz militärischer Macht in einem imaginären Krieg, die als solche spezifische politische Ziele verfolgten. Faktisch stellten sie sich ein militärisches Patt vor, in dem beide Seiten sich verteidigen oder zumindest einen Angriff zum Stehen bringen können, um Zeit für Verhandlungen zu gewinnen, und in dem keine Seite die andere angreifen kann. Tatsächlich war dies genau die Strategievorstellung, die der Entspannung oder der friedlichen Koexistenz entsprach.

Aus eben diesem Grunde waren und sind die alternativen Verteidigungsvorschläge in sich widersprüchlich. Auf der einen Seite haben sie die politisch-psychologischen Implikationen des imaginären Krieges in Frage gestellt. Die Einführung einer alternativen Verteidigungspolitik würde im Westen den Abzug der Atomwaffen und der »deep-strike«-Technologien nach sich ziehen, d.h. die Beseitigung derjenigen Elemente der Nato-Strategie, die Westeuropas Abhängigkeit von den Vereinigten Staaten zum Ausdruck bringen. Im Osten wiederum macht die »hinreichende Verteidigungsfähigkeit« eine erhebliche Reduzierung bei den Panzern notwendig, die immer der Ausdruck sowjetischer Vorherrschaft über Osteuropa gewesen sind. Auf der anderen Seite akzeptieren sie die Annahme eines Konflikts. Sie sind innerhalb der Blöcke konzipiert, beseitigen aber zugleich die wichtigsten Elemente für den Zusammenhalt dieser Blöcke.

Man kann hier eine Parallele zu den siebziger Jahren ziehen. Das »Gleichgewicht des Schreckens« (MAD) war die strategische Vorstellung der damaligen Entspannungspolitik. Die alternative Verteidigung ist ihr politisches Äquivalent in den achtziger Jahren, wenn auch gewiß radikaler und weniger verrückt und gefährlich. Diese Vorschläge einer, wie man sagt, »konventionellen Stabilisierung« sind ihrer Natur nach vorübergehende Vorschläge. Womit ließen sich die Bündnisse rechtfertigen, sobald beide Seiten rein defensiv eingestellt sind? Sie wären demnach als eine Etappe auf dem Weg zur Abrüstung oder zu einem politischen Rahmen anzusehen, in dem die Unterschiede zwischen Ost und West nur noch geographische Bedeutung haben. Eine andere Möglichkeit wäre die, daß gerade die defensive Wiederaufrüstung erneut die Idee des Konflikts schüren könnte (der nicht unbedingt derselbe sein muß, sondern vielleicht auch der neue orthodoxe Konflikt zwischen der modernen liberalen Welt und der rückwärtsgewandten Welt der Fundamentalisten). Selbst die Chinesische Mauer galt als offensiv.[20] Derartige Strategien vertragen sich zum Beispiel ausgezeichnet mit dem »Europäischen Dorf« von Delors; es sind Methoden zum Schutz vor Eindringlingen. Was tatsächlich geschieht, hängt weniger von dieser oder jener militärischen Strategie als vielmehr von den politischen Bedingungen ab, die diesen Strategien zugrunde liegen und zu Konflikten Anlaß geben.

Und darin liegt die Schwäche der sowjetischen und sozialdemokratischen Konzeptionen. Sie betonen zwar, daß Konflikte politisch gelöst werden müssen, daß die Zusammenarbeit intensiviert und die Menschenrechte respektiert werden müssen, sie bieten aber keine Analyse des zugrundliegenden Konflikts und von daher auch keine Lösung.

Oder vielmehr scheinen sie davon auszugehen, daß es einen Konflikt *zwischen* Ost und West gibt, in dem sich Kapitalismus und Sozialismus gegenüberstehen, statt daß es dabei, wie in diesem Buch dargelegt, um innenpolitische Konflikte *innerhalb* der jeweiligen Blöcke geht. Ihre Lösung, wenn es denn eine ist, besteht darin, daß die Gesellschaftssysteme einander tolerieren müssen. Dies impliziert so etwas wie die gegenseitige Anerkennung der Souveränität und der Nicht-Einmischung in die Einflußsphäre der jeweils anderen Seite.

Gorbatschow hat in seiner Straßburger Rede gesagt: »Ich weiß, daß viele Menschen im Westen das größte Problem darin sehen, daß es zwei Gesellschaftssysteme gibt. Aber das Problem liegt eher darin, daß es eine sehr verbreitete Überzeugung (oder sogar eine politische Direktive) ist, die Spaltung Europas sei nur zu überwinden, wenn der Sozialismus überwunden wird. Dies läuft natürlich auf Konfrontation, wenn nicht auf Schlimmeres hinaus. So kann es keine europäische Einheit geben.«[21]

Und doch hat die Überwindung des Sozialismus *wie er wirklich existierte*, d.h. die Abkehr von stalinistischen und post-stalinistischen Systemen, sich als das wichtigste Element erwiesen, um die Spaltung Europas zu überwinden. Es waren vor allem die demokratischen Revolutionen in Ostmitteleuropa und die Demokratisierungsprozesse in der Sowjetunion, die dem imaginären Krieg aus östlicher wie aus westlicher Sicht den Boden entzogen.[22]

Wollen wir imaginäre Kriege zukünftig vermeiden, dann müssen wir an den Ursachen des imaginären Krieges ansetzen. Im Westen gehören dazu die introvertierte Bindung an den Konsumismus, der Militär-Keynesianismus, die Interventionspolitik gegenüber der Dritten Welt und die inneren Spaltungen, die (wie Antikommunismus und Rassismus) auf eine äußere Bedrohung gerichtet werden können. Und im Osten bedeutet es, die Rolle des Militärs einzuschränken und alles zu vermeiden, was künftig eine Bedrohung legitimieren könnte, z.B. durch Niederschlagung der Unabhängigkeitskämpfe in den Sowjetrepubliken, die ebenfalls als äußere Bedrohungen rationalisiert werden.

Gorbatschow beharrt auf der Nicht-Einmischung. »Es darf keinerlei Einmischung in die inneren Angelegenheiten und keinen Versuch geben, die Souveränität von befreundeten, verbündeten oder von anderen Staaten in irgendeiner Weise einzuschränken.«[23] Aber velangt die Verfolgung von nationalen Minderheiten, die Verletzung der Menschenrechte, die Umweltzerstörung oder die extreme Armut nicht doch irgendeine Form der (nicht-militärischen) Einmischung? Wirtschafliche Sanktionen und/oder Hilfen? Den Druck der öffentlichen

Meinung? Sollte die Souveränität der Staaten nicht auch in manch anderer Hinsicht durch höhere Organe eingeschränkt werden, die im europäischen Rahmen bestimmten gemeinsamen Werten zum Ausdruck und zur Durchsetzung verhelfen? Gibt es ansonsten nicht immer wieder neue Ursachen für Konflikte?

Das Gemeinsame Europäische Haus ist nicht zu Ende konzipiert, es liegt auf halbem Wege zwischen dem Fortbestand der Blockbildung – vielleicht in neuem Gewand mit einem unabhängigen oder halb unabhängigen westeuropäischen Block oder sogar verschiedenen Blöcken – und einem gesamteuropäischen Rahmen. Der KSZE-Prozeß und die Ideen einer alternativen Verteidigung sind zu einer Zeit entwickelt worden, als die beiden Blöcke noch voll intakt waren. Es war ein Mechanismus, um die Beziehungen zwischen den Blöcken zu regeln. In der jetzigen Situation könnte dies weiterhin ein Mechanismus sein, um die Beziehungen zwischen der Nato oder dem westeuropäischen Block und der Sowjetunion zu regeln, oder aber die zwischen einer Reihe von Staaten, die von den Vereinigten Staaten, Deutschland und der Sowjetunion beherrscht werden. Die KSZE könnte, kurz gesagt, durchaus ein neuer Europäischer Kongreß werden, in dem die Konflikte von den Großmächten beigelegt werden. Damit könnten niedrigere Rüstungsausgaben und ein neuer militärisch-technologischer Stil verbunden sein, der auf elektronischen Defensivtechnologien basiert,[24] und er könnte über Deutschland hinaus eine gewisse Ausweitung der wirtschaftlichen Zusammenarbeit zwischen Ost und West mit sich bringen. Auf diese Weise könnte er zur Lösung der wirtschaftlichen Probleme in Ost und West beitragen. Aber wie und in welchem Maße, und ob dabei neue Divisionen auftauchen, das hängt von den innenpolitischen Veränderungen in Ost und West ab.

Die Öffnung der Blöcke hat wieder eine Reihe von Konflikten erwachen lassen, von alten und neuen, von lange unterdrückten oder in Entstehung begriffenen. In den kommenden Jahren dürften neue ökonomische Spaltungen, nationale und religiöse Konflikte, Auseinandersetzungen um Rohstoffe oder Menschenrechte zu gewärtigen sein. Lassen sich diese Konflikte auf althergebrachte Weise von den Großmächten beilegen? Wird in Deutschland und Rußland über die Zukunft von Litauen und Estland oder von Slowenien und Rumänien entschieden? Oder müssen nicht vielmehr die bestehenden nationalen Regierungen die Souveränität haben, über diese Fragen selbst zu entscheiden – eine Souveränität, die das neue Gemeinsame Europäische Haus gewährleisten sollte? Oder werden wir Europa entmilitarisieren, so daß diese Fragen *nur* diskutiert und verhandelt werden? Können wir einen politischen

Rahmen für ganz Europa schaffen, der nicht bloß das europäische Bündnissystem des einundzwanzigsten Jahrhunderts ist?

Die alternativen Verteidigungsvorschläge stellen einen gut ausgedachten Mechanismus dar, um die militärische Konfrontation zurückzudrehen. Die mögliche Verfügung über Streitkräfte mag durchaus dem entsprechen, was den Experten für hinreichende Verteidigungsfähigkeit und nicht-provokative Verteidigung vorschwebt. Aber wenn dieses Zurückdrehen der militärischen Konfrontation ein kontinuierlicher und andauernder Prozeß sein soll, dann werden wir uns auch direkt mit den politischen, sozialen, wirtschaftlichen, kulturellen und ökologischen Konfliktursachen auseinandersetzen müssen. Und dies hat mit der Entwicklung der Gesellschaftssysteme in Ost und West zu tun, einerseits mit der Bereitschaft des Westens, die Rüstungsausgaben zu reduzieren und sich in einem Programm der Zusammenarbeit von Ost und West und von Nord und Süd in erheblichem Maße zu engagieren, und andererseits mit dem Grad, in dem die Demokratisierung im Osten, speziell in der Sowjetunion, aufrechterhalten und unterstützt werden kann. In dieser Hinsicht haben die Idealisten, die daran festhalten, daß Demokratie eine notwendige Bedingung für Abrüstung ist, daß die »Überwindung des Sozialismus« (so wie er tatsächlich existiert) nötig ist zur Überwindung der Teilung Europas, durchaus recht. Genauso aber die westlichen Friedensaktivisten, die, ob Sozialisten oder Grüne, daran festhalten, daß sich der westliche Kapitalismus auch zu verändern habe.

Eine europäische Zivilgesellschaft?

Die Idealisten neigten zu der Annahme, daß es einen friedlichen demokratischen Kapitalismus geben kann. Markt plus liberale Demokratie, darin sah man sowohl in orthodoxen Kreisen im Westen (trotz gewisser Besorgnisse im Blick auf diejenigen, die noch Objekte der Geschichte sind) als auch in den ehemals oppositionellen Kreisen im Osten, wie es scheint, die Formel für den Frieden in Europa.[25] So haben es auch liberale Denker des neunzehnten Jahrhunderts gesehen. Gorbatschow hat in seiner Ansprache vor dem Europarat in Straßburg Victor Hugo zitiert: »Es wird ein Tag kommen, wo Märkte, die sich dem Handel öffnen, und Geister, die sich den Ideen öffnen, die einzigen Schlachtfelder sind.«[26] Im Sinne dieser Forderung wurde auch geltend gemacht, daß demokratische Länder einander bisher nie bekämpft haben.

Aber dieses Buch will zeigen, daß der imaginäre Krieg ein »joint venture«, ein Geschäft auf Gegenseitigkeit zwischen Atlantizismus und Stalinismus gewesen ist. Die militärische Konfrontation war eine Form des psychologischen Zwangs, eine Möglichkeit, die innenpolitischen Konflikte des Atlantizismus ebenso wie die des Post-Stalinismus nach außen zu kehren. Sie war, mit anderen Worten, eben auch die Konsequenz eines Systems, das durch liberale Demokratie plus Markt charakterisiert ist. Die militärische Stärke des Westens hat keineswegs dem Kampf gegen den Totalitarismus gedient, sondern die Unterdrückung gerechtfertigt, ihr Argumente geliefert – sie nährte den Verfolgungswahn der herrschenden stalinistischen Parteien. Es war nicht, wie die Rechte es gern hätte, die militärische Stärke des Westens, die den Wandel in der Sowjetunion herbeigeführt hat. Es waren vielmehr die inneren Widersprüche, und es waren politische Einflüsse – das Aufkeimen einer Zivilgesellschaft. Wenn sie überhaupt etwas bewirkt hat, dann hat die militärische Stärke des Westens diese Veränderungen aufgehalten, indem sie die neue Kalte-Krieger-Mentalität legitimierte, von der die sowjetischen Führer Anfang der achtziger Jahre ergriffen wurden.

Desgleichen ist es schwierig, die vielfältigen Interventionen, die die Vereinigten Staaten oder Großbritannien und Frankreich in der Dritten Welt vorgenommen haben, als »friedlich« zu bezeichnen. Auch wenn es stimmt, daß sie im allgemeinen gegen undemokratische Feinde gerichtet waren, läßt sich nicht sagen, daß sie zur Demokratie beigetragen haben. Die militärischen Interventionen haben im Gegenteil eine Kriegssituation geschaffen, in der jede Entwicklung in Richtung auf Demokratie extrem schwierig ist; dies wurde in Mittelamerika ganz deutlich. Zumindest im Falle des Staatsstreichs in Chile 1971 war die US-Intervention eindeutig *gegen* Demokratie gerichtet.

Den Abrüstungsinitiativen von Gorbatschow ist es bislang gelungen, die Pershing-Raketen und Marschflugkörper zu beseitigen, die das Verhältnis zwischen den Vereinigten Staaten und Westeuropa symbolisiert haben. Möglich war dies aber deshalb, weil diese Raketen selbst Gegenstand einer politischen Auseinandersetzung innerhalb des Atlantizismus gewesen sind – die Null-Lösung war ursprünglich ein Vorschlag des Westens mit Rücksicht auf den innenpolitischen Widerstand. Die Wiener Gespräche zur Reduzierung der konventionellen Streitkräfte in Europa werden zu großen Reduzierungen auf seiten des Warschauer Pakts, aber zu sehr viel geringeren auf westlicher Seite führen. Wahrscheinlich ist auch ein Abkommen über die Beseitigung atomarer Kurzstreckenwaffen. Wenn die britischen und französischen Atomwaffen oder die mit Atomwaffen bestuckbaren US-Flugzeuge in Großbritannien beseitigt werden sollen, und wenn es erhebliche

Reduzierungen bei den konventionellen Streitkräften und den Rüstungsbudgets geben soll, dann muß dies durch innenpolitischen Druck erreicht werden.

Die Marktbeziehungen stellen eine friedlichere Form der ökonomischen Regulation als feudale oder bürokratische Verhältnisse dar. Der Markt macht es notwendig, die physische Gewalt aus dem Arbeitsvertrag herauszuhalten, und er funktioniert unter politisch stabilen Bedingungen am besten. Zugleich aber ist die Regulation durch den Markt eine Form wirtschaftlichen Zwangs. Dieser ist dem physischen oder administrativen Zwang zwar vorzuziehen, nicht jedoch Verhältnissen, die durch Konsens geregelt sind. Der Markt erzeugt Polarisierungen von Reichtum und Armut zwischen Klassen und Regionen; er bringt überschüssige Kapazitäten hervor, die periodisch die Menschen arbeitslos machen. Er nimmt keine Rücksicht auf Natur oder Kultur, nicht einmal auf das Familienleben.

Wenn Teile der westlichen Linken sich den Vorwurf der Blindheit gegenüber den Systemen sowjetischen Typs gefallen lassen müssen, dann stimmt es auch, daß Teile der Opposition in Osteuropa es nicht geschafft haben, ein paar von den brutaleren Schattenseiten des westlichen Lebens zur Kenntnis zu nehmen – den Rassismus, die Unterdrückung von Minderheitskulturen, die Unsicherheit der Arbeitsplätze, die Gewalt in den Städten, die innerstädtische Armut und, allem voran, die Ausplünderung der Dritten Welt. Tatsächlich ist der »universelle homogene Staat«, wie er der Annahme von liberaler Demokratie plus Markt zugrundeliegt, als solcher schon eine Zwangsvorstellung. Wer sagt denn, daß Beethovenklänge im japanischen Kaufhäusern oder Rockmusik in Rangun eine höhere Form der Zivilisation darstellen als die einheimische Kunst oder Musik?

Natürlich ist es besser, im Westen zu leben als im Osten, aber man kann jedenfalls nicht sagen, daß es besser wäre, im Süden zu leben. Die atlantizistische Regulation ist durch eine Mischung von Konsens und wirtschaftlichem und psychologischem Zwang gekennzeichnet; die Beziehungen zur Dritten Welt sind durch eine Mischung von wirtschaftlichen und physischen Formen des Zwangs gekennzeichnet. Die stalinistische und post-stalinistische Regulation bestand in erster Linie aus physischem und administrativem Zwang mit Elementen des wirtschaftlichen und psychologischen Zwangs.

Wenn wir größere Konflikte gewaltlos lösen wollen, dann müssen wir ihre wirtschaftlichen, sozialen, ökologischen und kulturellen Ursachen erkunden. Wir müssen bestimmte gesellschaftliche Ziele aufstellen: ein Mindestmaß an wirtschaftlichem Wohlstand (Sicherheit im materiellen Sinne), Achtung vor der Natur, Rücksicht auf minoritäre Kulturen usw. Und erreichbar ist dies nur durch ein soziales und politisches System mit Regulationsformen, in denen Konsens maximiert und Zwang, insbesondere der physische, minimiert wird.

Gemeinsam umschrieben Bürgerinitiativen in Ost und West ihr (vielleicht utopisches) Ziel als »ein vollständig entmilitarisiertes und sozial gerechtes Gemeinwesen, dessen wirtschaftliche Entwicklung nicht auf Kosten der Umwelt geht … ein multikulturelles Gemeinwesen, offen gegenüber dem Süden … Ein Gemeinwesen, das die Rechte des Individuums und die Prinzipien der nationalen Selbstbestimmung respektiert … ein Europa des Friedens, der Gerechtigkeit, des Wohlstands, der menschlichen Würde und der weltweiten Solidarität«.[27] Dies bedeutet auf der einen Seite die Aufstellung bestimmter gemeinsamer Werte oder Standards und einen Rahmen zur Durchsetzung dieser Werte, und auf der anderen Seite die größtmögliche Autonomie und Verschiedenheit, um eine demokratische Mitsprache und die Erhaltung von Europas reichem und äußerst vielfältigem kulturellen Erbe zu gewährleisten. Es bedeutet ein Europa, das der Sozialpolitik, der Umwelt und der weltweiten Zusammenarbeit eine höhere Priorität einräumt und der Verteidigung eine sehr viel geringere. Und gleichzeitig impliziert es ein Europa, in dem die Regionen, die Nationen, sogar die Kommunen nach ihren lokalen Traditionen und kulturellen Präferenzen die gesellschaftlichen wie privaten (sozialen, ökologischen, Konsum-)Prioritäten setzen können und sich selbst für die entsprechenden (privaten, staatlichen, genossenschaftlichen, städtischen) Eigentumsformen wie auch für entsprechende Formen der Arbeitsorganisation (Arbeiterräte, Mitbestimmung usw.) entscheiden können.

Ökonomisch ist dieser Ansatz gar nicht so utopisch, wie er sich anhört. Das neue industrielle Entwicklungsmodell der »flexiblen Spezialisierung« oder des »Toyotismus« ist den diversifizierten und dezentralisierten Produktions- und Distributionsformen sehr viel besser gewachsen als das fordistische Modell, auch wenn Finanzierung, Forschung und Entwicklung derzeit in hohem Maße zentralisiert sind. Darüber hinaus vertragen sich die neuen Technologien genauso gut, wenn nicht besser mit ökologischen Zielen wie Energiesparen oder Recycling, Schadstoffreduzierung usw. sowie mit sozialen Bildungs-, Gesundheits- und sogar Planungszielen, als mit privatem Konsum und Rüstungsausgaben.

Ein ökologischer und sozialer Keynesianismus, der an die Stelle des Militärkeynesianismus als einer Methode des Umgangs mit den überschüssigen Kapazitäten in den kapitalistischen Ländern tritt, ist durchaus in Sicht. Anstelle der Nato wäre ein neuer politischer Mechanismus nötig, um einen automatischen Ressourcentransfer von den Überschußländern zu den Schuldenländern sicherzustellen. Die USA würden ihr Defizit dadurch verringern, daß sie die Rüstungsausgaben einschränken, und die Überschußländer in Westeuropa und Fernost würden zur Vermeidung einer weltweiten Rezession die Voraussetzungen für einen ständigen Ressourcentransfer nach Osteuropa und in die Dritte Welt schaffen. Anstelle der Kredite von Banken und internationalen wirtschaftlichen Institutionen, die vom guten Betragen abhängig gemacht werden, sind Formen der expliziten Hilfe notwendig (Schuldenreduzierung, wirtschaftliche Hilfen oder langfristige zinsgünstige Kredite), um bestimmte Ziele zu erreichen – ökologische Ziele wie die Beseitigung des sauren Regens, die Säuberung der Flüsse und Seen, oder soziale Ziele wie die Unterstützung der Demokratie, die Verringerung der Ungleichheiten oder die Bewahrung der Kultur – die im Idealfalle demokratisch durch Geber und Empfänger festzulegen sind. Desgleichen ist so etwa wie eine demokratische Weltwirtschaftsordnung erforderlich, die der Bildung reicher Wirtschaftsblöcke entgegenwirkt und einen freieren Handel fördert, unter gleichzeitigem Schutz der Interessen der ärmsten Länder.

Ist es möglich, einen politischen Rahmen zu schaffen, in dem diese Ziele erreichbar sind? Historisch war Europa stets durch eine Vielfalt politischer Institutionen charakterisiert. Im Gegensatz zu den asiatischen Großreichen hatte Europa ein Staatensystem, in dem die Souveränität sich in vielfältige Zentren auf territorialer Grundlage aufteilte. Es war seine Verschiedenheit, die Europas Kreativität entstehen ließ, allerdings auch seine Destruktivität – in Form von imperialen Rivalitäten und Kriegen. Ist ein Mechanismus in Sicht, der diese aus der Verschiedenheit entspringende Kreativität zugleich erhalten und Krieg oder imperiale Rivalität beseitigen kann?

Eine mögliche Vorstellung wäre die, daß Europa nach wie vor eine Vielzahl politischer Institutionen haben sollte, deren Basis nicht Territorien, sondern Tätigkeitsbereiche sind. In Ansätzen gibt es so etwas schon, und zwar mit verschiedenen gesamteuropäischen Institutionen – der EG, dem Europarat, dem RGW, der KSZE – und in Gestalt einer Vielzahl von lokalen, nationalen und regionalen Abkommen. Natürlich würden sich die Kompetenzen dieser Institutionen überschneiden, was beträchtliche, aber nicht unüberwindliche rechtliche Komplikationen schafft.[28]

Beispielsweise ist es möglich, eine Reihe von Institutionen für bestimmte Sicherheits-Arrangements anzustreben, wie sie vielleicht traditionell schon auf der Linie des Gemeinsamen Europäischen Hauses konzipiert wurden. Dazu könnten die Überreste von Nato und Warschauer Pakt und/oder die Intensivierung und Institutionalisierung der KSZE gehören. Die beiden Bündnisse könnten in zurückgestutzter Form für eine nicht-provokative Verteidigung (in schwindendem Maße) bestehen bleiben. Alternativ dazu könnten auch die mit den Verhandlungen über die konventionellen Streitkräfte in Europa (VKSE) verbundenen Kontrollmechanismen ein Sicherheitsmodell bieten, bei dem der Kontinent mit Trupps von Militärinspektoren überzogen wäre. Das Prinzip eines derartigen Sicherheitsgefüges würde darin bestehen, daß es sowohl einer Wiederkehr nationaler Streitkräfte als auch der Wiederherstellung offensiver Militärblöcke (in Europa insgesamt oder in Ost und West) einen Riegel vorschiebt.

Ein weiterer Institutionenkomplex wäre mit wirtschaftlichen, sozialen und möglicherweise ökologischen Fragen beschäftigt. Dazu könnten die EG, vielleicht zusammen mit dem RGW, die UN-Wirtschaftskommission für Europa oder eine gesamteuropäische Umweltbehörde gehören, wie Gorbatschow sie angeregt hat. Das Ziel bestünde darin, wirtschaftliche Offenheit, soziale und ökologische Mindeststandards und einen automatischen Ressourcentransfer von den reichen zu den ärmeren Regionen zu gewährleisten. Delors' »Haus« würde demokratisiert und auf gleichberechtigter Grundlage um einzelne osteuropäische Länder oder den RGW insgesamt erweitert werden müssen, wenn die ungleiche Entwicklung Europas vermieden werden soll – d.h., wenn wir eine neue Teilung Europas in einen reichen kapitalistischen Westen und einen armen, chaotisch zusammengewürfelten Osten vermeiden wollen.

Eine dritter Kompex von Institutionen, zu denen die KSZE ebenso wie der Europarat gehört, hätte auf die Übereinstimmung mit der Europäischen Menschenrechtsgesetzgebung zu achten.

Und so wie diese einander überschneidenden, ganz Europa und Teile von Asien und Nordamerika übergreifenden transnationalen Institutionen würden auch die bestehenden Nationen weiter existieren, und es könnte sogar eine noch größere Zurückentwicklung auf die regionale und lokale Ebene stattfinden. Kleinere Nationen wie Wales und Schottland könnten sich größerer Autonomie erfreuen. In diesem Modell wären die »Länder« in einem vereinigten deutschen Bundesstaat mächtige Institutionen, und die Sowjetrepubliken könnten unabhängig oder auf lockere Weise integriert sein. Und noch weitere

Veränderungen könnten sich ergeben – etwa eine Donau- oder Balkan-Föderation oder ein iberischer Bundesstaat.

Schließlich müssen diese vielfältigen Institutionen in einen globalen Zusammenhang eingeordnet werden, in den Rahmen der Vereinten Nationen und in ein neues Gefüge von internationalen wirtschaftlichen Institutionen (oder in eine Demokratisierung der bereits bestehenden Institutionen). Dies ist etwas, was die europäischen Länder derzeit zusammen mit den Ländern der Dritten Welt herbeiführen könnten (die osteuropäischen Länder könnten z.B. jetzt initiativ werden, um die internationale Gemeinschaft zu Konzeptionen für einen Schuldenerlaß zu bringen, damit das Überleben der Demokratie sichergestellt wird.

Aber wie ist die Souveränität dieser neuen Institutionen herzustellen? Worauf beruht ihre Macht? Wie soll das neue Gefüge autoritativer Beziehungen sich reproduzieren? Die Antwort lautet: auf der Grundlage von Konsens, durch den Aufbau einer trans-europäischen Zivilgesellschaft.

Die Vorstellung einer europäischen Zivilgesellschaft ging als die erweiterte Vorstellung einer Entspannung von unten aus den Verbindungen hervor, die zwischen der westeuropäischen Friedensbewegung und den unabhängigen Friedens-, Umwelt- und Menschenrechtsgruppen in Osteuropa hergestellt wurden. Entspannung von unten, das hieß Entspannungspolitik zwischen Bürgern im Gegensatz zu einer Entspannungspolitik zwischen Regierungen. Es hieß, daß die neuen sozialen Bewegungen zusammenkommen, um aus ihren jeweiligen Erfahrungen zu lernen und in gegenseitiger Solidarität zu handeln. Eine europäische Zivilgesellschaft, das ist ein Komplex von miteinander verbundenen autonomen Netzwerken selbstorganisierter Gruppen, Vereinigungen, Clubs, Bewegungen, Initiativen und Institutionen, die über die Grenzen von Staaten und Blöcken hinweg agieren. Es bedeutet die Schaffung von neuen sozialen Beziehungen, neuen Formen des Dialogs, durch die Bürger gemeinsam agieren können, um die politischen Institutionen unter Druck zu setzen oder mit ihnen zu verhandeln, und um in der Tat auch viele Probleme ohne direkte Einbeziehung der Regierungen zu lösen. Es bedeutet die Ausweitung der öffentlichen (nicht-staatlichen, nicht-privaten) Tätigkeitsbereiche und die Bildung einer europäischen Öffentlichkeit.

Warum sollte es gerade jetzt möglich sein, eine europäische Zivilgesellschaft aufzubauen, wenn es doch zuvor nicht möglich gewesen ist? Warum sollte ein solches idealistisches Projekt inzwischen in irgendeiner Hinsicht erfolgreicher sein als in der Zwischenkriegszeit, als das Völkerbund-Projekt so grandios gescheitert ist? Wer die Natur des

Menschen pessimistisch betrachtet und davon ausgeht, daß die menschliche Gesellschaft eben dann und wann in die Barbarei zurückfällt, für den wird es keine zufriedenstellende Antwort darauf geben. Doch anders als in der Zeit zwischen den Kriegen ist die militärische Macht heute nicht mehr eine mögliche Antwort auf die Barbarei. Ihr Einsatz ist für vernünftige Politiker zu gefährlich, und intelligente, aber verrückte Barbaren, wie Hitler einer war, können davon profitieren. Deshalb ist militärische Macht kein Mittel zur Abschreckung mehr. Es gibt aus diesem Grund keine langfristige Alternative zum Aufbau einer internationalen Zivilgesellschaft.

Aber es gibt auch eine positivere Antwort. Die letzten fünfzig Jahre haben uns auf ein neues Beziehungsgefüge von Autorität vorbereitet. Wir wissen inzwischen, daß ein größerer Krieg zwischen Großmächten unvorstellbar ist. Das Blöcke-System hat wirkliche militärische Konflikte innerhalb der Blöcke beseitigt und für einen Rahmen wirtschaftlicher und sozialer Interdependenz gesorgt, der einer transnationalen Zivilgesellschaft eine materielle Basis liefert. Die verbesserte Kommunikation – Fax, Telephon, DTP – erleichtert den Aufbau von Netzwerken. Satellitenübertragungen machen uns zu Augenzeugen von Kriegen und Aufständen, lassen uns weltweit das Zerstörungswerk von Mensch und Natur erleben. Wir werden uns nicht mehr darauf berufen können, daß wir von den Greueln unserer Zeit nichts wußten.

Doch selbst wenn es für eine zivile Gesellschaft eine historische und materielle Basis gibt – warum sollten wir annehmen, daß eine aktive Zivilgesellschaft die Einhaltung eines Katalogs gemeinsamer Werte, die sich auf politische, soziale und wirtschaftliche Rechte ebenso wie auf die Rechte der Natur beziehen, sichern kann, oder daß sie die Wiederkehr der Barbarei verhindern kann? Auch darauf kann es keine zufriedenstellende Antwort geben. Es gibt aber auch keine gewichtigeren Gründe, sich darauf zu verlassen, daß die Machthaber, Bürokraten oder Experten die Respektierung derartiger Werte sicherstellen werden. Das ist es, was wir im zwanzigsten Jahrhundert aus der Erfahrung des Fabianismus und des Leninismus gelernt haben – aus jenen Paternalismen also, die das atlantizistische wie das sowjetische System gleichermaßen charakterisiert haben. Die zivile Gesellschaft – ein fortwährender Dialog zwischen den Bürgern, den Menschen innerhalb wie außerhalb der Machtapparate – ist das beste, was uns passieren kann.

Wohin geht es?

Das Endergebnis all dieser fiebrigen Veränderungen liegt möglicherweise in einer ganz anderen als den vier oben bezeichneten Richtungen, oder es wird, was wahrscheinlicher ist, ein unappetitliches Gebräu aus diesen verschiedenen Möglichkeiten sein. Dann wird man neu nachdenken müssen, denn die Zukunft wirft neue Fragen und Themen auf, und sie läßt neue soziale Gruppen auf den Plan treten, die, um angemessen beschrieben zu werden, nach neuen Denkweisen verlangen.

Mag sein, daß dies auf Liberal-Demokratisch das Ende der Geschichte ist – eine begrenzte Form politischer Regulation. Für all diejenigen aber, die in Europa leben und auf mehr und intensivere Demokratie hoffen, ist es ein erregender Moment. Nach einem vierzigjährigen Interregnum, in dem die europäische Geschichte (vielleicht verdientermaßen) von denen niedergehalten wurde, die universelle Ansprüche zugunsten des amerikanischen Kapitalismus und des sowjetischen Sozialismus erhoben, die zwei verschiedene, homogene Gesellschaftssysteme in Europa zu etablieren versuchten, hat die Geschichte erst wieder begonnen.

Anmerkungen

1 Istvan Rev, »Uncertainty as a technique in the exercise of power«, Vortrag beim Seminar über Rüstungskontrolle und Ost-West- Beziehungen in Moskau, 10.-24. Juli 1989, veranstaltet vom *Institute for Global Conflict and Cooperation* (IGCC) der Universität von Kalifornien, der *Armament Disarmament Information Unit* (ADIU) der Universität von Sussex und dem Moskauer Staatsinstitut für Internationale Beziehungen (MGIMO); unveröff.

2 Tatsächlich zeigt sich bereits, daß die Demokratisierung es ermöglicht hat, Opposition gegenüber dem Markt auszudrücken. Die streikenden Arbeiter in der Sowjetunion protestieren gegen die neuen Ungleichheiten; sie treten gegen die neuen, am privaten Profit orientierten Genossenschaften auf.

3 Ende der achtziger Jahre verzeichneten alle westlichen Länder eine zunehmende Verschuldung im privaten Konsum – teils weil es nötig war, den Einsparungen in den öffentlichen Ausgaben zu begegnen, teils wegen der Revolution im finanziellen Dienstleistungssektor, insbesondere mit den Kreditkarten als Folge der neuen Technologien, und teils aufgrund der günstigen Kreditkonditionen, die von den Banken bereitwillig gewährt wurden.

4 Vgl. z.B. Moshe Lewin, *The Gorbachev Phenomenon* (Radius, 1988); Boris Kagarlitski, *The Thinking Reed* (Verso, 1988); Patrick Cockburn, »Gorbatchev and Soviet conservatism«, *World Policy Journal*, Winter 1988/89; Ernest Mandel: *Das Gorbatschow- Experiment: Ziele und Widersprüche* (Athenäum, 1989).

5 Ich sprach mit alten Afghanistan-Kämpfern, die mir erzählten, sie seien im Glauben an ihre vaterländische Pflicht dorthin gegangen und hätten zunehmend

Unbehagen und Unsicherheit verspürt. Afghanistan-Veteranen haben große Probleme, sich nach ihrer Rückkehr in die Sowjetunion wieder einzugliedern; sie sagen, daß sie sich nur unter ihren alten Kameraden wohlfühlen. Manche haben Schutztrupps gebildet, um Jagd auf »antisozialistische Elemente« zu machen; sie verprügeln »Metaller« (Popfans mit viel Metall an der Kleidung) oder Langhaarige. Zu den Einflüssen von Afghanistan vgl. Andrew Wilson und Nina Batchkatov, *Living with Glasnost. Youth and Society in a Changing Russia* (Penguin, 1988), S.71-76.

6 Vgl. Ferenc Miszlivetz, »Reform, crisis and the second society«, Vortrag bei der Konferenz *Withdrawal of the Developmental State* am Institut für Entwicklungsstudien der Universität von Sussex, Juli 1987.

7 Vortrag beim IGCC-ADIU-MGIMO-Seminar über Rüstungskontrolle und Ost-West-Beziehungen in Moskau, 10.-24.Juli 1989.

8 Dt. in *Europäische Rundschau*, H.4, 1989.

9 Paul Kennedy, *The Rise and Fall of the Great Powers* (Unwin Hyman, 1988), S.540 (dt.: *Aufstieg und Fall der großen Mächte. Ökonomischer Wandel und militärischer Konflikt von 1500 bis 2000*, S.Fischer, 1989).

10 C.Fred Bergsten, »Economic imbalances«, *Foreign Affairs*, Frühling 1987.

11 David Calleo, *Beyond American Hegemony* (Wheatsheaf, 1987).

12 *Die imperiale Republik: Die Vereinigten Staaten von Amerika und die übrige Welt seit 1945* (Belser, 1975). Aron sah im Streben nach Ruhm und Ehre das Motiv staatlichen Handelns und in der militärischen Macht ein wesentliches Attribut des Staates. Atomwaffen hielt er für Prestigeobjekte. »Andere Menschen werden morgen aus anderen Leidenschaften heraus leben. Wie könnte ich als Franzose jüdischer Abstammung je vergessen, daß Frankreich seine Befreiung der Stärke seiner Alliierten verdankt, Israel seine Existenz seinen Waffen und die Chance zum Überleben der Entschlossenheit von Amerikanern, nötigenfalls zu kämpfen.« Vgl. John Hall, »Raymond Arons sociology of states or the non-relative autonomy of inter-state behaviour«, in Martin Shaw (Hg.), *War, State and Society* (Macmillan, 1984).

13 Zum europäischen Integrationsprozeß in der Rüstungsindustrie vgl. William Walker und Philip Gummet, »Britain and the European armaments market«, *International Affairs*, 65:3, Sommer 1989.

14 Zur neuen Kosmologie eines imaginären Nord-Süd-Krieges vgl. E.P.Thompson, Mary Kaldor u.a., *Mad Dogs: The US Raids on Libya* (Pluto, 1986); Richard Falk, *Revolutionaries and Functionaries: The Dual Face of Terrorism* (E.P.Dutton, New York, 1988) und Noam Chomsky, »The fifth freedom«, *The Listener*, 27.März 1989.

15 Ansprache vor dem Europäischen Parlament, 17.Januar 1989, in *Europe*, 89, April-Mai 1989.

16 Vgl. Vernon Bogdanor, »The June 1989 European elections and the institutions of the community«, *Government and Opposition*, 24:2, Frühling 1989.

17 Horst Ehmke, »Double-zero and beyond: a second phase of détente«, *World policy Journal*, Sommer 1987.

18 Zu diesen unterschiedlichen Ideen vgl. Gerard Holden, »Soviet 'new thinking' in security policy« und Karsten D.Voigt, »The prospects for conventional stabilisation in Europe«, in Mary Kaldor, Gerard Holden und Richard Falk (Hrsg.), *The New Détente* (UNU/Verso, 1989). Vgl. auch: The Alternative Defense Commission, *Defence without the Bomb* (Taylor and Francis, 1983); Frank Barnaby und Egbert Boeker, »Non-provocative non-nuclear defence of Western Europe«, *ADIU Report*, 5:1, Januar-Februar 1983; Robert Neild und Anders

Boserup, »Beyond the INF Agreement: a new approach to nonnuclear forces«, *World Policy Journal,* Herbst 1987.

19 Ansprache vor dem Europarat in Straßburg, 6.Juni 1989, in *Soviet News*, 12.Juli 1989.

20 Vgl. Laszlo Valki, »Certainties and uncertainties about military doctrines«, *Proceedings of the Thirty-Sixth Pugwash Conference,* Budapest, 1.-6. September 1986.

21 Ansprache vor dem Europarat, 6.Juni 1989.

22 Noch im September 1989, direkt vor Honeckers Sturz, hat das noch nicht umgebildete poststalinistische Regime in Ostdeutschland die Flucht von Tausenden von Ostdeutschen in den Westen als kapitalistische Verschwörung hingestellt. Vor mir liegt ein von der Londoner DDR-Botschaft verteiltes Pamphlet mit dem Titel *The Great Coup of the FRG: Orchestrated Provocation against the GDR.*

23 Ansprache vor dem Europarat, 6.Juni 1989.

24 Die Befürworter einer alternativen Verteidigung befassen sich oftmals mit taktischen Überlegungen, indem sie verschiedene Defensiv-Strategien mit neuen Formen der militärischen Organisation und neuen Typen militärischer Technologie konzipieren. Deutsche Rüstungsfirmen entwickeln sogar defensives Einsatzmaterial. Es ist klar, daß ein derartiges Denken nötig ist, wenn die militärischen Planungsstäbe überzeugt werden sollen. Ich habe aber meine Zweifel, ob es eine Veränderung im militärisch- technologischen Stil ohne Krieg oder ohne eine kriegsähnliche Situation geben kann. Die militärischen Institutionen sind notorisch konservativ und schwer veränderbar. Würden diese Defensivtechnologien nicht wiederum ihr eigenes Bedrohungsmoment entwickeln? Und würde sich dieser Stil, wenn es tatsächlich einen längeren Krieg gäbe, auch als der effektivste erweisen? Die verrückten Enthusiasten von *Air-Land Battle* könnten auf entsetzliche Weise recht behalten.

25 Vgl. Timothy Garton Ash, Adam Michnik und Janos Kis, »One thousand words«, *Independent*, 7.Juli 1989.

26 Vgl. Anmerkung 19.

27 Aufruf zu einer Helsinki-Bürgerversammlung, Vorbereitungskomitee der Helsinki-Bürgerversammlung, Bürgerforum, Prag, März 1990.

28 Überlegungen, wie dies durch die gegenseitige Anerkennung verschiedener Institutionen zu erreichen wäre, finden sich bei Mireille Delmas-Marty, »One law versus many«, *Liber*, 1, Oktober 1989. Die Autorin hält ein derartiges komplexes System für den konstruktivsten Ansatz. »Nicht etwa eine Komplexität wie im Mittelalter, die darauf gerichtet war, die Vorgänge schwieriger zu machen, und die das ganze System blockieren konnte, sondern eine bewußte Komplexität, die darauf gerichtet ist, das System offenzuhalten, und die sich unter dem doppelten Gesichtspunkt der Beziehung zwischen Europa und seinen Mitgliedsstaaten und der Beziehung der europäischen Rechtssysteme untereinander organisiert.« Sie meint ebenfalls, daß die neuen Technologien (durch Beratungssysteme und audiovisuelle Hilfsmittel) zur Demokratisierung des Rechts in einer Weise beitragen könnten, die die Hauptgefahr der Komplexität vermeidet – das Anwachsen eines eigennützigen juristischen Berufsstandes.

Bibliographie

Diese Bibliographie ist als Leitfaden für all diejenigen gedacht, welche sich mit den Themen dieses Buches intensiver auseinandersetzen wollen. Das Buch ist mit einer Vielzahl von Problematiken befaßt, und zu jeder einzelnen gibt es eine höchst umfangreiche Literatur. Ich habe hier Bücher und Artikel aufgelistet, die ich besonders hilfreich fand oder die das jeweilige Thema von einem sei's ungewöhnlichen, sei's kritischen Blickwinkel aus betrachteten.

Die Bibliographie ist in vier Abschnitte unterteilt, die nacheinander den Themen »Kalter Krieg und Entspannung«, »Systeme sowjetischen Typs«, »Brüche und Kontinuitäten in der Politik-, Wirtschafts- und Militärgeschichte« sowie »Militärische Konfrontation« gewidmet sind. Die ersten beiden Abschnitte umfassen eine relativ heterogene Zusammenstellung. Der dritte Abschnitt ist sehr umfangreich; die hier aufgelistete Literatur beschäftigt sich mit Langzeitzyklen in Politik und Wirtschaft, mit dem Niedergang von Imperien (einschließlich des US-amerikanischen Imperiums), mit der Regulationstheorie, mit Fordismus und Postfordismus, sowie mit den ökonomischen Auswirkungen von Militärausgaben. Der letzte Abschnitt umfaßt Literatur zur militärischen Konfrontation, die in den anderen Abschnitten nicht enthalten ist.

Am Schluß der Bibliographie findet sich eine Liste von Periodika für diejenigen, die sich mit einigen der in diesem Buch behandelten Themen weiter beschäftigen wollen. Das Schwergewicht liegt dabei auf der Entwicklung in Mittel- und Osteuropa, sowie auf der Problematik von Rüstung und Abrüstung.

Kalter Krieg und Entspannung

Alperowitz, Gar, *Atomic Diplomacy: Hiroshima und Potsdam: the Use of the Atomic Bomb and the Confrontation with Soviet Power*, überarbeitete Ausgabe, Penguin, London, 1985.

Appleman Williams, William, *The Tragedy of American Diplomacy,* World Publishing, Ohio, 1959.

Aron, Raymond, *Einführung in die Atomstrategie: Die atlantische Kontroverse,* Kiepenheuer & Witsch, Köln-Berlin, 1964.

–, *La Société industrielle et la Guerre,* Plon, Paris, 1959.

Barnet, Richard, *The Alliance,* Simon and Schuster, New York, 1984.

Bernstein, Barton, »Les Etats Unis et les origines de la guerre froide«, *Revue de l'histoire de la deuxième guerre mondiale*, 3, Presses Universitaires de France, Juli 1976.

Brzezinski, Zbigniew, »The Future of Yalta«, *Foreign Affairs*,63:2, Winter 1984/5.

Buchan, Alastair, *War in Modern Society*, C.A. Watts, London, 1966.

Bullock, Alan, *Ernest Bevin: Foreign Secretary 1945-51*, Heinemann, London, 1983.

Carlton, David und Levine, Herbert M., *The Cold War Debated*, McGraw Hill, New York, 1988.

Chomsky, Noam, Steel, Jonathan und Gittings, John, *Super Powers in Collision: The New Cold War*, Penguin, London, 1982.

Chruschtschow, Nikita, *Chruschtschow erinnert sich*, Rowohlt, Reinbek, 1971.

Cook, Don, *Forging the Alliance, Nato 1945-50*, Secker and Warburg, London, 1989.

Cox, Michael, »From the Truman doctrine to the second superpower détente: the rise and fall of the cold war«, *Journal of Peace Research*, 27:1, Februar 1990.

Crockatt, Richard und Smith, Steve, (Hg.), *The Cold War: Past and Present*, Allen and Unwin, London 1987.

Cromwell, William C., »The Marshall Plan, Britain and the cold war«, *Review of International Studies*, 8, 1982.

Davis, Lynn Etheridge, *The Cold War Begins: Soviet-American Conflict over Eastern Europe*, Princeton University Press, Princeton, NJ, 1974.

Deighton, Anne, »The 'frozen front': the Labour government, the division of Germany and the origins of the cold war, 1945-7«, *International Affairs*, 63:3, Sommer 1987.

Deutscher, Isaac, *The Great Contest: Russia and the West*, OUP, Oxford, 1960.

Dulles, John Foster, *War or Peace*, Macmillan, New York, 1950.

Dyson, Kenneth, (Hg.), *European Détente: Case Studies of the Politics of East-West-Relations*, Frances Pinter, London, 1986.

Edmonds, Robin, *Setting the Mould: The United States and Britain, 1945-50*, Clarendon Press, Oxford, 1986.

Ehmke, Horst, »Double-zero and beyond: a second phase of détente«, *World Policy Journal*, Sommer 1987.

European Network for East-West-Dialogue, *Giving Real Life to the Helsinki Accords, A Memorandum Drawn Up in Common by Independent Groups and Individuals in Eastern and Western Europe*, Berlin, 1967.

European Nuclear Disarmament German-German Working Group, *Voices from the GDR: Documents on Peace, Human Rights and Ecology*, END, London, 1987.

Feis, Herbert, *Between War and Peace: The Potsdam Conference*, Princeton University Press, Princeton, NJ, 1957. (Dt. Ausg.: *Zwischen Krieg und Frieden. Das Potsdamer Abkommen*. Athenäum, Frankfurt/M.-Bonn, 1962.)

–, *Churchill, Roosevelt, Stalin: The War They Waged and the Peace They Sought*, Princeton University Press, Princeton, NJ, 1957.

–, *From Trust to Terror – The Onset of the Cold War*, Blond, New York, 1970.

–, *Japan Subdued: The Atomic Bomb and the End of World War II*, Princeton University Press, Princeton, NJ, 1957.

Fleming, D.F., *The Cold War and its Origins, 1917-1960*, 2 Bde., Doubleday, New York, 1961.

Fontaine, André, *History of the Cold War from the October Revolution to the Korean War, 1917-1950*, übers. von D.D. Page, Secker and Warburg, London, 1968.

Furtado, Jean, (Hg.), *Turkey: Peace on Trial*, END Special Report, Merlin Press/END, London, 1983.

Gaddis, John Lewis, »Containment: its past and future«, *International Security,* Frühjahr 1981.

–, »The emerging post-revisionist synthesis on the origins of the cold war«, *Diplomatic History,* 8, Sommer 1983.

–, »The long peace«, *International Security,* 10:4, Frühjahr 1986.

–, *Strategies of Containment: Critical Appraisal of Postwar American Security Policy,* OUP, Oxford, 1982.

–, *The United States and the Origins of the Cold War 1941-47,* Columbia University Press, New York, 1972.

Garthoff, Raymond L., *Détente and Confrontation: American- Soviet Relations from Nixon to Reagan,* The Brookings Institution, Washington DC, 1985.

German, Harry, *The Brezhnev Politburo and the Decline of the Détente,* Cornell University Press, Ithaca, NY, 1984.

Graf, William, »Anti-communism in the Federal Republic of Germany«, *Socialist Register 1984,* Merlin Press, London, 1984.

Grosser, Alfred, *Das Bündnis. Die westeuropäischen Länder und die USA seit dem Krieg.* Hanser, München, 1978.

Halliday, Fred, *Cold War, Third World: An Essay on Soviet- American Relations,* Hutchinson/Radius, London, 1989.

–, *The Making of the Second Cold War,* Verso, London, 1983.+

–, »The new cold war«, *Bulletin of Peace Proposals,* 14:2, 1983.

–, »Vigilantism in international relations: Kubalka, Cruickshank and Marxist Theory«, *Review of International Studies,* 13, 1987.

Hinton, James, *Protests and Visions: Peace Politics in 20th Century Britain,* Hutchinson, London, 1989.

Horowitz, David, *From Yalta to Vietnam,* Penguin, London, 1967. (Dt. Ausg.: *Kalter Krieg. Hintergründe der US-Außenpolitik von Jalta bis Vietnam.* 2 Bde., Wagenbach, Berlin, 1969.

Kaldor, M. und Falk, R., (Hg.), *Dealignment: A New Foreign Policy Perspective,* Basil Blackwell, Oxford, 1987.

–, Holden, G. und Falk, R., (Hg.), *The New Détente: Rethinking East-West-Relations,* Verso, London, 1989.

Kavan, Jan und Tomin, Zdena, (Hg.), *Voices from Prague: Documents on Czechoslovakia and the Peace Movement*, END/Palach Press, London, 1983.

Kennan, George F., *The Cloud of Danger: Some Current Problems of American Foreign Policy,* Hutchinson, London, 1978. (Dt. Ausg.: *Wolken der Gefahr. Aktuelle Probleme der amerikanischen Außenpolitik.* Tuduv, München, 1978.)

–, *Memoirs, 1925-50,* Hutchinson, London, 1968. (Dt. Ausgabe: *Memoiren eines Diplomaten.* Band 1: 1925-1950. Goverts, Stuttgart, 1968.)

–, *Memoirs, 1950-63,* Little, Brown; Boston und Toronto, 1972. (Dt. Ausgabe: *Memoiren eines Diplomaten. Band 2: 1950-1963. Goverts, Krüger; Frankfurt/M. 1973.)*

, *Russia, the Atom and the West,* BBC Reith Lectures 1957, OUP, Oxford, 1958.

Kissinger, Henry, *Nuclear Weapons and Foreign Policy,* Harper, New York, 1957. (Dt. Ausg.: *Kernwaffen und auswärtige Politik.* Oldenbourg, München, 1974.)

–, *The Troubled Partnership: A Reappraisal of the Atlantic Alliance,* McGraw-Hill, New York, 1965. (Dt. Ausg.: *Was wird aus der westlichen Allianz?* Econ, Wien-Düsseldorf, 1965.)

–, *The White House Years*, Weidenfeld, London, 1979. (Dt. Ausg.: *Memoiren.* Bertelsmann, München, 1979.)

–, *Years of Upheaval,* Weidenfeld, London, 1982.

Kolko, Joyce und Kolko, Gabriel, *The Limits of Power: The World and United States Foreign Policy, 1945-54,* Harper and Row, New York, 1972.

Konrád, György, *Antipolitik. Mitteleuropäische Meditationen.* Suhrkamp, Frankfurt/M., 1985.

Kuznetsov, V., *Détente and the World Today, 26th CPSU Congress: The Peace Offensive Continues,* Progress Publishers, Moskau, 1981. (Dt. Ausg.: *Internationale Entspannungspolitik aus sowjetischer Sicht.* Europaverlag, Wien, 1975.)

LaFeber, Walter, *America, Russia and the Cold War, 1965-71,* John Wiley, New York, 1972.

Light, Margot, *The Soviet Theory of International Relations,* Harvester Wheatsheaf, Brighton, 1988.

Mark, Edward, »American policy towards Eastern Europe and the origins of the cold war, 1941-46: an alternative interpretation«, *Journal of American History,* 68, September 1981.

Mastny, Vojtech, *Russia's Road to the Cold War: Diplomacy, Warfare and the Politics of Communism, 1941-45,* Columbia University Press, New York und Guildford, 1979.

May, Ernest R., *»Lessons« of the Past,* OUP, Oxford, 1973.

Migone, Giangiacomo, »The decline of the bipolar system, or a second look at the history of the cold war«, in Kaldor, Holden und Falk, (Hg.), *New Détente.*

–, »Understanding Bipolarity«, in Kaldor und Falk, (Hg.), *Dealignment.*

Moray, J.P., *From Yalta to Disarmament: Cold War Debate,* Merlin Press, London, 1961.

Nathanson, Charles E., »The social construction of the Soviet threat: a study in the politics of representation«, *Alternatives,* 13:4, Oktober 1988.

Nitze, Paul, »NSC 68 and the Soviet threat«, *International Security,* Frühjahr 1980.

Nove, Alec, *East-West Trade: Problems, Prospects, Issues,* Washington Papers 532, Sage, London und Beverly Hills, 1978.

Palmer, John, *Europe Without America: The Crisis in Atlantic Relations,* OUP, Oxford, 1987.

Platt, Alan A. und Leonardi, Robert, »American foreign policy and the postwar Italian left«, *Political Science Quarterly,* Sommer 1978.

Reynolds, David, »The origins of the cold war: the European dimension«, *Historical Journal,* 28:2, 1985.

Rostow, W.W., »On ending the cold war«, *Foreign Affairs,* Frühjahr 1987.

Sanders, Jerry W., *Peddlars of Crisis: The Committee on the Present Danger and the Politics of Containment,* Pluto, London, 1983.

Sanguinetti, Antoine, *Le Devoir de Parler,* Fernand Nathan, Paris, 1981.

Saville, John, »Ernest Bevin and the cold war 1945-50«, *Socialist Register 1984,* Merlin Press, London, 1984.

Simes, Dimitri, »The death of détente«, *International Security,* 5:1, 1980.

Smith, Dan und Smith, Ron, »The new cold war«, *Capital and Class,* 12, Winter 1980/81.

– und Thompson, Edward P., *Prospectus for a Habitable Planet,* Penguin, London, 1987.

Sokoloff, Georges, *The Economy of Détente: The Soviet Union and Western Capital,* Berg, Leamington Spa, 1987.

Stent, Angela, *From Embargo to Ostpolitik,* CUP, Cambridge, 1981.

Taubman, William, *Stalin's American Policy: From Entente to Détente to Cold War,* W.W. Norton, New York, 1982.

Thomas, Hugh, *Armed Truce: Beginnings of Cold War,* Hamish Hamilton, London, 1986.

Thompson, E.P., *Beyond the Cold War, NOT the Dimbleby Lecture,* Merlin Press/END, London, 1982.

–, *Exterminism and the Cold War,* New Left Books, London, 1982.

– und Thompson, Ben, *Star Wars, Self Destruct Incorporated,* Merlin Press/END, London, 1985.

Tucker, Robert, »The purposes of American power«, *Foreign Affairs,* Winter 1980/81.

Volten, Peter, *Brezhnev's Peace Program: A Study of Soviet Domestic Political Process and Power,* Westview, Boulder, Col., 1982.

Wolfe, Alan, »American domestic politics and the Alliance«, in Kaldor und Falk, (Hg.), *Dealignment.*

–, »The irony of anti-communism: ideology and interest in postwar American foreign policy«, in *Socialist Register 1984,* Merlin Press, London, 1984.

–, *The Rise and Fall of Soviet Threat: Domestic Sources of the Cold War,* Institute for Policy Studies, Washington DC, 1979.

Yanov, Alexander, *Détente after Brezhnev: The Domestic Roots of Soviet Foreign Policy,* Institute of International Studies, University of California, Berkeley, 1977.

Yergin, Daniel, *Shattered Peace: The Origins of the Cold War and the National Security State,* Houghton Mifflin, Boston, 1977. (Dt. Ausg.: *Der zerbrochene Frieden. Der Ursprung des Kalten Krieges und die Teilung Europas.* Societäts-Verlag, Frankfurt/M., 1979.)

Zur Analyse der Systeme sowjetischen Typs

Aganbegyan, Abel, *Ökonomie und Perestrojka. Gorbatschows Wirtschaftsstrategien.* Hoffmann und Campe, Hamburg, 1989.

Amalrik, Andrej, *Kann die Sowjetunion das Jahr 1984 überleben?,* Diogenes, Zürich, 1970.

Amann, Ronald und Cooper, Julian, (Hg.), *Industrial Innovation in the Soviet Union,* Yale University Press, New Haven, Conn., 1982.

Arendt, Hannah, *The Burden of our Time,* Secker and Warburg, London, 1951.

Artmann, Danielle, (Hg.), *Samizdat 86, The Moscow Trust Group,* END/UK-USSR Trustbuilders/SOK Berne, London und Berne, 1986.

Bahro, Rudolf, *Die Alternative. Zur Kritik des real existierenden Sozialismus.* EVA, Frankfurt/M.-Köln, 1977.

Bauer, Tamás, »Investment cycles in planned economies«, *Acta Oeconomica,* 21:3, 1978.

Berend, I.T. und Ranki, G., *Economic Development in East- Central Europe in the 19th and 20th Centuries,* Cornell University Press, Ithaca, NY, 1974.

–, *The European Periphery and Industrialization,* CUP, Cambridge, 1982.

Brus, W., Kende, P., und Mlynar, Z., *»Normalization« Processes in Soviet-dominated East-Central Europe,* Research Project, Crises in Soviet-type Systems, Study no. 1, 1982.

Brzezinski, Zbigniew, *Totalitarian Dictatorship and Autocracy,* Harvard University Press, Cambridge, Mass., 1956. (Dt. Ausg.: Friedrich, Karl Joachim, *Totalitäre Diktatur.* (Unter Mitarbeit von Z.B.), Kohlhammer, Stuttgart, 1957.)

Carr, E.H., *A History of Soviet Russia,* Penguin, London. Umfaßt: *The Bolshevik Revolution, 1917-23,* 3 Bde., 1950-53; *The Interregnum, 1923-24,* 1954; *Socialism in One Country, 1924-25,* 3 Bde., 1958-64.

– und Davies, R.W., *Foundations of a Planned Economy, 1926-29,* 2 Bde., Penguin, London, 1969 und 1971.

Claudin, Fernando, *Die Krise der kommunistischen Bewegung. Von der Komintern zur Kominform.* Band 2: *Der Stalinismus auf dem Gipfel seiner Macht.* Olle & Wolter, Westberlin, 1978.

Cockburn, Patrick, *Getting Russia Wrong: The End of Kremlinology,* Verso, London, 1971.

–, »Gorbachev and Soviet conservatism«, *World Policy Journal,* Winter 1988/89.

Cohen, Stephen, *Rethinking the Soviet Experience,* OUP, Oxford, 1985.

Comisso, Ellen und D'Andrea Tyson, Laura, »Power, purpose and collective choice: economic strategy in socialist states«, Sonderausgabe von *International Organization,* 40:2, Frühjahr 1986.

Conquest, Robert, *The Great Terror: Stalin's Purges of the 1930s,* Pelican, London, 1971. (Dt. Ausg.: *Am Anfang starb Genosse Kirow. Säuberungen unter Stalin.* Droste, Düsseldorf, 1970.)

Dawisha, Karen, *Eastern Europe: Gorbachev and Reform,* CUP, Cambridge, 1988.

Deutscher, Isaac, *Stalin* (1949), Penguin, London, 1982. (Dt. Ausg.: *Stalin. Eine politische Biographie.* Agon, Berlin, 1989.)

Djilas, Milovan, *Gespräche mit Stalin.* Fischer, Frankfurt/M. 1962.

–, *Die neue Klasse. Eine Analyse des kommunistischen Systems.* Kindler, München, 1964.

–, *Die unvollkommene Gesellschaft. Jenseits der »neuen Klasse«.* Molden, Wien-München-Zürich, 1969.

European Nuclear Disarmament, Hungary Working Group, *Documents on the Peace Movement in Hungary,* END, London, 1986.

Fehér, Ferenc, Heller, Agnes und Márkus, György, *Diktatur über die Bedürfnisse. Sozialistische Kritik osteuropäischer Gesellschaftsformationen.* VSA, Hamburg, 1979.

Fejto, François, *A History of the People's Democracies* (1969), Penguin, London, 1977.

Garton Ash, Timothy, *The Uses of Adversity: Essays on the Fate of Central Europe,* Granta Books, Penguin, London, 1989. (Dt. enthalten in: *Ein Jahrhundert wird abgewählt. Aus den Zentren Mitteleuropas 1980-1990.* Hanser Verlag, München-Wien, 1990)

Haraszti, Miklos, *The Velvet Prison: Artists under State Socialism,* I.B. Tauris, London, 1988.

–, *A Worker in a Worker's State: Piece Rates in Hungary,* Penguin, London, 1977.

Harman, Chris, *Bureaucracy and the Revolution in Eastern Europe,* Pluto, London, 1974.

Havel, Vaclav, u.a., *The Power of the Powerless: Citizens against the State in Central-Eastern Europe,* Hutchinson, London, 1985.

Hegedüs, András, u.a., *The Humanisation of Socialism: Writings of the Budapest School,* Allison and Busby, London, 1976.

Holmes, Lesley, (Hg.), *The Withering Away of the State? Party and State under Communism,* Sage, London and Beverly Hills, 1981.

Jahn, Egbert, (Hg.), *Soziökonomische Bedingungen der sowjetischen Außenpolitik.* Campus, Frankfurt/M., 1975.

Joint Economic Committee, US Congress, *East European Economics: Slow Growth in the 1980s.* 3 Bde., 90. Kongreß, 1. Sitzung, Washington DC, 1985-87.

Kagarlitsky, Boris, *The Thinking Reed: Soviet Intellectuals from 1917 to the Present*, Verso, London, 1988.

Kaser, Michael, *Comecon: Integration Problems of the Planned Economies*, OUP, London, 1967.

– (Hg.), *The Economic History of Eastern Europe, 1919-1975,* Bd. 3: *Institutional Change within a Planned Economy,* Clarendon Press, Oxford, 1986.

– und Radice, E., (Hg.), *The Economic History of Eastern Europe, 1919-1975,* Bd. 1: *Economic Structures and Performances Between Two Wars;* Bd. 2: *Interwar Policy: The War and Reconstruction,* Clarendon Press, Oxford, 1985 und 1986.

Konrád, György und Szelényi, Iván, *Die Intelligenz auf dem Weg zur Klassenmacht.* Suhrkamp, Frankfurt/M., 1978.

Kornai, János, *Contradictions and Dilemmas,* Corvina, New York, 1985.

–, *Growth Shortage and Efficiency,* Basil Blackwell, Oxford, 1982.

–, »The Hungarian reform process: visions, hopes and reality«, *Journal of Economic Literature,* 24, Dezember 1986.

Köszegi, Ferenc und Thompson, E.P., *The New Hungarian Peace Movement,* Merlin Press/END, London, 1983.

Köves, András, »Problems and prospects of East-West cooperation: an East European view«, in Kaldor, Holden und Falk, (Hg.), *New Détente.*

Lange, Oskar, (Hg.), *Problems of Political Economy of Socialism*, People's Publishing House, Neu Delhi, 1962.

Lewin, Moshe, *The Gorbachev Phenomenon: A Historical Interpretation,* Radius, London, 1988. (Dt. Ausg.: *Gorbatschows neue Politik. Die reformierte Realität und die Realität der Reformen.* Fischer, Frankfurt/M., 1988.)

–, *The Making of the Soviet System: Essays in the Social History of Interwar Russia,* Methuen, London, 1985.

–, *Political Undercurrents in Soviet Economic Debates,* Princeton University Press, Princeton, NJ, 1984.

Mandel, Ernest, *Das Gorbatschow-Experiment. Ziele und Widersprüche.* Athenäum, Frankfurt/M., 1989.

Michnik, Adam, *Letters from Prison and Other Essays*, University of California Press, California, 1985.

Nove, Alec, *An Economic History of the USSR,* 3. Aufl., Penguin, London, 1984.

–, *The Soviet Economic System,* Allen and Unwin, London, 1977. (Dt. Ausg.: *Das sowjetische Wirtschaftssystem.* Nomos, Baden-Baden, 1980.)

Rev, Istvan, »The anti-ecological nature of centralisation«, in Kaldor, Holden und Falk, (Hg.), *New Détente.*

–, »Local autonomy or centralism – when was the original sin committed?«, *International Journal of Urban and Regional Research,* 8:1, März 1984.

Sandford, John, *The Sword and the Ploughshare: Autonomous Peace Initiatives in East Germany,* Merlin Press/END, London 1983.

Siemečka, Milan, »From class obsessions to dialogue: détente and the changing political culture of Eastern Europe«, in Kaldor, Holden und Falk, (Hg.), *New Détente.*

–, *The Restoration of Order: The Normalization of Czechoslovakia, 1969-76*, Verso, London, 1984

Stead, Jean und Grueneberg, Danielle, (Hg.), *Moscow Independent Peace Group*, END Sonderausgabe, END/Merlin Press, London, 1982.

Steele, Jonathan, *The Limits of Soviet Power,* Penguin, London, 1984.
Szelényi, Iván, »The prospects and limits of the East European new class project: an auto-critical reflection on the intellectuals and the road to class power«, *Politics and Society,* 15:2, 1986/87.
Szücs, Jenö, »The three historical regions of Europe«, in John Keane, (Hg.), *Civil Society and the State*, Verso, London, 1987.
Trotzki, Leo, *Die verratene Revolution.* Veritas, Zürich, 1958.
Ulam, Adam B., *A History of Soviet Russia,* Praeger, New York, 1976.
Vajda, Mihály, »East Central European perspectives«, in John Keane, (Hg.), *Civil Society.*
–, *The State and Socialism*, Allison and Busby, London, 1981.
Warner, Edward L., *The Military in Contemporary Soviet Politics: An Institutional Analysis,* Praeger, New York, 1977.
Wilson, Andrew und Bachkatov, Nina, *Living with Glasnost: Youth and Society in a Changing Russia,* Penguin, London, 1988. (Dt. Ausg.: *Die Kinder Gorbatschows. Eine andere Generation?* Heyne, München, 1989.)

Brüche und Kontinuitäten in der Politik-, Wirtschafts- und Militärgeschichte

Aglietta, Michel, *Régulation et crises du capitalisme. L'expérience des Etats-Unis.* Calmann-Lévy, Paris, 1976.
Anderson, Perry, *Lineages of the Absolutist State,* New Left Books, London, 1974. (Dt. Ausg.: *Die Entstehung des absolutistischen Staates.* Suhrkamp, Frankfurt/M., 1979.)
–, *Passages from Antiquity to Feudalism*, New Left Books, London, 1974. (Dt. Ausg.: *Von der Antike zum Feudalismus. Spuren der Übergangsgesellschaften.* Suhrkamp, Frankfurt/M., 1978.)
Armstrong, Philip, Glyn, Andrew und Harrison, John, *Capitalism since World War II*, Fontana, London, 1984.
Ashley, Richard K., *The Political Economy of War and Peace*, Frances Pinter, London, 1980.
Ashworth, William, *A Short History of the International Economy since 1850,* 2. Aufl., Longman, London, 1970.
Barraclough, Geoffrey, *Introduction to Contemporary History,* Penguin, London, 1964. (Dt. Ausg.: *Tendenzen der Geschichte im 20. Jahrhundert.* Beck, München, 1967.)
Berghahn, Volker R., *Militarismus.* Kiepenheuer & Witsch, Köln, 1975.
Bergsten, C. Fred, »Economic imbalances«, *Foreign Affairs,* Frühjahr 1987.
Blackburn, Phil, Coombs, Ron und Green, Kenneth, *Technology, Economic Growth and the Labour Process,* Macmillan, London, 1985.
Block, Fred L., *The Origins of International Economic Disorder,* University of California Press, Berkeley, 1977.
Block, Ivan Stanislavovich, *The Future of War in its Technical, Economic and Political Relations: Is War Now Impossible?,* Ginn, Boston, 1899/1903.
Bowles, Samuel, Gordon, David M. und Weisskopf, Thomas E., *Beyond the Wasteland: A Democratic Alternative to Economic Decline,* Verso, London, 1986.
Bridge, F.R. und Bullen, Roger, *The Great Powers and the European States System, 1815-1914*, Longman, London und New York, 1980.

Bull, Hedley, *The Anarchical Society: A Study of Order in World Politics,* Macmillan, London, 1977.

– und Watson, A., (Hg.), *The Expansion of International Society,* Clarendon Press, Oxford, 1984.

Buzan, Barry, *People's States and Fear: The National Security Problem in International Relations,* Wheatsheaf, Brighton, 1987.

Calleo, David, *Beyond American Hegemony: The Future of the Atlantic Alliance,* Wheatsheaf, Brighhton, 1987. (Dt. Ausg.: *Die Zukunft der westlichen Allianz. Die NATO nach dem Ende der amerikanischen Hegemonie.* Bonn Aktuell, Stuttgart, 1989.)

Carr, E.H., *The Twenty Years Crisis, 1919-1939: An Introduction to the Study of International Relations*, Macmillan, London, 1940.

Castells, Manuel, »High technology, world development and structural transformation«, in S. Mendlovitz und R.B.J. Walker, (Hg.), *Towards a Just World Order,* Butterworth, Guildford, 1987.

Chase-Dunn, Christopher, »International economic policy in a declining core state«, in William P. Avery und David P. Rapkin, (Hg.), *America in a Changing World Political Economy*, Longman, New York und London, 1982.

Cipolla, Carlo M., *The Economic Decline of Empires,* Methuen, London, 1970.

–, *Guns, Sails and Empires,* Pantheon, New York, 1965.

Clark, Ian, *Reform and Resistance in the International Order,* CUP, Cambridge, 1980. (Neuaufl. u.d. Titel *The Hierarchy of States,* CUP, Cambridge, 1989.)

Cox, Robert W., »Social forces, states and world orders: beyond international relations theory«, in Robert Keohane, Hg., *Neo- Realism and its Critics,* CUP, Cambridge, 1986.

Day, Richard B., »The theory of long waves: Kondratiev, Trotsky and Mandel«, *New Left Review,* 99, Sept./Okt. 1976.

Degrasse, Robert W., jun., *Military Expansion, Economic Decline,* Council on Economic Priorities, New York, 1983.

Dosi, G., »Technological paradigms and technological trajectories«, *Research Policy,* 11:3, Juni 1982.

–, Freeman, C., Nelson, R., Silverberg, G. und Soete, Luc, (Hg.), *Technical Change and Economic Theory,* Pinter, London und New York, 1988.

Dumas, Lloyd Jeffrey, *The Overburdened Economy: Uncovering the Cause of Chronic Unemployment, Inflation and National Decline,* University of California Press, Berkeley, 1986.

Edelman Spero, Joan, *The Politics of International Economic Relations,* 3. Aufl., Allen and Unwin, London, 1985.

Ellis, John, *The Social History of the Machine Gun,* Pantheon, New York, 1975.

Falk, Richard, *The End of World Order: Essays on Normative International Relations,* Holmes and Meier, New York und London, 1983.

–, *The Promise of World Order,* Wheatsheaf, Brighton, 1989.

Fieldhouse, D.K., *Economics and Empire, 1830-1914*, Cornell University Press, Ithaca, NY, 1973.

Foreman-Peck, James, *A History of the World Economy: International Economic Relations since 1850,* Wheatsheaf, Brighton, 1983.

Freeman, Christopher, (Hg.), *Long Waves in the World Economy,* Frances Pinter, London, 1984.

– u.a., *Unemployment and Technical Innovation: A Study of Long Waves and Economic Development*, Frances Pinter, London, 1982.

Gathy, Vera, (Hg.), *State and Civil Society,* Hungarian Academy of Sciences, Budapest, 1989.

Giddens, Anthony, *A Contemporary Critique of Historical Materialism:* Bd. 1, *Power, Property and the State,* Macmillan, London, 1981; Bd. 2, *The Nation-State and Violence*, Polity Press, Cambridge, 1985.

Gilpin, Robert, *The Political Economy of International Relations,* Princeton University Press, Princeton, NJ, 1987.

–, *War and Change in World Politics,* CUP, Cambridge, 1981.

Goldstein, Joshua, *Long Cycles: Prosperity and War in the Modern Age,* Yale University Press, New Haven und London, 1988.

Gordon, D.M., Weisskopf, T.E. und Bowles, S., »Long swing and the non-reproductive cycle«, *American Economic Review,* 73, 1983.

Gough, Ian, *The Political Economy of the Welfare State,* Macmillan, London, 1979.

Habermas, Jürgen, *Legitimationsprobleme im Spätkapitalismus.* Suhrkamp, Frankfurt/M., 1973.

Hobsbawm, E.J., *Industry and Empire,* Penguin, London, 1969. (Dt. Ausg.: *Industrie und Empire. Britische Wirtschaftsgeschichte seit 1850.* Suhrkamp, Frankfurt/M., 1969.)

Hopkins, T. K. und Wallerstein, I., *Processes of the World System,* Sage, Beverly Hills und London, 1980.

Howard, Michael, *War in European History,* OUP, Oxford, 1976.

Kaldor, Mary, *The Baroque Arsenal,* André Deutsch, London, 1982. (Dt.: *Rüstungsbarock*, Rotbuch, Berlin, 1984.)

–, *The Disintegrating West,* Allen Lane, London, 1978.

–, Sharp, Margaret, und Walker, William, »Military R&D and industrial competitiveness«, *Lloyds Bank Review,* Okt. 1986.

– und Walker, William, »Technologie militaire et dynamisme économique«, *La Recherche,* Okt. 1988.

Keane, John, *Democracy and Civil Society,* Verso, London, 1987.

– (Hg.), *Civil Society and the State: New European Perspectives,* Verso, 1988.

Kennan, George, *The Decline of Bismarck's European Order,* Princeton University Press, Princeton, 1979.

Kennedy, Paul, *The Rise and Fall of the Great Powers: Economic Change and Military Conflict 1500 to 2000*, Unwin Hyman, London, 1988. (Dt. Ausg.: *Aufstieg und Fall der großen Mächte. Ökonomischer Wandel und militärischer Konflikt 1500–2000.* Fischer Frankfurt/M., 1989.)

Kenney, Martin und Florida, Richard, »Beyond mass production: production and labour process in Japan«, *Politics and Society,* 16:1, März 1988.

Kenwood, A.G. und Longheed, A.L., *The Growth of International Economy, 1820-1980: An Introductory Text*, Allen and Unwin, London, 1984.

Keohane, Robert, *After Hegemony: Cooperation and Discord in the World Political Economy,* Princeton University Press, Princeton, 1984.

– und Nye, Joseph S., *Power and Independence – World Politics in Transition*, Little Brown, Boston, 1977.

Kindleberger, Charles, *The World in Depression,* Allen Lane, London, 1978.

Kissinger, Henry A., *A World Restored,* Gollancz, London, 1974. (Dt. Ausg.: *Großmacht Diplomatie. Von der Staatskunst Castlereaghs und Metternichs.* Econ, Wien-Düsseldorf, 1962.)

Kondratiev, N., »The major economic cycles«, *Review of Economic Statistics,* 18, November 1935.

Kurth, James R., »The political consequences of the product cycle: industrial history and political outcomes«, *International Organization,* 33:1, Winter 1979.

Landes, David, *The Unbound Prometheus, Technological Change 1750 to the Present,* CUP, Cambridge, 1969. (Dt. Ausg.: *Der entfesselte Prometheus. Technologischer Wandel und industrielle Entwicklung in Westeuropa von 1750 bis zur Gegenwart.* Kiepenheuer & Witsch, Köln, 1973.)

Lash, Scott und Urry, John, *The End of Organized Capitalism,* Polity Press, Cambridge, 1987.

Lipietz, Alain, *Mirages and Miracles: The Crises of Global Fordism,* Verso, London, 1987.

McNeill, William H., *The Pursuit of Power, Technology, Armed Force and Society since A.D. 1000,* Chicago University Press, Chicago, 1982.

–, *The Rise of the West,* Chicago University Press, Chicago, 1963.

Maddison, Angus, *Phases of Capitalist Development,* OUP, Oxford, 1982.

Mandel, Ernest, *Der Spätkapitalismus,* Suhrkamp, Frankfurt/M., 1972.

Melman, Seymour, *The Permanent War Economy: American Capitalism in Decline,* Simon and Schuster, New York, 1974.

–, *Profits Without Production*, University of Pennsylvania Press, Philadelphia, 1987.

Milward, A.S., *War, Economy and Society, 1939-45,* University of California Press, Berkeley und Los Angeles, 1979.

– und Saul, S.B., *The Development of Continental Europe 1780- 1850,* Allen and Unwin, London, 1973.

–, *The Development of the Economies of Continental Europe,1850-1914*, Allen and Unwin, London, 1977.

Modelski, George, »The long cycle of global politics and the nation state«, *Comparative Studies in Society and History,* 20:2, April 1978.

–, »Long cycles, Kondratievs and alternating innovations: implications for US foreign policy«, in Charles W. Keglev und Pat McGowan, *The Political Economy of Foreign Policy Behaviour,* Sage, Beverly Hills, 1981.

–, »Long cycles and the strategy of US international economic policy«, in William P. Avery und David P. Rapkin, (Hg.), *America in a Changing World Political Economy,* Longman, New York und London, 1982.

Murray, Robin, »Benneton Britain: the new economic order«, *Marxism Today,* November 1985.

–, »Life after Henry (Ford)«, *Marxism Today,* Oktober 1988.

Nairn, Tom, (Hg.), *Atlantic Europe? The Radical View,* Transnational Institute, Amsterdam, 1976.

Nef, John O., *War and Human Progress,* Harvard University Press, Cambridge, Mass., 1950.

Nelson, R. und Winter, S., *An Evolutionary Theory of Economic Change,* Harvard University Press, Cambridge, Mass., 1982.

Noble, David, *Forces of Production: A Social History of Industrial Automation*, Alfred A. Knopf, London, 1984.

Offe, Claus, *Contradictions of the Welfare State,* Hutchinson, London, 1984.

Parboni, Riccardo, *The Dollar and its Rivals*, Verso, London, 1986.

Perez-Perez, Carlotta, »Microelectronics, long waves and world structural change«, *World Development*, 13:3, 1985.

–, »Structural change and assimilation of new technologies in economic and social systems«, *Futures*, 15:4, Oktober 1983.

Piantia, Mario, *New Technologies across the Atlantic,* Wheatsheaf, Brighton, 1988.

Pijl, Kees van der, *The Making of an Atlantic Ruling Class*, Verso, London, 1984.
Piore, Michael J. und Sabel, Charles F., *The Second Industrial Divide: Possibilities for Prosperity*, Basic Books, New York, 1984. (Dt. Ausg.: *Das Ende der Massenproduktion. Studie über die Requalifizierung der Arbeit und die Rückkehr der Ökonomie in die Gesellschaft.* Wagenbach, Berlin, 1985.)
Polanyi, Karl, *The Great Transformation: The Political and Economic Origins of our Time* (1944), Beacon Press, London, 1957. (Dt. Ausg.: *The great transformation. Politische und ökonomische Ursprünge von Gesellschaften und Wirtschaftssystemen.* Suhrkamp, Frankfurt/M., 1977.)
Rich, Norman, *The Age of Nationalism and Reform, 1850-1890*, Weidenfeld and Nicolson, London, 1970.
Rosencrance, Richard N., *Action and Reaction in World Politics: International Systems in Perspective*, Greenwood, Westpoint, Conn., 1977.
Rostow, W.W., *The World Economy: History and Prospect*, University of Texas, Austin und London, 1978.
Sayer, Andrew, »New developments in manufacturing: the just-in-time system«, *Capital and Class*, 30, Winter 1986.
Schumpeter, J.A., *Business Cycles: A Theoretical, Historical and Statistical Analysis of the Capitalist Process*, 2 Bde., McGraw Hill, New York, 1939. (Dt. Ausg.: *Konjunkturzyklen. Eine theoretische, historische und statistische Analyse des kapitalistischen Prozesses.* 2 Bde., Vandenhoeck & Ruprecht, Göttingen, 1961.
Sen, Gautam, *The Military Origins of Industrialisation and International Trade Rivalry*, Frances Pinter, London, 1984.
Shaw, Martin, (Hg.), *War, State and Society*, Macmillan, London, 1984.
Strange, Susan, *Casino Capitalism*, Basil Blackwell, Oxford, 1986.
–, *States and Markets: An Introduction to International Political Economy*, Frances Pinter, London, 1988.
Therborn, Göran, »The rule of capital and the rise of democracy«, *New Left Review*, Mai/Juni 3:10, 1977.
Thompson, W.R. und Zuk, R., »War, inflation and Kondratieff long waves«, *Journal of Conflict Resolution*, 26, 1982.
Tilly, Charles, *The Formation of Nation-States in Western Europe*, Princeton University Press, Princeton, 1975.
Toynbee, Arnold J., *A Study of History*, OUP, Oxford, 1961. (Dt. Ausg.: *Der Gang der Weltgeschichte.* 2 Bde. Bd. 1: *Aufstieg und Verfall der Kulturen.* Kohlhammer, Stuttgart, 1950. Bd. 2: *Kulturen im Übergang.* Europaverlag, Stuttgart-Wien-Zürich, 1958.)
Vayrynen, Raimo, »Economic cycles, power transitions, political management and wars between major powers«, *International Studies Quarterly*, 27:4, 1983.
–, »Economic fluctuations, technological innovations and the arms race in historical perspective«, *Cooperation and Conflict*, 18:3, 1983.
Wallerstein, Immanuel, *The Politics of the World Economy, the States, the Movements and the Civilizations*, CUP, Cambridge, 1984.
Wee, Herman van der, *Prosperity and Upheaval, 1945-80*, Pelican, London, 1987. (Dt. Ausg.: *Der gebremste Wohlstand. Wiederaufbau, Wachstum, Strukturwandel 1945-1980.* DTV, München, 1984.)
Wight, Martin, *The System of States*, Leicester University Press, Leicester, 1977.
Winter, J.M., (Hg.), *War and Economic Development: Essays in Memory of David Joslin*, CUP, Cambridge, 1975.
Wright, Quincy, *A Study of War* (1942), University of Chicago, Chicago, 1965.

Die militärische Konfrontation

Afheldt, Horst, *Defensive Verteidigung*, Rowohlt, Reinbek, 1983.

Alternative Defense Commission, *Defence Without the Bomb*, Taylor and Francis, London und Philadelphia, 1983.

Barnaby, Frank und Boeker, Egbert, »Non-provocative non-nuclear defence of Western Europe«, *ADIU Report*, 5:1, Januar/Februar, 1983.

Canby, Stephen, »The Alliance and Europe, part IV: military doctrine and technology«, *Adelphi Papers*, 109, IISS, London, Winter 1974/75.

Cockburn, Andrew, *The Threat: Inside the Soviet War Machine*, Hutchinson, London, 1983. (Dt. Ausg.: *Die sowjetische Herausforderung. Macht und Ohnmacht der militärischen Giganten.* Scherz, Bern, 1983.)

Evangelista, Matthew, *Innovation and the Arms Race: How the United States and the Soviet Union Develop New Military Technologies*, Cornell University Press, Ithaca, NY, 1988.

–, »Stalin's post-war army reappraised«, *International Security*, 7:3, 1982/83.

Freedman, Lawrence, *The Evolution of Nuclear Strategy*, Macmillan, London, 1982.

Galtung, Johan, *There are Alternatives: Four Roads to Peace and Security*, Spokesman, Nottingham, 1984.

Garnett, John C., (Hg.), *The Defence of Western Europe*, Macmillan, London, 1974.

Holden, Gerard, *The Warsaw Pact: Soviet Security and Bloc Politics*, Basil Blackwell, Oxford, 1989.

Holloway, David, *The Soviet Union and the Arms Race*, Yale University Press, New Haven und London, 1983.

–, und Sharpe, Jane, (Hg.), *The Warsaw Pact: Alliance in Transition*, Macmillan, London, 1984.

Holm, Hans-Henrik und Petersen, Nikolaj, *The European Missile Crisis: Nuclear Weapons and Security Policy*, Frances Pinter, London, 1983.

Hough, Jerry, »Gorbachev's strategy«, *Foreign Affairs*, 61:2, Winter 1982/83.

Howarth, Jolyon und Chilton, Patricia, (Hg.), *Defence and Dissent in Contemporary France*, Croom Helm, London und Sydney, 1984.

Johnstone, Diana, *The Politics of Euromissiles: Europe's Role in America's World*, Verso, London, 1984.

Jones, Christopher, *Soviet Influence in Eastern Europe: Political Autonomy and the Warsaw Pact*, Praeger, New York, 1981.

Kaldor, Mary und Smith, Dan, (Hg.), *Disarming Europe*, Merlin Press, London, 1982.

Lewis, William J., *The Warsaw Pact: Arms, Doctrine and Strategy*, McGraw Hill, New York, 1982.

Lifton, Robert Jay und Falk, Richard, *Indefensible Weapons: The Political and Psychological Case Against Nuclearism*, Basic Books, New York, 1982.

McGwire, Michael, *Military Objectives in Soviet Foreign Policy*, Brookings Institution, Washington DC, 1987.

–, »Soviet military objectives«, *World Policy Journal*, 3:4, Herbst 1986.

Mountbatten, Louis, »A military commander surveys the nuclear arms race«, *International Security*, Winter 1979/80.

Myrdal, Alva, *The Game of Disarmament: How the United States and the Soviet Union Run the Arms Race*, rev. und aktualisierte Ausgabe, Pantheon, New York, 1982. (Dt. Ausg.: *Falschspiel mit der Abrüstung. Gegen den Rüstungswettlauf der Supermächte.* Rowohlt, Reinbek, 1983.)

– u.a., *The Dynamics of European Nuclear Disarmament*, Spokesman, Nottingham, 1981.

Neild, Robert und Boserup, Anders, »Beyond the INF Agreement: a new approach to non-nuclear forces«, *World Policy Journal*, Herbst 1987.

Sheer, Robert, *With Enough Shovels: Reagan, Bush and Nuclear War*, Secker and Warburg, London, 1983.

Steinke, Rudolf und Vale, Michael, (Hg.), *Germany Debates Defence: The NATO Alliance at the Crossroads*, M.E. Sharpe, New York und London, 1983.

Stockholm International Peace Research Institute (SIPRI), *Politics for Common Security*, Taylor and Francis, London und Philadelphia, 1985.

Stowsky, Jay, »Competing with the Pentagon«, *World Policy Journal*, 3:4, Herbst 1986.

Wohlstetter, Albert, »Is there a Strategic Arms Race?«, *Foreign Policy*, 16, Herbst 1974.

York, Herbert, *Making Weapons: Talking Peace. A Physicist's Odyssey from Geneva to Hiroshima*, Basic Books, New York, 1987.

Periodika

Ostmitteleuropa

Across Frontiers, Berkeley, California / *Bulletin of the European Network for East-West-Dialogue*, Berlin / *Critique*, Edinburgh / *Detente*, Leeds / *East-European Reporter*, London / Economist Intelligence Unit, *Country Profiles* und *Quarterly Report*, London / *END-Journal*, London (eingestellt) / Joint Economic Committee, US Congress, Washington DC (Berichte und Anhörungen) / *Labour Focus on Eastern Europe*, Southsea, Hants *Nato Colloquia*, Brüssel (Zusammenstellungen von Aufsätzen zu verschiedenen Aspekten der Ost-West-Beziehungen) *Peace and Democracy News*, New York / *Survey*, journal of East-West-Studies, New York / *Telos*, New York United Nations Economic Commission for Europe, *Economic Survey* und *Economic Bulletin*

Ab/Rüstungsprobleme

ADIU Report, Sussex /*Arms Control Reporter*, Boston, Mass. / *Arms Control Today*, Washington DC / *Council for Arms Control Bulletin*, London / *Focus on Vienna: Developments at the Vienna CSCE meeting and Related Events*, Wien / *International Defence Review*, Genf / *Jane's Defence Weekly*, Horley, Sussex / *Nato's Facts and Figures*, Brüssel / *Nato's Sixteen Nations*, Brüssel / *Non-offensive Defence*, Kopenhagen / *RUSI Journal*, London / *SIPRI Yearbook on Armament and Disarmament*, Stockholm / *Survival*, London / US Arms Control and Disarmament Agency, *World Military Expenditures and Arms Transfers*, Washington DC / *World Military and Social Expenditures*, Washington DC

Publikationen allgemeinen Charakters

Atlantic News, Brüssel / *Bulletin of Atomic Scientists*, Chicago / *Bulletin of Peace Proposals*, Oslo / *Disarmament Campaigns*, Den Haag / *Europe*, the European Community news magazine, London / *European Journal of International Affairs*, Rom / *L'Evènement Européen*, Paris / *Foreign Affairs*, New York / *Foreign Policy*, New York / *International Affairs*, London / *International Affairs*, Moskau / *International Organization*, Stanford, Cal. / *International Security*, Cambridge, Mass. / *Journal of Peace Research*, Oslo / *Peace Magazine*, Toronto / *Peace Review*, Stanford, Cal. / *Review of International Studies*, Guildford, Surrey / *Soviet News*, London / *World Policy Journal*, New York

Personenregister

Sachregister